普通高等学校规划教材

汽车营销与品牌管理

QICHE YINGXIAO YU PINPAI GUANLI

姚 琦　何义团　主　编
李 豪　谢水清　张 霞　副主编

人民交通出版社
China Communications Press

内 容 提 要

本书的目标是为有志于从事汽车营销与汽车品牌管理的组织、个人提供一套科学、完整、立体的理论指导和操作指南。全书将汽车营销与汽车品牌管理的理论体系有机地结合，共分为基础篇、战略篇、策略篇、发展篇共四篇十七章，并列举了大量汽车营销与品牌管理的典型案例。

本书可用于高等院校市场营销、汽车服务工程等专业课程教材，也可供汽车营销从业人员阅读或作为培训用书。

图书在版编目(CIP)数据

汽车营销与品牌管理/姚琦,何义团主编.—北京：
人民交通出版社,2014.1
ISBN 978-7-114-11019-1

Ⅰ.①汽… Ⅱ.①姚… ②何… Ⅲ.①汽车—市场营销学—教材②汽车—品牌—企业管理-教材 Ⅳ.①F766

中国版本图书馆 CIP 数据核字(2014)第 016609 号

普通高等学校规划教材

书　　名：	**汽车营销与品牌管理**
著 作 者：	姚琦　何义团　李豪　谢水清　张霞
责任编辑：	刘永芬
出版发行：	人民交通出版社
地　　址：	(100011)北京市朝阳区安定门外外馆斜街 3 号
网　　址：	http://www.ccpress.com.cn
销售电话：	(010)59757973
总 经 销：	人民交通出版社发行部
经　　销：	各地新华书店
印　　刷：	北京交通印务实业公司
开　　本：	787×1092　1/16
印　　张：	22
字　　数：	536 千
版　　次：	2014 年 3 月　第 1 版
印　　次：	2014 年 3 月　第 1 次印刷
书　　号：	ISBN 978-7-114-11019-1
定　　价：	42.00 元

(有印刷、装订质量问题的图书由本社负责调换)

《汽车营销与品牌管理》

顾　问：黄承锋　姜尔岚　简晓春

主　编：姚　琦　何义团

副主编：李　豪　谢水清　张　霞

编　委：(按姓氏笔画为序)
　　　　韩正清　蒋晓川　李友根　马　健　赵明阶
　　　　乜堪雄　魏童龄　王志洪　易世志

前言

进入新世纪,我国汽车工业走上了发展的快速车道,汽车已成为我国国民经济的支柱产业,我国已经进入到国际上公认的汽车社会。从2009年,我国汽车产销量突破一千万辆以后,我国作为世界汽车生产销售的大国已成为不争的事实,全球四分之一的市场属于我国。但我国仍是汽车产业的弱国,仔细研究可以发现,如此汽车产销量的大国,却又如此之小的汽车进出口量,在世界上是绝无仅有的,而汽车自主知识产权、自主品牌又如此之弱小,这也是世界少见的。与此同时,伴随着全球汽车产业重心东移,全球几乎所有汽车品牌都云集到了我国,成为单一市场品牌最多的国家,这也成为我国汽车市场越来越国际化的标志。面对竞争如此激烈的国际汽车市场,在我国汽车工业快速发展的重要时期,必须完成从汽车制造大国向汽车强国的转变,为此,我国汽车企业至少担负着两大历史使命:一是培育起强大的自主创新能力;二是培育出具有全球竞争力的汽车企业和汽车品牌。品牌是企业的无形资产,是企业高端的"软实力",是汽车企业获得差异化竞争优势的利器。面对高度国际化的汽车产业和强大的世界汽车品牌生产商,要"冒"出新的汽车品牌并取得消费者的广泛认同,离不开汽车企业科学系统的营销规划与品牌管理,而品牌建设与管理远比产能扩张困难得多,但闯不过品牌这一关就永远不能独立进入全球汽车产业俱乐部。

本书将汽车营销与汽车品牌管理的理论体系有机结合,分为基础篇、战略篇、策略篇和发展篇共四篇。在讲述汽车营销与品牌管理的基本概念的基础上,重点阐述了汽车营销与品牌管理的战略制定过程以及实施汽车营销与品牌管理的具体策略,最后,讨论了汽车营销与品牌管理的新兴话题与发展趋势。全书选取了大量汽车营销与品牌管理的经典实例,供读者进行案例分析和拓展阅读。全书注重内容的现实性和超前性,知识体系的科学性和针对性以及学习的理论性和实践性,既可用于高等院校市场营销、汽车服务工程等专业课程教材,也可供汽车营销从业人员阅读或作为培训用书,是重庆市汽车及零部件出口人才培训指定教材。

本书由姚琦、何义团主编,第一章由张幸子、杨茜编写,第二章由杨茜、谢水清编写,第三、第十六章由何义团、安娜编写,第四、第五章由刘勇辉编写,第六、第七章由梁江涛、李豪编写,第八章由李昂璟、姚琦编写,第九、第十章由李恬恬编写,第十一、第十二章由刘培编写,第十三、第十四章由何盈莹、姚琦编写,第十五、第十七章由罗凯琳、张霞编写。全书由李豪、张霞、黄诚统稿。本书获得了国家自然科学基金项目(71102166)和"重庆交通大学校级规划教材项目"的资助,在编写过程中,众多专家和同行提出了许多宝贵的建议,作者参阅了大量的文献与专著,在此向他们一并表示由衷的敬意和感谢!

鉴于编者水平有限,书中难免有不妥或错误之处,敬请广大读者批评指正。

编　者

2013年12月

目 录

第一篇 基 础 篇

第一章 绪论 (3)
第一节 汽车产品的社会经济价值 (5)
第二节 汽车市场营销 (11)
第三节 汽车市场营销观念的演变 (13)
第四节 我国汽车市场的形成与发展 (16)

第二章 汽车品牌概述 (25)
第一节 品牌的内涵 (26)
第二节 品牌的魅力 (33)

第三章 汽车原理概述 (39)
第一节 汽车分类与编号 (41)
第二节 汽车总体构造与主要技术性能指标 (43)
第三节 汽车行驶原理 (46)
第四节 汽车发动机工作原理及总体构造 (48)
第五节 汽车底盘 (54)
第六节 车身仪表、照明及附属装置 (57)

第二篇 战 略 篇

第四章 汽车营销环境 (69)
第一节 汽车市场营销环境概述 (70)
第二节 汽车市场营销微观环境 (72)
第三节 汽车市场营销宏观环境 (75)

第五章 汽车营销战略 (88)
第一节 汽车市场竞争战略 (89)
第二节 汽车目标市场营销战略 (96)
第三节 汽车营销的顾客满意战略 (104)

第六章　汽车市场营销调研与预测 ··· (113)
　第一节　汽车市场营销调研 ··· (114)
　第二节　汽车市场营销预测 ··· (125)
第七章　汽车用户购买行为研究 ··· (133)
　第一节　汽车私人消费市场及消费行为 ··· (134)
　第二节　汽车集团组织市场及购买行为 ··· (144)
第八章　汽车品牌定位与品牌设计 ··· (154)
　第一节　品牌定位 ··· (155)
　第二节　品牌设计 ··· (166)

第三篇　策　略　篇

第九章　汽车产品策略 ··· (183)
　第一节　汽车产品与产品组合 ··· (185)
　第二节　形式产品策略 ·· (189)
　第三节　产品生命周期理论与市场策略 ··· (197)
　第四节　汽车新产品开发策略 ··· (201)
第十章　汽车定价策略 ··· (208)
　第一节　汽车产品定价程序 ··· (210)
　第二节　汽车产品价格策略 ··· (215)
　第三节　汽车价格战的分析与规避 ·· (224)
第十一章　汽车分销策略 ·· (229)
　第一节　汽车分销策略概述 ··· (229)
　第二节　汽车分销渠道中的中间商 ·· (235)
　第三节　汽车分销渠道的选择 ··· (239)
第十二章　汽车促销策略 ·· (246)
　第一节　促销与促销组合 ·· (246)
　第二节　人员推销 ··· (251)
　第三节　汽车广告促销 ·· (255)
　第四节　汽车营业推广策略 ··· (259)
　第五节　汽车公共关系促销 ··· (261)
第十三章　汽车品牌形象 ·· (265)
　第一节　品牌形象的概述 ·· (265)
　第二节　品牌形象的构成 ·· (267)
　第三节　品牌形象的塑造 ·· (272)

第十四章 汽车品牌个性 ……………………………………………………… (279)
- 第一节 品牌个性的定义 ………………………………………………… (280)
- 第二节 品牌个性的特征与价值 ………………………………………… (283)
- 第三节 品牌个性的维度 ………………………………………………… (285)
- 第四节 品牌个性的塑造 ………………………………………………… (286)

第十五章 汽车品牌危机管理 …………………………………………… (292)
- 第一节 品牌危机 ………………………………………………………… (293)
- 第二节 品牌危机管理 …………………………………………………… (297)

第四篇 发 展 篇

第十六章 汽车国际市场营销 …………………………………………… (309)
- 第一节 汽车国际市场营销概述 ………………………………………… (310)
- 第二节 国际汽车市场的营销环境 ……………………………………… (314)
- 第三节 汽车国际市场的进入方式 ……………………………………… (319)
- 第四节 国际汽车市场的营销策略 ……………………………………… (323)

第十七章 汽车营销的信息化策略 ……………………………………… (329)
- 第一节 汽车营销信息化概述 …………………………………………… (330)
- 第二节 汽车营销电子商务 ……………………………………………… (333)

THE FIRST CHAPTER

第一篇 基 础 篇

第一章 绪 论

【本章学习重点】
1. 汽车产品的社会经济价值;
2. 我国汽车市场的特点及类型;
3. 我国汽车市场营销的特征。

【开篇案例】

我国国产品牌汽车营销策略

我国加入世界贸易组织以后,全球经济一体化现象比重加大。国外汽车行业巨头纷纷将注意力更多地集中在中国市场,自主品牌势必遭遇更大力度的围堵和打压。在竞争激烈的市场环境下,自主品牌如何实行有效的营销策略,最大限度地宣传自己,赢得市场、赢得消费者,是当前迫切需要解决的问题。

新中国成立后,1953 年第一汽车制造厂建厂,这是中国有史以来第一次建设自己的汽车厂。1956 年第一汽车制造厂试制成功东风牌轿车,这是中国自制的第一部轿车。1959 年第一批红旗 CA72 型汽车参加了国庆游行和阅兵,并成为中央部委领导的公务用车。同年,仿制德国 1956 年出产的奔驰 2205 的新型凤凰轿车试制成功,并成为中国的又一种定型轿车。由此,揭开了中国汽车工业生产的历史。进入 21 世纪以来,随着我国加入世界贸易组织的逐步深入以及消费能力的提高,汽车工业得到了突飞猛进的发展,汽车产业已成为支撑我国经济发展的支柱产业。美国、日本、欧洲等国都有强大的汽车产业和汽车品牌,汽车行业在全球经济贸易中占有举足轻重的地位。国外行业巨头纷纷将注意力更多的集中在中国市场,自主品牌势必遭遇更大力度的围堵和打压。同时,国家和政府对我国汽车工业在国民经济中的地位有了新的认识,对自主品牌在发展我国汽车工业中的重要地位进行了重新定位,明确表示了要大力扶持和发展自主品牌。

一、自主汽车品牌的概念

自主品牌是指由企业自主开发,拥有自主知识产权的品牌。自主品牌包括企业品牌、区域品牌和国家形象品牌三个层面。中国自主品牌汽车是相对于外资汽车品牌和合资汽车品牌而言的,是中国特殊汽车工业道路的产物。虽然从总体上来说,自主产品品牌共性还是多于个性的,但各个类别之间仍存在着一定的差异。

二、汽车营销渠道的概念

汽车营销渠道是指从汽车零部件供应商的零部件产品转移到汽车制造商,汽车制造商将生产的汽车产品向最终消费者移动时,直接或间接转移零部件和汽车产品或服务所有权时所经过的途径。汽车营销渠道的成员主要包括:汽车零部件供应商(负责向下游的汽车制造商或者维修服务商等提供零部件),汽车制造商,各级中间商(包括取得汽车产品所有权的总经销商,帮助转移汽车所有权的批发商和经销商)以及最终消费者。

三、我国自主品牌汽车市场营销策略研究

汽车市场营销按销售主体的不同,可以分为制造商市场营销和经销商市场营销,制造商的营销主要是对经销商的营销,一般不直接对终端消费者进行销售。而经销商的营销可以再分为两个方面,一方面是直接把汽车销售给客户;另一方面是一级经销商再发展二级经销商,由二级经销商把汽车销售给客户。本章主要是研究自主品牌制造商市场营销策略和经销商中的品牌专卖店(即4S店)市场营销策略。

1. 我国自主品牌制造商市场营销策略

1)品牌设计变化

自主品牌汽车企业已经从最初的外表及内饰简单模仿圈子中跳了出来,企业多数都有自己的独立的设计公司或设计部门对下一款车型进行考虑,或者为企业做各车型的整体规划。国内自主品牌汽车企业的设计部考虑还是较为局限,未来自主品牌的设计将借鉴国外品牌的成熟经验,形成自己独特风格。例如:2004年吉利汽车开展过"'吉利轿车杯'全国汽车设计大赛",其中有一款设计是针对中国家庭设计的MPV车型,是以江南风情为主题,将中国传统吉祥纹样、江南民居、民间饰品等融入汽车造型设计中,追求"中国味道"。

2)培养顾客忠诚度

中国人对不同的品牌也会持有不同的态度,每个人都会有自己喜爱或者厌恶的品牌。所以,在自主品牌企业汽车营销策略中,也必须更多地考虑对顾客忠诚度的培养。如今可供选择的车型差异化并不大(特别是家用轿车),这样一来,靠技术领先将越来越难,顾客往往会在服务口碑好的企业中选择,而口碑就是顾客对品牌忠诚的一个衡量指标。其二,企业除了生产品质高的产品外,还必须从顾客的角度出发,尽可能提供完善的服务,满足顾客需求。而只有当顾客对所选车型满意,才会向自己周边的朋友推荐,对品牌有一定的忠诚度。

3)分网与合网销售

国外品牌及国内合资品牌分网销售的概念是指:企业将拥有的不同品牌汽车,授权给经销商,由经销商进行独立销售。国内自主品牌分网销售的概念有两种,一种同上,如吉利汽车;第二种是指企业将拥有的同一品牌汽车的不同车型,授权给经销商,由经销商进行独立销售,如比亚迪汽车。国内自主品牌的分网模式适用于汽车市场高速增长的情况,而一旦汽车市场发生变化,出现不景气,国内自主品牌的分网模式就会面临很大的风险。无论分网还是合网,都必须要从企业自身的特点出发,根据所售车型的定位,以及适合的消费人群进行网络布局,而绝非只单纯考虑销售量。

4)年度政策的变化

自主品牌汽车企业与合资品牌汽车企业一样,每年年终时都会把所有经销商聚在一起召开商务大会,回顾过去一年来的成绩与不足,展望未来一年。随着国内汽车市场竞争的越发激烈,政策面临随时调整的可能性,企业开始感觉到一成不变的年度商务政策不利于竞争。必须要考虑市场的因素,而非仅仅经销商能力一项因素。所以,自主品牌企业将会更加关注汽车营销市场,更多地听取经销商意见,采取年度商务政策与季度甚至月度商务政策相结合的、灵活多变的营销策略。

5)自主品牌生产企业与经销商的关系

自主品牌在全力建设网络、发展经销商时,一定要充分考虑市场变化问题,如果等到出现了问题再来解决,其结果可想而知。我国自主品牌汽车企业在经历了 2005 年和 2008 年低潮后,开始更多地考虑经销商的利益,提出要与经销商共利益、共进退。未来两者的关系将会更加和谐,具体可能包括:生产企业参股经销商、生产企业与经销商共同成立协商委员会来处理两者矛盾、生产企业积极支持经销商拓展与汽车经营相关业务:如汽车租赁、二手车收售等。

2. 自主品牌经销商市场营销策略

1)多品牌营销策略、降低经营风险

经营自主品牌的风险更甚于经营合资品牌。所以可以预测,未来自主品牌的经销商自身一定具备相当的实力,这个实力绝不仅仅单指资金,应包括:资金、经验、人才、经营地址等。今后各地的汽车经销商必定会朝着多品牌方向发展,那些单一品牌店、自身抗风险能力弱的店将不会存在。从实际情况可以预见,未来成都市场上的自主品牌和合资品牌大多都会集中在多品牌汽车经销商手中,从而降低经销商经营风险。

2)加大售后服务的力度,提高服务水平

自主品牌应转变过去的一些经营观念:等客户自己上门,服务态度一般,延误维修时间等。而应该变被动为主动,在售后服务上多下工夫,不断加强服务水平,从而提高客户的满意度,为经销商形成良好口碑。

3)积极发展下线,广泛布点

自主品牌的知名度与合资品牌相比处于弱势,所以,自主品牌经销商设立了在自己经销的区域设立了多个小型的销售点或者销售与售后服务点,期望通过多网点模式扩大知名度、促进销售。事实证明,这种小网点主动销售方式是极其有效的。未来自主品牌经销商还会把这种营销方式扩大,多建点,每个点就是一个相对独立核算中心,让每个点的销售人员成为经营管理者,多劳多得。这样的方式最终会激发大家的积极性,提高 4S 店的销售量和销售利润。

4)积极投身二、三级市场

我国的二、三级城市发展要比一级城市落后,对汽车的更多需求是便宜实用、性价比高、维护方便。而这些正是自主品牌汽车优势所在。因此,可以预见在相当长一段时间内,自主品牌有更多机会在二、三级城市大显身手,自主品牌的经销商也会投入更多精力在二、三级城市市场,把握客户满意的基本原则,与合资品牌争夺市场。

第一节　汽车产品的社会经济价值

为什么要研究汽车产品的社会经济价值?因为汽车是当前世界最重要的交通工具,在将来它仍然是世界上主要的交通工具,别的任何交通工具都不可能完全取代汽车。

汽车作为一种最活跃、最具革命性、最具影响力、最具震撼力的社会事物,不仅改变着世界,而且发展着它本身。汽车从其诞生之日起,就像原子裂变一样,以其疯狂的速度增长着。1903 年,世界汽车总量还只有 6 万多辆,而现在,全世界的汽车保有量已经高达 6.8 亿辆。假如全世界的汽车厂家可以全力以赴地进行生产,一年就能生产 6800 万辆汽车。显然,汽车正以它不可抗拒的魅力改变着世界,创造着人类前所未有的物质文明和精神文明,并使它本身成为 20 世纪乃至未来最具有代表性的人文景观。汽车工业是一个高附加值、高就业、具有很大波及效应和很强带动作用的产业,是今后很长一段时间我国国民经济发展的新的增长点。随着世界汽车工业的不断发展壮大,汽车工业在世界经济发展中的地位越来越重要,逐渐成为各主要汽车生产国的支柱产业,对世界经济的发展和社会进步产生着巨大的作用和深远的影响。

一、汽车对人类的贡献

1. 汽车提高了人类的活动能力

人类利用各种工具,可以提高活动能力,从而产生出令动物们望尘莫及的力量。仅就汽车而言,卡尔·本茨发明的第一辆汽车,就搭乘了他的妻子和两个孩子,这显然是一般马匹所难以承受的。而与本茨齐名的戴姆勒,他所发明的第一辆汽车,其位移速度就达到了18km/h。汽车,通过提高人类活动的能力而大大提高了人类社会的发展速度。现在,汽车的承重能力和运行速度都已经达到了"令人眩晕"的程度。如法国尼可拉斯实业公司生产的一种大货车,车长57m,装有96个轮子,全部轮轴都备有液压转向和悬架系统,可曲可伸,可增可减,可以装载逾40t的货物。至于运行速度,有些汽车可以和飞机相比。如英国研制的一架超音速汽车,在美国内华达州的一处干涸的湖底进行了试车。这台超声速汽车配备有两台"罗尔斯·罗伊斯"喷气发动机,总功率为110000kW,最高时速可达1229.78km。它在长21km的车道上试车时,远在20km外的小镇也能听见发动机轰鸣声,窗户的玻璃也在振动。一百年来,汽车的载重能力和运行速度使人类实现了无数个梦想。

2. 汽车拓展了人类的生存空间

汽车的载重能力和运行速度使人类如虎添翼,生龙活虎。它不仅促进了物流,大大提高了人类改造自然的能力;而且也促进了人的流动,从而大大拓展了人类的生存空间,使人类比较迅速地走遍五湖四海,踏遍青山绿水。由于汽车的出现,那种"鸡犬之声相闻,老死不相往来"的封闭社会已经不复存在,而普天之下归于一村的时代已经来临。这种因汽车而不是因飞机而形成的地球村现象,以及目前提出的城市化现象,不仅促进了全社会的信息沟通,而且也促进了全人类的感情交流和相互理解。信息共享,化解纷争,人类将因汽车而更加迅速地进入物质文明与精神文明都高度发展的时代。因此,有人说:"关注汽车,就是关注人类的文明,就是关注人类的进步,就是关注人类的未来。"同时,由于人类社会生活的日益集中化,在许多发达国家,汽车已经成为人们不可或缺的代步工具。特别是中国轿车进入千百万个家庭,他们第一次饱尝到汽车的魅力,享受着有车族的一切快乐。

3. 汽车提高了人们的消费水平

由于汽车具有促进物流和人的流动的巨大功能,汽车消费也日益成为一种消费时尚。在发达国家,汽车与名胜古迹成了一个国家的象征。以美国为例,当汽车日益普及并进入普通百姓家庭之后,汽车的消费需求不但没有停止,反而呈现越来越强劲的势头,一辆汽车已经不能满足家庭成员的不同需求,一个家庭拥有三四辆汽车是很普遍的现象。汽车企业员工每小时薪金近30美元,是美国的各产业中工资最高的;企业每年支付给汽车工人的工资超过400亿美元,这有助于保持有效购买力。同时,汽车生产厂商又是美国许多企业最大的"顾客",所采购的国内钢材量比其他任何行业采购的钢材总量还要多,这就促进了其他产业的发展,最终使有效购买力得到了提高。现在,汽车作为一种消费时尚,越来越向极端化方向发展。

二、汽车对国家的贡献

1. 汽车促进了汽车行业大发展

汽车消费的增长必然促进汽车行业的发展。1999年9月27日,《财富》全球论坛在上海举行,根据《财富》杂志该年的统计资料,在全球企业500强中,前3名是清一色的汽车企业:它们分别为美国通用公司、德国戴勒姆－克莱斯勒公司及美国福特公司。美国国内有250多家汽车生产企业,在美国GDP中,4%以上是汽车企业提供的。近十几年来,美国汽车年销售量都在1600万辆以上,汽车年产量超过1100万辆,它对经济的稳步发展起到了非常重要的作用。就中国而言,汽车总产值和增加值也在稳步增长。

经过近30年的努力,特别是过去10多年国家汽车生产和消费政策的调整,我国汽车产业呈现爆发式增长,产销规模在1998－2008年的10年间保持了20%以上的年均增幅。目前,我国已跃居世界第二大汽车消费国和第三大汽车生产国。2008年,受国际金融危机的影响,我国汽车产销量分别为934.5万辆和938.1万辆,增幅低于2007年。而2009年以来,汽车市场回暖,从2009年3月起我国汽车产销已连续9个月超过百万辆水平,创历史记录。2009年1—11月,我国汽车产销分别为1226.58万辆和1223.04万辆,同比增长41.59%和42.39%。中国汽车工业总体发展趋好。

过去十年,我国汽车市场呈现出了持续增长势头,其中2010年全年销量为1806万辆,继续稳坐全球第一宝座,同比增长32.37%。产量为1826.47万辆,同比增长32.44%。2011年1—11月,全国汽车产销分别为1672.83万辆和1681.56万辆,较上年同期累计分别增长2.00%和2.56%。预计,2011年中国汽车行业总销量将达到1878万辆,同比微增4.4%。虽然2011年我国汽车增速放缓,但市场规模仍是世界第一。

作为发展中国家,我国面临的挑战比发达国家会更加严重,我国政府高度关注新能源汽车的研发和产业化。在能源和环保的压力下,新能源汽车无疑将成为未来汽车的发展方向。

我国汽车行业前景广阔,在2015年左右国内汽车销售有望超过美国,成为第一大汽车消费市场。到2020年,我国本土汽车产量将达到2000万辆,其中两成产品将进入国际市场。

2. 汽车是国家税收的重要来源

汽车工业具有较高的投入生产率,并且是许多国家的支柱产业,当然也是这些国家的重要利税来源。汽车作为生产工具和耐用消费品,在发达国家,无论是生产、销售阶段,还是使用阶段,都是财政收入的重要来源。根据德国资料显示,历年来,有关汽车在生产、销售、使用过程中的税收之和占国家总税收的比重高达23.4%,其中,销售税(含进口销售税)1994年为414亿马克,1995年为427亿马克,1997年为481亿马克。根据日本有关资料,历年来,仅用户购买和使用过程中所征收的各种税占全国总税收的比重保持在7%～10%之间,如1995年汽车产量1020万辆,销售量687万辆,保有量6685万辆,各种税收包括消费税、汽车重量税、汽车取得税、汽车税及燃油税等合计81344亿日元(约790亿美元),占全国总税收的9%;1998年,日本汽车的各项税收占全国税收总额的比重为9.5%,成为仅次于个人所得税和法人税的主要税收来源。

2011年,乘用车自主品牌总体表现不如上年,共销售611.22万辆,同比下降2.56%;占乘用车销售总量的42.23%,占有率比上年下降3.37个百分点。

对自主品牌乘用车占有率有所下降,汽车出口量再创历史新高的情况,中汽协会常务副会长董扬表示,由于自主品牌多数为小排量车型,而且产品竞争力差,品牌溢价力较弱,2008年以前还能和外资品牌、合资品牌差异化发展,弱势还不是很明显;现在在市场低速增长的情况下短兵相接,高下立现。

我国汽车产量和销售量也在不断增加,汽车保有量不断增多,各项汽车税收也有明显增长。据权威资料统计,2011年,虽然国内汽车需求减缓,但汽车出口继续保持较快增长。据中汽协会对行业内整车生产企业报送的出口数据统计,2011年,汽车企业共出口各类汽车81.43万辆,同比增长49.45%。

此外,根据海关汽车商品统计数据,2011年1—11月,汽车商品出口金额624.60亿美元,同比增长33.55%;其中整车出口金额99.12亿美元,同比增长58.94%,全年将稳超百亿美元,超过历史上最好的2008年。

3. 汽车是国家创汇的强大产业

汽车工业是资金密集型、技术密集型的大批量生产产业,不是任何国家都有条件发展的。但是,世界上所有国家和地区都需要大量的汽车,这就决定了汽车工业成为强大的出口产业的地位。2013年是我国汽车产业进入微增长时代后的第3年,我国汽车产销已经连续两年不到5%的增长,但同期汽车出口却实现30%—50%的高增长,增速最高者吉利汽车竟实现164%的惊人一跃。虽然中国整车出口迈上百万辆的新台阶,达到105.6万辆,但这仍不算多,因为这一数字只能与泰国、土耳其这些国家相提并论。

20世纪40年代以前,美国汽车工业在世界汽车市场上居垄断地位,其汽车出口量占世界汽车总量的比重高于90%以上。德国2012年汽车生产量587万辆,其中77%的451.6万辆出口到海外;英国,2012年共生产汽车158万辆,其中出口汽车约127.6万辆,约占81%;墨西哥,2012年前10个月汽车出口量198万辆;西班牙,2011年汽车出口量就已达212万辆,占比高达9成。从20世纪60年代起,日本汽车工业高速发展,出口量大幅增长,去年前11个月仅丰田的出口量就高达189万辆,占全部产量的46%;韩国2012年汽车出口量约在320万辆左右,占全部产量的70%。

从汽车出口比例上看,我国汽车出口总量仅占总产量的5.5%,虽然比2010年的3%有大幅提升,但却仍然没有恢复到金融危机前2008年6.9%的水平。但即使是6.9%,与其他主要汽车生产国相比,都是少得可怜,西班牙、比利时高达90%,德国、墨西哥、英国在80%左右,韩国、法国、土耳其在70%左右,日本超过50%,连金砖四国的印度、巴西也都超过13%。虽然泰国出口总量与我国大体相当,但出口量所占比重却也高达42%。

这表明,只要汽车具有国际竞争力,就有可能在国际市场上占有一席之地。从整个世界来看,全球汽车出口量1970年是900万辆,占全球汽车产量的30.6%;1980年出口量为1500万辆,占产量的39%。20世纪90年代以来出口量保持在1850万辆,占汽车生产总量的比重保持在40%。全球汽车及零部件出口总额达约5000亿美元,占世界出口总值的10%,是世界制造业中出口创汇最高的产业之一。

三、汽车对经济的贡献

1. 汽车是发展国民经济的命脉

企业经营战略选择发展方向的时候,最先考虑的往往并不是自然资源的优劣,而是产业领域发展的前景。由于汽车产业所具有的高引发性、高关联性、高辐射性,可以对国民经济产生巨大的拉动作用,已经被许多国家,特别是自然资源贫乏的国家视为国家的支柱产业。有关的统计资料表明,全球十大汽车生产国,几乎同时是世界上出口汽车最多的国家。有人曾对1996年世界9大轿车出口国的出口量和出口率进行了统计,结果发现,排名第一的竟然是自然资源贫乏的日本。显然,对于许多国家而言,汽车出口已经是关系到其兴衰成败、生死存亡的大事。1993年,西欧许多国家因国内市场疲软,使汽车工业陷入困境。但是,一年之后,由于汽车出口量的增加而使国内市场得以复苏。尤其是德国,1994年,其国内汽车市场增幅微乎其微,但是由于汽车出口量大幅增长,许多企业因此扭亏为盈。除德国之外,西班牙更是典型的以出口为主要目标的汽车生产大国,该国生产和装配的汽车80%左右销往国外。1998年上半年,西班牙轿车产量59万辆,同比增长近16%。在东亚,汽车出口也是推动韩国汽车工业发展的强大动力之一。1996年,该国的汽车出口增幅高达21%,而其国内的市场增幅却只有4.6%。中国加入世界贸易组织以来,中国汽车行业并未像预期的那样受到重大打击,产销形势持续看好。目前,中国汽车市场将继续走强。在2002年中,中国汽车产销不降反升,创10年来最高记录。从产销情况看,2002年全国汽车产销量突破320万辆,同步增长37%;其中轿车产销量同比增长53%。无疑,中国汽车行业将提前两年实现"十五"规划目标,并且"重新进入高速发展期"。

2. 汽车是拉动国民经济的杠杆

首先,汽车工业是一个综合性产业,汽车企业与其他产业之间,不但存在着很强的关联性,而且汽车产业的生存和发展,对其他产业起着极大的带动作用。可以说汽车产业链长,带动作用大,辐射面广。有关统计资料表明,汽车对工业的影响率可达20%,汽车业能带动钢铁、机械、电子、橡胶、玻璃、石化、建筑、服务等156个相关产业的发展。抓住汽车产业这个龙头,可以带动一大批产业的发展。就美国而言,其汽车产业就消化了本国钢材总产量的10%、铝材的20%、橡胶的40%和半导体元件的25%。同时,汽车是一个国家综合国力、综合竞争力水平的体现。汽车作为一种高价值的消费品,其行业是一个经济总量很大的产业。事实表明,汽车工业对一些发达国家经济的发展起到至关重要的作用,汽车工业占其GDP总量相当大的比重。汽车消费的拉动作用范围大、层次多,与社会生产和人民生活关系密切,可以真正产生突破一点、收获一片的效果。其次,汽车类商品对货币的吸纳量不可低估,尤其是在它们刚开始商品化的时期,吸纳量尤其巨大。一些发达国家的经验表明,汽车工业每增值1元,会给上游产业带来0.65元的增值,给下游产业带来2.63元的增值。可见,汽车工业对经济确实起了巨大的作用。

3. 汽车是创造巨大产值的产业

汽车作为一种产品,不但单位价值高,而且是批量大的产品,因而能创造很高的产值。由于汽车技术含量不断提高,其附加价值不断增加。同时,汽车向高级化、多用途化方向发展,汽车产值的增长普遍高于汽车产量的增长。在世界范围内,由于美国汽车产量最大,所以所创造的产值也最高,而且,美国汽车产值的增长一直高于汽车产量的增长。

1997年与1981年相比,汽车产量为1981年的1.5倍,而汽车总产值按1990年可比价格计算,为1981年的2.3倍。比产量的增长高0.8倍。美国汽车年产值达4000亿美元以上。二战后,德法英意等国汽车工业高速发展,这四国汽车工业年产值合计达4000亿美元。日本汽车工业产值从1980—1995年,产量下降8%,而总产值达395631亿日元,增长91%,占制造业比重保持在13%左右。随着韩国汽车工业的发展,韩国汽车工业产值也高速增长。1990年产值突破200亿美元,1995年产值达到300亿美元,5年内增长了50%,从而使汽车业成为韩国制造业中最大的产业之一。

德国汽车制造者协会(VDMA)最新公布的统计数据显示,2008年中国汽车产量已超过德国和美国,位居世界第一。该协会的统计数据显示,2008年中国汽车产量占全球汽车总产量的17.2%,德国占14.7%,而美国仅占14.6%。据中国汽车工业协会的统计,2008年我国汽车产销量分别为934.51万辆和938.05万辆,同比增长5.21%和6.70%,其中乘用车产销673.77万辆和675.56万辆,同比增长5.59%和7.27%,商用车产销260.74万辆和262.49万辆,同比增长4.24%和5.25%。目前,随着汽车业全球化发展,全球汽车工业产值大幅提高,其年总产值在15000亿美元以上。这个数字表明,汽车工业是创造巨大产值的全球性产业。

四、汽车对社会的贡献

1. 汽车是波及范围最广阔的产业

汽车工业是综合性产业,产量大,它与其他产业相比,无论在生产过程中,还是在使用过程中,波及范围更广阔。从汽车生产过程看,生产汽车需要采用生产设备,从而波及到装备制造业;还需要原材料及其配套产品。目前,全世界钢材产量的15%、铝产量的25%、橡胶产量的50%及塑料产量的10%,都用于汽车工业,从而大大推动了原材料工业的发展。随着电子产品在汽车上的广泛应用,汽车工业对电子工业的推动作用越来越大。在21世纪,电子产品的应用成本将达到汽车总成本的1%。从使用过程看,汽车行驶要有道路,通过道路的改造和新建,提高公路的质量和等级,完善公路网,从而推动道路建设事业的发展。汽车行驶需要燃油,目前全世界石油产量的1/3以上用于汽车使用,从而推动了石油化工业的发展。城市为了适应汽车的发展,需要不断地进行改造和建立各种相关设施,从而推动了城市建设的发展。汽车是使用最广的交通工具,随着汽车的增多,又推动了客货运输业、城市公共交通业、汽车租赁业的发展。为了汽车的正常运行,需要一系列的服务业,包括金融业、保险业、维修业、驾驶员培训业、加油站、停车场等为其服务,从而推动这些服务业发展。根据20世纪80年代的数据资料,日本汽车工业在生产汽车过程中的波及效果系数为2.67①。1999年中国有关部门运用了多部门动态分析模型分析了中国汽车生产和使用全过程中所带来的波及效果。分析表明,1990年中国汽车工业制造业的波及系数为2.0,到1997年波及系数为3.5。与此同时,成千上百万辆汽车在路上行驶,使国家必须建立健全一系列交通法规和有关管理条例,这无疑促进了国家的物质文明和精神文明建设。

2. 汽车是推进新技术应用的产业

汽车是高新技术的结晶,汽车业所涉及的新技术范围之广,数量之多,规模之大是其他产业难以相比的。首先,由于汽车工业的发展,推动了原材料的革命,是原材料品种不断增多,质量不断提高。许多新型材料,包括新型钢材、合成橡胶等,都是在汽车工业的推动下发展起来的。其次,汽车工业的发展使机械装备制造业达到新的水平,各种高性能设备、自动化设备、数控机床、自动生产线、机器人、电子计算机等在汽车制造业获得最广泛的应用。各种先进的配套产品不断得到发展,电子信息技术在汽车上获得越来越广泛的应用。同时汽车企业为了提高核心竞争力,一方面要提高科学技术水平,另一方面又要采用各种先进的管理方法,以满足规模经济和顾客满意的需要。

3. 汽车是提供和保障就业的产业

汽车属于劳动密集型产业,可创造大量的就业机会。统计表明,汽车工业每提供一个就业岗位,上下游产业的就业人数是10~15人。所以,汽车工业是提供大量而广泛就业机会的产业,发展汽车工业就为保障就业开辟了有效途径。汽车工业提供的就业机会不仅数量大,而且

---

① 汽车每年增加一个单位的产值,可为制造业增加2.67倍(含汽车工业及相关工业)的产值。

面广,技术含量也高。汽车工业可以提供大量而广泛的就业机会。汽车的大规模生产,为社会提供了大量的就业机会,并且随着汽车产业发展和汽车普及率的提高逐步提高;更重要的是,汽车工业为众多的上游产业和汽车使用相关服务产业创造了大量的就业机会,这个数量远远大于汽车生产中提供的就业机会。目前世界主要汽车生产国汽车产业及相关产业提供的机会,约占全国总就业机会的10%~20%。西欧的主要发达国家,全国平均每6到7个就业人员中就有一个是与汽车产业有关的。也就是说,汽车工业与相关产业的就业人口比重高达14%~17%。德国1997年汽车产业及相关产业就业人数为490万人,占全国就业人数的16%,其中汽车业67万人,相关产业423万人,人数比重为1:6.3。按生产汽车与销售汽车分,生产人数为165万人,销售汽车人数为325人,人数比例为1:2。据日本汽车协会调查,1994年日本汽车产业及相关产业总就业人数为698.5万,占总就业人数的10.8%,生产汽车就业人数为188.8万人,销售汽车就业人数为509.7万人,人数比例为1:2.7。我国1997年汽车产业及其相关产业就业人数达2180.9万人,占总就业人数3.5%,汽车产业人数181.4万人,相关产业为1999.5万人,人数比为1:11,生产汽车与销售汽车就业人数之比为1:3.8。

与日本、德国相比,我国的汽车产量比较低,汽车保有量也较少,但总就业人数多,其主要原因是中国汽车产业及相关产业劳动生产率较低,同时,我国社会各部门的专业驾驶员多。但是,在汽车销售市场从整车到零部件销售的人员,我国却少很多。随着我国汽车销售市场的逐步健全发展,营销人员将逐渐从维修业和直接生产汽车产业中分离出来,形成具有丰富的业务知识,良好的销售技巧的专业销售大军。

第二节 汽车市场营销

市场营销作为一门建立在经济科学、行为科学和现代管理理论基础上的应用科学,它是一门能使企业在市场竞争中成为强者、能有效应对各种需求状况的管理学科。

我国汽车市场主要是由生产资料市场、消费者市场及服务市场构成的商品市场流通体系。汽车市场营销是指汽车商品从生产领域到消费领域转移过程中所采取的经营方法、策略和销售服务。

一、汽车市场营销的功能

汽车市场营销作为汽车企业的一种活动,有如下四项基本功能:

1. 发现和了解消费者的需求

现代市场营销观念强调市场营销应以消费者为中心,汽车企业也只有通过满足消费者的需求,才可能实现企业的目标。因此,发现和了解消费者的需求是市场营销的首要功能。

2. 指导企业经营战略决策

企业经营战略决策正确与否是企业成败的关键。企业要谋得生存和发展,最重要的是做好经营战略决策。企业通过市场营销活动,分析市场营销外部环境的动向,了解消费者的需求和欲望,研究竞争者的现状和发展趋势,结合自身的资源条件,指导企业在产品、定价、分销、促销和服务等方面作出相应的、科学的有效决策。

3. 稳定现有市场开拓新市场

企业市场营销活动的另一个功能就是通过对消费者现在需求和潜在需求的调查、了解与分析,保持和稳定现有市场,充分把握和捕捉市场机会,积极开发产品,建立更多的分销渠道及采用更多的促销形式,开拓新市场,增加销售。

4. 最大限度满足消费者的需要

满足消费者的需求与欲望是企业市场营销的出发点和中心,也是市场营销的基本功能。

企业通过市场营销活动,从消费者的需求出发,并根据不同目标市场的顾客,采取不同的市场营销策略,合理地组织企业的人力、财力、物力等资源,为消费者提供适销对路的产品,搞好销售后的各种服务,让消费者最大限度的满意。

二、汽车市场营销的意义

1. 开展汽车市场营销是市场经济的要求

在市场经济条件下,生存的规则是通过竞争实现优胜劣汰。汽车企业如果不能顺应环境的变化,只会造车而不会卖车,只会生产而不会经营,那就必然会得到市场的惩罚,而且最终也造不好车,企业也不会获得发展的能力。而运用现代的市场营销理念来指导汽车生产与汽车销售的企业是在市场竞争中获胜的唯一法宝。

2. 汽车市场营销是促进企业发展的主要动力

汽车市场营销的功能决定了在世界汽车技术和成本日益接近的形势下,只有营销才能最大限度地满足消费者的需要,才能保持和稳定现有市场,抓住市场机会开拓新市场,提高汽车企业的经济效益。所以,汽车市场营销是促进企业发展的主要动力,是企业竞争制胜的最好途径。

3. 汽车市场营销是我国汽车企业走向世界的需要

首先,在我国加入世界贸易组织已成为现实的今天,企业开展市场营销是与国际汽车市场接轨的必然。更重要的是,中国汽车企业要想在世界汽车工业中占有一席之地,除了要努力提高汽车制造技术外,同时还应不断地改进汽车市场营销方法,在实践中积极探索成功的经验,进而跻身世界汽车工业的前列。

三、汽车市场营销的目标

营销目标是对企业经营销售活动的未来成果所作的设想和努力发展的方向,通常以定量方式体现出来,它是营销战略的核心。汽车市场营销目标包括汽车销售额和销售增长率、汽车销售地区的市场占有率(市场份额)、利润和投资收益率、产品质量、劳动生产率、产品创新、企业形象等。其中,利润和投资收益率是企业最重要的核心目标。投资收益率是指一定时期内企业的纯利润与该企业全部投资(自有资金)的比率,这是衡量和比较企业利润水平的主要指标。市场占有率是指一定时期内一家企业汽车销售量(或销售额)在同一市场的同类产品销售总量(总额)中所占的比重,又称市场份额。

营销目标有长期目标和短期目标之分,长期目标有 3 年、5 年、10 年不等;短期目标一般为当年所要实现的目标。确立营销目标可以为企业营销活动提供行动的指南,使企业实现外部环境、内部条件和战略任务三者之间的动态平衡;使企业获得长期、稳定、协调的发展;有助于建立企业风格,改进企业的公共关系。

四、汽车营销管理的内容

美国市场营销协会 1985 年认可的市场营销管理的定义是:"市场营销(管理)是为创造达到个人和机构目标的交换,而规划和实施理念、产品和服务的构思、定价、促销和分销的过程。"这个定义认为市场营销管理是一个过程,包括分析、规划、执行和控制,它覆盖理念、产品和服务；它以交换为基础，目标是满足双方的需要。市场营销的主要任务不仅仅是刺激消费者对企业产品的需求，在市场营销管理帮助企业达到它的目标的过程中，有影响需求水平、需求时间和需求构成的任务。所以，市场营销管理本质上是需求管理，企业要针对不同需求状况，采取相应的措施。

具体来讲，汽车市场营销的中心任务是使企业的各项经营活动以满足汽车消费者的需求为转移，并在此前提下来实现企业自身的经济效益。现代营销观念认为汽车营销管理主要包含以下几方面：

1. 商流

汽车商品的生产经营活动是以货币（含支票、汇票、期票、信用卡、现金等形式）为媒介的商品交换活动，完成汽车商品所有权的转移。购买包括原材料供应，对于汽车销售企业包括进货中买什么车，买多少辆车，向谁买，何时买的决策；汽车销售包括寻找市场、分销、促销、售后服务等决策。在这些决策中，商流活动是市场营销管理的基本和主要内容。

2. 物流

物流是商品流通中汽车原材料、零部件、汽车商品的实体运动，包括进料、分发、加工、装配、储存和保管、提车、运输等一系列过程；同时，也包括汽车产品销出后的客户提车、运输、上牌照等投入使用前的整个过程。在这个全部过程中，物流将伴随着商流而实现汽车商品所有权的转移。所以，物流是实现商品流的必要条件。

3. 信息流

它是指对汽车市场的调查、分析、预测和市场信息的搜集、整理、筛选、传播和应用活动。在汽车商品的商流和物流的过程中，信息流也在不停地运动，以各种信息的方式展示出过程的状态，企业可以通过这些市场信息的反馈，指导生产经营决策，引导市场消费需求。所以，信息流是现代市场营销管理的一个重要内容。

第三节　汽车市场营销观念的演变

所谓市场营销观念，也叫市场营销哲学，是企业领导人对于市场的根本态度和看法，是一切经营活动的出发点。具体来讲，市场营销观念是企业在开展市场营销活动的过程中，在处理企业、顾客和社会三者利益方面所持的态度、思想和观念。它是企业拓展市场、实现经营和销售目标的根本指导思想，即如何处理企业、顾客和社会三者利益之间的比重，以什么为中心来开展企业的生产经营活动。所以，市场营销观念的正确与否，对企业的兴衰具有决定性作用。

现代汽车企业的市场营销观念可归纳为六种，即生产观念、产品观念、推销观念、市场营销观念、社会营销观念和整体营销观念。营销观念对企业发展壮大，乃至生死存亡都有至关重要的意义。

一、汽车生产观念

汽车生产观念是在卖方市场条件下产生的，它是指导企业行为的最古老的观念之一。这种观念产生于20世纪20年代前，在资本主义工业化初期以及第一次世界大战末期和战后一段时期内，由于物资短缺，市场产品供不应求，生产观念在企业经营管理中颇为流行。企业经营不是从消费者需求出发，而是从企业生产出发。其主要表现是"我生产什么，就卖什么"。生产观念认为，消费者喜欢那些可以随处买得到而且价格低廉的产品，企业应致力于提高生产效率和分销效率,扩大生产,降低成本以扩展市场。例如,美国汽车大王亨利·福特曾宣称的"不管顾客需要什么颜色的汽车,我只有一种黑色的汽车",就是典型表现。而且在汽车产品成本高的条件下,亨利·福特在20世纪初期曾倾全力于汽车的规模生产,提高生产效率,努力降低成本,使消费者购买得起,借以提高福特汽车的市场占有率。显然,生产观念是一种重生产、轻市场营销的经营哲学。

二、汽车产品观念

汽车产品观念产生于市场产品供不应求的"卖方市场"形势下,它也是一种较早的企业经营观念。产品观念认为,消费者最喜欢高质量、多功能和具有某种特色的产品,企业应致力于生产高价值产品,并不断加以改进。特别是当企业发明一项新产品时,最容易滋生产品观念。此时,企业患了"市场营销近视症",即不适当地把注意力放在产品上,强调生产优质产品,而不是放在市场需要上,在市场营销管理中缺乏远见,只看到自己的产品质量好,看不到市场需求在变化,最终致使企业经营陷入困境。

三、汽车推销观念

汽车推销观念(或称销售观念)是为许多企业所采用的另一种观念,表现为"我卖什么,顾客就买什么"。它产生于20世纪20年代末期,资本主义国家由"卖方市场"向"买方市场"过渡的阶段。在1920—1945年间,由于科学技术的进步,科学管理和大规模生产的推广,产品产量迅速增加,逐渐出现了市场产品供过于求,卖主之间竞争激烈的新形势。

尤其是在1929—1933年的资本主义特大经济危机期间,大量产品销售不出去,因而迫使企业重视采用广告术与推销术去推销产品。许多企业家感到:即使有物美价廉的产品,也未必能卖得出去;企业要在日益激烈的市场竞争中求得生存和发展,就必须重视推销。推销观念认为,消费者通常表现出一种购买惰性或抗衡心理,如果听其自然的话,消费者一般不会主动足量购买某一企业的产品,因此,企业必须积极推销和大力促销,以刺激消费者大量购买本企业产品。推销观念在现代市场经济条件下被大量用于推销那些非渴求物品,即购买者一般不会想到要去购买的产品或服务。许多企业在产品过剩时,或对于顾客不愿购买的产品,也常常奉行推销观念,往往采用强行的推销手段。

这种观念虽然比前两种观念前进了一步,开始重视广告术及推销术,但其实质仍然是以生产为中心,以企业为中心,不考虑顾客的需求,不研究市场的变化。

四、汽车市场营销观念

汽车市场营销观念是作为对上述诸观念的挑战而出现的一种新型的企业经营哲学。这种观念是以满足顾客需求为出发点的,即"顾客需要什么,就生产什么"。20世纪50年代中期,当时社会生产力迅速发展,市场为供过于求的买方市场,在广大居民的购买力迅速提高的同时,对产品的选择范围扩大了,企业之间为了实现产品的让渡而竞争加剧。许多企业开始认识到,必须转变经营观念,才能求得生存和发展。市场营销观念认为,实现企业各项目标的关键,在于正确确定目标市场的需要和欲望,并且比竞争者更有效地传送目标市场所期望的物品或服务,进而比竞争者更有效地满足目标市场的需要和欲望。

汽车市场营销观念的出现,使企业经营观念发生了根本性变化,也使市场营销学发生了一次革命。市场营销观念同推销观念相比具有重大的差别。推销观念注重卖方需要,以卖方需要为出发点,考虑如何把产品变成现金,即强调工厂、产品导向、推销、盈利。市场营销观念则注重买方需要,考虑如何通过制造、传送产品以及与最终消费产品有关的所有事物,来满足顾客的需要,即强调市场中心、顾客导向、协调的市场营销和利润。所以从本质上说,市场营销观念是一种以顾客需要和欲望为导向的哲学,是消费者主权论在企业市场营销管理中的体现。

世界上许多优秀企业都是奉行市场营销观念的。如日本本田汽车公司要在美国推出一种新型汽车——雅阁牌汽车。在设计新车前,他们派出工程技术人员专程到洛杉矶地区实地考察高速公路的情况,回国后,他们又专门修了一条14.5km长的、连路标和告示牌都与美国公路上一样的高速公路。并在设计行李箱时,设计人员亲自去停车场看人们如何取放行李。结果本田公司的雅阁牌汽车一到美国就备受欢迎,被称为是全世界都能接受的好车。

五、汽车社会市场营销观念

汽车社会市场营销观念是对市场营销观念的修改和补充。它产生于20世纪70年代,当时西方资本主义出现能源短缺、通货膨胀、失业增加、环境污染严重、消费者权益保护运动盛行的新形势。因为市场营销观念回避了消费者需要、消费者利益和长期社会福利之间隐含着冲突的现实。社会市场营销观念认为,企业的任务是确定各个目标市场的需要、欲望和利益,并以保护或提高消费者和社会福利的方式,比竞争者更有效、更有利地向目标市场提供能够满足其需要、欲望和利益的物品或服务。社会市场营销观念要求市场营销者在制定市场营销政策时,要统筹兼顾企业利润、消费者需要的满足和社会利益,正确处理它们三者的利益比重关系。

上述五种市场营销观念,其产生和存在都有其历史背景和必然性,都是与一定的条件相联系、相适应的。当前,我国企业正在从生产型向经营型或经营服务型转变,企业为了求得生存和发展,必须树立具有现代意识的市场营销观念、社会市场营销观念。但是,必须指出的是,由于诸多因素的制约,事实上,当今我国还有许多企业仍然以产品观念及推销观念为导向。

六、汽车整体营销观念

企业市场营销管理哲学在经历了生产观念、产品观念、推销观念、市场营销观念、社会市场营销观念五个阶段之后,伴随着实践的发展而不断深化、丰富,出现了一系列新的观念,如整体市场营销、客户让渡价值、顾客满意等观念。其中整体市场营销观念对于汽车企业提高核心能力具有特殊意义。

1992年,美国市场营销学家,菲利普·科特勒提出了跨世纪的市场营销新观念——整体市场营销(Total Marketing)。他认为,从长远利益出发,公司的市场营销活动应囊括构成其内、外部环境的所有重要行为者,他们是:供应商、分销商、最终顾客、职员、财务公司、政府、同盟者、竞争者、传媒、一般大众。整体市场营销观念认为,未来21世纪的市场营销,要求企业既进行外部市场营销,又进行内部市场营销。整体市场营销主要包括两个方面:

1. 职能部门的分配

内部市场营销是指卓有成效地聘用、训练和尽可能激励员工很好地为顾客服务的工作。事实上,内部市场营销必须先于外部市场营销。企业内部各职能部门(营销、生产、研究发展、人事、财务)均各有职责。实行顾客导向的企业,营销部门的任务主要是研究、认识和服务于顾客,其他部门均应积极配合营销部门争取顾客。各部门必须在增进企业整体利益的前提下,采取多方面的协调行动,为争取顾客发挥应有的作用。

2. 营销机能的分配

营销机能包括产品、定价、分销、促销四大因素,在需求的满足上,依靠发挥四大因素的整体效应。任意因素的特殊优越,并不能保证营销目标的实现。例如,分销渠道不仅要与产品品质一致,还要与价格一致;促销活动也必须与产品品质、价格和分销渠道相一致。同时,企业所有营销努力,还必须在时间与空间上协调一致,才能获得最大的效益。所以,为实现营销活动的整体化,在营销部门内往往按商品类别或按商场设置经理,以便使产品及市场都受到应有的重视。

第四节 我国汽车市场的形成与发展

一、我国汽车工业的战略地位

我国已在20世纪90年代初,明确将汽车工业列为国民经济的支柱产业予以扶植和发展。汽车工业是国民经济的支柱产业,这种战略地位是我国经济社会发展和汽车产业自身的特点所决定的。

所谓支柱产业(MainstayIndustry)是指产品市场广阔,在国民经济中具有辐射面广、关联度大、牵动力强的产业。由于它的启动和发展可以促进其他产业发展,甚至对国民经济的起飞起直接的推动作用,进而可以提高一个国家的科技水平和综合国力。

一般认为,支柱产业应具有以下特征:
①产品市场广阔,对经济增长贡献度高,在国民经济中具有突出地位;
②对其他产业波及效果大,牵动力强,能够大面积促进相关产业的发展;
③有利于优化国民经济的产业结构,促进产业结构高级化;
④能够创造大量的就业机会。

1. 汽车产品市场广阔,汽车工业对经济增长的贡献程度高

当今世界,汽车已经成为现代物质生产和社会运转的重要平台,汽车是否广泛使用成为衡量一个地区或国家是否发达的标志,汽车是现代社会物质文明最重要的象征。

我国的现代化,必然要求交通方式和交通工具的现代化。我国正在致力于建设以快速列车、高速公路、立交桥、地铁、轻轨、空运、海运为组成的综合交通运输方式。各种交通运输方式彼此协作、相互协调发展的现代化综合交通体系。由于汽车既可以作为公共交通工具,又可以作为个人交通工具;既适合大小批量不一的货物运输,又适合多点多向、运距可近可远的旅客运输;同时,汽车还是与其他运输方式衔接,实现接力运输最理想的工具,因此汽车具有使用上的灵活性、快捷性、方便性、适应性和广泛性,现代公路交通是现代交通体系最重要的组成部分。

我国作为一个幅员辽阔、人口众多的大陆国家,物质生产和经济运转需要现代公路交通的强力支持。随着百姓生活水准的提高,方便、快捷、舒适的公路交通也是满足人们出行的客观需要。在这样的国情和发展背景下,汽车在我国已经呈现出市场广阔、需求量大的特点,并且在未来较长时期内,这种需求趋势仍将维持下去,入世后我国汽车市场的快速增长便是最好的例证。

汽车是高价值、大批量的产品,是世界上唯一的一种零件数以万件计、年产量以千万辆计、保有量以亿辆计、售价以万元计的商品。汽车产业的广阔市场(量变),能够创造巨大的产值,可以起到直接促进国民经济增长的作用(质变)。

从我国经济增长的实际情况看,2000—2004年,汽车工业每年新增产量所形成的增加值,平均占当年全部新增GDP的11.6%,平均可带动当年GDP增长1个百分点以上。专家预计,2005—2010年汽车工业每年形成的新增加值,平均可带动每年GDP增长1.8个百分点。

世界发达国家汽车工业发展都与国民经济发展直接相关,并基本保持与GDP的同向增长。日本经济高速发展的15年间,国民生产总值增长了6倍,而汽车工业的产值却增长了57倍。汽车工业完成的工业增加值在其国内生产总值中的比重,西欧平均为7%,日本在10%以上,美国也超过5%。因而,有人从数量上理解支柱产业完成的工业增加值,占同期国内生产总值(GDP)的比例,应不小于5%。

目前,我国汽车工业完成的工业增加值,占同期国内生产总值(GDP)的比例在2%左右。尽管如此,改革开放以来,我国汽车工业的发展速度一直位居机械工业之首,也明显高于同期国民经济的发展速度,从增长趋势看,我国汽车工业在国民经济中的地位引人注目。

总之,汽车经济拉动了国民经济的增长,对国民经济发展的贡献度高,地位突出。

2. 汽车工业在国民经济中占有突出地位

汽车工业是一个高投入、高产出、集群式发展的产业部门。汽车工业自身的投资、生产、研发、供应、销售、维修;前序的原材料、零部件、技术装备、物流;后序的油料、服务、报废回收、信贷、咨询、保险,直至广告、租赁、驾驶员培训、汽车运输、汽车救援、汽车美容、汽车运动、加油站、基础设施建设、汽车旅游、汽车旅馆、汽车影院、汽车餐厅等,构成了一个无与伦比的长链条、大规模的产业体系。

汽车产业链长,辐射面广,能带动钢铁、机械、电子、橡胶、玻璃、石化、建筑、服务等150多个相关产业的发展,汽车消费的拉动作用范围大、层次多,已经成为了社会经济的主导产业,是典型的波及效应大的产业,波及效应(相关产业为汽车工业服务所形成的增加值)是数倍于汽车工业本身的效益。

汽车工业的发展对整个国民经济发展的牵动力非常大。当这种作用被充分认识并得到尊重时,汽车工业便会成为促进国民经济发展的积极因素;反之,它便会成为制约经济发展的因素。

3. 汽车工业科技创新和科技成果吸收能力强,有利于促进国民经济产业结构升级

汽车市场的竞争,实质上是现代科技的较量,是技术创新的竞争。汽车厂家纷纷建立技术中心,投入大量的资金开展技术和产品创新;政府对汽车关键技术及其关联科技也保持较大的经费投入;如我国科技部在"十一五"期间均设有电动汽车重大科技专项;高等院校、科研机构和汽车企业,承担了大量与汽车相关的科研课题。

汽车一直是最强大的科技产业之一。汽车诞生100多年来汽车的技术进步使得汽车的面貌日新月异,汽车工业变得日益强大和成熟。内燃机技术、变速器技术、底盘/驱动技术、汽车轮胎技术、车身技术等成功应用于现代汽车,使得汽车发动机的功率大大提高,燃油消耗率大大降低,实现了汽车高功率、高速度和高经济性的相互协调。20世纪70年代以后,汽车在安全、节能和环保方面又有了新的突破和进展。蓄电池、各种电机性能的改进推动了新能源汽车的诞生。特别是电子技术与汽车技术的结合,使得汽车技术又有一个新的质的飞跃,如今各种先进技术和装备,如微型电子计算机、无线电通信、卫星导航等新技术、新设备和新方法、新材料,广泛应用于汽车工业,汽车正在走向电子化、网络化、智能化、轻量化、能源多样化。同时,汽车的能耗、噪声和污染等公害日将减少,安全性、经济性、舒适性、使用方便性日益提高。汽车科技是国家整体提高科技水平的领头羊,是国家创新工程的重要阵地。

汽车工业的发展,不断地对相关产业提出新的要求,促进相关产业的技术进步。例如,高性能燃料和润滑油、特种钢材和有色金属、子午线轮胎、工程塑料、夹层玻璃和钢化玻璃、汽车电子设备等,就大大推动了石油工业、冶金工业、橡胶工业、化学工业、玻璃工业、电子工业的技术进步。现代汽车科技涉及到空气动力学、人机工程学、结构力学、机械工程学、热力学、流体力学、材料学、工业设计学等多个学科,它们紧密相连,相互依附,相互促进。

汽车工业还是带头应用最新技术成果的行业。通过新技术在汽车行业的试验、研究和完善,最后推广和运用到其他工业。组合机床、自动生产线、柔性加工系统、机器人、全面质量管理等新技术、新工艺、新方法,都是在汽车工业最先得到推广和应用。汽车工业是消化吸收科技成果(尤其是高科技成果)最强的工业部门之一,如世界上70%的机器人被应用于汽车工业,CAD/CAM技术正被广泛用于汽车设计和生产,以电子产品为代表的一大批高科技产品在汽车上的装车率日益提高。机械、电子、化学、材料、光学等众多学科技术领域取得的成就都在汽车上得到了体现和应用。

未来汽车的发展,还将推动各种高新技术和边缘学科的发展。如材料科学、人机工程、电子技术、能源科学、汽车空气动力学、车辆地面力学、汽车轻结构学;汽车轮胎学等。

汽车工业的发展,直接促进国家产业结构的升级。由于汽车工业的水平几乎代表着一个国家的制造业水平、工业化水平和科技水平,汽车科技及其相关科技对其他产业的辐射,直接促进有关产业的进步,特别是技术含量相对较高产业的发展,从而使得国家的产业结构不断走向高级化。如美国的产业结构,由1880年以纺织、食品、木材加工为主体,发展到1950年以汽车、钢铁、石油、机械制造为主体,经过70年的时间,完成了产业结构由轻工业向重工业乃至深加工工业的产业结构转换。在转换中,汽车工业的发展起到了极为重要的带动作用。又如日本,战后先后出现过三组带头主导产业:第一组是电力工业;第二组是石油、石化、钢铁等工业;第三组是以汽车工业为龙头的先进制造业。前两组工业的发展为汽车工业的大规模发展创造了必要条件,而汽车工业在形成一定规模后,便全面带动了日本制造产业的发展,实现制造业向深加工、高价值的转换。

产业结构的升级,提高了产业的国际竞争能力,必将导致国家出口产品结构的优化,形成以深加工、高附加值为主的出口结构。二战后,汽车"国际贸易第一大商品"的地位从未被撼动。2006年世界汽车产品贸易额突破万亿美元,其中,日本汽车出口连续第五年实现增长,德国的汽车出口业是欧洲最大的对外经济贸易,一些发展中国家,如巴西、墨西哥、马来西亚,都把汽车作为出口创汇的重要手段。

4. 汽车产业能够提供众多的就业机会

汽车产业的发展,可以创造大量的就业机会。有统计数字表明,汽车工业每提供1个就业岗位,上下游产业的就业人数是10~15个。在几个主要汽车生产国和消费国中,与汽车相关的工业和服务业都拥有较高的就业人数,尤其是汽车服务业的就业人数自20世纪90年代以来大幅度增长,就业比重明显提高。据德国汽车工业协会统计计算,1997年德国汽车产业的直接和间接就业人数达到500万人,其中汽车产业直接就业人数为67万人,配套工业行业间接就业人数为98万人,与汽车销售都使用有关的间接就业人数为335万人,汽车产业间接就业人数为直接就业人数的6.5倍。

由于我国存在着大量剩余劳动力,就业矛盾突出,汽车产业对于多方面扩大就业途径,带动间接就业特别是服务业就业的增长,具有比其他国家更大的作用。据有关投入产出分析提供的资料,1997年,与汽车产业相关的主要上游产业的完全就业人数为273万人,是汽车产业直接就业人数的1.5倍;与汽车产业相关的主要服务业的间接就业人数达到1726.5万人,是汽车产业直接就业人数的9.52倍;因此汽车产业间接就业人数高达1999.5万人,是直接就业人数的11.02倍。

目前,世界主要汽车生产国汽车产业提供的就业机会,约占这些国家总就业机会的20%左右。在我国,2005年汽车产业就业人数已达4215万人,占全国就业人数的10%,有专家预测到2030年,将达1亿人以上。汽车产业对于多方面扩大就业途径,带动间接就业特别是服务业就业的增长,具有非常重要的作用。这种作用,无论是其经济意义,还是其政治意义,都是不可低估的。

综上所述,汽车工业具有支柱产业的特征。把汽车工业列入支柱产业予以扶植和发展,是保证我国经济持续、健康发展的重要举措之一。

二、我国汽车市场的形成与发展

我国汽车市场的形成过程,与西方国家存在着较大差别。西方国家的汽车市场是在其商品经济发展过程中自然形成的,而我国的汽车市场是通过经济体制改革而形成的。按照市场机制(价格机制、供求机制和竞争机制),在我国汽车生产、流通和消费各环节的作用程度不同,我国汽车市场的形成过程大体可以分为如下三个阶段。

1. 孕育阶段

从1978年宏观经济体制开始转轨,到1984年城市经济体制改革着手实施,这7年是我国汽车市场的孕育阶段。从汽车产品的流通看,这一阶段开始从严格的计划控制,出现局部松动,但仍具有较浓厚的计划色彩。

从1978年,中共中央《关于加快工业发展若干问题的决定》指出:加强物资管理,要统一计划,统一调控,但中央对一部分计划外分配的国产汽车,允许各省、市、自治区自行安排分配。1981年,国务院批转《关于工业品生产资料市场管理暂行规定》规定各生产企业在完成国家计划前提下有权自销部分产品,企业自身利益开始得到承认,汽车产品流通也开始向市场化转变。但严格地说,这一阶段汽车产品分配仍处于国家计划控制之下,只是在管理方式和严格程度上有所改变。汽车产品的指令性计划由:1980年的92.7%下降到1984年的58.3%,表明计划管理有了较大松动,由于在这一阶段,指令性计划对汽车的生产与流通仍占主导地位,企业自销与市场机制只是处于补充地位,计划体制没有根本改变;汽车市场尚未真正形成。

2. 诞生阶段

从1985年以后,市场机制在汽车产品流通中的作用日益扩大,并逐步替代了传统的计划流通体制,汽车流通的双轨制向以市场为主的单轨制靠拢;市场机制开始成为汽车产品流通的主要机制。这一阶段的特点是正面触及旧体制的根基即计划分配体制,大步骤缩小指令性计划,大面积、深层次地引入市场机制,为形成汽车市场创造了条件。至1988年,国家指令性计划只占当年国产汽车销量的20%,1993年进一步下降到7%,并在一些中心城市建立了全国性的汽车交易市场、零部件市场、汽车自选市场、展销市场等有形市场。

在这一阶段,由于市场机制对汽车生产、流通和使用的作用越来越大,并上升至主导地位。因而可以说,我国的汽车市场已经全面形成。

3. 市场主体多元化成长阶段

这一阶段以1994年我国开始全面进入市场经济建设为标志,并持续至2010年或稍后一些时间。届时汽车工业基本建成国民经济支柱产业,汽车工业将在数量和品种结构方面,基本满足国内市场需要,市场主体将以私人消费为主导,从而使汽车市场转入私人消费主导阶段。

目前这个阶段的主要市场特点是:市场机制进一步被充分尊重,那些影响和制约汽车市场发育的不和谐因素将逐渐减少,甚至得以消除;市场需求的规模迅速扩大,市场需求主体由过去比较单一的公费购买,向公务需求、商务需求和私人需求转变,并且私人需求的份额逐步增加至主导地位;进口汽车与国产汽车的竞争逐步加剧,从数量竞争到深层次竞争更为明显。

综上所述,我国汽车市场的形成与发展,必将为我国汽车企业既提供更大的市场营销空间,又搭建更为严厉的竞争舞台。汽车企业要有足够清醒的认识,并充分重视营销研究工作。这种必要性表现如下。

第一,我国正处于市场经济建立的过程中,旧体制虽已基本被打破,但新体制的完善却还有待时日,经济生活中的不规范现象常常发生,我国又加入世贸组织,这就表明我国汽车营销将面临非常复杂的营销环境。

第二,随着我国经济的持续快速增长,人们收入水平的提高,我国汽车工业尤其轿车工业,面临一些黄金机会,但同时来自国内外的市场竞争又空前激烈,这表明我国汽车市场营销活动的特点将大不同于以往。从过去的历史看,我国汽车企业的营销活动还缺乏成熟性,尤其是受到需求活跃的影响时,现代市场营销观念及其指导下的一系列活动不能始终如一地得到贯彻和运用,我们还需要掌握调节市场需求的营销艺术。

第三,中国经济已经开始同世界接轨,已经迈出全面参与国际经济大循环的步伐。中国汽车工业也被迫要同诸如通用、丰田等世界级跨国公司展开一场力量悬殊的竞争,中国汽车被迫要在国际、国内两个汽车市场上同国际汽车工业巨头短兵相接,展开营销大战。

以上分析表明,搞好我国的汽车市场营销研究,比以往任何时候都有更大的现实意义和历史意义。

【复习思考题】

1. 汽车产品具有哪些社会经济价值?
2. 概述汽车市场营销的功能及意义。
3. 我国汽车市场有哪些特点?

【案例讨论】

(一)国内汽车行业的总体发展状况

1. 汽车需求增长较快拉动汽车产销量连创新高

汽车行业产业链长、关联度高、消费拉动大,已经成为我国经济的重要支柱产业。"十一五"期间,我国社会生产力和综合国力显著提高,2011年是"十二五"的开局之年,2011年全年国内生产总值为471,564亿元,比上年增长9.2%,城镇居民人均可支配收入和农村居民人均纯收入分别实际增长14.1%和17.9%。随着我国经济的快速增长和居民收入水平的持续提高,对汽车等商品的需求不断上升(图1-1)。

2008年,受国际金融危机、特大自然灾害及国Ⅲ排放标准实施等一系列因素影响,我国汽车产销呈现"前高后低"的走势。2008年,汽车累计产销934.51万辆和938.05万辆,同比仅增长5.21%和6.70%。

2009年以来,在一系列汽车相关产业政策密集出台的拉动下,汽车行业产销呈现大幅度反弹。2009年,汽车产销量分别同比增长48.30%和46.15%,分别超过2008年全年444.60万辆和426.43万辆。

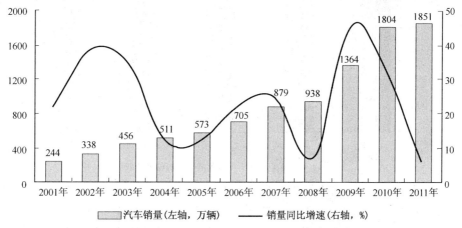

图1-1 2001~2011年我国汽车销量及其增长情况(单位:万辆,%)

2010年全年,我国汽车产销量刷新世界纪录,产量达到1,826万辆(含商用车),同比增长32.44%,销量达到1806万辆(含商用车),同比增长32.37%,全能销量呈现出两头高中间低的形态。

汽车产销在持续了两年的高速增长后,由于国家宏观经济政策的调整、购置税优惠等有关促进政策的退出、部分城市汽车限购、日本地震以及行业自身所需调整的影响,2011年全行业增速大幅回落,由2010年的高速增长转为平缓增长,汽车工业增速出现了罕见的跑输GDP现象。

2.汽车产能快速扩张,行业竞争日趋激烈

国民经济快速稳定发展推动了对汽车消费的持续需求,导致目前各大汽车生产企业产能快速扩张。未来2~3年,国内汽车行业的产能将继续上升,促使汽车市场竞争程度进一步加剧,而且长期来看,汽车消费也面临城市交通环境拥挤、能源价格持续走高以及汽车消费支持政策取消、部分大城市限制购车等多方面不利因素。随着国内汽车生产企业设计和生产能力的提升,汽车新品上市频率加快。此外,汽车和汽车零部件的进口关税下降、人民币升值也刺激着进口汽车不断进入国内市场,汽车进口量由2001年约7.10万辆增至2011年的约一百万辆,行业竞争日趋激烈。

3.自主品牌获得长足发展,但自主开发能力仍然较弱

长期以来,技术落后严重制约了自主品牌汽车的发展,随着国家调整汽车产业政策,鼓励与支持国内汽车企业进行自主研发能力和自主汽车品牌的建设,国内汽车生产企业加大了在研发能力方面的投入,自主品牌产品的技术水平日益提高,在国内市场的地位进一步提升,如图1-2所示。

虽然我国自主汽车品牌取得了较快的发展,但国内汽车企业自主开发能力总体仍然较弱,主要依靠引进国外技术。在汽车工业整体利润受到挤压的大背景下,如果继续沿用技术引进和组装生产的模式,将影响企业的长远发展。国家对汽车产业的政策基调正由"做大"变为"做强",支持鼓励自主品牌汽车的发展,计划到2015年使自主品牌乘用车的市场份额达到50%,其中自主品牌轿车的市场份额将达到40%。

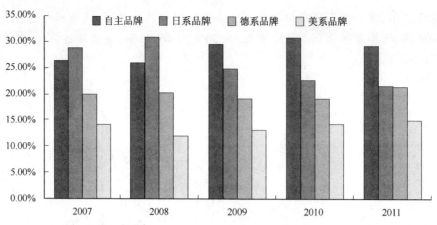

图 1-2　2007—2011 年轿车品牌市场份额比较

4. 产业集中度稳步提升，合资汽车生产企业占据主导地位

目前，我国汽车市场初步形成了以四大（一汽集团、上汽集团、东风集团、长安集团）为第一梯队、十小（广汽集团、北汽集团、奇瑞汽车、比亚迪、华晨集团、江淮集团、吉利汽车、中国重汽、福汽集团、陕汽集团）为第二梯队的产业格局。2011 年国内主要汽车企业销售情况见表 1-1。

2011 年国内主要汽车企业销售情况（单位：万辆，%）　　　表 1-1

排　名	企业名称	2011 年销量	同比增长	市场份额
1	上汽集团	396.60	11.45%	21.43%
2	东风汽车	305.86	12.25%	16.53%
3	一汽集团	260.14	1.69%	14.06%
4	长安汽车	200.85	−15.57%	10.85%
5	北汽控股	152.63	2.44%	8.25%
6	广汽集团	74.04	2.24%	4.00%
7	奇瑞汽车	64.17	−5.92%	3.47%
8	华晨集团	56.68	13.04%	3.06%
9	江淮汽车集团	49.48	7.92%	2.67%
10	长城汽车	48.68	22.53%	2.63%
前十大合计		1 609.13	3.18%	86.96%

数据来源：根据汽车工业协会公布数据整理。

为应对经济调整的影响，国务院于 2009 年 3 月出台了汽车产业调整振兴规划细则，同时，新出台的产业政策继续支持自主品牌汽车的发展，包括研发、技术进步等。但目前来看，自主品牌汽车的市场地位仍不及合资企业，尤其是在乘用车领域，包括大众、通用、丰田、福特、戴-克、日产、本田、标致雪铁龙、现代、菲亚特和宝马等 10 余家跨国汽车公司先后通过增资、重组和合资等方式进入我国，而且基本垄断了中高端汽车市场；包括奇瑞、吉利、华晨集团和比亚迪在内的自主品牌汽车只能以中低端市场为突破口，实现资本、技术和人力资源的积累，进而待机达到扩张、壮大的目的。虽然自主品牌企业经过多年的发展，目前在市场中已具有一定的地位，但仍需在研发实力、技术水平、整车设计和配套以及品牌影响力上提高。

5. 汽车出口形势好转

得益于劳动力成本优势以及自主品牌的不断成长,我国汽车出口一直保持快速增长态势,主要出口国家包括阿尔及利亚、越南、叙利亚、埃及和德国等。由于国际经济仍没有恢复到金融危机前,汽车出口还没有回到危机前水平。2011年汽车出口81.43万辆,同比增长49.45%,比上年同期增加26.94万辆,创历史新高,汽车出口已连续两年呈高速增长,在国内市场低迷的情况下,国内企业已越来越重视开发国际市场。

(二)行业发展政策

作为国民经济的支柱产业之一,汽车产业的发展受到了政府的大力关注与支持,2004年—2011年国家颁布了一系列的法律法规,涉及汽车产品的研发、生产、消费到相关产业的发展等各个环节,全面鼓励、支持国内汽车产业不断发展壮大。

(三)行业进入壁垒

目前,汽车行业进入的主要障碍包括资金需求、规模经济以及政府政策。

1. 资金需求

汽车行业研发、生产线建设都存在巨额资金需求。另外,品牌推广和营销渠道建设也需要企业大量资金投入。

国家发改委《汽车产业发展政策》中对汽车行业进入与扩张所需资本投入做出了明确的要求:新建汽车生产企业的投资项目,项目投资总额不得低于20亿元人民币,其中自有资金不得低于8亿元人民币,要建立产品研究开发机构,且投资不得低于5亿元人民币。

2. 规模经济

由于汽车行业在进入初期需要巨额研发费用和建设费用,且经营过程中需要投入大量管理、营销费用以及采购成本,因此要求汽车制造厂商必须以大规模生产的方式进入汽车行业,实现规模经济,如果汽车产量不能达到一定规模,汽车制造厂商将难以获利。

3. 监管政策

政府部门对国内汽车行业的准入、投资、生产和销售存在严格管理和控制,汽车行业准入的政策壁垒正在逐步提高。根据国家发改委《汽车产业发展政策》,新建汽车生产企业需要国家发改委进行核准,实行核准的项目未获得核准通知的,土地管理部门不得办理土地征用,国有银行不得发放贷款,海关不办理免税,证监会不核准发行股票与上市,工商行政管理部门不办理新建企业登记注册手续,国家有关部门不受理生产企业的产品准入申请。

(四)环保政策

近年来,国家全面实施节能减排重点工程,控制高污染机动车发展,严格执行机动车尾气排放标准。2007年7月,国家环保总局宣布相当于欧洲Ⅲ号标准的国家机动车污染物排放标准第三阶段限值于7月1日起在全国范围内开始实施,这标志着我国汽车污染排放控制进入新阶段。

(五)行业发展前景

1. 庞大的市场需求仍是保持汽车产销量增长的重要因素

虽然我国的汽车工业得到了快速的发展,但我国汽车人均拥有量仍然很能低,此外,广大的中小城镇和农村消费市场未被激活,未来的市场发展空间仍然很大。因此,在国民经济发展、产业政策引导、居民收入增加和消费结构升级等因素拉动下,我国汽车产业在近期内仍将保持快速发展的态势。

2. 产能过剩问题日渐显现

2009年，汽车市场在经济刺激措施和消费政策双重作用下意外走强，很多生产企业加大了产能扩张计划。

如果没有进一步的消费刺激政策，未来一段时期内汽车需求增速将逐步放缓10%～15%，从长期来看，汽车消费也面临城市交通环境拥挤、能源价格持续走高以及汽车消费支持政策取消等多方面制约因素。以目前各汽车生产企业的扩张规划看，未来实际产能增速将远大于需求的增速，供求关系可能失衡，加剧汽车消费市场的竞争。

3. 并购重组成为未来行业结构调整的重要趋势

目前，中国汽车市场集中度偏低、配套布点分散的现象并未消除，随着竞争日趋加剧，汽车行业利润不断下降，规模效应的作用越来越强，企业并购重组已经成为中国汽车企业参与全球竞争过程中的必然环节，通过资本并购行为进行市场资源配置的作用会越来越大。从世界汽车业发展的过程来看，通过并购重组合理配置资源、发挥协同效应、提高产业集中度，将成为汽车产业结构调整的主要表现，也是中国汽车业发展的必经之路。

4. 新能源汽车成为政策重点支持的发展方向

近年来，我国新能源汽车产业取得了重大的发展，自主研制的纯电动、混合动力和燃料电池三类新能源汽车整车产品相继问世；混合动力和纯电动客车实现了规模示范；纯电动汽车实现批量出口；燃料电池轿车研发进入世界先进行列。

5. 汽车工业成功经受入世考验

入世后，我国政府对汽车产业的健康发展十分重视，一方面执行入世谈判关于汽车产业开放的有关承诺；另一方面在世界贸易组织规则框架下，研究和适时推出相关政策，引导和扶植汽车产业的健康发展，营造良好的产业发展环境。

根据我国汽车产业发展的总体战略目标，到2020年，我国汽车将实现年产销2000万辆，占全球份额的25%左右；汽车产业增加值占同期GDP的比重将达到3%；将形成2～3家年产销能力达到400万辆以上的企业集团；产品的自主开发技术水平将接近日韩，自主开发产品在国内市场份额占70%以上。可以说，几代中国人的"汽车强国"之梦，即将实现。

【案例讨论题】

1. 根据我国汽车行业的总体发展趋势，说明阻碍我国汽车消费的主要障碍是什么。
2. 从长远看，国家应该制定怎样的行业发展政策促进自主品牌的销售？

第二章　汽车品牌概述

【本章学习重点】

1. 品牌是什么,对产品如何进行品牌化;
2. 汽车品牌的魅力是什么;
3. 汽车品牌化的载体有哪些?

【开篇案例】

2012 汽车全球品牌价值排行榜

从 2012 汽车全球品牌价值排行榜上我们可以看出,此次宝马品牌以 246 亿美元(同比增长 10%)的价值位列汽车全球品牌价值排行榜榜首,超过了之前长期占据冠军宝座的丰田,在全球顶级品牌价值排行榜中总排名第 23 位(表 2-1)。

2012 汽车全球品牌价值排行榜　　　　　　　　　　　表 2-1

汽车品牌排名	品　　牌	价值(亿美元)	增　　幅	所有品牌总排名
1	宝马	246	10%	23
2	丰田	218	-10%	28
3	梅赛德斯-奔驰	161	5%	46
4	本田	127	-11%	65
5	日产	99	-2%	81
6	大众	85	15%	95
7	福特	70	-5%	
8	奥迪	47	23%	
9	现代	36	—	
10	雷克萨斯	34	7%	

而丰田则以 218 亿美元的品牌价值,位居汽车全球品牌价值排行榜第 2 位,全球顶级品牌价值排行榜第 28 位。

业内人士分析称,丰田之所以丢掉了汽车全球品牌价值排行榜榜首的位置,主要与 2012 年的日本超强地震、海啸、核辐射等自然灾难有关。受此影响的还有日产和雷克萨斯等日本本土品牌,不过目前这三个品牌仍然在汽车全球品牌价值排行榜名列前 10,只不过名次稍稍有点下降。

资料来源:http://info.gongchang.com/a/auto-2012-05-23-452787.html

第一节　品牌的内涵

一、品牌是什么

从品牌营销的实践来看,品牌的出现可追溯到19世纪早期,酿酒商为了突出自己的产品,在盛威士忌的木桶上打出区别性地标志,品牌概念的雏形由此而形成。可见品牌最初是为了帮助消费者识别不同的产品生产者而产生的。

美国市场营销学会(AMA)对品牌的定义是:品牌是一种名称术语标记符号或设计,或是它们的组合运用,其目的是借以辨认某个销售者,或某群销售者的产品及服务,并使之与竞争对手的产品和服务区别开来。该定义从生产者视角强调品牌是一种产品区别于其他产品的标志,并告诉我们,从生产者的角度创造一个品牌主要包括品牌名称、标志、包装设计等品牌元素,在这些品牌元素设计和制造中要更多考虑竞争导向,即与对手的产品区别开来。显然,生产者视角的品牌制造重点在于强调构成品牌的外在元素。

随着品牌营销实践的不断发展,品牌的内涵和外延也在不断扩大。凯文凯勒(Kevin Keller,1998)认为:品牌是扎根于顾客脑海中对某些东西的感知实体(perceptual entity),根源于现实,却反应某种感知,甚至反映顾客的独特性。该定义从消费者视角来诠释品牌,明确地告诉我们,品牌是消费者的,借助品牌可将消费者区分开来。消费者视角和品牌内涵认知深入剖析了品牌内在的机理,即说明真正的品牌一定是具有人性化的。品牌、名称、标志等外在元素只是表明不同品牌来自不同生产者,真正让消费者动心的是品牌内在的与众不同的气质个性和形象。消费者与品牌的气质个性和形象能产生高度共鸣。例如,品牌不只是手机上的诺基亚名称和标记,而是诺基亚的名称及标志能在消费者心中唤起的对该品牌手机的一切美好印象之和,这些印象既有有形的,也有无形的,包括社会的或者心理效应。

品牌已成为一种强有力的武器,不仅能改变一个行业的前景,甚至一些强势品牌能深深根植于整个民族的心智,成为民族文化的一部分。如"可口可乐"快乐的,自我的品牌理念已成为美国文化的象征。

二、汽车品牌的角色

真正的品牌不仅是消费者熟记于心的一个名字,而且是品牌所代表的产品或服务的独特性。品牌的首要目标是提升人们的生活价值,使顾客从中受益,即品牌的差异是建立在顾客的利益上而不是产品或者服务本身。购买品牌的顾客应获得某种使用价值和使用品牌后的满足感。

品牌对于汽车公司也非常重要。它们不仅简化了产品处理和追踪,而且有助于管理存货和会计记录,并为公司所具有的独特产品性能或成分提供法律保护。强大的品牌导致公司更好的收入和利润表现,反过来又为股东创造更多的价值。品牌可以传递某一水平的品质保障,满意的购买者可以很容易地再次选择该产品,从这点来说,品牌可以被视为在汽车行业中确保竞争优势的一种强大工具。

品牌从本质上说是向消费者传递一种信息,菲利普.科特勒认为,一个品牌包含六层意思。

1. 属性

一个品牌首先代表特定产品的属性。例如"海尔"表现出的质量可靠、服务上乘、"一流的产品,完善的服务",奠定了海尔中国家电第一品牌的基础。特定的属性附着在一定的产品上,不同品牌的产品表现为不同的属性差异。消费者可以根据不同的品牌区分出同类产品的属性差异,据此选择自己所需求的产品。

2. 利益

消费者购买利益而不是购买属性。从消费者视角,品牌属性就是品牌功能和情感利益。"质量可靠"会减少消费者维修费用,给消费者提供节约维修成本的利益,"服务上乘"意味着极大地方便了消费者。

3. 价值

品牌的价值特指可以兼容多个产品的理念,是品牌向消费者承诺的功能性、情感性及自我表现性利益,体现了制造商的某种价值感。品牌的价值是一种超越企业实体和产品以外的价值,是与品牌的知名度、认同度、美誉度、忠诚度等消费者对品牌的印象紧密相关的,能给企业和消费者带来效用的价值,是产品属性的升华。例如"高标准、精细化、零缺陷"是"海尔"体现的服务价值。品牌价值需要通过企业的长期努力,使其在消费者心目中建立起一定的价值,再通过企业与顾客之间保持稳固的联系加以体现。

4. 文化

品牌的内涵是文化,品牌属于文化价值的范畴,是社会物质形态和精神形态的统一体,是现代社会的消费心理和文化价值取向的结合。"海尔"体现了一种文化,即高效率、高品质。而小糊涂仙则象征"难得糊涂"的价值观。

5. 个性

品牌的个性是品牌存在的灵魂,品牌个性是品牌与消费者沟通的心理基础。从深层次来看,消费者对品牌的喜欢是源于对品牌个性的认同。"海尔"最突出的品牌个性是真诚。"沃尔玛"则会使人感受到它"勤俭、朴实"的个性。

6. 使用者

品牌暗示了购买者或使用产品的消费者类型。品牌将消费者分隔开来,这种分隔不仅体现在消费者的年龄、收入等表象特征,而且更多地体现在消费者的心理特征和生活方式上。例如,买奔驰车的人是追求彰显身份和地位的成功人士。

品牌的内涵在于它除了向消费者传递品牌的属性和利益外,更重要的是它向消费者所传递的品牌的价值、品牌个性及在此基础上形成的品牌文化。品牌属性、品牌利益、品牌价值、品牌文化、品牌个性及品牌的使用者这六种要素共同构成品牌的内涵,这六者是一个紧密联系的统一体,具体关系见图 2-1。

如图 2-1 所示,"属性、利益和使用者"是形成一个品牌的基础,而品牌价值和品牌个性是在此基础上的浓缩和提炼,而文化则是进一步升华。如果一个公司把品牌仅看成是某一个元素符号,它就忽略了品牌内容的关键点。品牌的挑战是要深度地开发品牌的意义,如果一个品牌只具备了"属性、利益和使用者"这三个基本要素,我们称它为浅意品牌;能被看出所有六层意义,我们称它为深意品牌。在品牌的六大元素中,价值处于中心地位,品牌的价值是品牌的精髓,是成为深意品牌的关键。品牌价值是在浅意品牌基础上的升华,一个品牌最独一无二且最有价值的部分

图 2-1 品牌内涵关系图

通常会表现在核心价值上。强势品牌无一例外是靠其核心价值获得消费者的品牌认同。"科技以人为本"使诺基亚品牌的核心价值倍增;"IBM 就是服务"的核心价值让消费者认知蓝色巨人的内涵。

三、品牌与产品

提及品牌,最相关的名词是产品。品牌与产品有诸多联系,但两者毕竟不同。产品是具体的,消费者可以触摸、感觉或看见(有形物品可视,无形的服务可感觉或感受);而品牌是抽象的,是消费者对产品的感受总和。没有好产品,品牌必然不会在市场上经久不衰;但是有了好产品,却不一定有好品牌。两者既有区别又有联系。

1. 品牌与产品的区别

史蒂芬·金(Stephen King)认为:"产品是工厂里所生产的东西,品牌是消费者所购买的东西。产品可以被竞争者模仿,品牌确实是独一无二的。产品易过时落伍,但成功的品牌却能持久不衰。"所有品牌都是产品,但是并非所有的产品都是品牌。产品是工厂里制造的东西,品牌则又是消费者带来的东西。

1)产品是具体的存在,而品牌存在于消费者的认知中

品牌是消费者心中被唤起的某种情感、感受、偏好、信赖的总和。同样功能的产品被冠以不同品牌后,在消费者心中产生截然不同的看法,从而导致产品大相径庭的市场占有率。如,同样的运动衫被标上"耐克"标志后,消费者的购买热情大增,穿上"耐克"牌运动衫俨然一位实现自我超越的运动明星。

2)产品最终由生产部门生产出来,而品牌形成于整个营销组合环节

品牌是根据产品设计出来的。营销组合的每一个环节都需要传达品牌的相同信息,才能使消费者形成对品牌的认同。如,一种定位于高档品牌的产品,必然是高价位,辅之以精美的包装,在高档商店或专卖店出售。商业传播与品牌的关系更加密切,强势品牌的产品投入要高于一般品牌。

3)产品重在质量与服务,而品牌贵在传播

品牌的"质量"在传播,品牌的传播包括品牌与消费者沟通的所有环节和活动,如产品的设计、包装、促销、广告等。传播的效用有两点:一是形成和加强消费者对品牌的认知;二是传播费用转化为品牌资产的一部分。

4)任何产品都有生命周期,强势品牌可常青

激烈的市场竞争,消费者需求的不断变化是产品不断更新换代的根本动力,科学技术的迅猛发展为产品更新提供了技术可能。不断地开发新产品是企业赢得消费者的重要手段,任何产品都会在完成其历史使命之后退出市场舞台。作为品牌载体的产品也只有不断更新才能使得品牌之树常青。

2. 品牌与产品的联系

1)产品是品牌的载体,品牌依附于产品

品牌是附着在产品上的名称或标志,离开产品,品牌将不复存在。产品不一定必须有品牌,但是在每一个品牌之内均有产品。消费者对品牌的信赖是建立在对产品信任的基础上的。"海尔"品牌在消费者心中形成的第一印象是张瑞敏带领工人砸烂一批不合格产品,该举动在消费者心中树立了"海尔"品牌是高质量的代名词。品牌对产品的依附具体表现为:

(1)品牌利益由产品属性转化而来。品牌所提供给消费者的利益(包括功能性利益和情

感性利益)是由产品的属性转化而来。如奔驰的"工艺精湛、制造优良"的属性,可转化为功能性利益—"我可以放心使用";"昂贵"可转化为情感利益—"开奔驰是成功、有地位的象征"。

(2)品牌的核心价值对产品功能性特征的高度提炼。品牌核心价值具有抽象性,它不再是具体产品或服务,然而这种抽象的思想、特征并不是由营销人员设计,而是对产品和服务的功能性特征进行提炼的结果。沃尔沃的"安全"在于工程师在每一个设计决策中首先考虑的是安全问题,所有技术参数都必须让位于安全这个技术参数。当他们决定在最新型号产品的仪器上增加一个全球定位系统时,必须确认屏幕便于阅读,离驾驶员的视野比较近,从而不使驾驶员分心。当一些顾客要求沃尔沃制造敞篷车时公司拒绝,因为"敞篷车不安全"。

品牌的核心价值建立在具体的产品和服务的基础上而又高于它们,是对它们的特征的概括和抽象。品牌核心价值会使品牌独具魅力,利用品牌核心价值进行的品牌延伸会使消费者更容易接受新产品。

(3)品牌借助产品来兑现承诺。品牌对消费者的承诺通过消费者消费产品来兑现。企业以各种传播手段和方式向广大消费者传播品牌信息、品牌承诺,消费者接收品牌信息,并通过购买、消费该品牌的产品来感受这种承诺的存在与否。消费者感知、感受、信任品牌承诺的根本在于,消费者在消费该品牌后的实际感受与品牌承诺的一致性。许多品牌正是因为不实现品牌承诺而失信于消费者,消费者的回报则是放弃该品牌的购买。

2)产品质量是品牌竞争力的基础

消费者对品牌的信任首先是基于对该品牌产品质量的信任。产品质量的好坏直接关系到消费者在消费产品中获得的功能性效用,如果功能性效用不能得到满足,就会产生负面情感性效用。设想一位购买了知名品牌运动鞋的年轻人,只穿了两天,鞋就坏了。他今后恐怕再也不会购买该品牌产品,并还会不厌其烦地向其他人讲述他的遭遇。该品牌的市场命运也就可想而知了。纵观世界品牌的发展史,强势品牌无一例外皆是产品品质优良的楷模。相反,许多品牌的衰落也是败在产品质量的不稳定上。

四、品牌化的范畴

品牌化是指赋予产品和服务品牌的力量。品牌化的关键是消费者不能认为该类别中的所有品牌都是一样的。品牌化就是建立差异性。品牌的差异通常与产品本身的功能或利益相关,也可以通过与非产品相关的方法。要给一个产品树立品牌,必须告诉消费者产品是"谁"——给它起个名称并利用其他品牌元素帮助识别该产品,还要告诉消费者产品是"做什么的"以及他们"为什么"要关注该产品。

品牌化包括建立心理结构并帮助消费者对他们所拥有的产品和服务知识进行组织,从而明确要作出的决策,同时在这个过程中为公司带来价值。要想确保品牌化战略取得成功并创造品牌价值,必须让消费者确信在某类产品或服务中不同的品牌具有确实的差异。既可以对实体产品(海尔冰箱)树立品牌,也可以对服务(中国银行)、店铺(星巴克)、人(姚明)、地点(北京市)、组织(红十字协会)或者想法(自由贸易)树立品牌。

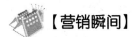【营销瞬间】

福特汽车的成功与失败

亨利·福特于1903年创办了以自己名字命名的"福特汽车公司"。1908年,福特公司设计制造的 T 型车,每辆售价 850 美元,一年售出 10600 辆。1914 年,世界上第一条汽车流水装配线在福特汽车公司诞生,制造每辆汽车的时间由原来的 12h 28min,缩短为 9min,生产效率提高近 100 倍。1916 年 T 型车生产了 58 万多辆,每辆售价仅 360 美元,畅销美国各地。福特汽车公司一跃成为世界上最大的汽车制造公司,亨利·福特本人荣获"汽车大王"的称号。100 年来,福特一直是世界汽车界的巨头,推出过多种多样的车型。这其中有成功,当然也有失败,其中最成功,值得大书特书的,当属 1964 年艾柯卡为福特汽车推出的"野马"轿车。

1964 年,野马在纽约世界博览会上登台亮相之后,即刻吸引了全国各地的人们前来参观。其强烈的反响是汽车工业中从未出现过的。这种造型锐利的 1965 年款"野马"成了美国的宝贝儿,在头百日内即售出了 10 万辆。这款车拥有跑车所应具备的一切优点,保持了简洁的风格,且价格合理,约为雪佛兰价格的一半,并且有 6 种丰富的颜色供顾客选择,充分迎合了美国年轻一代的口味。"野马"在多部影片中大出风头,如惊险刺激的 1965 年 007 影片《金手指》和 1988 年的经典棒球影片《布尔·德拉姆》。拥有"野马"的各界名流数不胜数,甚至包括克林顿总统。"野马"轿车在刚推出的两年内就为福特公司创造了 11 亿美元的纯利润。可以说"野马"汽车的营销是汽车营销史上一个成功的典范。当时,"野马"车风靡全国,各地纷纷成立"野马"车协会。艾柯卡被媒体和大众冠以"野马之父"的美誉。为什么"野马"汽车如此畅销呢?这还要从艾柯卡对"野马"汽车的精心策划说起。

1962 年,李·艾柯卡就任福特汽车公司分部总经理后,便雄心勃勃地开始策划推出新车,什么样的车才会受到顾客欢迎呢?他首先进行了全面细致的市场调研。当时福特汽车公司在市场上正销售一种名为"红雀"牌的汽车,根据客户的反映,"红雀"的缺点是车子太小,没有行李箱,外型没有时尚感,其销量在下降,如果没有更好更适合市场的车型,将大大影响福特公司的利润。同时,福特公司的市场研究人员对市场营销环境进行了深入调查。

60 年代的美国应该是年轻人激增的时代,因为二战以后,美国出现了"badyboom"即所谓的生育高峰期,那时的婴儿如今要长大成人,根据测算,今后几年的人口平均年龄要急剧下降;20~24 岁年龄组要增长 50%,购买新车的 18~34 岁年轻人可望占到一半。另外,随着社会和经济的发展,人们受教育程度的提高,购买汽车的顾客中妇女和独身者的数量将会增加;消费模式也会变化,拥有两辆以上汽车的家庭将越来越多,人们将把更多的钱花在娱乐上。

根据调查获得的信息,艾柯卡确定了这样一个目标市场:一个年轻人的市场,一个汽车娱乐休闲的市场。适合这个市场的车应当有以下特点:样式新颖的轻型豪华车,外型像跑车,具有强烈的时尚感;车型要突出个性,与众不同,特点鲜明;要容易操纵,以便于妇女和新买新学驾驶的人购买;要有行李箱,以便于外出旅行,以此吸引年轻人。

根据这样的设计思路,艾柯卡提出福特的这款新车一定要具有样式新、性能佳、价钱低三大特色。这种车应当是能容下四人的小型车;应当是重量不超过 2500 磅的轻型车;应当是不超过 2500 美元的低价车;应当是吸引年轻人的时尚车。1962 年秋天,福特设计中心完成了新车的泥塑模型。1963 年春天,样车陈列在福特设计中心,与公司的强大竞争对手通用汽车公司的雪佛兰新车并排展示,进行对比性分析。样车经过多次改进,最后的形状是:前长后短的流线型;方顶,车身较低;整车显得潇洒矫健而又很时髦。

同时,为了迎合年轻人,体现出美国人放荡不羁的个性,艾柯卡在新车的命名上也费尽周折:先是准备叫做猎鹰特号,后又想起美洲豹、雷鸟Ⅱ型等不同的名字,最后,艾柯卡委托的广告公司代理人在底特律公共图书馆,从 A 到 Z 列出成千动物,"mustang"一词呼之欲出,"mustang"在英语中是指一种生存在美国北部平原的小型强壮野马,它是阿拉伯马的后裔并且被西班牙殖民者带入到新大陆。"野马",它在小、野、壮三方面完全适合该车的市场定位,而且,这是一个地道的美国名字。美国人对第二次世界大战中野马式战斗机的名字印象极为深刻,用"野马"作为新型车的名字,再适合不过了。

在为"野马"车定价方面,艾柯卡也毫不含糊。他们在底特律选定了52对中等收入的青年夫妇,请他们对"野马"进行评判。白领夫妇对该车造型表示满意,蓝领夫妇则把"野马"看作是他们所追求的地位和权势的象征。艾柯卡请他们为"野马"估价,几乎所有人都估计约10000美元,并表示家中已有车,将不再购买这种车。当艾柯卡宣布车价在2500美元以内时,他们十分惊讶,都表示将购买这种能显示身份和地位的新车。在研究了消费者心理之后,艾柯卡把车价定在2368美元,合理低廉的价格定位,为"野马"的成功又助了一臂之力。

"野马"正式推出之后,为了使其迅速占领市场,采用了多种多样具有轰动效应的促销手段,使"野马"迅速窜红。"野马"车投放市场的当天,福特公司在各种媒体进行了广告轰炸。有2600种报刊上刊登了全页广告,数家电视台播出广告片。广告设计也新颖别致:一幅朴素的白色"野马"在迅捷奔驰,旁注:"真想不到",副题是:售价2368美元。同时,新车的照片也上了最具影响力的《新闻周刊》和《时代》封面,这两大杂志的宣传大大提高了"野马"汽车的知名度。

"野马"汽车正式投放市场前四天,公司邀请了报界100多名新闻记者参加从纽约到迪尔本的70辆"野马"汽车大赛,这些车飞驰700英里无一发生故障,证实了"野马"车的可靠性。于是,几百家报纸都以显著的位置热情地刊出了关于"野马"的大量文章和照片,使"野马"成为新闻界的热门话题,再次大大提高了"野马"汽车的美誉度。

另外,公司还在全国15个最繁忙的机场和200家假日饭店的门厅里陈列"野马"汽车,以扩大影响力。公司选择最显眼的停车场,竖起巨型的广告牌,上书:"野马栏"。同时,福特公司向全国的小汽车用户直接寄发几百万封推销信,信中在传递"野马"汽车信息的同时,也表示了公司忠诚为顾客服务的态度和决心,使客户对"野马"再生好感。

此外,公司大量上市"野马"墨镜、钥匙链、帽子、"野马"玩具车,甚至在面包铺的橱窗里贴上广告:"我们的烤饼卖得像'野马'一样快"。由于在各个环节上福特公司均作出了一系列精心而正确的策划,使"野马"的营销大获成功,其订货单源源而来。到1965年4月16日,即"野马"诞生一周年的时候,已售出418812辆。在其几十年的历史中,有700万辆左右的"野马"在美国售出。由于它在世界汽车史上的重要地位,在千禧年来临之时,福特的"野马"被评为自1950年以来最受大众喜爱的汽车。

"野马"可以说是福特营销历史上最成功的例子,而埃德塞尔(Edsel)汽车则是福特营销历史上的一大失败。

在1957年9月4日,埃德塞尔汽车作为1958年福特的新型汽车推向了市场。这一举动使同行竞争者大为惊奇,因为按照传统一般在10月和11月推出下年度的新型汽车。当时福特汽车公司为埃德塞尔分部1958年的生产任务定为20万辆。埃德塞尔汽车从没想到推出新车用了10年多的时间。根据对市场营销环境的分析,数年来,美国汽车市场上日益增长着一股偏好中档汽车的倾向。像庞蒂克、奥兹莫比尔、别克、道奇、迪索托和默库里这样的中档汽车,到50年代中期,已占全部汽车销售量的1/3,而从前它们只占1/5。随着经济的发展,美国人自由支配的个人收入已从1939年的1380亿美元增长到1956年的2870亿美元,并预计到

1965年可达4000亿美元。这些个人收入中用于购买汽车的百分比已从1939年的3.5%左右,增长到50年代中期的5.5%—6.0%。福特公司预测,汽车市场的重心已从低档向中档转移,且60年代期间对高档汽车的需求会持续增长。当时,福特只有默库里牌中档汽车,通用汽车公司有庞蒂克、奥兹莫比尔和别克牌车;克莱斯勒公司有道奇和迪索托牌汽车,福特公司在这一市场领域缺乏竞争力。

因此,埃德塞尔汽车的推出看来是大势所趋。在为该车命名上,福特公司并没有凑合,他们起了大约2000个不同的名字,在不同城市访问路人,请他们说出看到每个名字时会联想到什么,并尤其关注是否有负面联想。最后,亨利·福特的唯一儿子的名字"Edsel",埃德塞尔被选做该车的命名,虽然在调查中它有不少偏向负面的联想,但由于没有获得一致同意的名字,也只好如此。

埃德塞尔上市了,这是一种大型的,拥有345Ps(马力)发动机的汽车,当时福特公司认为大马力发动机,动力强劲,加速性好,被认为符合年轻人的喜好,是强有力的竞争要素。

福特公司为了埃德塞尔的销售,专门成立了独立的埃德塞尔经销总部,并从4600个应征的经销商中精挑细选出1200个,除了位于小市镇的经销商拥有双重经销权外,其余的都必须专售埃德塞尔。平均每一位经销商投资了10万美元。

为了配合埃德塞尔的上市,福特公司进行了精心的广告策划,当年7月22日,第一个广告出现了,在生活杂志上,用了双跨页刊出大幅黑白照片,显示的是一辆汽车正在乡村高速公路上驰骋,因为是高速行驶,所以只见一个模糊的车影,其他的广告也是仅仅展示埃德塞尔的轮廓。直到8月底汽车的真实面目才正式显露,在此之前,埃德塞尔的车型一直保守秘密。试图用这种吊胃口的玄谜手法吸引公众的兴趣,使埃德塞尔成为焦点,让人们有一种期盼之感。

然而埃德塞尔推向市场后的结果却令人大失所望。9月4日当天订单6500份,还算可以,但接下来的几天,销售情况却急剧下降。10月13日,星期天晚上,福特公司在电视上推出了大量的广告,但情况仍不见好转。直至第二年11月,埃德塞尔系列新车型面世,销售才稍有转机。第三年9月中旬,虽然推出了埃德塞尔第三个系列产品,却没有造成任何影响。11月19日,埃德塞尔被迫停止生产,以失败告终。

为什么经过近10年精心策划的埃德塞尔会失败呢?原因很多,每一个单独的因素虽都不足以致命,但综合起来却使埃德塞尔一败涂地。

首先,车型有悖于市场环境。由于埃德塞尔策划时间较长,在市场调研期间正是美国经济景气繁荣之时,而在50年代末埃德塞尔推向市场之时,美国经济开始出现衰退。如果说原来市场看中中价位的汽车,而在经济不景气时,经济型汽车逐渐占据了大众的心,所以说埃德塞尔可谓生不逢时。更不利的政策因素是,美国交通安全局那时开始限制生产大马力的汽车,因为他们把高速公路的意外事件归于此,美国汽车制造协会回应美国交通安全局的批评,签署了一项同意书,禁止汽车就马力、速度刊登广告。埃德塞尔过去力捧的车型大、动力强劲、加速性好等。卖点一下子变成了弱点,使汽车的销售大打折扣。

其次,设立独立的经销部门造成了经销商花费大,财政上出现了困难。本来预计可以增进经销商的信心,带来较好的销售成绩,但其巨大的花费(平均每一位经销商投资了10万美元)则被忽略了,而且埃德塞尔经销商除了埃德塞尔之外,没有任何其他的经销产品,各经销商在财政上的困难很快就显现出来。

再者,促销广告很不成功。埃德塞尔上市之前应用了吊胃口的玄谜广告手法吸引公众,却产生了负面的效果。在广告过于隐秘的诱幻之下,美国公众抱的期望值过高,把埃德塞尔想像成时代的尖端产品,但见了真车之后,却发现它不过如此,结果成了费力不讨好。而且,一般新年度的产品均在10月或11月问市,但埃德塞尔赶在9月份推出,原想会捷足先登,结果反使埃德塞尔必须和当年的产品竞争。这不仅在售价上有很大差别,而且使消费者很迷惑,埃德塞尔到底是福特当年的新车还是第二年的新产品呢?刚开始时,有些经销商抱怨,过度的广告未免太早了,但等到10月,当其他品牌的新车型问世时,却又有人抱怨缺乏促销活动和广告了。

最后,在其他细节上埃德塞尔也出现了瑕疵。如在名字的选择上,福特的决策者没有充分考虑偏向负面的联想,贸然采用了埃德塞尔;更有意思的是,埃德塞尔的车头外型像一个张开的大嘴巴,这种外表很显然是不受欢迎的,从消费心理学的角度讲,没有人愿意自己的车子给人张牙舞爪的感觉。

第二节 品牌的魅力

在对A、B两个品牌的花生酱的口味测试中,未展示品牌时,30%的消费者选择A品牌,70%的消费者选择B品牌。然而当展示品牌时,消费者的选择发生了颠覆性的变化,70%的消费者选择A品牌,30%的消费者选择B品牌。消费者这种选择的变化使我们不禁要问,品牌的魅力究竟是什么?

一、消费者视角

在对品牌的概念认识上,普遍存在一种误区,把品牌看成企业自己的东西,一种商标权,忽略消费者作用。然而,品牌是一个以消费者为中心的概念,没有消费者,就没有品牌。品牌的价值体现在品牌与消费者的关系之中,品牌具有一定的知名度和美誉度是因为它能够给消费者带来利益,创造价值。而且,品牌知名度和美誉度本身就是与消费者相联系的,是建立在消费者基础上的概念,市场才是品牌的试金石,只有消费者和用户才是评判品牌优劣的权威。对消费者而言,品牌魅力体现在以下方面:

1. 品牌是产品识别的来源

品牌有助消费者识别产品的来源或产品制造厂家,从而有利于消费者权益保护。我国于1993年在第八届全国人民代表大会常务委员会第四次会议上通过了《中华人民共和国消费者权益保护法》,该法规定:"保护消费者的合法权益是全社会的共同责任";"消费者因购买,使用商品或者接受服务受到人身、财产损害的,享有依法获得赔偿的权利";"经营者应当标明其真实名称和标记"。

2. 品牌显示产品的特质

消费者在购买产品或服务时,会根据产品的内在或外在线索形成对产品特质的判断,从而进行购买。根据产品的相关特性,研究人员将产品分为三大类:探求类产品、经验类产品和信用类产品。不同类型的产品特质不容易通过视觉来确定,只有经过使用才能了解产品的性能及质量。信用类产品的特质就更难在购买前了解。品牌是消费者判断经验类和信用类产品的质量及特质的重要信号。

3. 品牌能降低购买风险

消费者在购买和使用产品时存在六种可感知风险:

(1)功能风险。买这个东西并不像期待中那么好。

(2)身体风险。产品对购买者或使用者的身体状况或健康构成威胁。

(3)财务风险。买这个东西可能会浪费钱。

(4)社交风险。买这个东西可能会使人感到尴尬。

(5)心里风险。买这个东西会感到内疚或是不负责任。

(6)时间风险。买这个东西未能发挥作用,造成寻找另一满意产品的机会成本。

卡菲勒(Kapferer)认为:消费者的不安全感是品牌产品存在的基础。大多数对购物存有戒心的消费者最大的问题是产品本身的模糊性:只有把产品买到手并使用后才能对产品的质量有所把握和了解,然而许多消费者并不愿意这么做。这就要求产品的外观和外在因素能体现产品的内在特质。品牌是一种外在标志,把产品中无形的,仅靠视觉、听觉、嗅觉和经验无法感觉到的品质公之于众,给消费者安全感。品牌代表着产品的品质、特色,认牌购买缩短了消费者的购买过程。在这个信息爆炸的年代,对于生活节奏日益加速的人们来说无疑可减少他们的时间压力,节省为购买商品所付出的精力。世界著名的庄臣公司董事长杰姆斯-莱汉说:"如果你心中有一个了解、信任的品牌,那将有助于你在购物时能更轻松快捷地做出选择。"

4. 品牌能带给消费者情感的满足

消费者购买品牌不仅仅是钟情于品牌所具有的功能性利益,更在意品牌的某些社会象征意义。不同的品牌往往蕴含着特定的社会意义,代表着不同的文化、品味和风格。被消费的商品一方面转化为身体、心理的满足——愉悦,另一方面上升为符号并纳入整个社会文化系统中去。阿玛尼代表着品质与优雅;开着奔驰与宝马可以享受的不单单是驾驶的乐趣,更是身份和地位的象征;劳斯莱斯轿车是尊贵与典雅的化身;兰蔻的幽幽女人香也获得了无数人的推崇。品牌的社会象征意义,可以显示出消费者与众不同的个性特征,加强和突出个人的自我形象,从而帮助消费者有效地表达自我;可以获得消费同种品牌的消费者群体认同,或产生于自己喜爱的产品或公司交流的特殊感情,从使用该品牌中获得一种满足。

二、生产者视角

在一个消费者认牌购买的年代,品牌对生产者的作用是巨大的。品牌代表了一份价值连城的合法财产。这份财产能影响消费者的行为,在它被购买和出售的过程中,它确保主人有源源不断的收入(Chailes Bymer,1991)。

1. 培养消费者忠诚

品牌一旦形成一定的知名度和美誉,企业就可以利用品牌优势扩大市场,促成消费者品牌忠诚,品牌忠诚是销售者在竞争中得到某些保护,并使他们在制定市场营销企划时具有较大的控制能力。知名品牌代表一定的质量和其他性能,这比较容易吸引新的消费者,从而降低营销费用,所以有人提出品牌具有"磁场效应"和"时尚效应"。

2. 稳定产品的价格

强势品牌能减少价格弹性,增强对动态市场的适应性,减少未来的经营风险。由于品牌具有排他专用性,在市场激烈竞争的条件下,一个强势品牌可以像灯塔一样为不知所措的消费者在信息海洋中指明"避风港湾",消费者乐意为此多付出代价,这能保证厂家不用参与价格大战就能保证一定的稳定销售量。而且,品牌具有不可代替性,是产品差异化的重要因素,减少了价格对需求的影响程度。比如国际品牌可口可乐价格均由公司统一制定,价格弹性非常小。

3. 降低新产品投入市场的风险

一个新产品进入市场,风险是相当大的,而且投入成本也相当高,但是企业可以运用品牌延伸策略将新产品引入市场,借助已成功或成名的品牌,扩大企业的产品组合或延伸产品线,采用现有的强势品牌,利用其知名度和美誉度,推出新产品。采用品牌延伸,可节省新产品的广告费,而在正常情况下使消费者熟悉一个新品牌名称的花费是相当大的,据国际研究的一些数据,现在创造一个品牌,一年至少需要 2 亿美元的广告投入,且成功率不足 10%。目前我国一些知名企业大都采用品牌延伸的策略,"娃哈哈"这一品牌就延伸到该公司的许多产品系列上,如该公司的八宝粥、果奶、纯净水等。需要注意的是,品牌延伸策略同时也存在风险,新产品可能使消费者失望并可能损坏对公司其他产品的信任,而且如果推出的新产品和已有产品关联度低的话,可能就会使原有品牌失去它在消费者心目中的特定定位。所以,公司在采用品牌延伸策略时,必须研究原有品牌名称与新产品关联度如何,以免两败俱伤。

4. 有助于企业抵御竞争者的攻击,保持竞争优势

新产品一推出市场,如果畅销,很容易被竞争者模仿,但品牌是企业特有的一种资产,通过注册它可以得到法律保护;品牌忠诚是竞争者通过模仿无法达到的,当市场趋向成熟,市场份额相对稳定时,品牌忠诚是抵御同行竞争者攻击的最有力的武器;另外,品牌忠诚也为其他企业进入构筑起了壁垒。所以,从某种程度上说,品牌可以看成企业保持竞争优势的一种强有力工具。

【营销瞬间】

凯迪拉克的品牌魅力

"V"标·魅凯迪拉克的历史可以追溯到 1902 年。当时底特律汽车公司重组并更名为凯迪拉克汽车公司。公司成立时之所以选用"凯迪拉克"之名,是为了向法国的皇家贵族、探险家安东尼·门斯·凯迪拉克表示敬意,因为他在 1701 年建立了底特律城。凯迪拉克公司的成立,为世界交通运输工业的发展翻开了崭新的篇章。凯迪拉克汽车选用的著名的花冠盾形徽章,象征着其在汽车行业中的领导地位。

这个含义深刻而精致的标志也是凯迪拉克家族曾作为皇家贵族的象征,同时表现了底特律城创始人祖先的勇气和荣誉。花冠徽章取自凯迪拉克先生所用的徽章。虽然凯迪拉克的徽章直到 1906 年才被作为商标注册。

早期的徽章设计是 merlettes 向左倾斜,一个由郁金香花蕾组成的花环从两侧向上延伸,在顶部的皇冠处汇合。从 1916—1918 年,凯迪拉克车标是原来注册商标上的郁金香花蕾和一个镶有九颗明珠的皇冠。皇冠上的明珠后来变成七颗,被设计在盾牌上。这个设计 1925 年一直在使用。1933 年,为了更完美地与凯迪拉克流水般的车型相结合,设计者让车标长出长长的翅膀。战后的凯迪拉克启用新的车标,该计包括基本的"V"字及花冠设计。1947 年的车标首次将"V"字与花冠结合在一起。从 1956 年的车型开始,凯迪拉克车标逐渐变长、变低和变宽。到 1960 年的凯迪拉克车型,车标达到最宽。

在新世纪凯迪拉克最新进行了一系列大刀阔斧的创新,其中包括重新设计凯迪拉克花冠盾牌的车标。新设计的车标含有大胆而轮廓鲜明的棱角,反映了凯迪拉克未来的设计理念。新的花冠保留了现有的颜色组合——金黄与纯黑相映,象征智慧与财富;红色,象征行动果敢;银白色,代表着纯洁、仁慈、美德与富足;蓝色,代表着骑士般侠义的精神。车标以铂金颜色为底色。

一、创新·魅

凯迪拉克轿车,在其百年历史中曾有许多令人难忘的独特设计和技术创新,创新的精神贯穿了凯迪拉克整个百年发展的历程。特别是在"艺术与科学"的主题下,尽现未来之领先风范。

1908年,凯迪拉克由于首先实现了标准零件的汽车生产,并有了"世界标准"的美名;

1912年,凯迪拉克成为第一家在汽车中装备电子起动、照明和点火装置的公司;

1954年,凯迪拉克成为第一家将动力转向作为所有车型标准配置的汽车制造商;

1964年,凯迪拉克首先开发了汽车冷暖空调系统;

1974年,凯迪拉克首先在所有车型上装备前排安全气囊;

1975年,凯迪拉克成为第一家使用电子燃料喷射系统的美国汽车制造商;

1987年,凯迪拉克 Allante 成为打入超豪华轿车市场的第一款美国轿车,凯迪拉克 Allante 锐军突进,改变了一直由欧洲轿车占据主导地位的超豪华轿车领域格局;

1990年,凯迪拉克公司总裁 John O. Grettenberger 在华盛顿被老布什总统授予 Baldrige 奖章;

1997年,具有革命性的 OnStar 车载信息系统成为为美国所有前轮驱动的凯迪拉克车型的选装设备。新开发的 StabiliTrak 稳定控制系统也大大提高了凯迪拉克轿车转弯和紧急情况下的安全性。在2000新款车型上,凯迪拉克还应用了超声波倒车提示装置;

2002年百年大庆后,凯迪拉克继续演绎着其"艺术与科学"的主题。

二、速度·魅

12秒88!一个田径史上终结了沉睡13年之久的辉煌战绩,一个激情与梦想相互碰撞的时刻。

从那以后,刘翔目光如炬、血脉贲张的经典跨栏动作被牢牢定格在人们脑海里。男子110米栏比赛所展现的力量、激情和疯狂爆发力,使它成为一项别具审美价值的赛事。而刘翔健康、积极的公众形象,使他成为众多商家代言的新宠。这其中,特别引人注目的当数汽车界的传奇品牌凯迪拉克。

全新凯迪拉克有别于其他品牌金贵、矜持的格调,以及高高在上、却明显向权贵低头的姿态,凯迪拉克想要表达的是一种更加崇尚激情、以尖端科技表现超强爆发力的现代主义豪华风格。激情与爆发力,这种气质上的共通之处,正是凯迪拉克相中刘翔做代言人的合作基础。

刘翔代言的这款凯迪拉克 CTS,是从北美地区载誉而来的入门级运动车型,被盛赞为"史上最强"的凯迪拉克。外观设计上的突破性风格,以及动力上基于全新科技的超强爆发力,正是其得到苛刻的北美媒体及市场广泛认可的基础。设计师从钻石切割工艺以及战斗机的动势中得到灵感,以简洁利索的线条勾勒出 CTS 阳刚的车身轮廓。这正是凯迪拉克品牌现代主义豪华设计理念的具体体现。观其外形,已可感受到其内在蕴含的澎湃激情。可以想象,这不是一辆用来装点门面的普通代步车,而是玩转激情与时尚的最佳工具。

三、经典·魅

凯迪拉克 CTS 是充满豪迈激情的豪华运动轿车,独一无二阳刚设计风格,拥有无与伦比的强大动力,卓越的动感操控能力,引领全新凯迪拉克设计理念。

凯迪拉克 SRX 是品位与豪情的完美结合,大胆创新的豪迈设计风格。SRX 以通用汽车公司著名的新 Sigma 底盘结构为基础,并作了专门的改进,使 SRX 具有同类产品中最长的轴距,提供乘客一流的乘坐质量。

凯迪拉克 Escalade 作为全功能超豪华 SUV 市场顶级之作,第三代全新凯迪拉克 Escalade 一推出即成为市场的全新标准。凯迪拉克惊世概念车型 Sixteen 的诸多元素,在凯迪拉克 Escalade 身上得到了完美体现。

凯迪拉克 XLR 开创了凯迪拉克的新纪元。全新造型概念，前卫大胆的设计风格，双座电动硬顶，XLR 带来前所未有的愉悦驾驶体验，引领豪华敞篷跑车新时尚。恪守其"艺术与科学"的造型概念，XLR 是高新科技与设计艺术珠联璧合的体现。

【复习思考题】

  1. 举例说明品牌的内涵。
  2. 品牌与产品的区别及联系有哪些？
  3. 品牌对消费者的魅力在哪里？
  4. 品牌对企业的意义在哪里？

【案例讨论】

宝马汽车品牌营销策略分析

  创建于1916年的宝马公司是驰名世界的汽车企业，八十多年来，它由最初的一家飞机引擎生产厂发展为今天的以高级轿车为主导，并生产飞机引擎、越野车、摩托车和汽车发动机的企业集团。到2007年时，宝马的品牌价值已达到257.51亿美元，品牌排名第14。那么究竟是什么使得宝马的品牌价值如此飙升呢？这是我们值得探讨的问题，所以研究其品牌营销战略，揭示其中的奥妙对当今汽车行业有着至关重要的意义。

  品牌是汽车企业可持续发展的重要资源之一，在中国汽车市场发展过程中，品牌的概念正在受到越来越多的关注。品牌意味着市场定位；意味着企业和消费者之间的信任；意味着汽车产品的质量、性能、技术，并最终体现汽车企业的经营理念。品牌营销直接影响和决定着其他营销策略，对于汽车市场营销的成败关系重大，在市场经济条件下每个汽车企业都应致力于汽车品牌的开发、汽车产品和服务质量的提高，以更好地满足汽车市场的需求，取得更好的经济效益。宝马公司的品牌营销战略着重于以下几个方面。

  一、品牌定位

  驾驶极品车驾驶乐趣自1986年以来，宝马的销售量逐年下降，1991年下降到5.2万辆，比1986年几乎减少了一半，宝马汽车公司面临新的挑战。宝马通过市场调查并与众多消费者进行了交谈，从中受到了启发，调查研究表明，自我实现已经成为人们生活中重要的一部分。实际上，宝马汽车所有的设计都是围绕着优异的驾驶性能而展开的，而优异的驾驶性无疑使得消费者在驾车过程中感受到其自我的实现。因此，能让消费者实现自我，无疑是宝马汽车的竞争优势。宝马公司把广告宣传重点放在了驾驶性能优势与消费者的自我实现心理衔接起来的问题上，找到最可能购买的消费群体。经分析宝马汽车最可能购买的群体是：

  1. 核心购买者。自信自己的驾车技术超人一筹，并渴望进一步达到专业水平。
  2. 理性购买者。注重家庭，重视安全，由此希望拥有一辆性能优异，能给他们安全感的好车。
  3. 冲动购买者。这些人醉心于成为一名技术超群的车手，并急于想通过某种形式过早夸耀自己。

  宝马公司巧妙地在广告宣传中把这三部分人合为一体，令广告显得真实可靠，令人信服。这期间，宝马汽车所有的广告都是以同样一句话结尾：宝马汽车是一辆好车，致力于让消费者驾驶一辆极品车是其最终的目标。新系列广告活动的推出,使宝马汽车的销售形势开始好转。1992年宝马汽车的销售额比上年增长了27%,显然新的广告和定位已经取得了成功。

二、品牌高档化策略

宝马有"两只眼":即宝马的"卓越动力性能"和"品牌形象"。宝马从驾驶极品车到驾驶乐趣以及驾乘乐趣的品牌定位,使宝马技术处于一个领先的地位,保住了"第一只眼"。而要做好品牌这"第二只眼",至关重要的就是去维持与拓展宝马的品牌形象,即生产高技术的车辆,销售给特定的客户群并且以高档价格出售。2001年11月宝马集团董事长约阿希姆·米尔贝格曾经说,宝马集团遵循的是一种不折不扣的高档品牌战略,它只以高档产品供应商的身份出现在市场上。为此宝马公司开展了其扩大化"量身定做"模式,即把某一类车卖给某一类人"。宝马作为高档品牌车,不像大众化车辆那样去开拓市场。事实也是如此,宝马每一款新车及系列产品的上市,都显示了其作为真正的创新者在汽车行业中的领先地位。

三、品牌集中统一策略

1. 品牌全球化,营销地方化。宝马为了满足不同国家和地区的不同要求,采取集中统一的品牌策略,即"品牌全球化,营销地方化"。宝马公司深深知道,它要打交道的是人,而不是车,就一个民族来说,他们有共同的观点,但是就个体来看,各人希望展示自己的个人风格却不尽相同,甚至大相径庭。正是在后者的意义上,不同国家的、那些具有某种相同或相似要求的人,构成了宝马细分市场中的目标群体。

2. 新的品牌策略。坚持毫不妥协的高档品牌策略是宝马一贯的原则,那么在具体的"品牌全球化,营销地方化"的战略架构上,宝马又是如何进行操作的呢?在新的品牌架构中,宝马又多了两个值得信赖的品牌:针对小型车市场的MINI和英国的劳斯莱斯豪华轿车,形成一个档次齐全的"三驾马车"架构。通过这三个完全独立的品牌,宝马将从微型汽车到豪华轿车的各个领域取得领先地位。

四、品牌沟通策略

1. 多层次广告策略。宝马公司通过四个层次进行推广,第一,企业性宣传活动;第二,区域广告网络;第三,全国性形象塑造活动;第四,适当运用当地行销的策略性广告,即激发销售量。

2. 多种销售促进活动。宝马公司考虑到当今的消费者面对着无数的广告和商业信息,为了有效地使信息传递给目标顾客,宝马采用了多种促销方式,包括:广告、直销、公共关系活动。第一,以传播宝马品质为核心内容的广告宣传总是极尽所能地演绎出品牌核心价值。第二,直销用直接、有效的方式把信息传递给顾客。

3. 公关活动进一步加强了宝马与顾客的沟通。正是宝马的这一系列品牌营销策略给宝马公司注入了新鲜的血液和动力,让宝马汽车能在竞争如此激烈的汽车行业立于不败之地。也正因为宝马用核心价值统帅一切营销传播,成功地把"驾驶的乐趣和潇洒的生活方式"的品牌精髓刻在了消费者的大脑深处,这也许就是宝马品牌经典意义恒久不衰的秘密之所在吧。

【案例讨论题】

1. 宝马汽车采用了哪些营销策略?
2. 宝马汽车的品牌营销战略对当今汽车行业的发展有什么启示?

第三章　汽车原理概述

【本章学习重点】

1. 汽车总体构造与主要技术性能指标；
2. 汽车发动机工作原理及总体构造；
3. 车身仪表、照明及附属装置。

【开篇案例】

沃尔沃技术创新：采用新平台架构 专注于四缸发动机

沃尔沃汽车公司的技术前景基于两项内部制定的战略：从原则上讲，可扩展的车辆平台架构是指无论汽车的大小和复杂程度如何，都能让沃尔沃的大多数车型在同一条生产线上进行生产。完全由四缸汽油及柴油发动机构成的新型动力总成系列。该创新计划中还包括一种新型的 8 挡自动变速器，而且在 2011 年末，沃尔沃还将在公路上测试全新的"飞轮动能回收系统（KERS）"。

沃尔沃汽车公司研发高级副总裁彼得·默顿斯（Peter Mertens）说："我们的技术前景由自己掌控。无论是我们的新型架构，还是新型动力总成系列，都让我们有能力在驾驶性能及燃油经济性等重要领域内与最强劲的对手并驾齐驱，甚至超越他们。"

● 自有的"可扩展平台架构"

沃尔沃汽车公司正在利用一种适用于其大多数汽车产品的独特结构，力争在自有车型范围内推动规模效益。

在这种新型联合式的可扩展平台架构（SPA）中，有多种平台和车辆分组共享着相同的基础底盘结构、座架、电气系统以及传动系统。

这些平台是各个不同车辆集群，也就是大量完备车型的根基。例如，在当下的车型系列中，沃尔沃 S60、V60 和 XC60 即构成了一个集群。

归根结底，就是根据相同的联合模块与接口、可扩展系统与组件来开发一个车型系列，再嵌入到一套灵活的生产系统当中。

彼得·默顿斯说："SPA 将我们推向一个崭新的技术开端。第一款 SPA 车型几年内就会上市，届时，其独特的新部件将占到 90% 左右。而且，就每一个领域的质量和技术水平而论，我们的标准也都有所提高。我们将完全可以与最强劲的竞争对手一争高下。"

除了车辆共用平台架构所带来的产业化优势之外，产品方面的优势也很明显：轻量化、电气化、驾驶性能、设计比例。

● 汽车质量减少 100~150kg

凭借 SPA，沃尔沃汽车公司成为汽车轻量化设计领域的领军企业。新车产品采用业内迄今为止质量最佳的高强度钢材,并在前部结构、车门、底盘和动力系统中广泛使用铝材。也就是说,与现有同等大小的车型相比,即将推出的 SPA 车型质量会减少 100~150 千克。

从起动/停止技术到纯电力驱动,这种新型平台架构实现了所有层面的电气化,而且并未影响到车内空间及装载空间。新型的底盘技术加上更小的质量和更完善的质量分配,在充分保证驾驶舒适度的基础上,使得车辆在驾驶性能方面也不输于业内的任何优秀产品。其电气结构让所有未来的多媒体交互系统解决方案成为了可能,这种结构还成为了沃尔沃汽车公司巩固其在主动安全领域内领先地位的主要推动力。

● 全新比例点燃设计灵感

整体的组装效率已经得以提高,为开发出更具吸引力的设计比例提供了有力支持。同时,在气动阻力领域也已经取得了显著的改善。与轴距、悬架、车高及前脸高度相关的设计局限均已得到改善。这使即将推出的沃尔沃汽车拥有更大的自由空间,从而打造出更加激情四溢的流线造型。

沃尔沃汽车公司设计副总裁彼得·霍布里(Peter Horbury)解释道:"就算采用的组件都一模一样,不同的比例还是可以创造出完全不同的外观。比如说,一头驴和一匹纯种赛马之间的区别就是个非常好的例子:它们都有一个头、一个身躯和四条腿,但是由于各自身体部位的比例差异,它们被视为截然不同的两个物种。对于我们而言,这种新型结构意味着我们可以进一步锐化自己的设计语言,精心雕琢出最恰当的运动和动感氛围。对于要求严苛的豪华车客户而言,这一点尤为重要。而 Concept You 则是这方面的典范之作,它展现了利用新型架构所能实现的成果。"

● 性能媲美当今六缸发动机的四缸引擎

新近推出的发动机系列名为 VEA(沃尔沃环保型架构),完全由四缸发动机构成。经过适当的配置,其性能即可通过电气化或其他尖端技术实现提升。

彼得·默顿斯评论说:"现在已经不是比拼汽缸数量的时代了,小型化发动机也完全可以满足客户对于豪华体验与驾驶乐趣的期待。对于我们来讲,新型四缸发动机是快速减少二氧化碳排放与燃油消耗量的最佳途径,其性能将比目前的六缸发动机更好、油耗比现有的四缸发动机更低。"

● 减少零部件、降低车重及油耗

VEA 包括一系列模块化的柴油及汽油发动机。柴油共轨式与汽油直喷式发动机是两种标准配置。多级涡轮增压为全系列从高性能到低油耗等各类型号提供了更大的灵活性。为照顾到所有客户的需求,部分发动机还采用了混合动力或其他的尖端技术来进一步提升性能。模块化格式以基于每燃烧室 500mL 的标准来实现最优的热动力,还能应用于三缸发动机的开发。

VEA 具备以下多项优势:

独特零部件的数量减少了 60%,这有助于提高生产效率、强化质量保证、改善新开发项目的效率。

与之前的产品相比,新型动力系统的质量最多减少了 90kg。

燃油经济性最多提高 35%。

发动机模块化且紧凑的横置布局为沃尔沃未来的电气化升级做好了充分准备。

发动机符合 2017 年之前全球范围内所有已知的关于排放的立法要求。

彼得·默顿斯解释道:"目前,每一款车型的发动机装配都不尽相同。而一旦有了这种整体解决方案,未来的技术开发工作将能够专注于提高发动机的性能,而不必再为安装改装花费精力。除此之外,工厂内的装配也会变得更加轻松。开发成本最初会较高,而之后却会大幅下降。"

资料来源:http://auto.people.com.cn/GB/25959/164576/165518/15681479.html

第一节　汽车分类与编号

一、汽车的分类

1. 按类型分类

我国交通管理部门把汽车分为大型汽车和小型汽车:

大型汽车是指总质量4.5t(含)、乘客数20人(含)、车长6m(含)以上的汽车。大型汽车的车号牌是黄底黑字。

小型汽车是指总质量4.5t(不含)、乘客数20人(不含)、车长6m(不含)以下的汽车。小型汽车的车号牌是蓝底白字。

2. 按动力装置分类

(1)内燃机汽车。这种类型的汽车占绝大多数,主要以汽油和柴油为燃料。为解决石油资源短缺和环境保护问题,已开始使用各种代用燃料,如压缩天然气(CNG)、液化石油气(LPG)、醇类等。

(2)电动汽车。指由电动机驱动并且自身装备供电能源(不包括供电架线)的车辆。电动汽车的动力装置是直流电动机。电动汽车的优点是无废气排出、不产生污染、噪音小、能量转换效率高、易实现操纵自动化。电动机的供能装置通常是化学蓄电池。传统式的铅蓄电池在重量、充电间隔时间、寿命、放电能力等方面还不完全令人满意,从而限制了电动汽车的大量普及。但在汽车公害、能源等社会问题进一步突出的今天,又会促使电动汽车的研究和推广工作加快步伐。

3. 按国际标准分类

2001年3月1日我国实行国际标准,汽车分乘用车(Passenger Car)和商用车(Commercial Vehicle)。

新的车型统计分类是在参考GB/T 3730.1—2001和GB/T 15089—2001国家标准,结合我国汽车工业的发展状况制定的。在大的分类上基本与国际较为通行的称谓一致,分为乘用车和商用车两大类。由于各国在车型细分上没有统一的标准,因此,对于乘用车和商用车之下的细分类是按照我国自身的特点进行划分的。新分类具体情况描述如下:

(1)乘用车,在其设计和技术特征上主要用于载运乘客及其随身行李和临时物品的汽车,包括驾驶员座位在内最多不超过9个座位,它也可以牵引一辆挂车。

乘用车涵盖了轿车、微型客车以及不超过9座的轻型客车,而载货车和9座以上的客车不属于乘用车。

乘用车下细分为基本型乘用车、多功能车(MPV)、运动型多用途车(SUV)和交叉型乘用车四类,它是根据现阶段我国汽车工业发展的特点进行区别划分的:

①基本型乘用车(basic car),它的概念基本等同于旧标准中的轿车,但在统计范围上又不

完全同于轿车,这种区别主要表现在将旧体准轿车中的部分非轿车品种如 GIB、奥德赛、切诺基排除在基本型乘用车外,而原属于轻型客车中的"准轿车"列入了基本型乘用车统计。由于这些特殊的车型产销数量不是很多,对于分析基本型乘用车的市场发展趋势影响不大。

②多功能车(MPV,mulity purpose vehicle),它是集轿车、旅行车和厢式货车的功能于一身,车内每个座椅都可以调整,并有多种组合方式,前排座椅可以 180°旋转的车型。近年来,该车型已有较多的企业生产,如上海通用的 GL8、东风柳州的风行和江淮的瑞风,而一些企业生产的类似产品在实际统计中也可能也列入多功能车统计。

③运动型多用途车(SUV,sport utility vehicle),该车型起源于美国。这类车既可载人,又可载货,行驶范围广泛,驱动方式应为四轮驱动。近几年,我国轻型越野车和在皮卡基础上改装的运动型多用途车发展较快,但在驱动方式上不一定是四轮驱动。

④交叉型乘用车(cross passenger car),指不能列入上述三类外的其他乘用车,这部分车型主要指的是旧分类中的微型客车,今后新推出的不属于上述三类的车型也列入交叉型乘用车统计。

(2)商用车(commercial vehicle),在设计和技术特征上用于运送人员和货物的汽车,并且可以牵引挂车(乘用车不包括在内)。商用车包含了所有的载货汽车和 9 座以上的客车。商用车分为客车、货车、半挂牵引车、客车非完整车辆和货车非完整车辆,共五类。客车在设计和技术特征上用于载运乘客及其随身行李的商用车辆,包括驾驶员座位在内座位数超过 9 座。

二、汽车产品型号编制规则

按照国标 GB/T 9471—1988,国产汽车型号应能表明其厂牌、类型和主要特征参数等。该型号由拼音字母和阿拉伯数字组成,分为首部、中部和尾部三部分。

首部——由 2~3 个字母组成,是识别企业的代码。如:CA 代表一汽,EQ 代表二汽。

中部——由 4 位数字组成,分为首位、中间两位和末位数字 3 部分,其含义如表 3-1 所示。

尾部——由拼音字母或加上阿拉伯数字组成,可表示变型车与基本型的区别或专用汽车的分类。

汽车型号中部四位数字的含义　　　　表 3-1

首位数字(1~9)表示车辆类别		中间两位数字表示汽车的主要特征参数	末位数字
1	载货车	数字表示汽车总质量(t)	表示企业自定序号
2	越野车		
3	自卸车		
4	牵引车		
5	专用车		
6	客车	数字×0.1m 表示车辆总长度	
7	轿车	数字×0.1L 表示发动机工作容积	
8	(暂缺)		
9	半挂车或专用半挂车	数字表示汽车总质量(t)	

例如:型号 CA7226L,字母 CA 表示生产厂商为一汽;数字 7 表示该汽车产品为轿车;数字 22 表示发动机工作容积为 2.2L;数字 6 表示该汽车的发动机为 6 缸发动机;字母 L 表示加长型。

国外汽车尾部数字有的作为型号。一般数字越大,档次越高。有的数字作为发动机工作容积,如奥迪1.8T,数字1.8表示发动机工作容积为1.8L,而字母T则表明该汽车采用了增压技术。有的字母作为型号,如奔驰车后的C、E、S、SL、G分别表示小型轿车、中型轿车、大型豪华轿车、跑车、越野车。

第二节 汽车总体构造与主要技术性能指标

一、汽车的总体构造

汽车通常由发动机、底盘、车身和电气设备四部分组成。典型的轿车总体构造如图3-1所示。

发动机的作用是使输进气缸的燃料燃烧而发出动力。现代汽车广泛应用往复活塞式内燃机,它一般由机体、曲柄连杆机构、配气机构、燃油供给系统、冷却系统、润滑系统、点火系统(汽油发动机采用)、起动系统等部分组成。

底盘接受发动机的动力,使汽车产生运动,并保证汽车按照驾驶员的操纵正常行驶。底盘由下列部分组成:

传动系统——将发动机的动力传给车轮。如图3-1所示,传动系统包括离合器、变速器、传动轴、主减速器及差速器、传动轴(半轴)等部分。

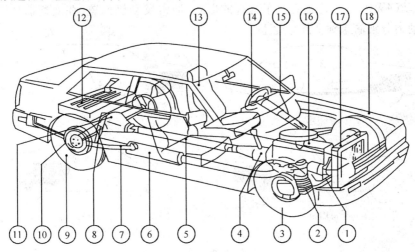

图3-1 汽车总体构造

1-前桥;2-前悬架;3-前车轮;4-变速器;5-传动轴;6-消声器;7-后悬架钢板弹簧;
8-减震器;9-后轮;10-制动器;11-后桥;12-油箱;13-坐椅;14-转向盘;
15-转向器;16-发动机;17-散热器;18-车身

行驶系统——使汽车各总成及部件安装在适当的位置,对全车起支承作用和对路面起附着作用,缓和道路冲击和振动。它包括支承全车的承载式车身及副车架、前悬架、前轮、后悬架、后轮等部分。

转向系统——使汽车按驾驶员选定的方向行驶。它由带转向盘的转向器及转向传动装置组成,有的汽车还有转向助力装置。

制动系统——使汽车减速或停车,并可保证驾驶员离去后汽车可靠地停驻。它包括前轮制动器、后轮制动器以及控制装置、传动装置和供能装置。

车身是驾驶员的工作场所,也是装载乘客和货物的地方。它包括车前板制件(俗称车头)。车身本体、还包括货车的驾驶室和货箱以及某些汽车上的专用作业设备。

电气设备包括电源组、发动机起动系统和点火系统、汽车照明和信号装置、仪表、导航系统、电视、音响、电话等电子设备、微处理机、中央计算机及各种人工智能的操控装置等。

为满足不同的使用要求,汽车的总体构造和布置形式可以各不相同。按发动机和各个总成的相对位置不同,现代汽车的布置形式通常有如下五种(图3-2):

发动机前置后轮驱动(FR)——是传统的布置形式。大多数货车、部分轿车和部分客车采用这种形式。

发动机前置前轮驱动(FF)——是在轿车上盛行的布置形式,具有结构紧凑、减小轿车质量、降低地板高度、改善高速行驶时的操纵稳定性等优点。

发动机后置后轮驱动(RR)——是目前大、中型客车盛行的布置形式,具有降低室内噪声、有利于车身内部布置等优点。少数轿车也采用这种形式。

发动机中置后轮驱动(MR)——是目前大多数跑车及方程式赛车所采用的形式。由于汽车采用功率和尺寸很大的发动机,将发动机布置在驾驶员座椅之后和后轴之前有利于获得最佳轴负荷分配和提高汽车的性能。此外,某些大、中型客车也采用这种布置形式,把配备的卧式发动机装在地板下面。

全轮驱动(4WD)——是越野汽车特有的形式,通常发动机前置,在变速器后面装有分动器,以便将动力分别输送到全部车轮上。

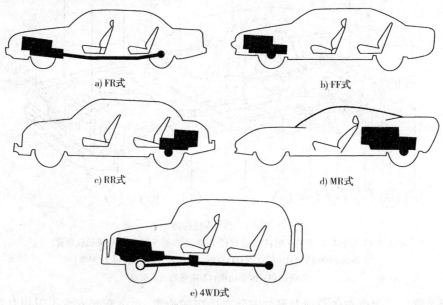

图3-2 现代汽车的五种布置形式

二、汽车主要技术性能指标

1. 汽车的动力性

汽车动力性是指汽车在良好路面上直线行驶时由汽车受到的纵向外力决定的、所能达到的平均行驶速度。

从获得尽可能高的平均行驶速度的观点出发,汽车的动力性主要可由三方面的指标来评定:

(1)汽车的最高车速。

(2)汽车的加速时间。

(3)汽车的最大爬坡度。

最高车速是指在水平良好的路面(混凝土或沥青)上汽车能达到的最高行驶车速。

汽车的加速时间表示汽车的加速能力,它对平均行驶车速有很大影响,特别是轿车,对加速时间更加重视。常用原地起步加速时间与超车加速时间来表示汽车的加速能力。原地起步加速时间是指汽车由Ⅰ挡或Ⅱ挡起步,并以最大的加速度(包括选择恰当的换挡时机)逐步换至最高挡后到某一预定的距离或车速所需要的时间。超车加速时间指用最高挡或次高挡由某一较低车速全力加速至某一高速所需要的时间。因为超车时汽车与被超车辆并行,容易发生安全事故,所以超车加速能力越强,并行行程越短,行驶就安全。

汽车的上坡能力是用满载(或某一载质量)时汽车在良好路面上的最大爬坡度表示的。显然,最大爬坡度是指Ⅰ挡最大爬坡度。轿车最高车速大,加速时间短,经常在较好的道路上行驶,一般不强调它的爬坡能力;然而,轿车的Ⅰ挡加速能力大,故爬坡能力也强。货车在各种地区的道路上行驶,所以必须具有足够的爬坡能力,一般它的最大爬坡度在30%即16.7°左右。

越野车要在坏路或无路条件下行驶,因而爬坡能力是一个很重要的指标,它的爬坡能力可达60%即31°左右。

需要指出的是,上述三方面指标均应在无风或微风条件下测定。

2. 汽车的燃油经济性

在保证动力性的条件下,汽车以尽量少的燃油消耗量经济行驶的能力,称为汽车的燃油经济性。

燃油经济性好,可以降低汽车的使用费用、减少国家对进口石油的依赖性、节省石油资源;同时也降低了发动机产生 CO_2 的排放量,起到防止地球变暖的作用。

发动机的燃油消耗率与排放污染密切相关。只能在保证排放达到有关法规要求的前提下来降低发动机的燃油消耗率,提高汽车的燃油经济性。

汽车的燃油经济性常用一定运行工况下汽车行驶百公里的燃油消耗量或一定燃油量能使汽车行驶的里程来衡量。在我国和欧洲,汽车燃油经济性指标的单位为L/100km,即行驶100km所消耗的燃油升数。其数值越大,汽车燃油经济性越差。例如:汽车质量相当的两辆汽车A和B,A车5L/100km(百公里油耗为5升),而B车7L/100km(百公里油耗为7升),则A车的燃油经济性好。

等速行驶百公里燃油消耗量是常用的一种评价指标,指汽车在一定载荷(我国标准规定轿车为半载、货车为满载)下,以最高挡在水平良好路面上等速行驶100km的燃油消耗量。

3. 汽车的制动性

汽车行驶时能在短距离内停车且维持行驶方向稳定性和在下长坡时能维持一定车速的能力,称为汽车的制动性。

汽车的制动性是汽车的主要性能之一。制动性直接关系到交通安全,重大交通事故往往与制动距离太长、紧急制动时发生侧滑等情况有关,故汽车的制动性是汽车安全形势的重要保障。

汽车的制动性主要由以下三方面来评价:

(1) 制动效能，即制动距离与制动减速度。指在良好路面上，汽车以一定初速度制动到停车的制动距离或制动时汽车的减速度。它是制动性能最基本的评价指标。

(2) 制动效能的恒定性，即抗热衰退性能。汽车高速行驶或下长坡连续制动时制动效能保持的程度，称为抗热衰退性能。

(3) 制动时汽车的方向稳定性，即制动时汽车不发生跑偏、侧滑以及失去转向能力的性能。

表3-2列出了一些国家乘用车制动规范对行车制动器制动性能的部分要求。

乘用车制动规范对行车制动器制动性能的部分要求　　表3-2

项　目	GB 7258—2004	欧洲经济共同体(EEC) 71/320	美国 联邦135
试验路面	$\varphi \geq 0.7$	附着良好	Skid no81
载质量	任何载质量	一个驾驶员或满载	轻、满载
制动初速度	50km/h	80km/h	60mile/h
制动时的稳定性	不许偏出2.5m通道	不抱死跑偏	不抱死偏出12ft
制动距离或制动减速度	$\leq 20m, \geq 5.9m/s^2$	$\leq 50.7m, \geq 5.8m/s^2$	$\leq 216ft$
踏板力	$\leq 500N$	$<490N$	$15\sim150lbf$

4. 汽车的操纵稳定性

汽车的操纵稳定性是指在驾驶者不感到过分紧张、疲劳的条件下，汽车能遵循驾驶者通过转向系及转向车轮给定的方向行驶，且当遭遇外界干扰时，汽车能抵抗干扰而保持稳定行驶的能力。

汽车的操纵稳定性不仅影响到汽车驾驶的方便程度，而且也是决定高速汽车安全行驶的一个主要性能，所以人们称之为"高速车辆的生命线"。

5. 汽车的平顺性

汽车行驶时，由路面不平以及发动机、传动系和车轮等旋转部件激发汽车的振动。通常，路面不平是汽车振动的基本输入。

汽车的平顺性主要是保持汽车在行驶过程中产生的振动和冲击环境对乘员舒适性的影响在一定界限之内，因此平顺性主要根据乘员主观感觉的舒适性来评价，对于载货汽车还包括保持货物完好的性能，它是现代高速汽车的主要性能之一。

6. 汽车的通过性

汽车的通过性（越野性）是指它能以足够高的平均车速通过各种坏路和无路地带（如松软地面、凹凸不平地面等）及各种障碍（如陡坡、侧坡、壕沟、台阶、灌木丛、水障等）的能力。

汽车的通过性主要取决于地面的物理性质及汽车的结构参数和几何参数。同时，它还与汽车的其他性能，如动力性、平顺性、机动性、稳定性、视野性等密切相关。

第三节　汽车行驶原理

要使汽车行驶，必须具备两个基本行驶条件：驱动条件和附着条件。

一、驱动条件

汽车必须有足够的驱动力以克服阻力。

汽车的驱动力由发动机产生。发动机发出经由传动系统传到车轮上的转矩 M_t,力图使车轮旋转。由此,在驱动轮与地面接触处向地面施加一个力 F_0,其数值为 M_t 与车轮半径 r 之比:

$$F_0 = M_t/r$$

与此同时,地面对车轮施加一个与 F_0 数值相等、方向相反的反作用力 F_t(如图3-3)。F_t 就是驱动力。

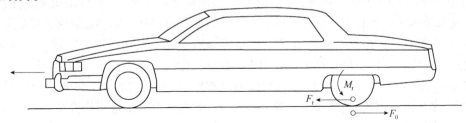

图 3-3　汽车驱动力产生示意图

汽车行驶总阻力 $\sum F$ 包括滚动阻力 F_f、空气阻力 F_w、上坡阻力 F_i 和加速阻力 F_j

$$\sum F = F_f + F_w + F_i + F_j$$

滚动阻力 F_f 主要由于车轮滚动时轮胎与路面变形而产生,空气阻力 F_w 是由于汽车行驶时与其周围空气的相互作用而产生,上坡阻力只是汽车重力沿坡道的分力。

汽车行驶的过程,是驱动力是否能克服各种阻力的交替变化过程:当 $F_t = \sum F$ 时,汽车匀速行驶;当 $F_t > \sum F$ 时,汽车速度增加,同时空气阻力亦随车速的增加而急剧增大,在某个较高速度处达到新的平衡然后匀速行驶;当 $F_t < \sum F$ 时,汽车减速乃至停驶。这时,如果要维持较高的车速,就需要加大发动机的输出功率或将变速器换入较低的挡位以维持较大的驱动力。

二、附着条件

驱动力的最大值一方面取决于发动机可能发出的最大转矩和变速器换入最低挡时的传动比,另一方面又受到轮胎与地面的附着作用限制。

当汽车在平整硬路面上,车轮的附着作用是由于轮胎与路面存在摩擦力。这个摩擦力阻碍车轮滑动,使车轮能够正常地向前滚动并承受路面的反作用力——驱动力。如果驱动力大于摩擦力,车轮与路面之间就会发生滑动。在松软地面上,除了轮胎与地面的摩擦之外,还加上嵌入轮胎花纹凹部的软地面凸起部的抗滑作用。由附着作用所决定阻碍车轮滑动的力的最大值称为附着力,用 $F\phi$ 表示。附着力与车轮承受垂直于地面的法向力 G(称为附着重力)成正比:

$$F\phi = G \cdot \phi$$

由此可知,附着力是汽车所能发挥驱动力的极限,其表达式为:

$$F_t \leq F\phi$$

此式称为汽车行驶的附着条件。

在冰雪或泥泞的地面上,由于附着力很小,汽车的驱动力受到附着力的限制而不能克服大的阻力,导致汽车减速甚至不能前进,即使加大节气门开度或换入低挡,车轮只会滑转而驱动力不会增大。为了增加车轮在冰雪路面的附着力,可采用特殊花纹的轮胎、镶钉轮胎或者在普通轮胎上绕装防滑链,以提高对冰雪路面的抓着作用。非全轮驱动汽车的附着重力仅为分配到汽车驱动轮上的那一部分汽车总重力,而全轮驱动汽车的附着重力则为全车的总重力,因而其附着力较前者显著增大。

第四节 汽车发动机工作原理及总体构造

一、汽车发动机的类型

发动机是汽车的动力源。迄今为止除为数不多的电动汽车外,汽车发动机都是热能动力装置,或简称热机。在热机中借助工质的状态变化将燃料燃烧产生的热能转变为机械能。

热机有内燃机和外燃机两种。直接以燃料燃烧所生成的燃烧产物为工质的热机为内燃机,反之则为外燃机。内燃机包括活塞式内燃机和燃气轮机。外燃机则包括蒸汽机、汽轮机和热气机(也称斯特灵发动机)等。内燃机与外燃机相比,具有结构紧凑、体积小、质量轻和容易起动等许多优点。因此,内燃机尤其是活塞式内燃机被极其广泛地用作汽车动力。

活塞式内燃机可按不同方法进行分类(图3-4)。

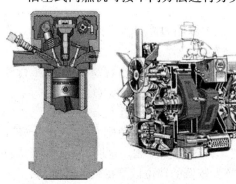
a) 按活塞运动方式的不同分类

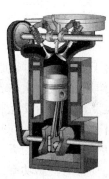
b) 按所用燃料种类分类

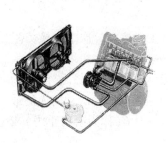
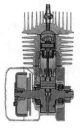
c) 按冷却方式的不同分类

d) 按进气状态不同分类

图3-4 发动机的分类

(1)按活塞运动方式的不同,活塞式内燃机可分为往复活塞式和旋转活塞式两种。前者活塞在气缸内作往复直线运动,后者活塞在气缸内作旋转运动。

(2)根据所用燃料种类,活塞式内燃机主要分为汽油机、柴油机和气体燃料发动机三类。以汽油和柴油为燃料的活塞式内燃机分别称作汽油机和柴油机。使用天然气、液化石油气和其他气体燃料的活塞式内燃机称作气体燃料发动机。

汽油和柴油都是石油制品,是汽车发动机的传统燃料。非石油燃料称作代用燃料。燃用代用燃料的发动机称作代用燃料发动机,如酒精发动机、氢气发动机、甲醇发动机等。代用燃料最终能否在汽车上大规模使用取决于许多因素,诸如获取这些代用燃料的方法及生产成本,是否便于在汽车上储存和携带,以及是否有利于改善环境等。

(3) 活塞式内燃机分为水冷式和风冷式两种。以水或冷却液为冷却介质的称作水冷式内燃机,而以空气为冷却介质的则称作风冷式内燃机。

(4) 往复活塞式内燃机还按其在一个工作循环期间活塞往复运动的行程数进行分类。活塞式内燃机每完成一个工作循环,便对外做功一次,不断地完成工作循环,才使热能连续地转变为机械能。在一个工作循环中活塞往复四个行程的内燃机称作四冲程往复活塞式内燃机,而活塞往复两个行程便完成一个工作循环的则称作二冲程往复活塞式内燃机。

(5) 按进气状态不同,活塞式内燃机还可分为增压和非增压两类。若进气是在接近大气状态下进行的,则为非增压内燃机或自然吸气式内燃机;若利用增压器将进气压力增高,进气密度增大,则为增压内燃机。增压可以提高内燃机功率。

除此之外,还可以根据某些结构特征对活塞式内燃机进行分类。

目前,应用最广、数量最多的汽车发动机为水冷、四冲程往复活塞式内燃机,其中汽油机用于轿车和轻型客、货车上,而大客车和中、重型货车发动机多为柴油机。少数轿车和轻型客、货车发动机也有用柴油机的。以风冷或二冲程活塞式内燃机为动力的汽车为数不多。特别是从20世纪80年代起,在世界范围内,就不再有以二冲程活塞式内燃机为动力的轿车了。

二、往复活塞式内燃机的基本结构及基本术语

1. 基本结构

往复活塞式内燃机的工作腔称作气缸,气缸内表面为圆柱形。在气缸内作往复运动的活塞通过活塞销与连杆的一端铰接,连杆的另一端则与曲轴相连,构成曲柄连杆机构。因此,当活塞在气缸内作往复运动时,连杆便推动曲轴旋转,或者相反。同时,工作腔的容积也在不断的由最小变到最大,再由最大变到最小,如此循环。

气缸的顶端用气缸盖封闭。在气缸盖上装有进气门和排气门,进排气门是头朝下尾朝上倒挂在气缸顶端的。通过进排气门的开闭实现向气缸内充气和向气缸外排气。进排气门的开闭由凸轮轴控制。凸轮轴由曲轴通过齿形带或齿轮或链条驱动。进排气门和凸轮轴以及其他一些零件共同组成配气机构。通常称这种结构形式的配气机构为顶置气门配气机构。现代汽车内燃机都采用顶置气门配气机构。

构成气缸的零件称为气缸体,支承曲轴的零件称为曲轴箱,气缸体与曲轴箱的连铸体称为机体。

2. 基本术语

(1) 工作循环

活塞式内燃机的工作循环是由进气、压缩、做功和排气等四个工作过程组成的封闭过程。周而复始地进行这些过程(图3-5),内燃机才能持续地做功。

(2) 上、下止点

活塞顶离曲轴回转中心最远处为上止点;活塞顶离曲轴回转中心最近处为下止点。在上、下止点处,活塞的运动速度为零。

(3) 活塞行程

上、下止点间的距离 S 称为活塞行程。曲轴的回转半径 R 称为曲柄半径。显然,曲轴每回转一周,活塞移动两个行程。对于气缸中心线通过曲轴回转中心的内燃机,其 $S=2R$。

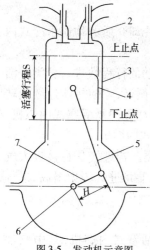

图3-5 发动机示意图
1-进气门;2-排气门;3-气缸;
4-活塞;5-连杆;6-曲轴中心;
7-曲柄

(4)气缸工作容积

上、下止点间所包容的气缸容积称为气缸工作容积,记作 V_s。

$$V_s = \pi D^2/(4\times 10^6)\cdot S(\text{L})$$

式中:D——气缸直径,mm;
S——活塞行程,mm。

(5)内燃机排量

内燃机所有气缸工作容积的总和称为内燃机排量,记作 V_L。

$$V_L = iV_s(\text{L})$$

式中:i——气缸数;
V_s——气缸工作容积,L。

(6)燃烧室容积

活塞位于上止点时,活塞顶面以上气缸盖底面以下所形成的空间称为燃烧室,其容积称为燃烧室容积,也叫压缩容积,记作 V_c。

(7)气缸总容积

气缸工作容积与燃烧室容积之和为气缸总容积,记作 V_a

$$V_a = V_s + V_c$$

(8)压缩比

气缸总容积与燃烧室容积之比称为压缩比,记作 ε。

$$\varepsilon = V_a/V_c$$

压缩比的大小表示活塞由下止点运动到上止点时,气缸内的气体被压缩的程度。压缩比越大,压缩终了时气缸内的气体压力和温度就越高。

(9)工况

内燃机在某一时刻的运行状况简称工况,以该时刻内燃机输出的有效功率和曲轴转速表示。曲轴转速即为内燃机转速。

(10)负荷率

内燃机在某一转速下发出的有效功率与相同转速下所能发出的最大有效功率的比值称为负荷率,以百分数表示。负荷率通常简称负荷。

三、四冲程汽油机工作原理

四冲程往复活塞式内燃机在四个活塞行程内完成进气、压缩、做功和排气等四个过程,即在一个活塞行程内只进行一个过程。因此,活塞行程可分别用四个过程命名。

(1)进气行程

活塞在曲轴的带动下由上止点移至下止点。此时排气门关闭,进气门开启。在活塞移动过程中,气缸容积逐渐增大,气缸内形成一定的真空度。空气和汽油的混合物通过进气门被吸入气缸,并在气缸内进一步混合形成可燃混合气。

(2)压缩行程

进气行程结束后,曲轴继续带动活塞由下止点移至上止点。这时,进、排气门均关闭。随着活塞移动,气缸容积不断减小,气缸内的混合气被压缩,其压力和温度同时升高。

(3)做功行程

压缩行程结束时,安装在气缸盖上的火花塞产生电火花,将气缸内的可燃混合气点燃,火焰迅速传遍整个燃烧室,同时放出大量的热能。燃烧气体的体积急剧膨胀,压力和温度迅速升高。在气体压力的作用下,活塞山上止点移至下止点,并通过连杆推动曲轴旋转作功,这时,进排气门仍旧关闭。

(4)排气行程

排气行程开始,排气门开启,进气门仍然关闭,曲轴通过连杆带动活塞由下止点移至上止点,此时膨胀过后的燃烧气体(或称废气)在其自身剩余压力和在活塞的推动下,经排气门排出气缸之外。当活塞到达上止点时,排气行程结束,排气门关闭。

至此,四冲程汽油机经过进气、压缩、做功和排气等四个行程而完成一个工作循环。这期间活塞在上、下止点间往复运动四个行程,曲轴旋转两周,即每一个行程有180°曲轴转角。

但在实际进气过程中,进气门早于上止点开启,迟于下止点关闭。在排气过程中,排气门早于下止点开启,迟于上止点关闭。即进、排气过程所占的曲轴转角均超过180°。

进气门早开晚关的目的是为了增加进入气缸内的混合气量和减少进气过程所消耗的功。排气门早开晚关的目的是为了减少气缸内的残余废气量和排气过程消耗的功。减少残余废气量,会相应地增加进气量。

四、发动机的总体构造

汽车发动机是极为复杂的机器。为了实现其由热能到机械能的转换,同时也为了达到优异的性能指标,发动机包含许多机构和系统。这些机构和系统的构造和组成,又随发动机的用途、生产厂家和生产年代的不同而千差万别。但就其总体构造都是由曲柄连杆机构、配气机构、燃油供给系统、冷却系统、润滑系统、起动系统和点火系组成。

下面以汽油机为例,介绍四冲程汽油机的一般构造(图3-6):

(1)曲柄连杆机构:曲柄连杆机构包括活塞、连杆、带有飞轮的曲轴等。它是将活塞的直线往复运动变为曲轴的旋转运动并输出动力的机构。

(2)配气机构:配气机构包括进气门、排气门、摇臂、气门间隙调节器、凸轮轴以及凸轮轴定时带轮等。其作用是使可燃混合气及时充入气缸并及时从气缸排除废气。

(3)燃油供给系统:供给系统包括汽油箱,汽油泵、汽油滤清器、化油器、空气滤清器、进气管、排气管、排气消声器等。其作用是把汽油和空气混合为成分合适的可燃混合气供入汽缸,以供燃烧,并将燃烧生成的废气排出发动机。

(4)点火系:点火系统的作用是保证按规定时刻点燃气缸中被混合的混合气。其中包括供给低压电流的蓄电池和发电机以及分电器、点火线圈与火花塞。

(5)冷却系统:冷却系统包括水泵、散热器、风扇、分水管以及气缸体和气缸盖里

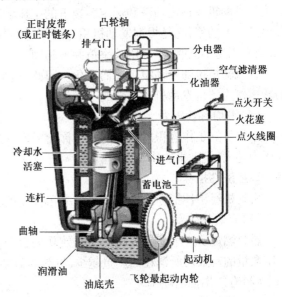

图3-6 发动机总体构造

铸出的空腔——水套等。其功用是把受热部件的热量散到大气中去,以保证发动机的正常工作。

(6)润滑系统:润滑系统包括机油泵、机油集滤器、限压阀、润滑油道、机油滤清器等,其功能是将润滑油供给作相对运动的零件,以减少他们之间的摩擦阻力。减轻部件的磨损,并部分的冷却摩擦零件,清洗摩擦表面。

(7)起动系统:起动系统包括起动机及其附属装置,用以使静止的发动机起动并转入自行运转。

车用汽油机一般是由上述两大机构和五大系统组成。

五、发动机的性能指标

1. 动力性指标

动力性指标是表征发动机作功能力大小的指标,一般用发动机的有效转矩、有效功率、转速和平均有效压力等作为评价发动机动力性好坏的指标。

(1)有效转矩

发动机对外输出的转矩称为有效转矩,记作 T_{tq},单位为 N·m。有效转矩与曲轴角位移的乘积即为发动机对外输出的有效功。

(2)有效功率

发动机在单位时间对外输出的有效功称为有效功率,记作 P_e,单位为 kW。它等于有效转矩与曲轴角速度的乘积。

(3)发动机转速

发动机曲轴每分钟的回转数称为发动机转速,用 n 表示,单位为 r/min。

发动机转速的高低,关系到单位时间内做功次数的多少或发动机有效功率的大小,即发动机的有效功率随转速的不同而改变。因此,在说明发动机有效功率的大小时,必须同时指明其相应的转速。在发动机产品标牌上规定的有效功率及其相应的转速分别称作标定功率和标定转速。发动机在标定功率和标定转速下的工作状况称作标定工况。标定功率不是发动机所能发出的最大功率,它是根据发动机用途而制定的有效功率最大使用限度。同一种型号的发动机,当其用途不同时,其标定功率值并不相同。

有效转矩也随发动机工况而变化。因此,汽车发动机以其所能输出的最大转矩及其相应的转速作为评价发动机动力性的一个指标。

(4)平均有效压力

单位气缸工作容积发出的有效功称为平均有效压力,记作 p_{me},单位为 MPa。显然,平均有效压力越大,发动机的作功能力越强。

2. 经济性指标

发动机经济性指标包括有效热效率和有效燃油消耗率等。

(1)有效热效率

燃料燃烧所产生的热量转化为有效功的百分数称为有效热效率,记作 η_e。显然,为获得一定数量的有效功所消耗的热量越少,有效热效率越高,发动机的经济性越好。

(2)有效燃油消耗率

发动机每输出 1kW·h 的有效功所消耗的燃油量称为有效燃油消耗率,记作 b_e,单位为 g/(kW·h)。显然,有效燃油消耗率越低,经济性越好。

3. 强化指标

强化指标是指发动机承受热负荷和机械负荷能力的评价指标,一般包括升功率和强化系数等。

(1) 升功率

发动机在标定工况下,单位发动机排量输出的有效功率称为升功率,记作 P_L。升功率大,表明每升气缸工作容积发出的有效功率大,发动机的热负荷和机械负荷都高。

(2) 强化系数

平均有效压力与活塞平均速度的乘积称为强化系数。

活塞平均速度是指发动机在标定转速下工作时,活塞往复运动速度的平均值。它与发动机转速的关系为:

$$v_m = (S \times n/30) \times 10^{-3}$$

式中:v_m——活塞平均速度,m/s;

　　　S——活塞行程,mm;

　　　n——发动机标定转速,r/min。

不论是活塞平均速度高,还是平均有效压力大,均使发动机的热负荷和机械负荷增高。因此,强化系数表征了发动机的强化程度。随着发动机技术的不断进步,其强化程度愈来愈高。强化系数记作 $p_{me}v_m$。

4. 紧凑性指标

紧凑性指标是用来表征发动机总体结构紧凑程度的指标,通常用比容积和比质量衡量。

(1) 比容积

发动机外廓体积与其标定功率的比值称为比容积。

(2) 比质量

发动机的干质量与其标定功率的比值称为比质量。干质量是指未加注燃油。机油和冷却夜的发动机质量。比容积和比质量越小,发动机结构越紧凑。

5. 环境指标

环境指标用来评价发动机排气品质和噪声水平。由于它关系到人类的健康及其赖以生存的处境,因此各国政府都制定出严格的控制法规,来降低发动机排气和噪声对环境的污染。

6. 可靠性指标

可靠性指标是表征发动机在规定的使用条件下,正常持续工作能力的指标。可靠性有多种评价方法,如首发故障行驶里程、平均故障间隔里程、主要零件的损坏率等。

7. 耐久性指标

耐久性指标是指发动机主要零件磨损到不能继续正常工作的极限时间。通常用发动机的大修里程,即发动机从出厂到第一次大修之间汽车行驶的里程数来衡量。

大修里程的长短与发动机的结构特点、强化程度、零件的材料及加工精度以及使用条件等诸多因素有密切关系。

8. 工艺性指标

工艺性指标是指评价发动机制造工艺性和维修工艺性好坏的指标。发动机结构工艺性好,则便于制造和维修,就可以降低生产和维修费用。

9. 内燃机速度特性

发动机性能指标随调整状况及运行工况而变化的关系称为发动机特性,利用特性曲线可以简单方便的评价发动机性能。发动机的有效功率、有效转矩和有效燃油消耗率随发动机转速的变化关系称为发动机的速度特性。若驾驶员保持油门位置不变,随着道路阻力不同,车速发生改变,这时发动机按照速度特性工作。

第五节 汽车底盘

汽车底盘由传动系统、行驶系统、转向系统和制动系统组成,分别完成传递发动机动力、支承整车重量和实现行走、控制汽车行驶方向、控制汽车行驶速度等主要功能。

一、汽车传动系统

1. 传动系统的组成

机械式传动系统主要由离合器、变速器、万向传动装置和驱动桥组成。其中万向传动装置由万向节和传动轴组成,驱动桥由主减速器和差速器组成。液力机械式传动系统主要由液力变矩器、自动变速器、万向传动装置和驱动桥组成(图3-7)。

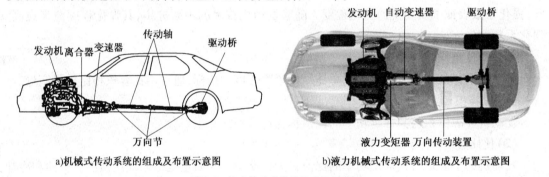

a)机械式传动系统的组成及布置示意图　　b)液力机械式传动系统的组成及布置示意图

图3-7　汽车传动系统的组成及示意图

2. 传动系统的功用

(1)减速增矩:发动机输出的动力具有转速高、转矩小的特点,无法满足汽车行驶的基本需要,通过传动系统的主减速器,可以达到减速增矩的目的,即传给驱动轮的动力比发动机输出的动力转速低,转矩大。

(2)变速变矩:发动机的最佳工作转速范围很小,但汽车行驶的速度和需要克服的阻力却在很大范围内变化,通过传动系统的变速器,可以在发动机工作范围变化不大的情况下,满足汽车行驶速度变化大和克服各种行驶阻力的需要。

(3)实现倒车:发动机不能反转,但汽车除了前进外,还要倒车,在变速器中设置倒挡,汽车就可以实现倒车。

(4)必要时中断传动系统的动力传递:起动发动机、换挡过程中、行驶途中短时间停车(如等候交通信号灯)、汽车低速滑行等情况下,都需要中断传动系统的动力传递,利用变速器的空挡可以中断动力传递。

(5)差速功能:在汽车转向等情况下,需要两驱动轮能以不同转速转动,通过驱动桥中的差速器可以实现差速功能。

3. 汽车传动系统的布置方案

（1）发动机前置后轮驱动（FR）方案（简称前置后驱动）：主要用于货车、部分客车和部分高级轿车。

（2）前置前驱动（FF）：主要用于轿车和微型、轻型客车等。

（3）后置后驱动（RR）：特点是发动机布置在后轴之后，用后轮驱动。主要用于大中型客车和少数跑车。

（4）中置后驱动（MR）：特点是发动机布置在前后轴之间，用后轮驱动。用于跑车和少数大中型客车。

（5）全轮驱动（4WD）：特点是传动系统增加了分动器，动力可以同时传给前后轮。主要用于越野车及重型货车。

4. 汽车传动系统的类型

汽车传动系统有机械式、液力式和电力式等（图3-8）。

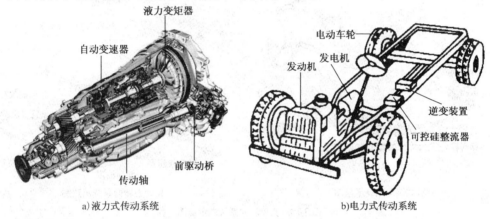

a）液力式传动系统　　　b）电力式传动系统

图3-8　汽车传动系统的类型

二、汽车行驶系统

1. 汽车行驶系统的功用

（1）接受传动系统传来的发动机转矩并产生驱动力；

（2）承受汽车的总重量，传递并承受路面作用于车轮上的各个方向的反力及转矩；

（3）缓冲减振，保证汽车行驶的平顺性；

（4）与转向系统协调配合工作，控制汽车的行驶方向。

2. 行驶系统的组成和类型

（1）行驶系统的组成：车架、车桥、悬架、车轮（或履带）。

（2）行驶系统的类型：轮式、半履带式、全履带式、车轮履带式（图3-9）。

三、汽车转向系统

1. 定义：是用来改变汽车行驶方向的专设机构的总称。

2. 汽车转向系统的功用：是保证汽车能按驾驶员的意愿进行直线或转向行驶。

3. 汽车转向系统的类型和组成：

（1）机械转向系统：以驾驶员的体力作为转向能源，所有传递力的构件都是机械的，主要由转向操纵机构、转向器和转向传动机构三大部分组成（图3-10）。

(2)动力转向系统:是兼用驾驶员体力和发动机(或电动机)的动力作为转向能源的转向系统。动力转向系统是在机械转向系统的基础上加设一套转向动力装置而形成的。

a)半履带式

b)履带式

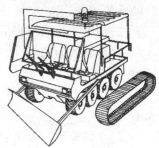
c)车轮履带式

图3-9 汽车行驶系统的组成

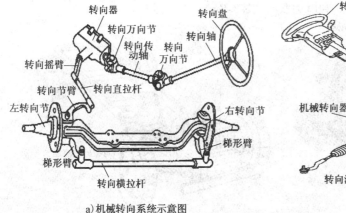

a)机械转向系统示意图

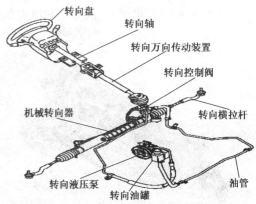

b)动力转向系统示意图

图3-10 汽车转向系统的示意图

四、汽车制动系统

1.定义

驾驶员能根据道路和交通情况,利用装在汽车上的一系列专门装置,迫使路面在汽车车轮上施加一定的与汽车行驶方向相反的外力,对汽车进行一定程度的强制制动。这种可控制的对汽车进行制动的外力称为制动力,用于产生制动力的一系列专门装置称为制动系统。

2.制动系统的组成(图3-11)

1)供能装置——包括供给、调节制动所需能量以及改善传能介质状态的各种部件。其中产生制动能量的部分称为制动能源。人的肌体也可作为制动能源。

2)控制装置——包括产生制动动作和控制制动效果的各种部件,如制动踏板、制动阀等。

3)传动装置——包括将制动能量传输到制动器的各个部件,如制动主缸和制动轮缸等。

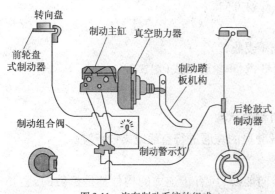

图3-11 汽车制动系统的组成

4) 制动器——产生制动摩擦力矩的部件。

较为完善的制动系统还具有制动力调节装置、报警装置、压力保护装置等附加装置。

3. 制动系统的功用

功用为：减速停车、驻车制动。

4. 制动系统的类型

1) 按制动系统的功用分类

(1) 行车制动系统——使行驶中的汽车减低速度甚至停车的一套专门装置。

(2) 驻车制动系统——使已停驶的汽车驻留原地不动的一套装置。

(3) 第二制动系统——在行车制动系统失效的情况下保证汽车仍能实现减速或停车的一套装置。

(4) 辅助制动系统——在汽车下长坡时用以稳定车速的一套装置。

2) 按制动系统的制动能源分类

(1) 人力制动系统——以驾驶员的肌体作为唯一制动能源的制动系统。

(2) 动力制动系统——完全依靠发动机动力转化成的气压或液压进行制动的制动系统。

(3) 伺服制动系统——兼用人力和发动机动力进行制动的制动系统。

按照制动能量的传输方式，制动系统又可分为机械式、液压式、气压式和电磁式等。同时采用两种传能方式的制动系统可称为组合式制动系统。

目前所有汽车都采用双回路制动系统，如轿车的左前轮和右后轮共用一条制动回路、右前轮和左后轮共用另一条制动回路，当一个回路失效时，另一个回路仍能工作，这样有效提高了汽车的行车安全性。

第六节 车身仪表、照明及附属装置

一、汽车车身

汽车车身是驾驶员的工作场所，也是装载乘客和货物的场所。

车身应为驾驶员提供良好的操作条件，为乘员提供舒适的乘坐条件（隔离汽车行驶时的振动、噪声、废气以及恶劣气候的影响），并保证完好无损地运载货物且装卸方便。车身结构和设备还应保证行车安全和减轻事故后果。

车身应具有合理的外部形状，以便汽车行驶时能有效地引导周围的气流，提高汽车的动力性、燃料经济性和行驶稳定性，并改善发动机的冷却条件和室内通风。

车身又是一件精致的艺术品，以其优雅的雕塑形体、装饰件和内部覆饰以及悦目的色彩使人获得美感享受，反映时代的风貌。民族的传统和独特的企业形象。

车身结构包括：车身壳体、车前板制件、车门、车窗、车身外部装饰件和内部覆饰件。座椅以及通风、暖气、空调装置等。在货车和专用汽车上还包括货箱和其他装备。

1. 车身壳体

车身壳体是一切车身部件的安装基础，通常指纵、横梁和立柱等主要承力元件以及与它们相连接的板件共同组成的空间结构，还包括在其上敷设的隔音、隔热、防振、防腐、密封等材料及涂层（图3-12）。

2. 车前板制件

长头式汽车车身都有若干车前板制件，相互焊接或安装，形成容纳发动机和前轮的空间

（图3-13）。

3. 车门

车门是车身上重要的部件之一。按其开启方法可分为：顺开式、逆开式、水平滑移式、上掀式、折叠式和外援式等（图3-14）。

4. 车身附属装置及安全防护装置

车身附属装置：①通风装置：在汽车行驶时必须保证室内通风，即对汽车室内不断充入新鲜空气，驱排混有尘埃、二氧化碳及其他来自发动机的有害气体。还可将新鲜空气加热或降温，以保证车内温度适宜。不依靠风机而利用汽车行驶的迎面气流进行车内空气变换的办法称为自然通风。②大型客车的独立燃烧式通风与暖气联合装置。

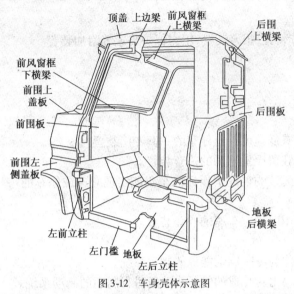

图3-12 车身壳体示意图

③通风、暖风、冷气联合装置：现代汽车上都装有通风、暖气、冷气联合装置，或称四季空调系统（图3-15）。

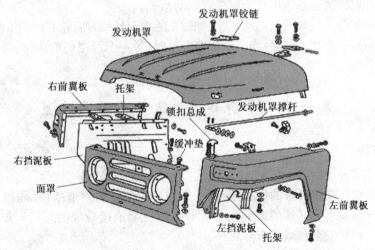

图3-13 汽车的车前板制件示意图

5. 座椅

座椅是车身内部的重要装置。座椅的作用是支承人体，使驾驶操作方便和乘坐舒适。座椅由骨架、坐垫、靠背和调节机构等部分组成（图3-16）。

6. 安全防护装置

安全防护装置是现代汽车结构的重要组成部分。在发生汽车碰撞事故时，安全防护装置能有效地减轻乘员的伤亡和汽车的损坏。分为车外防护装置和车内防护装置。车外防护装置有：车身壳体结构的防护措施、保险杠及护条、汽车其他外部构件。车内防护装置有：安全带、气囊系统、头枕、安全玻璃、门锁与门铰链、室内其他构件（图3-17）。

7. 货箱

分为栏板式货箱和专用货箱。

a) 顺开式、逆开式和上掀式车门　　　　　　b) 水平滑移式车门

c) 折叠式和外摆式车门

图 3-14　汽车车门分类

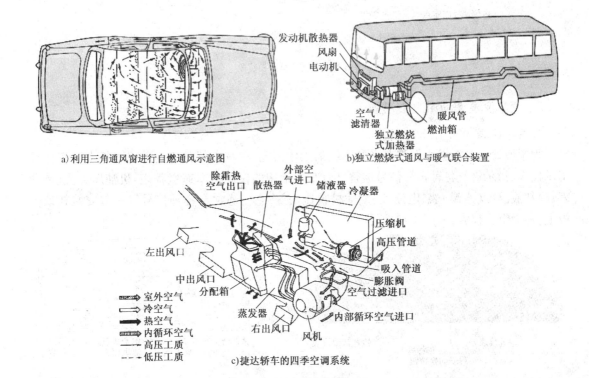

c) 捷达轿车的四季空调系统

图 3-15　车身附属装置

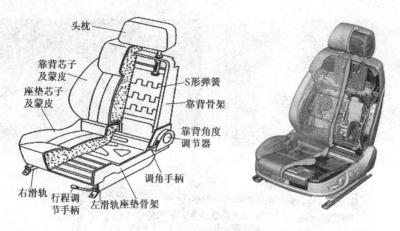

图 3-16 汽车座椅示意图

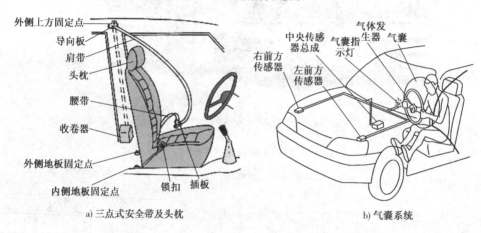

a) 三点式安全带及头枕　　b) 气囊系统

图 3-17 汽车安全防护装置

二、汽车仪表、照明和附属装置

1. 汽车仪表

为了使驾驶员能够掌握汽车及各系统的工作情况,在汽车驾驶室内的仪表板上装有各种指示仪表、指示灯及各种报警信号装置。汽车上常用的仪表有车速里程表、机油压力表、燃油表、冷却液温度(水温)表、电流表、发动机转速表等,它们通常与各种信号灯一起安装在仪表板上,称为组合仪表,如图 3-18 所示。

图 3-18 汽车仪表盘示意图

2. 照明及信号装置

(1) 照明装置

汽车上采用的照明装置包括车外照明装置和车内照明装置两部分。车外照明装置包括前照灯、雾灯、尾灯、牌照灯等。车内照明装置包括顶灯、仪表灯、车门灯、阅读灯和工作灯(图3-19)。

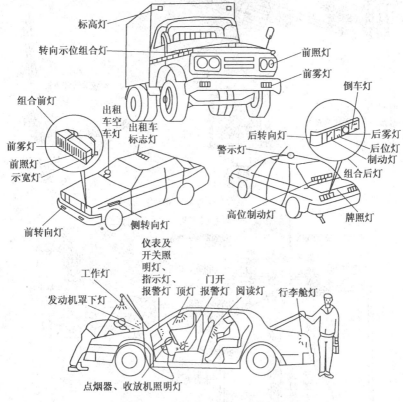

图3-19　汽车照明及信号装置安装位置示意图

(2) 信号装置

汽车信号装置的作用是通过声光信号向其他车辆的驾驶员和行人发出有关车辆运行状况或者状态的信息,以引起有关人员的注意,确保车辆行驶的安全性。

①转向信号装置:由转向信号灯、转向信号闪光灯和转向信号灯开关等组成。

②制动信号装置:主要由制动信号灯和制动信号灯开关组成。

③倒车信号装置:由倒车信号灯、倒车信号灯开关以及倒车报警器等组成。

④故障停车信号装置:故障信号灯在汽车运行过程中,因出现故障而停在路上时点亮,以引起其他车辆和行人的注意。

⑤汽车喇叭:用来在汽车运行中警示行人和其他车辆注意交通安全的声响信号装置。按使用能源的不同分为电喇叭和气喇叭两种。

3. 电动天窗和风窗清洁装置

(1) 电动天窗:为了方便驾驶员和乘客,许多轿车采用了电动天窗,又称自动车窗,利用电动机来驱动升降器使车窗上下移动(图3-20)。主要由车窗玻璃升降器、电动机和控制电路组成。

(2) 风窗清洁装置:为了保证在各种使用条件下,驾驶室的风窗玻璃表面干净,清洁,汽车上都装有风窗玻璃刮水器,风窗玻璃洗涤器,有些车辆还装有风窗玻璃除霜装置(图3-21)。

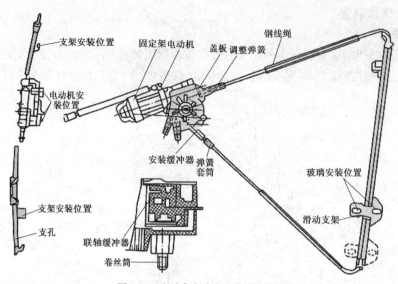

图 3-20 电动车窗玻璃升降器结构图

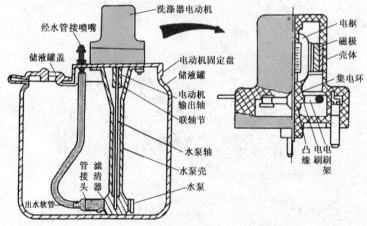

a) 风窗洗涤器结构示意图

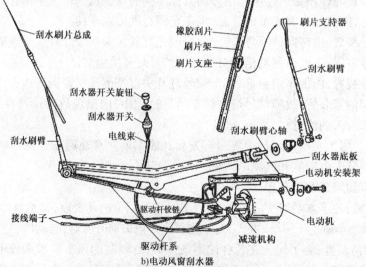

b) 电动风窗刮水器

图 3-21 风窗清洁装置示意图

4. 汽车中央控制电动门锁和防盗装置

(1) 中央控制电动门锁

主要由门锁开关、门锁控制电路和门锁执行机构组成。通常具有以下几个功能：

①中央控制：驾驶员可以通过门锁开关同时打开各个车门，也可以单独打开某个车门，的那个驾驶员锁住他的车门时，其他车门也同时锁住。

②速度控制：当行驶车速达到一定时，各个车门能自行锁定，防止乘员误操作车门内把手而导致车门打开。

③单独控制：在除驾驶员车门以外的三个门设置有单独的弹簧锁开关，可独立的控制一个车门的打开和锁住。

(2) 防盗装置

常用的防盗装置有转向锁、燃油切断装置、蓄电池接线柱断路装置、点火系统观点装置、各种电子报警器、各种外用机械防盗锁以及电子控制防盗系统。

5. 电动后视镜

为了方便驾驶员调节中后视镜的角度，许多轿车安装了电动后视镜，驾驶员可以坐在座椅上通过电动机就可以方便快捷的对左右后视镜的后视角度进行随意调整。

6. 电动天线

为了保证车厢内有良好的收音效果，许多轿车安装了电动天线。电动天线由开关、电动机、继电器、减速机构和天线等构成。

7. 汽车导航系统

汽车导航系统根据是否具有引导功能，分为无引导功能的导航系统和有引导功能的导航系统；有引导功能的导航系统又根据是否接收全球定位信息分为自主导航系统和 GPS 导航系统；GPS 导航系统又根据是否返回控制中心分为 GPS 开环导航系统和 GPS 闭环导航系统。

【复习思考题】

1. 为什么绝大多数货车都采用前置发动机后轮驱动的形式？
2. 试解释汽车 CA7460 和 BJ2020 两种型号各个部分的含义。
3. 四冲程往复活塞式内燃机通常由哪些机构与系统组成？它们各有什么功用？
4. 汽车底盘由哪些系统组成？

【案例讨论】

汽车发动机的发展史

发动机作为汽车的心脏，为汽车的行走提供动力和汽车的动力性、经济性、环保性。简单讲发动机就是一个能量转换机构，即将汽油(柴油)的热能，通过在密封气缸内燃烧气体膨胀时，推动活塞做功，转变为机械能，这是发动机最基本原理。发动机所有结构都是为能量转换服务的，虽然发动机伴随着汽车走过了100多年的历史，无论是在设计上、制造上、工艺上还是在性能上、控制上都有很大的提高，其基本原理仍然未变，这是一个富于创造的时代，那些发动机设计者们，不断地将最新科技与发动机融为一体，把发动机变成一个复杂的机电一体化产品,使发动机性能达到近乎完善的程度,各世界著名汽车厂商也将发动机的性能作为竞争亮点。

往复活塞式四冲程汽油机是德国人奥托在大气压力式发动机基础上,于1876年发明并投入使用的。由于采用了进气、压缩、做功和排气四个冲程,发动机的热效率从大气压力式发动机的11%提高到14%,而发动机的质量却降低了70%。

1892年德国工程师狄塞尔发明了压燃式发动机(即柴油机),实现了内燃机历史上的第二次重大突破。由于采用高压缩比和膨胀比,热效率比当时其他发动机又提高了1倍。1956年,德国人汪克尔发明了转子式发动机,使发动机转速有较大幅度的提高。1964年,德国NSU公司首次将转子式发动机安装在轿车上。

1926年,瑞士人布希提出了废气涡轮增压理论,利用发动机排出的废气能量来驱动压气机,给发动机增压。20世纪50年代后,废气涡轮增压技术开始在车用内燃机上逐渐得到应用,使发动机性能有很大提高,成为内燃机发展史上的第三次重大突破。

1967年德国博世公司首次推出由电子计算机控制的汽油喷射系统,开创了电控技术在汽车发动机上应用的历史。经过30年的发展,以电子计算机为核心的发动机管理系统(Engine Management System,EMS)已逐渐成为汽车、特别是轿车发动机上的标准配置。由于电控技术的应用,发动机的污染物排放、噪声和燃油消耗大幅度地降低,改善了动力性能,成为内燃机发展史上第四次重大突破。

1971年,第一台热气发动机——斯特林机的公共汽车已开始运行。

1972年,日本本田技研工业在市场售出装有复合涡流控制燃烧的发动机的西维克牌轿车,打响了稀薄气体燃烧发动机的第一炮。这种发动机是在普通发动机燃烧室的顶部加上一个槌状体的副燃烧室,先将这处副燃烧室中较浓的混合气体点燃,然后其火焰延燃到主燃烧室的稀薄混合气中,使之全部燃烧做功,废气中的CO和HC很少,减少了有害气体的排放。

1967年,美国进行了一次氢气汽车行驶的公开表演,那辆氢气汽车在80km时速下,每次充氢10分钟可运行121km。该车有19个座位,由美国比林斯公司制造。

1978年,日本研究成功复合动力汽车,即内燃机——电力汽车。

1979年8月,巴西制造出以酒精为燃料的汽车——菲亚特147型和帕萨特型轿车,及"小甲虫"汽车。巴西是现在世界上使用酒精汽车最多的国家。

1980年,人本研制成功液态氢气车。在后部装有保持液态氢低温和一定压力的特制贮存罐。该车用85L的液氢,行驶了400km,时速达135km。但目前在使用上还有困难,费用高于燃油车。

1980年,美国试制成功了一种锌氯电池电动汽车。同年,西班牙研制成功一种太阳能汽车,西德汉堡市西北伊费霍的一位工程师,发明了一种利用电石气(乙炔气)作动力的汽车。先将电石变成气体,然后用这种气体燃烧推动喷气式发动机来驱动汽车,其速度和安全性均不亚于汽油车,20kg电石块可以使汽车至少行驶300km。

1980年,美国开始研究"烧铝"的汽车,这是由加州大学国立罗伦兹研究室的约翰.库伯和埃尔文.贝伦提出的。他们设计出一种新型的电池作为汽车动力;在氢氧化钠的参与下,使铝与水和空气发生化学反应而产生电流。经实验证明,电动汽车质量为1300kg,载上驾驶员和4名乘客,每更换一次铝板,可行驶约5000km,以90km/h的速度行驶时,每行驶20km消耗1kg

铝。而在相同的条件下,1kg汽油却只能走14.18km。

1981年,美国研制出的一种新的节约能源的风能汽车,这辆汽车现在还不能全部使用风能,而是与燃料交替使用。它是在一辆普通的轿车车顶上,装有一台带有风动螺旋桨的空气透平机,用以随时为车内装有12V60A电池组充电。汽车行驶时,现以燃料发动,当车速达到55km/h时,透平机才开始工作。

1982年,日本东京大学一色尚次教授,经过多年的研究,终于成功地研制出世界上第一辆盐水发动机汽车。该车可乘两人,其发动机以蒸汽为动力,而蒸汽是通过向硫酸或苏打等盐类溶液里加水,发生化学加热反应,利用释放出来的化学热能烧沸锅炉里的水而产生的。

1983年,世界上第一辆装备柴油陶瓷发动机的汽车运行试验成功。所装发动机是日本京都陶瓷公司研制的,其主要零部件由陶瓷制成,省去冷却重量轻,节能效果显著,在同样条件下可比常规发动机多走30%的路程。

1984年,前苏联研制出一种双重燃料汽车。当汽车发动时,首先使用汽油,然后专用天然气。试验证明,这种车排污少,燃料价格便宜,每辆车每年可节省燃料费500卢布。

1984年,美国美孚石油公司的阿莫柯比化学公司,研制出了一种叫杜隆塑料的合成材料,该公司采用这一塑料成功地制造出了世界上第一台全塑料汽车发动机,其重量只有84公斤。目前,美国的洛拉T-616GT型汽车用的就是这种全塑发动机。

1984年,澳大利亚工程师沙里许经10年研究,花费了1300万美元后,研制成功了一种在功率、燃烧效率和降低污染多方面优于四冲程内燃机的OCP发动机。它采用压缩空气形成超细油滴和空气的混合物进入燃烧室,燃烧更为充分,从而改善了总的效果。实验表明,OCP发动机的功率较等重量的四冲程发动机大两倍,并且除节油25%外,废弃污染也大大降低。

1985年,澳大利亚一位叫彼兰丁的发明家,经过多年努力,研制出一种安全可靠、启动灵活、高速而又不冒烟的蒸汽机汽车。车上的锅炉采用封闭回路式,蒸汽不向外排除,而是聚集在散热器里,然后重新回到下一个工作循环去。这种车时速可达130km,是防止环境污染的一种理想车型。

1986年,日本的三洋电气公司研制成功首辆由太阳能电池带动的汽车,这是全世界第一辆太阳能运输车。该车有3个小轮子,全长2.1m,宽0.9m,净载重量为110kg,时速可达24km。

1994年,澳大利亚研制出用柴油机改装的燃烧椰子油的汽车。试验表明,12个椰子榨出的椰子油可达1L。

1994年,英国的戴维·伯恩发明了另一种风力汽车,并已投入批量生产。这种被称为风力汽车的新设计构思很巧妙。其驱动装置是两个电动马达,分别安装在两个前轮上。底盘上装有一个"风圆锥",看上去活像个巨大的蛋卷冰淇淋。在普通汽车安装散热护栅处则装着一根进风管,直径为1.37m,长度与车身相等,并与"风圆锥"连接。当汽车行驶时,空气通过进风管进入"风圆锥"连接。当汽车行驶时,空气通过进风管进入"风圆锥",驱动安装在哪里的扇形涡轮机,接着再通过内置式发动机将风能转化为电能,贮存在蓄电池中,用来驱动位于前轮的两个马达,使汽车得以行驶。

资料来源：http://wenku.baidu.com/link? url = tutiw1vbthc8HS4hz_5 – UXETrbRHmEQl-nUj2o – ib49tXdMZQWc7PAJueqzks – KMlMB93I8FEAL06MxLz7czIWpd_MfI – RCW8nm7TnKfcGq3

【案例讨论题】

1. 请结合汽车发动机的发展史谈谈汽车工业的发展与变革。
2. 请预测汽车发动机未来的更新趋势。

THE SECOND CHAPTER
第二篇 战略篇

第四章 汽车营销环境

【本章学习重点】

1. 什么是汽车市场营销环境;
2. 汽车市场营销微观环境有哪些影响因素;
3. 汽车市场营销宏观环境有哪些影响因素。

【开篇案例】

金融危机对汽车市场的影响

近日,华尔街接连不断地传来一系列令人震惊的消息:美国银行与美国第三大投资银行——美林公司达成收购协议,将以约 440 亿美元收购美林;由于陷入严重的财务危机,曾为美国第四大投资银行的雷曼兄弟控股公司已申请破产保护;美国保险巨头美国国际集团为了维持运转,已向美国联邦储备委员会寻求短期融资支持……

这些爆炸性新闻表明,始于次贷问题的美国金融业危机在进一步加剧,有媒体将其比喻为一场"金融海啸"。而这场"海啸"才刚刚开始,美国联邦储备委员会前主席艾伦·格林斯潘表示,美国正陷于"百年一遇"的金融危机中,其诱发全球一系列经济动荡的可能性正在增大。

美国的这场金融危机对中国汽车市场主要是以间接影响、连锁反应的方式起作用。我国整车出口到美国的整车很少,但零部件很多,2007 年出口美国的汽车零部件总金额近 90 亿美元,美国是我国最大的汽车零部件出口市场,占我国汽车零部件出口金额的 30% 多,主要出口产品有轮胎、车轮、汽车电子电器、制动系统零部件、车身附件及其零件等。从 2008 年 1—8 月份我国汽车零部件出口情况来看,共出口美国汽车零部件 55.70 亿美元,占我国汽车零部件出口金额不足 24%,较 2007 年同期已有明显下降。

美国的汽车购买力下降,美国汽车企业要减产,我国零部件企业产品出口美国肯定会受到严重冲击。其他国家对美国的出口也会受到影响,这些国家也是我国的出口国,这样连锁反应影响会更大。如果金融危机再加深、蔓延,对能源价格、资源型产品的冲击会很大,比如俄罗斯、中东等国家和地区受到的影响更大,而这些国家是我国汽车出口的主要市场。由此可见,出口对汽车产业的拉动作用不会那么明显了。

企业在市场上不可能孤立地进行营销活动,必然受到来自企业内部和外部相互联系,相互制约的因素影响。这些内外因素构成了企业的市场营销环境。汽车市场需求和发展前景是汽车企业赖以生存发展壮大的基础,汽车企业要适应并利用汽车市场营销环境的各种特点和资源,制定的营销战略与计划必须适应营销环境,满足消费者变化的需求,方能成功。当今汽车市场蓬勃发展,汽车企业受到来自本国和跨国企业的竞争。机遇与危机并存,汽车企业如何结合自身实际扬长避短,抓住机遇,规避风险,是汽车企业必须面对的问题。因此,研究汽车市场营销环境对于汽车企业来说,具有重要的意义。

资料来源:《汽车情报》2008 年 第 28 期 11 页

第一节 汽车市场营销环境概述

一、汽车市场营销环境的概念

汽车企业作为社会经济的基本单位,既有其独立性,也在原材料、劳动力、生产、销售、信息技术、资金、土地等方面与社会存在着不可分割的亲密关系。汽车企业进行营销活动时,既关系到自身企业的内部因素,也与外部环境有关,两者的协调造就营销战略计划的成功与否。

汽车市场营销环境是指与汽车企业营销活动有关的所有不可控外部力量、影响因素和内部可控力量的集合,包括宏观环境和微观环境。汽车营销环境是汽车营销活动的约束条件和激励因素。它一方面为汽车营销企业提供机会,企业可以利用良好的营销环境,抓住机遇使企业得到发展;另一方面,针对市场营销环境对汽车企业营销活动造成的障碍和威胁,企业想方设法发挥自身的优势,规避风险,克服障碍,主动适应环境,制定正确的营销策略,通过快速反应,赢得市场份额。

微观环境指企业内部环境和企业外部活动者等因素。外部活动者主要包括供应商、营销中间商、竞争者、顾客及有关公众等。内部环境指那些对企业来说是内在、可控的环境因素,如企业类型、组织模式、研发能力及企业文化等因素。宏观环境是指那些对企业营销活动产生重要影响且不被企业营销职能所控制的全部因素,一般包括政治与法律环境、经济和市场环境,自然和人口环境等。宏观环境一般具有强制性、不确定性和不可控性等特点。上述微观环境与宏观环境和企业营销活动之间的关系如图 4-1 所示。

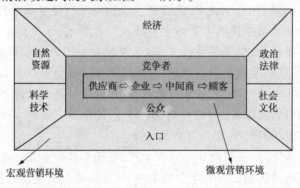

图 4-1 市场营销环境构成

二、汽车市场营销环境的特点

1. 动态多变性

构成汽车市场营销环境的要素是多方面的,不同的因素在不同的时间地点会随着社会的发展而不断变化。每一个汽车企业作为一个小系统都与市场营销环境这个大系统处在动态的平衡之中。一旦环境变化平衡被打破,如果不能及时调整营销策略来适应环境的变化,那么即便是规模庞大、条件有利的企业,也会在一定情况下被市场所淘汰。多变性是汽车市场营销环境一个永恒的话题。我国汽车市场在 2004 年以前都是卖方市场,之后向买方市场转变。在买方市场情况下,汽车制造商需要改变在卖方市场中的经营理念,因为价格竞争向售后服务竞争的转变已经是不可逆转的大势。企业必须用动态的观点去研究市场营销环境的影响,把握其变化趋势,抓住市场有利的机会。

2. 差异性

汽车市场营销环境的差异性,一方面表现在不同汽车企业受不同环境的影响,另一方面,同一种环境的变化对不同汽车企业的影响也不相同。相应地,汽车企业为适应营销环境的变化所采取的营销策略也各不相同。德国大众公司的 POLO 是款好车,但在国内的销售成绩表明未能适应国内不同的营销环境,所以销量一直没上去。这是因为大众的 POLO 车是一款"复杂"的"小"车,而中国人喜欢"简单"的"大"车。这说明,中国的汽车市场和世界其他市场存在差异。

3. 相关性

汽车市场营销环境由多方面因素组成,这些要素相互联系,相互作用,相互影响,共同决定着营销环境的变化。比如,影响人们购买汽车的因素,既包括汽车的质量、外观、价格,也包括了政府经济政策,油价、税收、停车费用等因素的影响。这种相关性给企业开展市场营销带来了复杂的客观环境。

4. 可利用性

营销环境的变化对企业营销活动的影响,既可以为企业提供新的营销机会,也可以为企业造就新的威胁,机会与威胁并存,并在一定条件下,相互转化。由于变化不以企业的意志为转移,但可被企业利用。企业可以根据环境因素的变化,积极调整自身策略以适应市场,甚至能冲破环境制约,变威胁为机遇,抓住有利的市场机会获得发展。

5. 不可控性

汽车市场营销环境与企业营销活动相关的外部因素密切相关,为客观存在,不以企业意志为转移,发展变化不为企业所控制。即使大企业,规模力量作用范围较大,可以在局部范围内和一定程度对外部环境施加影响,但是这些作用力总的来说也比较小,更大程度上,汽车企业只能主动适应这些变化。企业营销管理的任务就是以可控制的营销组合因素去适应不可控制的外部环境,满足目标顾客的需要,实现企业目标。

三、汽车营销环境分析

营销环境对汽车企业来说是一把双刃剑,既是机遇,也是风险。企业应对每种营销环境的变化对企业带来的影响(这种影响可以是机遇或风险),在程度和数量上进行分析,从而对各种营销环境进行科学鉴别,为以后制定符合自身实际的营销策略奠定基础,这种分析就是营销环境分析。

汽车市场营销环境分析为汽车进行营销决策和管理提供科学依据。汽车企业的营销受到很多因素的制约,准确把握市场信息并进行科学决策,对于营销活动是至关重要的。企业要充分了解自身的优势与缺陷、市场环境的有利因素和不利因素,以便企业从营销活动中获得较好的经济效益。其次,汽车市场营销环境分析有利于汽车企业及时把握市场机会。最后,有助于企业准确地进行市场定位,满足不同消费群的差异化需求。

市场营销环境分析采用的一般步骤:

(1)利用市场情报和调研等方法收集营销环境信息。

(2)采用定性或定量分析进行科学预测。

(3)环境因素变化对企业可能造成的影响,分析机会和威胁。

（4）结合现状与实际，提出分析结论及企业适应未来环境变化的设想，为企业以后制定营销战略提供有参考性的意见。

第二节　汽车市场营销微观环境

微观环境是指与企业关系密切、能够直接影响企业服务顾客能力的各种因素，包括企业自身、供应商、中间商等营销渠道以及顾客、竞争者和公众等。这些因素构成企业的价值传递系统。汽车企业市场营销的绩效，建立在系统运行效率的基础上。对比宏观环境，汽车企业对于微观环境一般具有一定程度的可控性，汽车企业结合自身实际和营销目标，可以对微观环境因素施加一定的影响，进行调整与控制。

一、企业自身

企业自身是指汽车企业的类型、组织结构及企业文化等因素。

1. 企业类型

企业是从事生产、流通、服务等经济活动，以生产或服务满足社会需要，实行自主经营、独立核算、依法设立的一种盈利性的经济组织。企业主要指独立的盈利性组织，并进一步分为公司和非公司企业，后者如合伙制企业、个人独资企业、个体工商户等。又可分为内资企业、国有企业、集体企业、股份合作企业、联营企业等。当今中国市场是一个开放市场，汽车企业的资产组成并不单一，强强联合与兼并合作是常事。各类汽车品牌常携手合作，获得效益，我们要用变化的眼光去认识企业的类型组成。例如比亚迪股份有限公司是一家拥有 IT，汽车和新能源三大产业群的高新技术民营企业。而厦门金龙汽车集团股份有限公司创立于 1988 年，1992 年改制为股份制企业。

2. 组织结构

企业组织结构，即企业职能分配、部门设置及各部门之间的关系，是企业内部环境最重要的因素。企业内部基本的组织机构包括：高层管理部门、财务部门、产品研发与技术部门、采购部门、生产部门、物流部门、营销部门等。这些部门之间的分工是否科学、协作是否和谐、目标是否一致都会影响营销的决策和营销方案的实施。营销部门必须与其他部门密切合作、相互支持，方可有效地开展市场营销活动。例如营销计划首先要得到领导同意支持，营销资金需财务部门筹措、调度和管理，营销需要技术部门开发适合销路行情，质量上乘的产品，需要物流部门把汽车产品运到销售的地区。为了达到良好的营销效果，企业内部所有部门必须在工作行动中协调一致，共同提供上乘的产品与服务实现顾客价值。

3. 企业文化

在社会主义市场经济体制下，各个企业是真正意义上的独立实体。面对激烈的市场竞争，企业要生存发展，就不得不更加依托一种精神力量。企业文化是指全体职工在长期的生产经营活动中培育形成的共同遵循的最高目标、价值标准、基本信念和行为规范。它是企业观念形态文化、物质形态文化和制度形态文化的复合体。

企业文化的结构大致可以分为三个层次，即精神层、制度层和物质层。

精神层指企业的领导和职工共同信守的基本信念、价值标准、职业道德等，它是企业文化的核心和灵魂，是形成企业文化物质层和制度层的基础。企业文化中有没有精神层是衡量一个企业是否形成了自己的企业文化的标志和标准。企业文化的精神层包括了六个方面：企业精神、企业最高目标、企业经营哲学、企业风气、企业道德、企业宗旨。

制度层是企业文化的中间层次,主要是指对企业职工和企业组织行为产生规范性、约束性影响部分,它主要规定了企业成员在共同的生产经营活动中所应当遵循的行动准则及风俗习惯。制度层主要包括了以下三个方面:一般制度、特殊制度、企业风俗等。

物质层是企业文化的表层部分,是企业创造的器物文化,是精神层的载体,能折射出企业的经营思想、经营管理哲学、工作作风和审美意识。主要包括以下几个方面:企业标志、厂容厂貌、产品特色等。如美国汽车以豪华、马力大为特点,日本汽车以省油为特点,德国"奔驰"汽车以耐用为特点,英国"劳斯莱斯"汽车以华贵为特点,这些特点都已坚持了几十年上百年,形成了企业的一种文化资产。

许多汽车企业良好的经营业绩表明,谁拥有文化优势,谁就可以获得更大的竞争优势、效益优势和发展优势。所以汽车企业文化对汽车企业市场营销有着重要的影响,企业应当重视文化建设。

汽车企业内部环境是汽车企业提高市场营销的工作效率和效果的基础。因此,汽车企业管理者应强化汽车企业内部管理,为市场营销创造良好的营销内部环境。

二、供应商

生产供应商是向企业提供生产经营所需的资源(如设备、能源、原材料、配套件等)的组织或个人。供应商的供应能力包括供应成本的高低(原材料价格变化引起的)、供应商供应的及时性及快速响应的能力、供应产品的质量或服务质量。这些因素短期影响销售的额度,长期影响消费者对这个汽车品牌的满意度。企业应该处理好与供应商的关系,相互合作,共同赢利,建立一条高效益的价值链条,为企业的市场营销建立稳定的环境。供应链结构如图4-2所示。

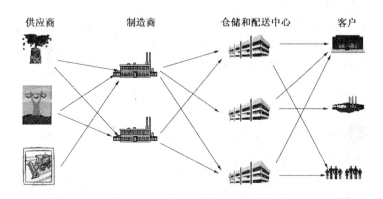

图4-2 供应链结构图

100多年来,创造一流的产品,一直成为奔驰汽车公司的经营宗旨。在整个生产经营过程中,从产品的构思、工艺的设计,样车的研制,批量的生产直至售后的服务,精益求精的原则一直贯彻始终。

为保证产品质量,真正做到不合格的零部件坚决不用,不合格的成品坚决不出厂,在奔驰汽车公司中,从上到下形成了一个质量控制、监督网。在其工厂中,搞生产的工人有1/7是进行质量控制和检验的,一个引擎就要经过42道检验。随着专业化协作的加强,许多零部件是由协作厂提供的,而零部件的质量直接影响汽车的质量。为此,奔驰公司严格把关。辛德尔芬根分厂每天组装1600辆汽车,检查协作厂商所提供零部件的工作人员有1300多名。规定一箱里如果有一个零部件不合格,就全部退掉。由于长期坚持这一制度,协作厂商也都自觉努力提高产品质量。

汽车厂商企业应认真规划好自己的供应链体系,将供应商视为战略伙伴,不要为了自己的短期利益而过分牺牲供应商的利益,应让整个供应链提高市场竞争力和市场应变力。双方按照"双赢"的原则和以共同发展为目标导向,汽车厂商与供应商共同协商,共同确定降价的幅度和目标,并通过现代先进的科学技术方法提高管理水平和员工素质等方法,增强双方合作及应对竞争风险的能力。

三、中间商等市场营销中介

市场营销中介帮助汽车企业从事市场营销的组织或个人,帮助公司将其产品进行促销,销售并分销最终的顾客消费者。市场营销中介包括中间商、货运储运商、营销服务公司和金融中介。同供应商一样,市场中介也是整个价值传递系统的重要组成部分。在使顾客满意的服务中,公司不仅要使自己的业绩最好,而且要与供应商和市场营销中介建立有效的伙伴关系,使整个系统取得最佳成绩。

中间商:作为销售渠道公司,汽车产品的中间商包括代理商、特许经销商等。帮助汽车厂商寻找顾客并最终把产品售卖出去的商业组织或个人。

货运储运商:专门帮助汽车厂商运入原材料、协作配套件和运出成品(如商品车)的商业组织和个人,其主要业务包括运输、储存、包装、商检等作业。

营销服务公司:包括市场调查公司、广告公司、传媒机构、营销咨询机构,它们帮助公司正确地定位和促销产品。由于这些公司在资质、服务及价格方面变化较大,公司在选择这些服务公司须认真考虑,择优利用。

汽车金融中介:指促进汽车厂商的产品(含服务)营销,专门提供金融服务的机构,包括商业银行、信贷联盟、信托公司、汽车金融服务公司、保险公司和汽车企业集团财务公司等。他们能够为交易提供金融支持或对货物买卖中的风险进行保险。

四、顾客

顾客是商业服务或产品的采购者,他们可能是最终的消费者、代理人或供应链内的中间人。顾客是企业产品销售的市场,企业市场营销的起点和终点都是满足顾客的需要,汽车企业必须充分研究各种汽车用户的需要及其变化。

顾客市场一般包括5类:消费者市场、企业市场、经销商市场、政府市场和国际市场。

消费者市场由个人和家庭组成,他们仅为自身消费而购买商品和服务。企业市场购买商品和服务是为了深加工或在生产过程中使用。经销商市场购买产品和服务是为了转卖,获取利润。政府市场购买产品或服务用以服务公众,或作为救济物资发放。最后是国际市场,由其他国家的购买者组成。由于各个顾客市场有其相类似的地方,也各有不同,汽车企业营销人员要根据市场特点,制定符合实际,有效的营销策略,方能满足顾客的需求,得到满意的效益。

五、竞争者

竞争者一般是指那些与本企业提供的产品或服务相似,并且所服务的目标顾客也相似的其他企业。从营销学的角度分析,企业在市场上面临着四类竞争者:愿望竞争者、属类竞争者、产品形式竞争者、品牌竞争者。

愿望竞争者指的是提供不同产品以满足不同需求的竞争者。

属类竞争者又称为一般竞争者,指以不同的方法满足消费者同一需要的竞争者。例如,摩托车、小轿车的生产经营者之间,就互相成为属类竞争者。

产品形式竞争者也称行业竞争者,是指生产同种产品,但提供不同规格、型号、款式的竞争者。由于这些同种但形式不同的产品对同一种需要的具体满足上存在着差异,购买者有所偏好和选择,因此这些产品的生产经营者之间便形成了竞争关系,互为产品形式竞争者。

品牌竞争是指满足相同需求的、规格和型号等相同的同类产品的不同品牌之间在质量、特色、服务、外观等方面所展开的竞争。例如奥迪"A4"与宝马的"3系"产品档次一致,相互之间就是品牌竞争者。

汽车企业要注意五种基本竞争力量,波特"五力"模型:汽车行业各企业间的竞争、供应商(讨价还价能力)、客户群(讨价还价能力)、新进入者(新进入者威胁)、替代品生产者(替代品或服务威胁)。

当今汽车行业竞争从追求销量到追求服务质量的转变。中汽协发布的数据显示,2011年4月份汽车产销出现了27个月以来的首次负增长,也是金融危机以来我国汽车工业恢复增长后的首次负增长。从2011年1—4月的累计销量来看,汽车产销虽然同比分别增长5.09%和5.95%,但增幅比上年同期分别下降了58.71和54.56个百分点。汽车市场起起伏伏,随着大环境的不断变化,销售市场竞争日益激烈,这让每一个站在市场最前沿的汽车经销商都感受到前所未有的压力。(来源华西都市报 2011-05-30)

这说明市场已经发生变化,汽车企业必须推陈出新,对比同行竞争者提供更优质的营销服务和售后服务才能赢得消费者的口碑和青睐。

六、公众

公众是指对企业的营销活动有着潜在利害关系和影响力的一切团体和个人。一般包括融资机构、新闻媒介、政府机关、协会、社团组织及一般群众等。

公众对企业市场营销的活动规范、对企业及其产品的信念有实质性影响:融资机构影响一个公司获得资金的能力;新闻媒介对消费者有导向作用;政府机关决定有关政策的动态;一般社会公众态度影响消费者对企业产品的信念等。一个汽车企业在制定针对顾客的营销计划时,也应制定针对其主要公众因素的营销计划。假如企业希望从某个特定的公众那里得到特别的回应,如信任、赞扬、时间或金钱的帮助,公司就需要针对这个公众制定一个具有吸引力的计划实现其目标。此外企业应适时适地的开展正确的公共关系活动。

第三节 汽车市场营销宏观环境

汽车企业的市场营销活动除了关注研究本企业的微观营销环境的影响因素,更重要的是研究市场营销的宏观环境。汽车市场营销的宏观环境指能影响整个微观环境和企业营销活动的广泛性因素,通常包括人口环境、政治法律环境、经济环境、自然环境、科学技术环境、社会文化环境。宏观环境一般具有强制性、不确定性和不可控性等特点。企业可以通过调整营销策略和控制内部管理来适应宏观环境的变化。只有研究分析透彻才能寻找市场机会,规避风险,否则将陷入十分被动的盲目局面。以下讨论汽车市场营销宏观环境,概括了PEST分析的各个方面,PEST分析是指宏观环境的分析,P是政治(Political System),E是经济(Economic),S

是社会（Social），T是技术（Technological），还讨论其他一些影响因素。

一、人口环境

人口环境是指一个国家和地区（企业目标市场）的人口数量、人口质量、家庭结构、人口年龄分布及地域分布等因素的现状及其变化趋势。人口环境既是企业生产经营活动必要的人力资源条件，又是企业的产品和劳务的市场条件，因而是企业生产经营的重要外部环境。人口环境是一切社会经济活动的基础和出发点，是影响企业市场营销的基本宏观因素。

一般来说，人口环境对汽车市场营销的影响主要表现在以下几个方面：

1. 人口总量增长

随着生产力、科技的进步，卫生医疗技术的发展和生活条件的改善，世界各国人口平均寿命大为延长，死亡率大幅度降低，尽管出生率有所下降，但总人口仍呈现增长态势，这为汽车营销提供了有潜力的市场。

2. 逆城市化现象的出现

逆城市化是城市人口向乡村居民点和小城镇回流的现象。第二次世界大战后，世界范围内城市化发展的总趋势是不断地集中化、大型化。但同时在少数经济高度发达、城市化趋于饱和的国家，投资方向从大城市转向小城镇与乡村地区，出现了城市中人口减少、经济衰落的现象，这种衰退在城市的"内城区"（inner city）显得特别明显，而乡村地区人口却比以前增加。由于城市交通拥挤、污染严重，很多人选择向郊区转移，出现了在市区上班、郊区居住的景况。汽车成为了主流的交通工具，因为郊区公交与城市轨道交通并不发达，无疑增加了汽车的消费机会，给汽车产业的发展创造市场机会。

3. 消费者年龄、性别、性格类别结构与汽车市场营销

随着经济发展，人口平均受教育程度的增加，独生子女增加，他们的生活条件富裕，个性独特张扬，购买小汽车的年龄趋向年轻化。成年男女经济独立，有经济基础，工作流动性大，工作和生活节奏加快，小汽车成为了他们必不可少的工具。退休后，老年人的生活不再枯燥，到处行走游玩，符合老年人驾驶的汽车更容易获得青睐。

在性别区别上，以往汽车一直是男士成功的专有象征。但随着职业女性的增加和经济地位的提高以及其自立、自主意识的增强，已经有越来越多的女性，成为现实的或者潜在的汽车消费者。这样，他们的家庭里往往不止拥有一辆汽车。

现代汽车在消费者心中不单纯是一种交通工具，它们的外形，颜色，行驶特点及品牌个性往往是车主个性的一种彰显。性格不同的人对于不同品牌或不同系列汽车的选择而有所不同。例如，凯迪拉克诞生于被誉为美国汽车之城的底特律。在韦伯斯特大词典中，凯迪拉克被定义为"同类中最为出色、最具声望事物"的同义词，被一向以追求极致尊贵著称的伦敦皇家汽车俱乐部冠以"世界标准"的美誉。那么具有深厚经济实力，品位卓绝的人，更容易选择购买凯迪拉克。又如，作为通用汽车旗下最为国际化和大众化的品牌，雪佛兰拥有强大的技术和市场资源。雪佛兰的品牌定位是一个大众化的值得信赖的国际汽车品牌，其品牌个性是：值得信赖、聪明务实、亲和友善、充满活力。这样的品牌更容易被性格活泼，友好善良的人所欢迎。

汽车营销人员应该把握人口环境的影响因素，因人制宜，制定营销策略，创造汽车销售的机会。

二、政治法律环境

政治法律环境是指能够影响企业市场营销各项活动的相关政策、法律以及制定它们的权力组织。政治是经济的集中表现,而法律则是政治的集中表现。政治环境直接与国家的体制、宏观经济政策相联系。市场经济在社会主义条件下不是绝对放任自由的市场,从一定意义上说,市场经济本质上属于法律经济。政治与法律环境是市场营销最重要的环境因素。

政治环境是指企业市场营销的外部政治形势和状况给企业市场营销带来的或可能带来的影响。在国内市场上,政府通过改革经济体制和制定经济政策的方式制约着汽车的生产和经营,并给汽车市场营销的每个环节打上意识形态的烙印,例如汽车的结构如功能、造型、品牌、商标、包装、销售服务、定价、汽车分销等环节。在国际市场上,不同意识形态以及政党、政局、政策的变化也会直接或间接地影响汽车的市场营销。国际市场上,生产厂家的汽车销售虽然只是一种商品交易,但在相当多的情况下,还会被国际或国家的政治形势所左右,被作为一种政治斗争的工具来使用。这种政治斗争对汽车进出口贸易的影响,不仅表现在不同社会制度的国家之间在贸易对象、贸易条件方面的差异,而且表现在不同国家关系的企业之间贸易对象、贸易条件的差异。

法律是一种强制性的影响力,它与法令、规则、规章、条例一起构成法规,并以国家机器作保证。市场营销法律环境是指对企业市场营销产生重要影响的各项法律之和。此外,产品的技术规范、技术标准,以及商业惯例等也是市场营销法律环境的重要组成部分。政府对企业营销活动实行法律干预主要体现三个方面:一是对企业营销活动的促进和限制。例如,《公司法》、《企业法》等法律有利于企业健全经营机制和加强对整体营销活动的控制;《反垄断法》、《反不正当竞争法》等法律的目的则主要在于监督、指导企业行为、保护企业间的公平竞争。二是对消费者的保护,目的是为了维护消费者的利益,制止企业非法牟利,例如《产品责任法》、《消费者权益保护法》、《广告法》等法律。三是对社会利益的维护。例如,《中华人民共和国环保法》、《中华人民共和国环境、噪声、污染防治条例》等主要用来维护生态平衡,保护公众利益。早期的法律重点多为保护竞争者,而现代法律重点已经转向保护消费者。此外,国家的汽车政策主要包括汽车产业政策、汽车企业政策、汽车产品政策和汽车消费政策等四个方面。下面列举一些影响汽车营销相关的政治法律环境因素。

1. 鼓励与抑制汽车消费的有关政策法规

有关汽车生产销售的政策法律不是一成不变,每个地区每个时期具体实施的政策都各不相同。例如,国家发展改革委员会于2004年6月1日颁布实施《汽车产业发展政策》取代1994年颁布的《汽车工业产业政策》,新的政策更符合市场经济规律,它充分考虑到了汽车产业发展规律以及在新时期发展的特点与时代背景,是一个具有前瞻性与科学性的指导政策。

又如,2010年6月30日,国家发展改革委、工业和信息化部、财政部公告了"节能产品惠民工程"节能汽车(1.6L及以下乘用车)推广目录。根据《财政部 国家发展改革委关于开展"节能产品惠民工程"的通知》(财建〔2009〕213号)和《财政部 国家发展改革委 工业和信息化部关于印发"节能产品惠民工程"节能汽车(1.6L及以下乘用车)推广实施细则的通知》(财建〔2010〕219号)的通知,中央财政将对发动机排量在1.6L及以下、综合工况油耗比现行标准低20%的汽油、柴油乘用车(含混合动力和双燃料汽车),按每辆3000元标准给予一次性定额补贴,由生产企业在销售时直接兑付给消费者。由于这一"节能产品惠民工程"在全国范围内推广,受惠人群远比新能源新政广泛。这样的政策毫无疑问会推动汽车生产企业小排量汽车的生产和销售,推高了消费者购买汽车作为代步工具的热情,形成社会购买汽车的热门的大氛围。汽车生产企业应该抓住这样的机遇,适度扩大产量,增大营销力度。

但是,当社会上出现了大量购买汽车,上路车辆急剧增加对社会造成问题的时候,政府推出的政策法规会影响汽车企业的生产与销售。继北京推出了汽车限牌限行的政策,广州地区也在2012年7月推出了相关的政策。《关于广州市试行中小客车总量调控管理的通告穗府〔2012〕22号》。

根据广州市社会经济发展情况,为保障城市交通有效运行,改善和保护大气环境质量,实现中小客车数量合理、有序增长,落实公交优先战略,有效缓解交通拥堵状况,本市自2012年7月1日零时起对全市中小客车试行总量调控管理,具体要求如下:

(1)本通告所称中小客车,包括国家机动车类型分类规定所列中型、小型、微型载客汽车。

(2)本市自2012年7月1日零时起,按照"公开、公平、公正"的原则,对本市行政区域范围内中小客车试行增量配额指标管理。

(3)在试行期内,全市中小客车增量配额为12万辆。为做好各项工作衔接,在2012年7月1日零时起一个月内全市暂停办理中小客车的注册及转移登记,后续各个月度平均分配增量配额。

(4)各类机关、企业事业单位、社会团体及其他组织(不分所有制性质,以下统称单位)和个人需要取得本市中小客车配置指标的,应当依照有关规定申请办理指标证明文件。

(5)单位和个人新购置中小客车、购置二手中小客车、非本市中小客车转入本市、中小客车过户,在申请办理中小客车注册、转移及转入本市的变更登记前,应依照有关规定申请取得本市中小客车配置指标。

(6)在2012年7月1日零时前,单位和个人已经与车辆销售经营者签订中小客车预售合同、收取预定金的,凭销售合同或车辆销售统一发票,并通过本市公证机构获得上述材料真实性的公证证明,不需要申请办理指标证明文件,可直接办理车辆注册及转移登记。严禁任何单位和个人提供虚假信息取得本市中小客车注册,一经发现将撤销注册并依照有关规定追究责任。

(7)本市将于近期制定并颁布中小客车总量调控相关管理办法和实施细则,以及非本市籍载客车辆按时段在指定区域的限制通行措施,相关规定另行发布。

(8)本通告自2012年7月1日零时起试行,试行期一年。试行期结束后,按本市公布的新规定执行。

试行期内,每年12万辆配额车辆将采用有偿竞拍和无偿摇号模式分配,同时将拟组建机动车号牌摇号办公室。《广州中小客车总量调控管理试行办法实施细则》明确指标管理机构开始受理指标申请后,每月26号组织摇号,如遇非工作日则顺延。个人申请增量指标每月摇号一次,单位申请增量指标每两月摇号一次。

这样的限购政策试行细则出台,无疑对汽车销售市场造成影响:首先,限购已成定局,那么广州所有经销商的预期销售目标都将成为一纸空谈,新的促销政策和销售目标势必要重新制定;其次,不难想像,如果广州现在的年销售22万辆新车的速度下降到12万辆的水平,剩下的10万辆缺口则可能采取异地上牌的方式。其结果就是大量悬挂佛山、中山等牌照的车游走于广州的大街小巷;最后,广州二手车市场或将受到制约,毕竟政策对二手车过户也会实施配置指标。此时,汽车企业的营销策略应作出变化,广州地区车辆投放力度减弱,把重点转移到其他更有潜力的地区。但要注意一点,市场对于政策的适应度需要一定的时间,可能在政策真正实行的时间前市场爆发抢购热潮。营销部门应该想到这一点,当机立断,步步为营,抓住必要的机遇。

2.《缺陷汽车产品召回管理规定》和汽车"三包"政策保护了消费者的利益

2004年10月1日起开始实施的《缺陷汽车产品召回管理规定》和《汽车"三包"技术规范》,规范了汽车厂商的质量保障服务标准,消除了缺陷汽车安全隐患给社会带来的不安全因素,维护了汽车消费者和社会公众的利益。

2013年2月初,国务院法制办公布了《缺陷汽车产品召回管理条例》,公开征求社会各界意见。按照《条例》规定,"汽车生产经营者确认汽车产品存在缺陷,应立即停止生产、销售、进口存在缺陷的汽车产品,并实施召回。拒不对缺陷产品实施召回,情节严重的可直接吊销相关许可。"

现行的《缺陷汽车产品召回管理规定》,自2004年实施至今,7年多的时间里,我国共召回整车370多次,共计600多万辆,虽然经历了召回制度的从无到有,消费者的权益得到了有力保护,但我国每年的汽车召回数量与全球年产销最大的市场规模相比并不匹配。此外,自主品牌汽车在国内的召回极为少见,有关专家认为,这并不代表自主品牌汽车就没有问题或缺陷。有媒体报道,《缺陷汽车产品召回管理条例》已经列入国务院立法计划,意味着这项事关汽车质量安全的重要立法工作,已经离消费者越来越近。(来源:2012-3-20 中国科技网)

3.《汽车金融公司管理办法》规范了汽车消费信贷业务管理

2007年12月中国银行业监督管理委员会第64次主席会议通过《汽车金融公司管理办法》。该办法是规范了汽车消费信贷业务管理的重要措施,是对旧方法的改进,以适应新时代特征,将对培育和促进汽车融资业务主体多元化、汽车消费信贷市场的专业化产生积极和深远的影响,对促进我国汽车产业发展、推动国民经济持续健康发展也将发挥积极作用。

4.《汽车品牌销售管理实施办法》将规范汽车销售行为

2005年4月实施《汽车品牌销售管理实施办法》、《二手车流通管理方法》、《汽车贸易政策》等。该《办法》着重对实施汽车品牌销售的车型范围和时间,汽车生产企业建立完善的汽车品牌销售服务体系,汽车供应商、品牌经销商的资质条件、设立程序、行为规范以及政府部门的监督管理做出了规定。汽车品牌销售核心的授权销售,即品牌销售需经授权,从事汽车品牌销售活动应当先取得汽车生产企业或其授权的汽车总经销商授权。这一管理方式目的是明确各方责任,增强汽车品牌销售经营主体的服务意识,避免经销商相互推诿,便于实现责任追究,最终维护广大消费者的利益。

5. 税费影响汽车市场营销状况

缴纳税费的多少,往往是作为影响消费者购买的一种因素的存在。对于汽车产品征收且对用户负担较大的税费项目有:特别消费税(在对货物普遍征收增值税的基础上,选择少数消费品再征收一道消费税,目的在于调节产品结构,引导消费方向)、车辆购置附加税(针对汽车整车征收,由购买者购车时缴纳,其税率为汽车价格扣除增值税后的价值的10%)、养路费、车船使用税、保险费、过路过桥费、过江费等。汽车缴纳税费(表4-1)根据对象的不同而有所区别,厂家指导价中包含增值税不被消费者承担,在缴纳购置税时根据百分比减掉:

(1)厂家缴纳税费 = 关税(国产车除外) + 增值税 + 消费税

（2）消费者缴纳税费 = 购置税 + 车船使用税

汽车缴纳税费明细　　　　　　　　　　　　　　　　　　　　　　表4-1

汽车缴纳税费明细					
项目	厂家缴纳税费（购车前）			消费者缴纳税费（购车后）	
进口	关税	增值税	消费税	购置税	车船使用税
国产	—				
税率/税费	25%（进口）	17%	1%-40%（分排量）	10%	60-5400（分排量）

　　汽车缴纳的税费越多，越能抑制消费者购车，汽车营销人员应该对这些税费缴纳项目有一个全面的认识，给消费者提供具有参考意见的减税措施，提高他们的购买意愿。

　　汽车营销人员除遵守政策法律外，还应当遵守社会规范和商业道德。现有形成的文字法律法规，在设立和执行过程中，不可能解决所有的经济行为弊端，因此营销者要遵守社会长期形成的规范与道德，自觉约束不正当或不恰当的经济行为。市场营销人员还要了解公众利益团体的主张方向。在市场经济条件下，单靠政府的力量是不够的，必须有群众自己的利益团体。这些团体往往与政府和新闻媒体等权力或资源机构联系密切，从而成为一种重要的社会监督力量。随着我国市场秩序进一步完善，各种消费组织还会逐步建立、健全起来。对此汽车营销人员要有充分的认识。

　　总之，汽车营销者既要善于应对各项政策法律的挑战，又要善于捕捉政策法律所带来的市场机会。

三、经济环境

　　经济环境是指企业营销活动所面临的外部社会经济条件，其运行状况和发展趋势会直接或间接地对企业营销活动产生影响。经济环境包括狭义经济环境和广义经济环境。狭义经济环境特指消费者收入、储蓄与信贷、消费者支出模式等情况；广义经济环境除包括狭义经济环境外，还包括国家和地区的经济发展水平、发展速度、产业结构、社会经济发展战略和发展计划、市场供求状况、货币供应量、就业情况和物价变化等宏观经济发展情况。

　　汽车营销者应重点关注以下经济指标，并通过这些指标研究经济环境的变化。

1. 国内生产总值

　　国内生产总值（Gross Domestic Product，简称GDP）是指在一定时期内（一个季度或一年），一个国家或地区的经济中所生产出的全部最终产品和劳务的价值，即全部最终商品与劳务的总量乘以"货币价格"或"市价"而得到的总价值，通常由消费、私人投资、政府支出和净出口额四个部分组成。常被公认为衡量国家经济状况的最佳指标。它不但可反映一个国家的经济表现，还可以反映一国的国力与财富。

　　汽车营销者常通过GDP指标研究国家宏观经济情况，对国家经济调控政策和未来汽车市场的发展走势进行预测和判断。一般而言，当GDP总量增加，GDP的增长率为正数时，显示经济处于扩张阶段，特别当增长率较高时，全社会消费能力可能大大增强，往往会对汽车产品有着旺盛的需求；反之，如果增长率较小或者为负数时，表明经济进入衰退期，汽车市场会急剧下挫。我们应用GDP指标时，要注意扣除通货膨胀对GDP的影响，尽量使用以"可比价格"或"不变价格"计算实际国内生产总值及其变化率。

　　汽车营销人员要熟知国家经济调控政策的基本规律，即当GDP大幅增长或GDP增长率过高时,往往会诱发通货膨胀,中央银行就有可能提高利率,紧缩货币供应,经济的高增长及利率的上升会增强货币的吸引力,可能出现本币对外币的升值和汇率上涨,从而不利于出口而有利于进口;反过来,如果经济处于衰退状态,消费能力降低,中央银行就有可能减息以刺激经济增长,利率下降会削弱货币的吸引力,可能出现本币对外币的贬值和汇率下降,进而抑制进口而有利于出口。

2. 国民生产总值

国民生产总值 Gross National Product(简称 GNP),是重要的宏观经济指标,它是指一个国家地区的国民经济在一定时期(一般 1 年)内以货币表现的全部最终产品(含货物和服务)价值的总和,是一国所拥有的生产要素所生产的最终产品价值,是一个国民概念。与国内生产总值不同,国内生产总值是在一国范围内生产的最终产品的价值,是一个地域概念。具体来讲,国民生产总值中有一部分是本国拥有的生产要素在国外生产的最终产品价值。GNP 是与所谓的国民原则联系在一起的。当一个国家的外向度较低时,GNP 与 GDP 数值上很接近,对于汽车营销人员来说,应用 GNP 与 GDP 的意义和方法是相类似的。

国民生产总值、国民生产净值、国民收入、个人收入、个人可支配收入都是国民收入的相关指标。国民收入对汽车市场营销的影响主要表现以下四个方面:经济收入决定汽车拥有度;经济收入决定汽车更新速度;经济收入决定车型选择;经济收入决定付款方式。

3. 消费者收入

消费者收入是指消费者个人从各种来源所得到的货币收入,通常包括个人的工资、奖金、其他劳动收入、退休金、助学金、红利、馈赠、出租收入等。消费者收入主要形成消费资料购买力,这是社会购买力的重要组成部分。

消费者收入分为货币收入和实际收入。物价下跌,则实际收入上升。此外,不同时期、不同地区、不同阶层消费者收入水平不同。消费者收入主要形成消费人口的购买力,收入水平越高,购买力就越强,但消费者收入不会全部用于消费。因此,对企业营销而言,有必要区别以下几种概念:

(1)个人可支配的收入。即个人收入中扣除各种税款(所得税等)和非税性负担(如工会费、养老保险、医疗保险等)后的余额。它是消费者个人可以用于消费或储蓄的部分,形成实际的购买力。

(2)个人可任意支配的收入。即个人可支配收入中减去用于维持个人与家庭生存所必需的费用(如水电、食物、衣服、住房等)和其他固定支出(如学费等)后剩余的部分。这部分收入是消费者可任意支配的,因而是消费需求中最活跃的因素,也是企业开展营销活动所要考虑的主要对象。

(3)家庭收入。许多产品的消费是以家庭为单位的,如冰箱、电视、空调等,因此家庭收入的高低会影响许多产品的市场需求。

汽车营销人员应对不同的消费者群体,研究其收入构成及变化情况,以便研究消费者的汽车需求及购买力。

4. 消费者储蓄与消费者信贷

影响消费者购买汽车的经济环境因素还跟消费者的储蓄与信贷能力有关。因为汽车这种消费品对于大多数老百姓来说属于大宗消费,消费者的储蓄虽然会降低现实购买力,但会增加潜在或未来的购买力。现代社会,消费者的储蓄方式除传统的银行存款方式外,还包括债券、基金、股票、外汇、黄金、返还型保险产品等金融资产的投资,及房地产等不动产的投资等。无论哪种储蓄方式,消费者认为回报下降或存在储蓄风险时,往往将储蓄变现,实现消费。

消费者信贷是指消费者以个人信用或其财产为保证,从金融机构那里获得一定的贷款,并将贷款作为消费资金用于购买商品或服务,或直接从供应商那里获得商品或服务的消费现象。现代社会是信用社会,提倡超前消费推动经济发展,很多汽车销售商与银行金融等机构联合,对汽车进行分期贷款,优惠购车。这样的销售策略无疑会增加消费者的购买欲望,提高汽车销售量。

5. 消费者支出模式

消费者支出模式,是指消费者收入变动与需求结构之间的对应关系,即支出结构。在收入一定的情况下,消费者会根据消费的急需程度,对自己的消费项目进行排序,一般先满足排序在前即主要消费。如温饱和治病肯定是第一位的消费,其次是住、行和教育;再次是舒适型、提高型的消费,如保健、娱乐、购买高价格的汽车等。

消费者支出模式主要受消费者收入的影响。随着消费者收入的变化,消费者支出模式就会发生相应的变化。这个问题涉及到"恩格尔定律"。恩格尔定律使用恩格尔系数作为度量指标,恩格尔系数(%)=(食品支出额/个人或家庭支出总额)×100%。恩格尔定律表明,消费者的支出模式及其变化受恩格尔系数的支配。

恩格尔定律的表述一般如下:

(1)随着家庭收入增加,用于购买食品的支出占家庭收入的比重就会下降;

(2)随着家庭收入增加,用于住宅建筑和家务经营的支出占家庭收入的比重大体不变;

(3)随着家庭收入增加,用于其他方面的支出和储蓄占家庭收入的比重就会上升。

消费者支出模式还受以下两个因素影响:①家庭生命周期的阶段。一个家庭有没有孩子,其支出情况会大不相同,例如有小孩的家庭,为了出行方便,购买汽车就变成了一种更加迫切的需要。②消费者家庭所在地点。一个居住郊外的家庭可能比居住城区的家庭更需要小汽车。汽车营销人员要注意研究消费者支出模式及其变化走势,以便更好地把握汽车消费市场及目标顾客群,赢得汽车营销的商机。

总之,把握宏观经济的发展态势和潜在消费者群体的购买能力,重视经济环境的研究是优秀汽车营销者所具备的优良特征。

四、自然环境

自然环境是影响企业营销活动的基本因素,它是指影响社会生产的自然因素,主要包括自然环境和生态环境。在生态平衡不断遭到破坏,自然资源日渐枯竭,污染问题日益严重的今天,环境已经成为涉及各个国家,各个领域的重大问题,环保呼声越来越高。从汽车市场营销角度来讲,自然环境的发展变化已给汽车企业市场带来越来越严重的威胁,也造成了市场机遇与挑战的并存。自然环境对汽车企业市场营销的影响主要表现在以下几个方面:

1. 自然生态资源

汽车本身是一种具有复杂构成的消费品,它的生产需要多种自然资源:钢铁、橡胶、石油化工原料、木材、水资源、电力等。汽车普及程度越高,汽车产量越大,消耗的资源也就越多,而整个地球环境中的自然资源是有限的,而且日益减少,所以自然资源对于汽车生产企业是一个重要的长期约束因素。

其次,汽车在制造使用的过程中,会产生很多对环境有害的物质,污染环境,影响生态。传统石油燃料汽车的大量使用,会明显地增加空气污染,对人类、动物的生存环境造成较大的压力。现代社会,很多环保组织和环保人士对于城市汽车尾气的大量排放表示担忧与抗议,提倡减低这类污染。

尽管地球上能源的形式多种多样,但是使用在汽车产品上的能源种类却有限,目前汽车产品广泛使用的能源形式主要有石油(汽油和柴油)、石油液化气、天然气等几种。汽车石油化工燃料的短缺和大数量的汽车影响了它的供求价格,高昂变动的燃油价格直接影响用户对汽车品种的选购,甚至是否实施购买行动。

由于技术工艺的进步,很多汽车企业使用先进的制造技术制造汽车,降低对自然资源的过度依赖与浪费,提高资源利用率,积极研究先进的生产新型材料和代用材料。小排量汽车的推广,降低了钢铁的使用量的同时降低了对石油的消耗,降低了汽车生产使用对环境的污染度。现在被普遍采用的汽车电子燃油喷射系统、废气再循环、三元催化净化器等降低排放污染的技术,就是汽车工业为适应环境保护的产物。未来的汽车将采用更多的新材料和新技术低油耗的经济型轿车,将会大大减少对环境造成的污染。例如,电动汽车、混合动力电动汽车、燃料电池电动汽车等即将成为未来汽车的主流。

2. 地理环境

地理环境是指一定社会所处的地理位置以及与此相联系的各种自然条件的总和,包括气候、土地、河流、湖泊、山脉等。地理环境对汽车企业市场营销的影响有:

(1)经济地理的现状及其变化决定了一个地区公路运输的作用和地位的现状及其变化,它对企业的目标市场及其规模和需求特点产生影响。例如,在东南沿海城市销售的奥迪车销量就远比西南西北地区要高,因为那里的经济地理相对西南、西北地区要先进些。

(2)自然地理对经济地理尤其对公路质量(如道路宽度、坡度、弯度、平坦度、表面质量、坚固度、道路桥梁等)具有决定性影响,从而对汽车产品的具体性能有着不同的要求。因而汽车企业应向不同地区推出性能不同的汽车产品。例如,在我国的西南高原地区,汽车运输承担了大部分的运输任务,针对其海拔高、山高坡陡等地理特点,有的汽车厂商在这一地区销售带有废气涡轮增压装置及电涡流缓速器的车辆,深受广大用户欢迎。

(3)地理环境决定一个地区的自然气候条件,包括温度、湿度、降雨、降雪等情况及这些因素的季节性变化。自然资源对汽车的冷却、润滑、起动、功率的发挥和使用寿命等,均会产生直接的影响,同时对驾驶员的工作条件也有实质性的影响。

因而汽车企业市场营销人员在营销过程中,应向目标市场推出适合当地地理气候特点的汽车产品,做好相应技术服务。

3. 土地环境

土地资源是否丰富,直接关系到道路交通条件和城市交通条件的好坏,如公路、城市道路、停车场、加油站、维修站、汽车厂的建设,都需要占用必要的土地资源,因而土地是汽车使用非常重要的环境条件。总体来讲,随着人口增长和城市化的进程加快,土地资源对汽车营销也是一个长期的约束条件。例如,在广州城区的住宅小区小汽车停泊位售价达到30多万,远超一般汽车的购买价格,这是现代社会发展的一种畸形现状。但在一定发展阶段,随着新土地资源的开发使用,这一约束会有所缓解并改善汽车的使用环境,从而促进汽车需求的增长。土地资源对汽车营销的影响通过公路交通和城市道路交通条件产生间接影响。

公路交通因素是指一个国家或地区的由道路条件及交通条件所决定的影响因素。其中道路条件包括:公路(含城市道路)的通车里程、不同等级公路的构成、公路的质量、公路网的布局、公路附属设施等因素的状况。交通条件包括:公路的交通流量、车均道路长度或面积、立体交通、混合交通及交通管理水平等因素的状况。道路交通条件的好坏不仅直接对汽车的行驶速度、行车安全、燃料及运行材料消耗、汽车运输服务质量、运输距离产生重大的影响,而且使人们对汽车运输方式的选择和利用也产生直接的影响,从而构成汽车市场营销的重要因素。

城市道路交通是汽车尤其私家车使用环境的又一重要因素,它包括城市道路面积占城市面积的比例、城市交通体系及结构、道路质量、道路交通流量、立体交通、车均道路密度以及车辆附属设施等因素现状及其变化趋势。由于我国城市的布局刚性较大,城市布局形态一经形成,改造和调整的困难很大;加之人们对交通工具选择的变化,引发了对汽车需求的增加,中国城市道路交通的发展面临巨大的压力。因而城市道路交通对汽车市场营销的约束作用更为明显。

五、科学技术环境

科技环境指一个国家和地区整体科技水平的现状及其变化。作为汽车营销环境的一部分,科技环境不仅直接影响汽车企业内部的生产和经营,同时还与其他环境相互依赖、相互作用,特别是与经济环境、社会文化环境的关系密切。技术革命不仅使原有的汽车产品变得陈旧落后,同时还改变了汽车生产、销售人员的原有价值观,原有的汽车厂商如果不能推陈出新,就会在市场竞争中陷于不利地位。

科技环境对市场营销的影响如下:

1. 科技水平进步为汽车营销带来更多机遇

"科学技术是第一生产力。"科技水平的进步会推动国民经济的发展,国民消费能力增强,于是这样增加了汽车营销的机遇。

2. 汽车技术竞争是汽车营销竞争的本质

科学技术在汽车生产中的应用,改善了产品的性能,降低了产品的成本,使得汽车产品的市场竞争能力提高。当今汽车企业在汽车产品的科技竞争的主要方向有:汽车电子化、汽车网络化、汽车智能化、汽车轻量化、能源多样化、生产柔性化等。节能、减排、安全,成为当代汽车发展需要解决的三个突出问题,要解决这些问题,汽车科技必须充分吸收电子信息科学、能源科学、和材料科学等相关学科的发展结果。

3. 科技进步促进了汽车营销的现代化

网络技术、信息技术、办公自动化等技术在汽车营销领域的应用,使得汽车营销策略革新,促进了汽车营销手段现代化,提高了汽车营销的工作效率和工作效果。

现代汽车企业营销发展目标是实现客户服务信息化、业务处理自动化、市场响应快速化、质量管理可控化、决策支持前瞻化。汽车企业应当加大科技投入,建立了以网络技术、计算机技术与现代管理为支撑的营销管理信息系统,提高营销现代化管理水平。这样汽车企业能及时了解消费者的需求,突破时间和空间的限制,开展电子商务,并借助物流体系,协调分配资源,提高企业的营销决策和抗风险能力。

六、社会文化环境

社会文化环境是指企业所处的社会结构、社会风俗和习惯、信仰和价值观念、行为规范、生活方式、文化传统、人口规模与地理分布等因素的形成和变动。

社会文化环境是影响企业营销诸多变量中最复杂、最深刻、最重要的变量。社会文化是某一特定人类社会在其长期发展历史过程中形成的,它主要由特定的价值观念、行为方式、伦理道德规范、审美观念、宗教信仰及风俗习惯等内容构成,它影响和制约着人们的消费观念、需求欲望及特点、购买行为和生活方式,对企业营销行为产生直接影响。

社会文化包括核心文化与亚文化。核心文化是人们持久不变的信仰和价值观,它具有世代相传,并由国家机构予以强化和不易改变的特点。亚文化是按民族、经济、年龄、职业性别、地理、受教育程度等因素划分的特定群体所具有的文化现象,它根植于核心文化,但比核心文化容易改变。营销者要善于利用亚文化的相对易变性,充分发挥主观能动作用,引导亚文化向有利于向本汽车企业的市场营销方向发展。

就汽车而言,虽然它只是一种具体的文化形态,但是,在它身上所表现出来的整体文化积淀,往往比其他产品更为强烈,具有鲜明的个性特征。美国人的奔放、日本人的精细、欧洲人的贵族遗风和中国人的权威崇拜等,无一不在他们的产品观念和消费观念上表现出来。在西方,林肯、皇冠、奔驰和劳斯莱斯等都是世界闻名的名车佳作。

任何汽车企业都处于一定的社会文化环境中,企业营销活动必然受到所在社会文化环境的影响和制约。社会文化环境可以影响人们对汽车的态度,对汽车的选择和对汽车的消费方式。为此,企业应了解和分析社会文化环境,针对不同的文化环境制定不同的营销策略,组织不同的营销活动。企业营销对社会文化环境的研究一般从以下几个方面入手:

1. 教育状况分析

受教育程度的高低,影响到消费者对商品功能、款式、包装和服务要求的差异性。通常文化教育水平高的国家或地区的消费者要求商品包装典雅华贵、对附加功能也有一定的要求。因此企业营销开展的市场开发、产品定价和促销等活动都要考虑到消费者所受教育程度的高低,采取不同的策略。

2. 宗教信仰分析

宗教是构成社会文化的重要因素,宗教对人们消费需求和购买行为的影响很大。不同的宗教有自己独特的对节日礼仪、商品使用的要求和禁忌。某些宗教组织甚至在教徒购买决策中有决定性的影响。为此,企业可以把影响大的宗教组织作为自己的重要公共关系对象,在营销活动中也要注意到不同的宗教信仰,以避免由于矛盾和冲突给企业营销活动带来的损失。

3. 价值观念分析

价值观念是指人们对社会生活中各种事物的态度和看法。不同文化背景下,人们的价值观念往往有着很大的差异,消费者对汽车的色彩、标识、式样以及促销方式都有自己褒贬不同的意见和态度。企业营销必须根据消费者不同的价值观念设计产品,提供服务。

4. 消费习俗分析

消费习俗是指人们在长期经济与社会活动中所形成的一种消费方式与习惯。不同的消费习俗,具有不同的商品要求。研究消费习俗,不但有利于组织好消费用品的生产与销售,而且有利于正确、主动地引导健康消费。了解目标市场消费者的禁忌、习惯、避讳等是企业进行市场营销的重要前提。例如,在20世纪60年代之前由于受二战和战后条件影响,人们心理比较沉重,汽车一般以深色为主。但是当汽车工业中心向日本转移时,因为日本人喜欢白色,所以世界汽车的流行颜色也变得轻快、明亮。

【复习思考题】

1. 汽车市场营销环境有哪些特点?
2. 对于汽车市场营销的微观环境,主要有哪些影响因素?
3. 对于汽车市场营销的宏观环境,主要有哪些影响因素?

【案例讨论】

抢占中国市场北京现代稳步迈入本土化道路

4月23日,北京现代在新车云集的北京车展全球首发了一款战略车型 VERNA(产品代码 RC),这款车型是现代汽车集全球资源,历时5年。由南阳研发中心、北美研发中心和欧洲研发中心共同设计研发一款专门针对中国市场全新的 AO 级车型。目前该车已经在北京现代全新平台上生产,将于今年下半年率先在中国上市。

在发布会的现场,北京现代董事长徐和谊表示:"现代汽车能将这款 AO 级的战略车型选在北京车展首发,并将率先在中国上市充分表示了现代汽车对我们中国市场的重视,也表明了现代汽车对北京现代近7年来工作的肯定和信任"。

中国市场对所有的跨国公司来说毫无疑问是战略市场!中国1千万辆汽车市场已经足够支撑任何汽车公司对中国进行定制开发、定制产品。在2009年中国车市井喷的第二年,北京现代也开启了为中国消费者定制产品的营销方式,迈入本土化的道路。北京现代总经理卢载万介绍:"VERNA(产品代码 RC)是按照中国消费者量身订作的,在中国首发的、韩国现代集团在中国唯一一款定制的产品,将会给中国消费者带来不同以往引进车型的新鲜感受。"

比翼双飞中低、中高车型齐发力

在北京现代的展台上,我们还能看到一款全新亮相的车型,它就是现代汽车已经在韩国、欧洲和北美市场上市的一款中高端 B 级车型 YF。YF 在海外市场取得了非常好的成绩,上市后迅速成为一款畅销产品。据悉,YF 将于2011年在北京现代生产,将是北京现代全力进军高端市场的利器。

北京现代总经理卢载万告诉记者。YF 是一款极具竞争性的中高级车型,ix35 上市是我们迈向高端市场的第一步,而作为完整、无何挑剔的 YF 将带给中国消费者更多的惊喜。

北京现代在近8年的中国汽车业务发展可谓一帆风顺,它以10万元家用车的优势赢得了200万辆的市场成绩。其实用、高质价比的品牌形象深入消费者心中。北京现代的飞跃式发展被业内誉为"现代速度",并在2009年以57万辆的年销量成为合资汽车企业中销量增长最快的企业。在奠定了市场基础,解决了销量和市场占有率之后,对于北京现代来说正是进军中高端市场的一个非常好的时期。ix35 的成功上市,意味着北京现代的品牌得到了质的提升,从实用、信赖,到更高端,更加前卫、更科技、更安全、更节能,更符合中国消费者需求的品牌形象。

2010年是北京现化进入高端市场的第一年,而 VERNA(产品代码 RC)和 YF 车型的齐亮相,AO 级和 B 级一高一低的搭配,也恰恰预示着北京现代将全面发力,从低端的 AO 级市场到中高端的 B 级市场,全面走向本土化。业内专家指出,北京现代的本土化与其他厂商相比更科技与现代,它不是针对中国市场的简单改款和"阉割",而是系统的研究中国市场。为中国消费者定制的人性化产品。

内外兼修 设计、品质遥遥领先

刚刚火暴上市的都市中高级 SUV ix35 是北京现代迈向高端化的第一款车型,选择以小众的 SUV 产品来冲击高端市场而不是轿车,展现在中国消费者面前的是北京现代的自信。这种自信来源于 ix35 的出色设计和卓越性能,更源自于北京现代以"品质打造品牌"的经营理念和成果。

如果说北京现代过去留给消费者的印象是伊兰特引领的实用主义,那么现在北京现代留给大家的印象则是以 ix35 为代表的时尚主义。从 i30 开始,到今后 N 个 i 系列产品,北京现代将打造出更加高端、更加前卫、更加科技、更加安全、更加节能,更加符合中国消费者需求的产品,充分满足中国市场。

从车展上的两款新车 VERNA(产品代码 RC)和 YF 身上,我们也可以窥探到北京现代的产品投产方向。不仅要有靓丽、动感的外表更要有舒适宽敞的空间、强劲的动力和精准的操控性,内外兼修,达到外表和内在装置上的全面优势。

资料来源:《中国政府采购》2010 年 05 期

【案例讨论题】

1. 北京现代发布 VERNA 新车型对于拓展中国本土市场的意义?
2. 北京现代的产品从什么角度迎合中国消费者?

第五章　汽车营销战略

【本章学习重点】

1. 汽车企业为何要进行战略规划；
2. 汽车企业如何制定适合自己的竞争战略；
3. 汽车企业如何对目标市场进行营销战略；
4. 顾客满意战略的重要性。

【开篇案例】

戴姆勒股份公司与北汽股份的合作

2013年11月19日，戴姆勒股份公司收购北京汽车股份有限公司（北汽股份）12%股权的交易正式完成交割。戴姆勒股份公司董事长兼梅赛德斯-奔驰轿车集团总裁蔡澈博士、负责戴姆勒大中华区业务的董事会成员唐仕凯先生和戴姆勒董事会成员兼公司首席财务官于博先生与北汽集团董事长徐和谊先生、总经理张夕勇先生及首席财务官马传骐先生在北京市人民政府举行了会面共同庆祝交割顺利完成。北京市市长王安顺先生也接见了双方高管领导并出席了签字仪式。

根据双方达成的战略合作协议，唐仕凯先生及于博先生将代表戴姆勒成为北汽股份董事会成员；此外，北汽在双方合资制造企业——北京奔驰汽车有限公司（北京奔驰）的股比将由50%增加到51%；同时，戴姆勒在双方合资销售公司——北京梅赛德斯-奔驰销售服务有限公司的股比将由50%增加到51%。

谈及此次交易的重大意义，蔡澈博士表示："此次战略投资印证了我们对中国及在华合作伙伴的长期深远承诺。未来，戴姆勒股份公司和北汽股份的合作将有助于提升双方在中国市场中的地位，更加积极地发掘中国汽车市场蕴藏的巨大机遇。"

北汽集团董事长徐和谊先生也肯定了此次交易的积极作用，"一直以来，北汽与戴姆勒的合作卓有成效。期间，我们不断加深合作的广度和深度。目前，我们双方的合作领域已涵盖乘用车和卡车的生产和销售。通过进一步深化我们之间的战略合作，双方的合作将迎来更加辉煌的未来。"

唐仕凯先生同时指出："今年是戴姆勒和北汽合作的十周年。十年来，双方不断加大投资，深化合作。今天，我们的合作愈加紧密。通过此次战略投资，双方的合作上升到了全新高度，并促使双方充分挖掘中国市场的潜力。"

于博先生亦表示："北汽已是中国领先的汽车制造商，在全球也获得了广泛赞誉。我们全力支持北汽股份的上市计划以进一步提升其市场表现。通过入股北汽股份，我们将积极参与中国汽车市场及中国本土主要汽车企业的快速发展之中。"

作为中国最大的汽车制造商之一,北汽集团在 2012 年销量实现 170 万辆。最近,北汽集团成功入选全球财富 500 强企业榜单(排名 336 位)。今年年初,在毕马威进行的《全球汽车执行调查报告》(针对全球最有希望增加市场份额的汽车企业的排名)中,北汽集团名列第二。

北京奔驰作为双方的合资制造企业,从 2006 年开始生产国产梅赛德斯-奔驰乘用车;2013 年,梅赛德斯-奔驰乘用车发动机工厂在北京奔驰正式投产,生产四缸和六缸发动机。这也是梅赛德斯-奔驰在德国以外建立的首个发动机工厂。双方合资成立的北京福田戴姆勒汽车有限公司自 2012 年中期开始生产欧曼品牌中型和重型卡车。2013 年 3 月,双方合作又一具有里程碑意义的合资公司——北京梅赛德斯-奔驰销售服务有限公司正式成立并投入运营。该公司将进口车和国产车的所有销售和服务活动进行整合统一,为梅赛德斯-奔驰在华的可持续发展奠定基石。

资料来源:http://www.chexun.com/2013-11-19/102170025.html

21 世纪开始的 10 年,世界经济先是繁荣发展,随后经历风雨飘摇的国际金融危机,进入艰难复苏的后国际金融危机时期。世界经济未来 10 年充满风险和不确定性:世界经济处于焦虑状态。国际金融危机爆发以来,国际社会一直处在焦灼与应急反应中。当前世界经济需要依靠非经济手段,通过国际政治博弈来调节全球利益及区域利益。认清世界经济的新趋势、新特点,才可能从世界经济的困局中突围出来,进而找到新的发展机会。

企业要实现取得卓越业绩这一首要目标,必须关注运营效益与战略这两个关键因素:一是在运营层面做到很有效,二是通过战略定位来取得竞争优势。在这一章,我们将重点阐述汽车市场营销战略。市场营销战略(Marketing Strategy)是指企业在现代市场营销观念下,为实现其经营目标,对一定时期内市场营销发展的总体设想和规划。做好营销战略的正确决策,是汽车企业开展营销活动的前提与核心。本章将对汽车企业市场竞争战略、目标市场营销战略、顾客满意战略等内容进行讨论。

第一节 汽车市场竞争战略

经过不断的发展,汽车已成为家喻户晓的产品,国际间的充分竞争打造了不少实力雄厚的汽车企业。一个国家要想实现工业化,离不开发展本国的汽车工业。这将导致汽车生产过剩,从而加剧汽车行业的竞争。汽车企业的战略往往影响到一个企业的生死存亡,汽车企业的战略根本点不限于产品的价格和性价比,在于动态地建立和调整成功关键要素的市场竞争优势,只有这样,才能保证企业拥有持续的竞争力。汽车企业必须掌握和应用市场竞争战略、策略组合,建立竞争优势,这是企业生产和发展的重要条件。

一、市场竞争类型

汽车市场竞争包括买方和卖方之间为争取各自利益而进行的竞争。市场营销学着重研究卖方之间的竞争。这类竞争的核心是争取顾客、争夺市场销路,使本企业产品的销售得以扩大、市场占有率得以提高。根据行业内企业对产品供给数量和产品定价影响力的大小,将卖方之间的竞争结构划分为完全垄断、完全寡头垄断、差别寡头垄断、垄断性竞争和完全竞争五种类型。完全竞争市场和完全垄断市场是市场结构的两个极端,在现代经济生活中较少见,垄断竞争市场和寡头垄断市场介于两者之间,为大量存在的市场结构。

1. 完全垄断

完全垄断是指整个行业中只有一个生产者的市场结构。指在一定地理范围内某一行业只有一家公司供应产品或服务。这种市场结构形成的主要条件：一是厂商即行业，整个行业中只有一个厂商提供全行业所需要的全部产品；二是厂商所生产的产品没有任何替代品，不受任何竞争者的威胁；三是其他厂商几乎不可能进入该行业。在这些条件下，市场中完全没有竞争的因素存在，厂商可以控制和操纵价格。

2. 完全寡头垄断

完全寡头垄断是指由少数几家企业控制同一无差别产品的行业。这类行业难于利用产品自身的因素来进行竞争，竞争的手段主要是一些非产品因素，如价格、渠道、促销、服务等。当服务相同时，就要依靠规模经济来降低成本，在价格相同的情况下获取更多的利润，或适当降低价格来提高竞争能力。

3. 差别寡头垄断

差别寡头垄断相对于完全寡头垄断，由少数几家企业控制同一有差别产品的行业。寡头垄断企业可利用产品的质量、特性、款式、或型号等方面的差异性，从中选择一种主要产品因素来寻求领导地位。寡头垄断行业由于供应者很少，每个企业在决策时都要考虑竞争者如何反应。企业决策是以竞争者对自己的决策会有什么反应作为决策的前提，即对策性决策。由于寡头垄断行业中的企业一般都比较强大，所以，寡头垄断行业中的企业决策都很谨慎，以免引起连锁性的大战。

4. 垄断竞争

垄断竞争是指许多厂商生产并出售相近但有差异商品的市场现象。在垄断性竞争市场中，存在许多厂商供应者，类似于完全竞争市场，没有任何一个厂商可以独占市场。但它与完全竞争市场不同的地方是，在此种形式之下许多厂商制作与其他厂商有些差异化的产品（意即，虽然这些公司的产品互有取代性，但是互有差异，例如在品牌，品质上仍有不同）。短期而言，属于独占性竞争的厂商就像是一个独占公司一般，可利用部分的独占市场力量提高售价以获取比较高额的利润。但是对长期而言，由于竞争者不断进入，产品的差异化优势因为竞争而逐渐缩小，市场慢慢变成为类似完全竞争，厂商就无法再获得更多的经济利益。如果企业的产品所面临的是这种市场模式，则可以通过一系列的营销手段，为自己的产品创造一种独特的市场地位，从而保持较高的价格，比如建立产品的特色，加强广告宣传，改进服务等。如果产品的特色不多，企业也可以通过降低价格的方式扩大自己的市场份额，以便增加收入和利润。

5. 完全竞争

完全竞争又称纯粹竞争，是一种不受任何阻碍和干扰的市场结构，指那些不存在足以影响价格的企业或消费者的市场，是经济学中理想的市场竞争状态。完全竞争是这样一种市场结构，在其中同质的商品有很多卖者，没有一个卖者或买者能控制价格，进入很容易并且资源可以随时从一个使用者转向另一个使用者。完全竞争的市场有三方面特征：有大数量的买者和卖者参加同一种产品的交换，各人所购买或销售的数量都只占市场总交易额的一小部分，以至无法对市场发生任何影响；现有的价格和交易量是经过无数次交易而自然形成的，它是一种均衡价格；有关市场供求变动情况，买卖双方都可以及时获得。各方均不存在优势，交易完全建立在平等自愿的基础上。

二、竞争对手分析

1. 辨别分析竞争对手

企业作为市场活动的参与者,其实力和资源会有不同程度的差距,结果使各个企业在市场上占据不同的竞争位置。汽车市场营销者就其所在的竞争地位进行市场分析,把竞争者分行分类。

企业可以在产业和市场两个方面辨别企业的竞争者。从产业方面,竞争者通常是与本企业提供的产品或服务相类似,并且有相似目标顾客和相似价格的企业,通常称之为"品牌竞争者",这是通常辨别企业竞争者的方法。从市场角度,竞争者通常是与本企业争夺顾客的不同行业的企业,称为"欲望竞争者"。在这种情况下,顾客购买了竞争对手的产品或服务后,由于受到购买能力的限制,而抵消或降低了顾客对本企业产品或服务的需求欲望或购买能力。现代社会,人们时常在买车和买房之间做出选择,他们的竞争就是互为"欲望竞争者"。

根据市场占有率的高低,现代营销一般把企业分为以下四种竞争类型:

(1) 市场领导者

市场领导者型企业,其产品市场占有率可以达到40%。市场领导者是指在相关产品的市场上市场占有率最高的企业。它在价格调整、新产品开发、配件覆盖和促销力度方面处于主导地位。它是市场竞争的导向者,也是竞争者挑战、效仿或回避的对象。

(2) 市场挑战者

市场挑战者是指那些相当于市场领先者来说在行业中处于第二、第三和以后位次的企业,其市场占有率约为30%。如美国汽车市场的福特公司、软饮料市场的百事可乐公司等企业,处于次要地位的企业如果选择"挑战"战略,向市场领先者进行挑战,首先必须确定自己的策略目标和挑战对象,然后选择适当的进攻策略,即该公司以积极的态度,提高现有的市场占有率。

(3) 市场利基者

市场利基者也被称为市场补缺者,其市场占有率为10%,是指选择某一特定较小之区域市场为目标,提供专业化的服务,并以此为经营战略的企业。

行业中的小企业专心致力于市场中被大企业忽略的某些细分市场,通过专业化经营来获得最大限度的收益,这种有利的市场位置被称为"利基",而占据这种位置的企业就是市场利基者。虽然在整体市场上仅占很少的份额,但比其他公司更充分地了解和满足某一细分市场的需求,能够通过提供高附加值而得到高利润和快速增长。

(4) 市场追随者

市场追随者是指安于次要地位,不热衷于挑战的企业,其市场占有率为20%。在大多数情况下,企业更愿意采用市场跟随者战略。

2. 分析竞争者目标与行为

汽车企业确定了自己的竞争对手后,还要对竞争者进行进一步的分析,了解竞争者的目标和营销战略。竞争对手行为的驱动力、市场目标、在利润目标以外的目标、竞争对手目标的组合、攻击不同产品和市场细分区域要达到的目标,这些都是企业要清楚了解的。其次,竞争者为达到其营销目标所采取的营销战略,企业要把其与自身行为做比较分析。在大多数行业中,竞争对手可以分为几个追求不同战略的群体,采取相同或类似战略的一群企业称为战略性群体。企业必须确认竞争对手所属的战略,这关系到本企业的某些重要认识和决策。

【营销瞬间】

2010年上半年国内汽车企业综合竞争力排行榜30强结果正式揭晓。随着新君威、君越、英朗和科鲁兹的推出，上海通用的产品领先优势进一步提升，自本排行榜2004年推出以来，一直蝉联第一位置，成为国内乘用车领域无可争议的综合竞争力王者。从本期开始，排行榜新增加了国内6大乘用车集团的综合竞争力排名，因此本期推出时间比往年稍晚。此外，之前的哈飞汽车、昌河汽车由于已经并入到长安汽车中，本期30强不再包含哈飞和昌河，而郑州日产也得以重新跻身30强之列。上海通用此次以93分的得分再次赢得冠军，这也是自2004年本报推出这项排行榜以来，上海通用连续6年、13次称雄；上海通用也是此次得分唯一超过90分的企业，领先第二名上海大众4分，在美国通用破产重组的大背景下，上海通用综合竞争力不仅没有受到牵连，反而进一步巩固在国内的领先地位，其主力品牌别克和雪佛兰，无论从销量还是第三方评价来看，品牌影响力在国内都得到加强。

前几年，产品竞争力一直是上海通用的软肋，但随着新君威、君越、英朗和科鲁兹的推出，上海通用在产品竞争力上得到了明显的加强，从本排行榜的研究来看，上海通用在品牌、营销、研发、产品管理等综合竞争力的各个构成环节，表现最为均衡，短期内，国内还很难有企业能在综合竞争力上将上海通用拉下冠军宝座。

在上海通用再度登顶之后，上半年"国内乘用车企业综合竞争力排行榜"的各项座次基本排定。整体来看，总体排名相比上期变化不大，进入前30强的企业在"四大阵营"的划分上较上期更清晰，第一阵营（得分在80分以上）和第四阵营（得分在60分以下）的厂家数量有所减少，而得分在60~79分之间的"中间层"企业达到21家，而且得分总体比较接近，显示国内厂家竞争力差距整体上进一步缩小。

资料来源：极限网 http://yueye.xout.cn/qchq/69008.html 2010-08-09

三、汽车企业竞争战略与策略

企业在对市场和竞争者作出分析后，制定竞争策略，运用自己的竞争优势赢得市场。企业依据自己的目标、资源和环境，在行业的真实位置，制定符合实际有效的竞争战略与策略。

1. 竞争战略

美国管理学家迈克尔.波特提出处在竞争激烈行业中的企业，面对竞争对手有三种基本战略：成本领先战略、产品差异化战略、经营集中化战略。

1）成本领先战略

成本领先战略也称为低成本战略，是指企业通过有效途径降低成本，使企业的全部成本低于竞争对手的成本，甚至是在同行业中最低的成本，从而获取竞争优势的一种战略。根据企业获取成本优势的方法不同，我们把成本领先战略概括为如下几种主要类型：

（1）简化产品型成本领先战略；就是使产品简单化，即将产品或服务中添加的花样全部取消。

（2）改进设计型成本领先战略。

（3）材料节约型成本领先战略。

（4）人工费用降低型成本领先战略。

（5）生产创新及自动化型成本领先战略。

成本领先是最为基本的竞争能力，任何战略都是建立在成本优势的基础之上。换言之，不管企业采取何种竞争战略,成本优势都是不得不重视的核心问题。因为最终体现在市场中的、被消费者感知到的是价格而不是企业的成本;顾客也并不关心企业的成本,他们比较的是不同企业的价格,成本领先战略实际是低价格战略的内部条件,企业可以因成本领先优势而实施低价格竞争策略。但也应该注意到,缺乏成本优势基础的企业,在一定条件下也可实施低价格战略,凭借着自己强大的资本实力,通过价格竞争把对手挤垮,从而获取垄断的地位。

但是成本领先战略存在缺点,低成本优势是短暂的,容易被技术优势取代;对于成本过于关注,就会降低对服务质量、服务特色等其他方面的重视程度。

在汽车行业中,成本领先战略指企业以低成本取得领先地位,并按这个目标设计一系列方针政策。汽车企业必须全力控制成本和费用,减少开发、服务、销售、广告费用,使得资源最大化的利用。1908年,福特T型车流水线的出现,使得轿车的价格从900美元降到260美元。汽车终于从豪华奢侈的工艺品变成了廉价使用的现代化交通工具。

2)产品差异化战略

差异化战略又称别具一格战略、差别化战略,是将公司提供的产品或服务差异化,形成一些在全产业范围中具有独特性的东西。实现差异化战略可以有许多方式:设计或品牌形象(梅赛德斯奔驰在汽车业中声誉卓著)、技术特点、外观特点、客户服务、经销网络及其他方面的独特性。

如果差异化战略成功地实施了,它就成为在一个产业中赢得高水平收益的积极战略,因为它建立起防御阵地对付五种竞争力量,虽然其防御的形式与成本领先有所不同。波特认为,推行差异化战略有时会与争取占有更大的市场份额的活动相矛盾。推行差异化战略往往要求公司对于这一战略的排他性有思想准备。这一战略与提高市场份额两者不可兼顾。在建立公司的差异化战略的活动中必须投入大量的资源,总是伴随着很高的成本代价。有特色的服务很容易被别人模仿,有时即便全产业范围的顾客都了解公司的独特优点,也并不是所有顾客都将愿意或有能力支付公司要求的高价格。

产品差异化带来较高的收益,可以用来对付供方压力,同时可以缓解买方压力。当客户缺乏选择余地时其价格敏感性也就不高了。最后,采取差异化战略而赢得顾客忠诚的公司,在面对替代品威胁时,其所处地位比其他竞争对手也更为有利。

一家汽车企业产品或服务的差别化可以指很多方面,比如服务、形象、销售、内部管理等。汽车企业可以采取单一差别化,也可以采取多方面差别化。

1934年,希特勒政府委托著名的汽车设计师波尔舍生产大众买得起的国民车——"大众",1936年他完成了大众汽车的设计,外形轻巧可爱,当时很多守旧的德国人把这款车贬称为"甲壳虫",意指丑陋,于是甲壳虫就有了大名。然而,正是这"丑陋的甲壳虫",以其滑稽的名称、出佻可爱的外观设计,成为了战后德国青年一代的时尚,并在世界汽车业创造了奇迹。

3)经营集中化战略

集中化战略也称专一化战略、目标集中战略、目标聚集战略、目标聚集性战略等。它是指主攻某一特殊的客户群、或某一产品线的细分区段、某一地区市场。与成本领先战略和差异化战略不同的是,他具有为某一特殊目标客户服务的特点,组织的方针、政策、职能的制定,都首先要考虑到这样一个特点。

集中化战略适用的条件:具有完全不同的用户群;在相同的目标市场群中,其他竞争对手不打算实行重点集中的战略;企业的资源不允许其追求广泛的细分市场;行业中各细分部分在规模、成长率、获得能力方面存在很大的差异。实施集中化战略便于使用整个企业的力量和资源更好地服务于某一特定的目标;将目标集中于特定的部分市场,企业可以更好地调查研究与产品有关的技术、市场、顾客以及竞争对手等各方面的情况做到"知彼";战略目标集中明确,经济效果易于评价。

专一化战略有两种形式,即企业在目标细分市场中寻求成本优势的成本集中和在细分市场中寻求差异化的差异集中。任何战略都具有风险,集中化战略面对的风险:技术创新或替代品的出现会导致企业受到很大冲击;竞争者采用了优于企业的更集中化的战略;产品销售量可能变小;产品要求更新使用权的集中化的优势得以削弱。

波特认为,三种战略是每一个公司必须明确的,因为徘徊其间的公司处于极其糟糕的战略地位。这样的公司缺少市场占有率,缺少资本投资,从而削弱了"打低成本牌"的资本。全产业范围的差别化的必要条件是放弃对低成本的努力。而采用专一化战略,在更加有限的范围内建立起差别化或低成本优势,更会有同样的问题。徘徊其间的公司几乎注定是低利润的,所以它必须做出一种根本性战略决策,向三种通用战略靠拢。一旦公司处于徘徊状况,摆脱这种令人不快的状态往往要花费时间并经过一段持续的努力;而相继采用三个战略,波特认为注定会失败,因为它们要求的条件是不一致的。

但要注意在现实生活中,一个企业如果能做到有效的差别,又能保持低廉的价格,实现战略融合,那么它就可能成为市场的领导者。例如,丰田公司的成本不是最低的,但却能在行业中获得竞争优势,原因就在于做到了差异化和低成本的相对统一,从而为顾客提供了最佳的性价比。值得关注的是,传统经营理念使得企业通常在以产品竞争为事实的基础上建立竞争战略,而没有认识到顾客的观念对于市场竞争的重要性。观念竞争战略认为,市场营销应紧紧围绕着顾客的观念进行,市场竞争不是产品本身,而是顾客观念之争。

2. 竞争策略

各个汽车企业在市场上所处竞争地位不同,占据的市场份额不一样,故应采取不同的竞争策略。

1)市场领导者竞争策略

居于领导地位的企业要想继续保持在市场中的领先和主导地位,一般从以下三个方面采取行动:

(1)设法扩大整个市场需求

在整体市场总需求扩大时,对市场上大多数企业有利,而市场领导者企业可以从中得到最大的利益。因此,作为市场占有率最大的领导者,通常会从新用户、新用途、增加产品使用次数三个方面下工夫,为自己的产品在市场上绝对量的增加而努力。企业通过市场渗透,扩大市场总需求。为此,企业可以采取四面出击的进攻式策略。也就是说,企业一定要创新,要不满足现状,要保持自己的特色,尽力去扩大自己与竞争者之间的距离。

(2)保持现有的市场份额

企业可以在保护好核心市场的同时,重点改进薄弱环节,防止被进攻者打开缺口。同时,在企业的分销效益、顾客服务、新产品构思、产品质量等方面走在其他企业的前面,以赢得消费者的信任与支持。市场领导者可以选择的防御策略是:阵地防御;侧翼防御;以攻为守;反击防御;运动防御;收缩防御。

(3) 扩大企业的市场份额

扩大市场占有率对于企业在市场上稳固领导者地位有利。根据美国市场学家调查归纳发现,采用此策略要特别注意以下问题:第一,只有企业在促销费用开支上的增长快于市场规模的增加,才会得到市场占有率的较快增长。第二,在一定的市场占有率水平下,市场迅速扩张行动会使产品成本超过可能得到的利润,使得企业盈利受损,带来规模不经济现象。第三,企业产品大幅度降价并不能获得市场占有率的显著增长。第四,只有在相对质量方面占优势的企业才能得到市场占有率的真正提高。

汽车工业本身是一种垄断竞争行业,在我国目前情况下,市场领导者主要采取的是进攻策略。进攻对象一般选择比自己实力差的中小企业,通过兼并、联合等多种形式推进汽车工业走向集中,最终形成只有少数几家大型企业集团有序竞争的汽车工业格局。这是符合汽车工业客观发展规律的。

2)市场挑战者竞争策略

当企业在市场竞争中仅有领导者在前,并有希望继续扩大市场占有率时,即处于挑战者地位。作为市场挑战者,要赢得市场,首先就是应该确定其战略目标。市场定位策略应把自己的整体形象定位在尽量靠近市场领导者的位置,缩小与领导者的差别,便于争夺市场领导地位。它的攻击对象是多种的,可以攻击本行业的领导者,或是与自己企业规模相同的公司以及本地区较小的公司。

(1)挑战领导者的策略

如果选择对象是市场领导者,在进行挑战时,应先了解对方的实力与弱点,然后以自己的优势向对方发起正面进攻。可以采用开发新产品、特色服务、给顾客优惠、在同类产品销售上吸引特点消费者而排斥对方产品、或是多方包围进攻领导者,进行突发性的促销行动等方式。也可以使用集中优势力量,夺得市场局部领先,而后发展为综合优势的侧面进攻方式。

(2)挑战非领导者的策略

如果选择的对象是与自己大致相同的企业和较小的企业,则可以使用"蚕食"竞争方式。或是向市场提供大量优质产品,使之掩盖竞争对象的产品,或是进攻竞争对手地域上的薄弱区域;或是争夺对手已占领的市场中尚未满足的消费者群等。

市场挑战者在发动挑战时,可以采取一些具体营销策略:①价格折扣。即以低于竞争者的价格向市场提供产品。采取此策略,要符合以下条件:消费者购买此产品受价格影响较大;除价格条件外,企业与竞争者在产品与服务方面差别不大;市场领导者可能会漠视挑战者的挑战而不会实行降价报复。②推出名牌产品。即企业向市场推出比市场领导者更为优越的产品,而且消费者乐于接受其品牌。③产品革新。即对产品的样式、特色、性能等进行充分地改进,不断以革新产品去吸引竞争者顾客,逐步提高市场占有率。④销售渠道革新。即发现新的销售渠道或革新销售渠道路线来提高市场占有率。⑤提高服务水平。即向市场提供比竞争者更为优越的服务措施和保障,以争夺对方顾客。⑥增加促销费用。即以比竞争者更为优秀的大规模广告投入和其他促销方式吸引市场消费者。

3)市场追随者的竞争策略

市场追随者大约占领市场份额的20%左右,此类企业往往只希望维持自己的市场份额与利润而不肯冒风险攻击市场领导者,以防自己受到报复性的攻击。

因为,它是以追随者的姿态,跟随市场领先者在价格、促销等方面的策略,模仿市场领导者,以获得发展的企业。市场追随者的定位策略是使自己的整体形象与市场领导者保持适当的距离,一般可采用紧随策略、保持一定距离追随、有选择追随三种。

(1)紧随策略

指在不刺激市场领导者的情况下,尽量在市场营销组合上以及各细分市场模仿领导者;但不会触及和进入领导者的敏感市场或阻挡领导者的发展。

(2)保持一定距离追随策略

指在与市场领导者保持一定距离的同时,在主要市场、产品创新、分销渠道上追随市场领导者。

(3)有选择追随策略

指在有些方面模仿领导者,而在另一些方面走自己的路,保持自己企业的特色。

4)市场利基者的竞争策略

市场利基者专门向市场提供一些有"市场空位"而同行不愿经营的产品和服务,通过"专门化"为那些被大企业忽视或放弃的市场提供有效的服务。

一些企业因为自己的资源有限,无法与大企业相提并论,而选择那些不能引起大企业兴趣的市场的某一部分,把自己的整体形象定位在远离市场领导者、市场挑战者的位置上,以尽量避免与大公司的冲突,发展自己的事业。

它的策略是专门化:第一,用户专门化,即专门为某一类型的顾客服务。第二,专门向一个或少数几个大客户提供商品。第三,专门生产顾客预订产品。第四,专门为一种销售渠道提供产品与服务。第五,专门生产一种产品或产品线专业化。市场利基者要承担的风险是市场容量过小,如果采用多种补缺,可以增加企业的生存甚至盈利机会。在我国汽车市场,目前存在着众多的中小型企业。从长远看,此类企业应向着市场利基者发展。

第二节 汽车目标市场营销战略

任何一个汽车企业都不能确保其在所有市场上形成优势地位。社会和经济的发展使得任何企业都深深地感受到,可能是因为顾客人数太多、分布太广、习惯和要求差别太大,凭借自己的力量要为整个市场服务是不可能的。

我国汽车市场已经进入买方市场,如今每年新增车型上百款,消费需求也随之多样化,汽车市场也已经逐渐形成更多的细分市场。传统汽车市场定位早已进入红海时代,竞争异常激烈,聪明的厂家往往能够把握市场动脉,适时的开辟新战场,抢占未来的汽车蓝海市场,成功的例子数不胜数,诸如开辟的"小型车大空间"的日产骊威,"首个国产中大型SUV"的丰田汉兰达,"首个国产高档紧凑型SUV"的奥迪Q5,再到"超奢化品牌亲民路线"的宾利欧陆飞驰无疑都在中国市场获得了巨大的成功。

要想在整个汽车市场占据有利的地位,必须在进入市场之前,通过对市场的研究,细分市场,找准适合自己发展的目标市场,进行市场定位,确定自己在市场的竞争地位。目标市场营销战略是指企业根据顾客消费需求的差异性,把整个市场划分为若干个分市场,然后结合自身的资源与优势,选择其中一个或几个分市场作为目标市场并制定相应的市场营销组合战略。目标市场营销战略由市场细分(Segmenting)、目标市场选择(Targeting)和市场定位(Positioning)三个部分组成,简称 STP 营销。STP 营销是现代营销战略的核心。

一、汽车市场细分

踏入 21 世纪,我国汽车市场空前活跃,汽车行业得到了前所未有的跨越式发展。面对日新月异、动态变化的汽车市场,汽车业要想在诸多挑战中保证我国汽车产业实现可持续发展,必须采取有效措施予以应对。而对我国汽车市场进行细分,则是非常必要的。

1. 市场细分的概念

市场细分(market segmentation)是企业根据消费者需求的不同,把整个市场划分成不同的消费者群的过程。其客观基础是消费者需求的异质性。进行市场细分的主要依据是异质市场中需求一致的顾客群,实质就是在异质市场中求同质。市场细分的目标是为了聚合,即在需求不同的市场中把需求相同的消费者聚合到一起。这一概念的提出,对于企业的发展具有重要的促进作用。

市场细分的概念是美国市场学家温德尔·史密斯(Wendell R. Smith)于 1956 年提出的。这一理论的提出,使传统的营销理念发生深刻变化,被誉为一场"市场营销革命"。

市场细分理论发展至今,经历了三个阶段:

1)大量营销阶段

大量营销战略产生在 19 世纪末 20 世纪初的资产阶级工业革命阶段,是在物资短缺,产品供不应求的卖方市场条件下产生的,是生产观念的产物。大量营销(Mass Marketing)是指企业大批量生产某种产品,通过密集的分销渠道销售给消费者的一种营销战略。其特点是由于品种单一,大规模生产,成本低,可以采取低价策略,最大限度地开发潜在市场,获取较高的利润。

2)产品差异化营销阶段

产品差异性营销产生于 20 世纪 20 年代到 50 年代卖方市场向买方市场过渡时期。由于科学技术的进步,产品产量增加,市场竞争激烈,迫使企业开始生产各种产品满足市场需求,实行产品差异化营销战略。

产品差异化营销是(Product Different Marketing)指企业生产两种或两种以上具有不同特色、款式、质量、型号、功能的产品。但是这种产品差异性营销战略的出发点是企业自身拥有的技术、设计能力,而不是消费者需求,因此仍然不能很好地满足市场需求。

3)目标市场营销阶段

20 世纪 50 年代的买方市场条件下产生的市场营销观念有效地指导了企业的经营活动,此时企业经营的出发点是消费者需求,即"消费者需要什么,我就生产什么!"在市场营销观念指导下,企业对整体市场进行细分,根据自己的资源优势,选定目标市场,进行目标市场营销(Target Marketing)。这样,市场细分战略应运而生了。

市场细分及其目标市场营销不仅适合于实力较强的大型企业,还特别适合实力不强、资源相对有限的中小型企业。

2. 市场细分的作用与细分类别、原则

市场细分对企业进行有效的营销战略有重要的作用:有利于选择目标市场和制定市场营销策略;有利于发掘市场机会,开拓新市场;有利于集中人力、物力投入目标市场;有利于企业提高经济效益。

市场细分消费者市场与产业市场,两种市场的市场细分类别不一样。

1) 消费者市场

消费者市场细分标准有地理细分、人口细分、心理细分和行为细分四种：

(1) 地理细分是指企业根据消费者所处的地理位置、自然环境等变量来细分消费者市场。这些具体变量有：国家、地区、城市、农村、人口密度、气候条件、地形、交通运输等。

(2) 人口细分是企业按年龄、性别、收入、职业、受教育水平、家庭规模、家庭生命周期阶段、宗教信仰、民族、国籍等人口变量细分消费者市场。由于人口变量比其他变量容易测量，所以人口变量一直是细分消费者市场的重要变量。

(3) 心理细分是按消费者的个性、生活方式、社会阶层、购买动机、购买习惯、价值观、审美观等心理变量来细分消费者市场。

(4) 行为细分是指根据消费者的购买动机和使用某种产品的时间、追求的利益目标、使用者情况、对某种产品使用频率、品牌忠诚度、消费者所处待购阶段、对产品的态度等行为变量细分消费者市场。

2) 产业市场

产业市场细分的标准主要分为最终用户细分、经营细分、购买方式细分、购买形势细分、购买者个性细分四种：

(1) 最终用户细分是指根据最终用户所处的行业、地理位置、用户规模大小等因素进行细分。通过最终用户规模细分，决定企业产品市场重点放在哪些行业、多大规模用户、哪个地理区域。行业不同，用户规模不同，地理区域不同，对企业市场营销组合战略有不同的要求。

(2) 经营细分是根据使用者的技术、使用者情况、用户能力进行细分。

(3) 购买方式细分是指根据采购职能组织类型、权力结构与用户关系、采购政策、购买标准等因素对用户购买决策方式进行细分。

(4) 购买形势细分也可称情境细分，是根据购买的紧迫性、特殊用途、订货量大小等因素对购买者购买产品时所处的形势进行细分。

为了使细分市场有效和富有意义，市场细分必须把握一定的原则。这些原则包括：①可衡量性，可衡量性是指各个细分市场的购买力和规模大小能被衡量的程度。②可进入性，可进入性是指企业有能力进入所选定的细分市场。③收益性，指企业在细分市场上要能够获取期望盈利。④稳定性，细分市场不能变化过快。⑤差异性，指各细分市场客观上必须存在明确的差异。

3. 汽车市场的常见细分方法

通常情况下，可按以下方法对汽车市场进行细分。

1) 按型号区分，汽车市场可以分为：

(1) 微型车市场，汽车轴距一般在 2~2.2m (部分车型在此范围之外)，发动机排量一般小于 1L。如比亚迪 F0，五菱雪佛兰乐驰，奇瑞 QQ。

(2) 小型车市场，一般是指排量在 1.0~1.3L 左右的车型。如本田飞度，大众 POLO 劲情；

(3) 紧凑型车市场，是最常见的家用型车，轴距一般在 2.5~2.7m，发动机排量一般 1.6~2.0L。如一汽大众捷达，上海通用雪佛兰乐风。

(4) 中型车市场，汽车轴距一般在 2.6~2.7m，车身长度一般 4.5~4.8m，发动机排量一般在 1.6~2.0L。如宝马一系三厢，一汽大众速腾，上海大众朗逸。

（5）中大型车市场，一般是排量在 1.7～5.6L 的车型。比如，广州本田凯美瑞，雅阁，一汽奥迪 A4；豪华型车市场，一般是车轴距在 2.5m 以上；发动机排量为大于 2.5L。如一汽奥迪 A6L，宝马 5 系，奔驰 E 级。

（6）MPV 多用途汽车市场，是近几年产生的，MPV 是从旅行轿车逐渐演变而来的，它集旅行车宽大乘员空间、轿车的舒适性、和厢式货车的功能于一身，一般为两厢式结构，即多用途车。通俗地说，就是可以坐 7～8 人的小客车，如上海大众途安，本田奥德赛。

（7）SUV 市场，全称是 Sport Utility Vehicle，中文意思是运动型多用途汽车。主要是指那些设计前卫、造型新颖的四轮驱动越野车。比如东风本田 CR-V，大众途观，奥迪 Q5。

（8）跑车市场，一般只按两个驾乘设置座位，车身轻便，而其发动机一般又比普通轿车发动机的功率强大，前置发动机式跑车的车头较长，后面的行李箱较小；后置和中置发动机的跑车甚至没有行李箱，如保时捷 911，宝马 Z4，奥迪 R8。

（9）新能源车市场，是指采用非常规的车用燃料作为动力来源（或使用常规的车用燃料、采用新型车载动力装置），综合车辆的动力控制和驱动方面的先进技术，形成的技术原理先进、具有新技术、新结构的汽车，在中国的市场还没有完全打开。如奔驰 S400 混合动力，宝马混合动力 7 系，本田普锐斯。

2）按汽车的基本用途不同，汽车市场可以分为：

（1）乘用车市场，指专门乘坐人员、座位数不超过 9 座，并能够携带随身物品的各类车辆（包括轿车、越野小客车、运动休闲车等，轿车是主要部分）所构成的市场；

（2）商用车市场，指除乘用车以外的所有客车、载货汽车和专用汽车等汽车产品所构成的市场。

3）我国对汽车产品类型的传统划分标准，汽车市场可分为：

（1）载货汽车市场；

（2）越野车市场；

（3）自卸车市场；

（4）专用汽车市场；

（5）特种汽车市场；

（6）客车市场；

（7）轿车市场等。

4）按购买车者的性质不同，汽车市场可分为：

（1）机关公务用车市场；

（2）商务及事业性单位用车市场；

（3）生产经营性用户需求市场；

（4）私人消费性用户需求市场等。

5）按汽车产品的完整性不同，汽车市场可分为：

（1）整车市场；

（2）部件市场；

（3）汽车配件市场。

6）按地理位置不同，汽车市场可分为城市汽车市场和农村汽车市场，也可按照区域划分为不同区域市场，如东部沿海地区、中部地区、西部地区等汽车市场，或者划分为东北、华北、华东、中南、西南和西北等区域市场。

7) 按汽车使用燃料的不同,汽车市场可分为汽油车市场、柴油车市场、新型燃料车市场。

8) 按是否具有军事用途,汽车市场包括军用汽车市场和民用汽车市场。

9) 按是否属于首次向最终用户销售,汽车市场可以分为新车市场和二手车市场。

二、目标市场选择战略

汽车企业必须从各细分市场中选择最富有吸引力的市场作为自己的目标市场(Target Market)—即企业注定要进入的细分市场。

1. 目标市场评估

汽车企业必须对目标市场进行评估。评估细分市场的规模和发展规模,主要是对目标市场的规模与企业的规模和实力相比较进行评估,以及对市场增长潜力的大小进行评估。

评估市场吸引力,这里所指的吸引力主要是指企业目标市场上长期获利能力的大小,这种获利能力的大小主要取决于5个群体因素:同行业竞争者、潜在的新参加的竞争者、替代产品、购买者和供应者讨价还价的能力。这五类群体因素如果太过强大,企业是否将这样的细分市场作为目标市场应审慎决策;反之,细分市场的吸引力就会增加。

如果某个细分市场具有一定的规模和发展特征,其组织结构也有吸引力,企业还必须对该市场是否符合企业的长远目标,是否具备获胜能力以及是否具有充足的资源等情况进行评估。

2. 选择目标市场

选择目标市场作为开发对象,在选择目标区域市场时,营销人员需要把握一定的原则和方法。

1) 先对市场进行分类

目标市场大概可以分为:投入期市场、成长期市场、成熟期市场、衰退期市场、钉子市场(企业虽然投入很多营销资源,付出了很大努力,但不见成效)、重点市场、典型市场(市场规模大、盈余高、资源投入少的市场)、零点市场(由于某些原因,企业尚未开拓的市场)。

2) 目标市场选择的原则

汽车企业在选择目标市场时,要结合企业、产品、市场等各方面因素,综合考虑,选择时一般采取"四化"原则:营销资源最小化、达到营销目标时间最短化、达到营销目标管理最简化、规模盈余最大化。

3) 目标市场选择战略

选择目标市场战略即市场覆盖模式,是指企业根据自身实力选择若干个细分市场或整个市场作为目标市场的一种战略。根据所选的细分市场覆盖整个产品市场的范围,选择目标市场战略有五种形式:

(1) 市场集中化,市场集中化是指企业只生产一种产品去满足一个细分市场的需求。这是最简单的目标市场模式,一般是小企业经常选择的战略;

(2) 产品专业化,产品专业化是指企业只生产一种产品来满足整个市场的需求。实行产业专业化战略有利于企业充分发挥生产和技术优势,降低成本,树立企业形象,提升品牌知名度,但是由于产品品种单一,一旦该行业出现新技术或替代品,将给企业造成很大威胁,因此这种战略风险较大;

(3) 市场专业化,市场专业化是指企业专门生产经营满足某个细分市场需求的各种产品;

(4) 选择专业化,选择专业化是指企业选择若干个互不相关的细分市场作为自己的目标市场。实行选择专业化战略有利于企业分散经营风险,即使在某个细分市场失利,也能得到较好的投资回报。它其实就是多样化战略,需要大量投资,是大企业经常采用的一种战略模式;

(5)全面市场化。全面市场化是指企业生产多种产品去满足整个市场的需求。这是实力雄厚的大企业采用的一种模式。

4)目标市场选择步骤

目标市场的具体选择步骤如下:

(1)将企业的产品可能适销对路的区域定位为"目标市场",作为候选对象;

(2)把"目标市场"中企业当前的营销能力可以涉及的区域定位为"首选市场";

(3)把"首选市场"中可能创造局部优势的区域定位"重点市场",应当全力开拓;

(4)把"重点市场"中可以起到辐射作用的区域定位为"中心市场",应充分利用营销资源,发挥其市场优势,努力开拓;

(5)把上述市场以外的区域定位为"次要市场",当前无须全力开拓,但可有针对性地培育市场,选择客户。

3. 目标市场策略与战略

1)目标市场进入策略

企业进入目标市场,还必须讲究一定的策略。主要的进入策略有:

(1)独立进入策略。企业依靠自身力量,自己开发产品或服务,独立进行市场营销。这种策略需要企业有必要的技术、资源、信誉、及营销经验,它可以壮大企业的实力。

(2)联合进入策略。企业依靠合作,共同开发市场,减轻独立进入市场的风险,这种策略要求合作各方能够优势互补,各取所长。

(3)并购进入策略。企业通过并购方式,兼并或者控股,掌握相关企业的控制权,借被并购企业的原有资源进入市场。

2)目标市场营销战略

目标市场营销战略分无差异市场营销战略、差异性市场营销战略和集中性市场营销战略三种类型。

(1)无差异市场营销战略

无差异市场营销战略是指企业只生产一种产品,运用一种市场营销组合去满足整个市场的需求。其实质就是企业向所有的消费者"大量生产、大量分配和大量促销单一产品"的大众化营销战略。

采用无差异市场营销战略的优势是成本低。由于产品单一,有利于标准化和大规模生产,降低生产流通费用;由于运用单一的促销组合策略,降低了促销费用;由于不进行市场细分,也降低了市场调研费用。由于成本低,无差异市场营销战略在相当长的时间内获得巨大成功,并给它的使用者带来稳定和丰厚的利润。

无差异市场营销战略的局限性是针对性不强。无差异市场营销策略是产品导向的产物,是在大规模生产时代普遍流行的一种营销模式,它不能完全满足每一个细分市场需求,针对性差。

(2)差异市场营销战略

差异市场营销战略是指企业同时选择若干个细分市场作为目标市场,设计不同的产品或服务,运用不同的营销组合策略,去满足不同细分市场的需求。

采用差异市场营销策略的最大优势是销量大、针对性强,能提高企业竞争力。差异营销战略的局限性是成本高,以价格作为主要竞争手段的企业很少采用。由于企业产品种类多、广告宣传投入大,使企业的生产成本和市场营销费用增多,同时由于市场过度细分,即"超细分"使市场需求相对缩小,产品成本增多,影响产品销量和利润增长。因此企业在市场营销中有时需要使用"反市场细分"战略,作为对差异营销战略的补充和完善。例如,美国通用汽车公司为"财富、目的、和个性"各不相同的人生产不同的轿车。

(3)集中市场营销战略

集中市场营销战略也称密集市场营销战略,是企业选择一个或几个性质相似的细分市场作为目标市场,集中企业资源实行专业化经营,在特定市场上扩大市场占有率。集中市场营销战略与无差异市场营销战略、差异市场营销战略的区别是无差异市场营销战略和差异市场营销战略是以整体市场作为目标市场,而集中市场营销战略是以一个或几个性质相似的分市场作为目标市场。

集中市场营销战略的优势是专业化程度高、投入少、见效快,有利于扩大企业知名度,是中小企业进入市场常用的一种营销战略。

集中市场营销战略的局限性是风险大,市场狭窄。一旦目标市场消费偏好改变、替代品出现、竞争加剧都能使企业陷入困境。因此这种策略不宜长时间使用,当企业实力增强到一定程度时,应实行差异市场营销战略来回避风险。

对于汽车市场而言,企业最好采取差异或集中市场营销战略。当竞争对手都实行无差异营销时,推行差异营销或集中营销的企业最能获利。

【营销瞬间】

据欧洲媒体INAUTONEWS 11月19日报道,德国汽车制造商宝马公司计划让旗下两家英国制造商——MINI和劳斯莱斯进入利润巨大的SUV市场,以此来巩固其市场地位。实际上,这样的解决方案只是在效仿其他汽车制造商。汽车制造商们想通过紧凑型跨界车来提高销量。这种车型有着更高的驾驶位,但空间却与普通轿车一致。

宝马集团董事会成员,负责MINI和劳斯莱斯业务的彼得表示:"这个发展趋势对MINI是有益的,但同时也要看到不同的选择。"此外,他补充道:"对于劳斯莱斯的下一步发展,我们考虑了包括SUV这一发展方向。"他还提到了SUV这一发展方向的受欢迎度。有调查研究证明:SUV车型驾驶者对本品牌的忠诚度较高。

对于一些汽车巨头和众多汽车厂商来说,SUV已经成为汽车产业中利润最高的选择之一。保时捷卡宴,还有很快要面市的Macan,就是最好的例子。

另一方面,像通用Mokka和标致2008的大量销售为制造商注入了强心剂,这些车企已经在低迷的欧洲市场挣扎了20年。

不过,宝马最终是否会将MINI和劳斯莱斯打入SUV市场还未确定。

资料来源:环球网 http://www.12365auto.com/news/2013-11-21/20131121112739.shtml

三、市场定位

市场定位(Marketing Positioning),就是针对竞争者现有产品在市场上所处的位置,根据消费者或用户对该产品某一属性或特征的重视程度,为产品设计和塑造一定的个性或形象,并通过一系列营销努力把这种个性或形象强有力地传达给顾客,从而适当确定该产品在市场上的位置。

斯巴鲁的消费群体是一些懂车、爱车、个性强、有自己的见解、不喜欢随大流的人群,他们对产品内在的品质要求很高,注重汽车的技术含量,喜爱运动,追求安全,享受卓越的驾驶感受,并且拥有稳固的经济基础但又不喜欢张扬的成功人士。斯巴鲁的目标客户群体最关注的是汽车的安全性和操控性。所以,针对目标市场,斯巴鲁的定位是:"主动安全、主动驾驶"。

1. 市场定位战略

汽车企业要做到准确定位,就要决策和实施恰当的市场定位战略。

(1)产品差异化战略。是从产品质量、产品特色等方面实现差别的战略。企业常常通过独特的产品特征实现产品的差异化,如日系车的经济性、美系车的宽敞性、德系车做工的精细性、沃尔沃的安全性,都是非常富有特色的。

(2)服务差别化战略。是向目标市场提供与竞争者不同的优质服务的战略。一般地,企业竞争能力越强,越能体现在用户服务水平上,越容易实现市场差别化。汽车作为技术密集的产品,实行服务差别化战略是非常有效的。

(3)人员差异化战略。通过聘用和培训比竞争对手更优秀的人员以获取差别优势的战略。人员的素质通常包括人员的知识和技能、修养、诚实、责任心、沟通能力等。

(4)形象差别化战略。系指当产品在使用功效上与竞争者无明显差异的情况下,通过赋予产品不同形象价值以获取差别的战略。

汽车企业应结合自己的实力、产品优势及其他条件,综合分析研究各因素,确立自己的定位优势。

2. 市场定位的方法

(1)初次定位

初次定位是指新成立的企业初入市场、新产品进入市场或产品进入新市场时,企业一切从头开始,运用所有的市场营销组合,使其竞争优势和产品特色为目标市场消费者所接受的过程。

(2)重新定位

重新定位也称再次定位、二次定位,是指企业重塑产品特色,使目标市场消费者对产品新形象有一个重新认识的过程。企业在重新定位时要考虑重新定位的成本和收益。

(3)迎头定位

迎头定位又称针对性定位、对峙定位,是指企业选择靠近现有竞争者或与其重合的市场位置,运用相似的市场营销组合策略,争夺同一目标市场消费者。

(4)创新定位

创新定位也称避强定位、回避定位、空白定位,是指企业避开强有力的竞争对手,在市场的空白处定位,开发目前目标市场上没有的某种特色产品,开拓新的市场领域。

(5)心理定位

心理定位是指企业针对消费者某种需求心理状态进行市场定位。

市场定位的方法除了以上这几种方式,还有根据产品属性和利益定位、根据价格和质量定位、根据产品用途和档次定位、根据竞争局势定位、花色定位、包装定位等等。企业在做出市场定位决策后,还必须大力宣传,把企业的定位观念准确地传播给潜在客户,避免因宣传不当造成公众的误解,或者使得公众没有明确的认识。

第三节　汽车营销的顾客满意战略

我国的汽车行业已经步入了高速发展的快车道，行业市场竞争空前激烈，对顾客资源的争夺成为现代汽车企业竞争的着力点。单纯的产品策略、服务策略等营销手段无疑已经无法被顾客识别，而以"顾客为中心"，不断提高顾客满意度、提升顾客忠诚度、培养独特的品牌，成为了汽车企业在市场上突围而出的制胜点。

一、顾客满意战略相关概念

顾客满意(Customer Satisfaction)，是指顾客对一件产品满足其需要的绩效(Perceived Performance)与期望(Expectations)进行比较所形成的感觉状态。

顾客满意(Customer Satisfaction. CS)的思想和观念，早在20世纪50年代就受到世人的认识和关注。学者们对顾客满意的认识大都围绕着"期望—差异"范式。这一范式的基本内涵是顾客期望形成了一个可以对产品、服务进行比较、判断的参照点。顾客满意作为一种主观的感觉被感知。描述了顾客某一特定购买接触的期望得到满足的程度。

Oliver&Linda(1981)认为顾客满意是"一种心理状态，顾客根据消费经验所形成的期望与消费经历一致时而产生的一种情感状态"。Kolter认为，顾客满意"是指一个人通过对一个产品的可感知效果与他的期望值相比较后，所形成的愉悦或失望的感觉状态"。Tse&Wilton(1988)认为顾客满意是"顾客在购买行发生前对产品所形成的期望质量与消费后所感知的质量之间所在差异的评价，"Westbrook&Reilly(1983)认为顾客满意是一情感反应，这种情感反应是伴随或者是在购买过程中产品陈列以及整体购物环境对消费者的心理影响而产生的"。

顾客满意是顾客在购买产品与服务的过程中产生购买之后，对其所感到的效用与产生购买行为前的预期之间差异的一种评价。亨利·阿塞尔也认为，当商品的实际消费效果达到消费者的预期时，就导致了满意，否则，则会导致顾客不满意。

顾客满意战略(Customer Satisfaction Strategy)以顾客满意为核心，以信息技术为基础，以顾客满意指标为工具而发展起来的一种现代市场营销观念和手段。顾客满意战略的基本指导思想是：企业的整个经营活动要以顾客满意度为指针，要从顾客的角度、用顾客的观点而不是企业自身的利益和观点来分析考虑顾客的需求，尽可能全面尊重和维护顾客的利益。这里的"顾客"是一个相对广义的概念，它不仅指企业产品销售和服务的对象，而且指企业整个经营活动中不可缺少的合作伙伴。

二、顾客满意战略的内容与顾客忠诚关系

汽车企业要实施顾客满意战略，首先必须具备将顾客需求转化为产品或服务的能力。企业在进行产品或服务的设计和开发时，应充分考虑顾客的需求特点，发现顾客的满意因素，并尽可能将其包含于产品或服务当中，为顾客提供更大的让渡价值。同时还应充分重视顾客的潜在需求，引导顾客将潜在需求表达出来。企业应建立顾客参与机制，让顾客参与到产品或服务的开发和决策中，真正以顾客为中心，建立富有活力的企业组织，并保证企业信息沟通顺畅，对一线员工予以充分授权，使整个企业组织形成对顾客需求的快速反应机制。

其次，顾客满意战略要求汽车企业重视顾客关系管理，用优质的服务手段和服务产品向顾客提供价值。要求企业摒弃短期交易思想和行为，在与顾客长期的交易服务中，建立相互信任

依赖的关系。

最后,顾客满意战略是高度复杂的系统工程,需要企业内部各个部门及全体人员的积极配合,需要全社会形成一个真正以"顾客为导向"市场运行机制。

在此,我们必须清楚另一个与顾客满意相关的概念——顾客忠诚。顾客忠诚(Customer Loyalty,CL)是指顾客对企业的产品或服务的依恋或爱慕的感情,它主要通过顾客的情感忠诚、行为忠诚和意识忠诚表现出来。其中情感忠诚表现为顾客对企业的理念、行为和视觉形象的高度认同和满意;行为忠诚表现为顾客再次消费时对企业的产品和服务的重复购买行为;意识忠诚则表现为顾客做出的对企业的产品和服务的未来消费意向。

"满意"与"忠诚"是两个完全不同的概念,满意度不断增加并不代表顾客对你的忠诚度也在增加。满意本身具有多个层次,声称"满意"的人们,其满意的水平和原因可能是大相径庭的:其中有些顾客会对产品产生高度的满意,如惊喜的感受,并再次购买,从而表现出忠诚行为;而大部分顾客所经历的满意程度则不足以产生这种效果。因此,顾客满意先于顾客忠诚并且有可能直接引起忠诚。但是,又非必然如此。顾客满意与忠诚度的关系如图5-1所示。

按照满意与忠诚的匹配程度,可以将顾客分为四种类型并在图上划分四个象限。那些低忠诚与低满意度的顾客称之为"破坏者",他们会利用每一次机会来表达对以前产品或服务的不满,并转向其他供应商;满意度不高却具有高忠诚的称之为"囚禁者",他们对于产品或服务极不满意,但却没有或很少有其他选择机会,多在顾客无法做出选择的垄断行业出现;而满意度很高,忠诚度却较低的顾客称之为"图利者",这是一些会为谋求低价格而转换服务供应商的人;最后,对那些满意和忠诚都很高的顾客称为"传道者",这样的顾客不仅忠诚地经常性购买,并致力于向他人推荐。

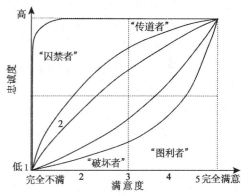

图5-1 顾客满意与忠诚的关系图

顾客满意是品牌忠诚的源泉,可见实施顾客满意度战略对提升品牌忠诚度的重要性。所以汽车企业提升顾客满意度比较重要的目的是提升顾客的忠诚度,最终培养大数量的品牌"传道者",扩大汽车企业在市场的影响力,最终以获得高的销售量而获利。

【营销瞬间】

中国汽车品牌顾客满意度调查组委会3月13日发布的2006年中国汽车品牌售后服务满意度调研报告,上海通用别克在该项调查中名列榜首,继去年以来再次蝉联第一。奥迪位居第二、北京现代位居第三、一汽大众、长安铃木分别排在第四、第五名。

中国本土权威市场调查机构中国汽车品牌顾客满意度调查组委会,是国内知名的消费者调查专业机构,致力于打造消费者最信赖的自主调研品牌。它的调查基于消费者的反馈,排名完全反映消费者意见。售后整体满意度是根据经销商的表现来衡量的,主要分为九个因子,分别是(按权重排列):问题经历、消费者便利的服务、维修接待服务、保养维修服务过程、交车提车过程、维修保养的质量、维修跟踪服务、24小时救援服务、投诉处理。售后服务满意度指数的总分是100分。分数越高,表明顾客对授权经销商的保养和维修服务越满意。

在本次的调查中,行业平均水平较上一年提升了2.6分,这也反映了各汽车厂商售后服务水平的整体提升。上海通用别克获得了售后服务满意度分数93.19的高分,比2005年高3.2分,在中国汽车市场创造了新的记录。作为连续两年在这一调查中保持第一名的唯一品牌,上海通用别克在各方面一直表现不俗。在所有9个衡量因子中,上海通用别克取得了四个第一,两个第二。维修保养的质量和维修跟踪服务质量,是上海通用别克与2005年相比进步最为显著的两个方面。72%的上海通用别克顾客"十分赞同"或者"赞同"其经销商现在提供的服务质量比以前提高,这一比例比整个行业的平均值高出了17个百分点。上海通用雪佛兰首次包括此项调查中,并取得第六位,尤其在维修保养的质量方面得到了高分。

北京现代85.37的总得分较之2005年提高了3.47分,首次进入前三甲。目前,北京现代的市场保有量超过50万辆。为了增强用户对北京现代产品的信心,提升北京现代汽车的美誉度,北京现代在服务的软硬件建设方面投入巨大。北京现代的服务网络已经遍布全国,4S店的数量达到300家,特约服务站90余家,并且在北京、南京、广州等地建立了区域代表处。这些服务网点检测设备先进、齐全、工位多,维修员工技术水平高、零配件储备充足。在软件方面,北京现代通过比赛的方式提升维修人员的技能。通过技能大比拼,了解技师们的优势和不足,开展针对性的培训,扬长避短促使技能的提升;而服务网点高超的维修技能、热情的接待、规范的服务流程也赢得了广大车主的信任与肯定。

售后服务调查仅针对2005-01-08购车的用户。调查结果还表明,随着乘用车使用年数的不断拉长,要想获得较高的顾客满意度,在车辆整个生命周期始终保持良好的可靠性将成为一大课题。在瞬息万变的市场上,经销商正努力提高顾客对服务的满意度,在增加顾客忠诚度的同时,也提高了服务和零配件销售收入,这些措施都有助于弥补新车型销售利润率日益下滑所带来的损失。

本次调研再次表明,顾客满意度对品牌忠诚度有直接影响。在对经销商的总体服务评分为5分的顾客中,有将近60%的车主,曾经接受过至少一次非授权服务机构的服务。而对其经销商评分为10分的"非常满意"顾客中,仅有17%的顾客流失率。无疑说,售后服务是影响顾客购买决定的重要因素。以顾客为中心的服务网络能够提升品牌形象,并为经销商带来更多的盈利。

中国汽车品牌顾客满意度调查组委会秘书长王堃表示:"我们的调研表明,多数制造商正在通过其零售网络,积极推广顾客为中心的新型服务,以求在竞争激烈的市场上树立品牌形象。经销商是连接顾客与品牌的重要环节,而事实证明,提供优异的售后服务,正是制造商提高品牌声誉的一条有效途径。"

资料来源:新浪汽车 http://auto.sina.com.cn/news/2007-03-16/1338257585.html

三、顾客满意战略与价值让渡

客户满意战略成功的核心是分析价值链并确定关键价值。这是客户满意战略的要旨,因为企业的资源是有限的,必须确保重点。要培养满意顾客,首先要评估顾客的关键需求与价值,然后开始改变企业的作业流程,设法消除交易过程中影响最大的顾客成本,尽量避免如交货不及时、手续烦琐等问题的出现。

1. 价值链与价值链让渡系统

价值链作为公司分析诊断的一种工具,用以识别、创造更多的顾客让渡价值的各种途径。每一个公司集合了设计、生产、销售、送货和为支持其产品而采取的一系列活动。价值链将某一特定行业中创造价值和产生成本的诸活动分解为在战略上相互关联的9项活动。这9项价值创造活动又分为5项基础活动和4项支持性活动。

基础活动是指企业购进原材料、加工生产、将产品运出企业、上市销售到售后服务等依次进行的活动,支持性活动则始终贯穿在这些主要活动中。采购是指各项基础活动所需各种投入物的采购,而其中只有一小部分是由采购部门办理的;每项基础活动都搞技术开发,而其中只有小部分是由研究开发部门进行的;所有的部门也都需要人力资源管理;公司的基础设施涉及对全部基础活动和支持性活动的一般管理、计划、财务、会计、法律和政府有关事务所需要的日常开支。除了自身价值链以外,公司还会进入其供应商、分销商以及最终顾客这一价值链中寻求竞争优势。新的竞争不再只是个别竞争者之间的事,而是由若干竞争者所组成的战略网的价值让渡系统之间的竞争。

顾客让渡价值是顾客总价值与顾客总成本的差额。顾客总价值包括产品价值、服务价值、人员价值和形象价值;顾客总成本包括货币成本、时间成本、体力成本和精力成本。即:顾客让渡价值=顾客总价值 − 顾客总成本=(产品价值+服务价值+人员价值+形象价值)−(货币成本+时间成本+体力成本+精力成本)。顾客让渡价值的多少受顾客总价值与顾客总成本两方面因素的影响。不同顾客群体对产品价值的期望与对各项成本的重视程度是不同的。企业通常采取"顾客让渡价值最大化"策略来争取顾客,战胜竞争对手,巩固或提高企业产品的市场占有率。但我们必须看到,片面追求"顾客让渡价值"最大化,其结果往往会导致成本增加,利润减少。因此在实践中,企业应掌握一个合理的"度",以提高企业的经济效益为原则。

汽车企业通过价值链管理,提高顾客让渡价值:运用价值链分析方法对企业自身进行诊断,以"优胜基准"(benchmarking)作为标准工具,提高竞争优势;进行核心业务流程的平滑管理,需要跨职能部门的投入和合作。

2. 提高让渡价值

顾客满意主要来源于较高的顾客让渡价值,顾客让渡价值=总顾客价值-总顾客成本(总顾客价值=产品价值+服务价值+人员价值+形象价值、总顾客成本=货币价格+时间成本+精力成本+体力成本)。所以,提高顾客满意可以从提高总顾客价值中的每一项指标及降低总顾客成本的每一项指标着手:

(1)提升总价值,如提高产品价值要求企业尽可能地把顾客的"不满意"从产品本身(包括设计、制造和供应过程)去除,并顺应顾客的需求趋势,进行顾客满意调查,预先在产品本身上创造顾客的满意,重视顾客意见,创造美好的客户体验;

(2)降低总成本,降低客户总成本的好策略有增加铺货率;降低消费者购物的繁琐程度、树立大品牌的可靠感、降低消费者购买的犹豫时间与精力浪费、压缩物流成本降低售价、提供个性与优质化的产品或服务(例如当顾客来到汽车销售服务企业维修车辆时,他们都期望服务人员为其排除车辆故障,所花时间金钱少而效率质量好)等;

(3)留住老顾客,老顾客的品牌忠诚度高,价值也大,顾客满意度的维护重心应放在老顾客上,专门针对老顾客展开营销活动如顾客俱乐部等;

(4)及时了解顾客满意度和原因,通过快速的投诉和建议制度、佯装购物者、委托专业公司进行顾客满意调查、分析流失的顾客等方式及时准确地了解顾客的满意度及其原因;

(5)建立以顾客满意为核心的企业文化,发现不满意的顾客并迅速反应进行补救,顾客的口碑是品牌的免费广告。因此,提高顾客服务水平,快速慎重处理好每一个顾客的抱怨,使顾客满意,是提高顾客让渡价值的重要方面。

四、实施顾客满意战略与其意义

1. 顾客满意战略的推行

汽车企业推行顾客满意战略,关键是要提高服务过程中的顾客感知利得,同时减小顾客感知利失,推行顾客满意战略,一般包括5个步骤:①汽车企业顾客满意现状调查与诊断;②基于顾客满意战略,优化企业组织架构;③建立与应用企业的顾客满意度动态测评模型;④建立与维护企业顾客满意的动态监控体系;⑤确立与执行企业顾客满意服务标准。

2. 实施顾客满意战略意义

汽车企业实施顾客满意战略,在宏观和微观上,对企业在市场竞争中有着重大的意义。在宏观上:顾客满意战略有助于促进国民经济的增长;有利于企业开拓市场;满意水平是体现人民生活质量的重要标准。在微观上:顾客满意战略可以提高企业的市场份额,增加企业经营绩效,这是因为处于竞争环境中的企业,顾客满意程度对其市场份额的变化有明显的影响作用,满意度高的顾客愿意为所获得利益付出较高的价格,价格容忍度也会增强,所以企业盈利能力增强;顾客满意能降低企业的成本支出,这是因为顾客满意包括了顾客对企业及产品或服务的了解,在顾客对企业的产品或服务进行重复购买时,企业可以减少与顾客的交易成本;顾客满意战略有助于形成顾客忠诚;顾客满意战略可以减少顾客对价格的敏感程度,提高对质量事故的承受能力。

此外,顾客满意战略有利于企业形成良好的企业文化,培育健康的价值观和积极向上的企业精神;有利于获得出资人更多的信任和支持,有利于企业与供应商和经销商建立长期稳定的合作关系,提升合理利用资源的能力。

五、顾客关系管理与满意度测量

顾客满意在企业竞争与市场营销中地位如此的重要,企业有必要对顾客关系进行管理,维护好的重要的客户关系,开发新的客户关系。此外,企业应该如何改进才能提高顾客的整体满意水平,就必须要对顾客满意进行客观准确的测量。

1. 顾客关系管理

顾客关系管理(CRM,Customer Relationship Management)是企业电子化工作中,很重要的一环,其宗旨是企业以满足顾客满意为目标,始终能在市场上维持竞争力。

CRM能够有效的解决企业面对顾客的复杂烦琐事务,为企业提供迅速反应顾客需求、弹性回应市场变化、缩短顾客服务时间与流程、增加顾客服务满意度等效益。

CRM的定义,就是导入资讯系统,以规范企业与顾客来往的一切互动行为与资讯,为有效管理企业的顾客关系,应针对所有的顾客进行分层化区隔与差异化服务,并建立资讯架构。企业等级的CRM软件,通常包括行销管理、销售管理、顾客管理等三大功能:行销管理的功能,在于分析市场价格变化、预测市场趋势以及妥善规划市场活动管理。销售管理的功能,在于整合企业的行销资源,整合一切的行销资讯。顾客管理的功能,在于提升顾客满意度,抓住核心顾客的需求,开发潜在顾客市场,同时提供线上平台查询界面与透过线上记录,随时回应顾客的问题和抱怨,且即时检讨服务流程和进度。

客户关系管理(CRM),源于"以客户为中心"的商业模式,是一种旨在改善企业与客户之间关系的管理机制。它实施于企业的市场、营销、技术支持等与客户有关的工作部门。重新确定客户档案,将客户档案建立信息中心,形成一套较为完善的信息收集、反馈、整理和处理运作体系,及时为公司决策层决策和业务部门制定营销策略提供依据。另外,要努力实现信息渠道的扁平化,提升渠道资源意识,树立绿色渠道意识等等。目标在于通过提供快速、周到、优质的服务来吸引和保持更多的客户,通过优化面对客户的工作流程以减少获取客户和保留客户的成本,它关系到企业在未来怎样与客户和与潜在客户进行交流和互动。CRM 的出现使企业的外部资源主要是客户资源得以合理利用,从而成为推动企业腾飞的动力。

2. 顾客满意测量

1)顾客满意度调查

全面准确地识别顾客对任何满意度调查的成功都至关重要。由于汽车产品、服务类别不同,市场、地域不同,调查顾客满意度的目的也不同,故要以调查目的为出发点,根据产品、服务顾客类别,确定调查顾客范围。

由于汽车消费市场巨大,调查不能穷尽所有消费者与顾客,所以抽样设计一是确保抽样的随机性,即顾客群体中每位顾客被选入的机会都相等并相互独立;二是确保抽样效果的最佳化,实际调研时应根据顾客群体的特点,确定相应的抽样方法;三是抽样规模应建立在希望统计分析达到置信度水平和可以接受的误差;四是抽样方法可以是随机抽样与非随机抽样,随机抽样包括单纯随机抽样、系统抽样、分层抽样、分区抽样和分群抽样等,非随机抽样主要有配额抽样、判断抽样和固定样本连续调查等;最后问卷设计的问题要巧妙,方便,科学,可以在以后的工作中被计量统计,问题要设置开放性或与封闭性问题相结合。

2)顾客满意度的测算

(1)顾客满意度分值和级差的标准

由于要测算顾客满意度,因此需要一些调查的具体数据,应将顾客对评价项目的评价结果用等级刻度来衡量。在衡量顾客满意度时最常用的等级刻度有以下几种:三等刻度法、四等刻度法、五等刻度法、七等刻度法、十等刻度法、100 点刻度法等。

(2)评价项目权数的确定

由于产品用途不同,质量特性不同,顾客消费需求与期望不同,调查时间不同,故顾客满意度评价项目对顾客满意度影响的重要性亦不同,必须对评价项目赋予权重值。权重值的确定可以采用经验法、测量法、专家法、移植法、综合法等,以保证其客观性。

(3)顾客满意度测算公式

$$X_i = \frac{1}{n} \sum A_{ij} \qquad (0 \leqslant A_{ij} \leqslant 100, I = 1,2,\cdots m) \qquad (5\text{-}1)$$

$$X = \sum W_i X_i \qquad (0 < W_i < 1, \sum W_i = 1) \qquad (5\text{-}2)$$

式中:X_i——第 i 项目 n 个顾客满意度均值;

m——评价项目数;

n——顾客数;

I——项目编号;

A_{ij}——第 i 项目的第 j 个顾客的评分;

W_i——在 m 项目中项目 i 的权数;

j——被调查者编号;

x——顾客满意度。

根据以上公式,由顾客满意度实际调查结果就可以得出顾客满意度的得分。

3) 顾客满意度分析评价

顾客满意度分析评价是将调查的原始数据转化为易于理解和解释的形式。它是对数据的重新安排、排序和处理,以提供描述性信息。

顾客满意度评价一般可采用以下四步来进行:

第一步,收集有关的信息,确定顾客满意度达到的程度;

第二步,对顾客满意度进行评价,找出差距。测评采用对比法,与企业自己去年同期和前期满意度对比,看是提高了,还是下降了;在产品和服务的哪些特性和环节上提高或下降了。与竞争对手满意度对比,是高还是低。通过以上纵横评价对比,找出差距;

第三步,对评价找出的"差距"进行分析,找出并确定问题点。这些问题点是企业提高顾客满意度的改进机会和切入点;

第四步,反馈信息,组织改进。将通过评价和分析确定的问题点和薄弱环节,及时向有关部门反馈,由有关部门组织改进。

【复习思考题】

1. 战略规划的基本内容是什么?制定原则及方法?常用的战略规划研究方法有哪些?
2. 汽车市场竞争战略与策略有哪些?如何制定符合实际有效的竞争战略与策略?
3. 汽车目标市场营销战略由哪几部分组成?
4. 汽车市场定位战略有哪些?
5. 什么是顾客满意战略?实施顾客满意战略的意义是什么?

【案例讨论】

福特汽车多战略方向出击

1. 集中生产单一产品的早期发展战略

在早期,福特公司的发展是通过不断改进它的单一产品——轿车。1908 年制造的 T 型轿车比以前所有的车型有相当大的改进。在它生产的第一年就销售了 1 万多辆。1927 年,T 型轿车开始将市场丢给了它的竞争对手。福特公司又推出了 A 型轿车,该轿车具有车体款式新和富于变化的颜色。当 A 型轿车开始失去市场、输给它的竞争对手的时候,在 1932 年,福特公司又推出了 V—8 型汽车。6 年后,在 1938 年,Mercury 型车成为福特公司发展中档汽车的突破口。

福特公司也通过扩大地区范围进行发展。在 1904 年,它进入加拿大市场的举动就证明了这一点。也是在它的发展早期,福特公司采用同心多样化战略,1917 年开始生产卡车和拖拉机,并且在 1922 年收购了林肯汽车公司。

2. 纵向一体化战略

福特公司的多样化生产集团是后向一体化战略的杰出实例。下面介绍福特公司中几个部门的作用。

(1) 塑料生产部门:供应福特公司 30% 的塑料需求量和 50% 的乙烯需求量。

(2)福特玻璃生产部门:供给福特北美公司的轿车和卡车所需的全部玻璃,同时也向其他汽车制造商供应玻璃。这个部门也是建筑业、特种玻璃、制镜业和汽车售后市场的主要供应商。

(3)电工和燃油处理部门:为福特汽车供应点火器、交流发电机、小型电机、燃油输送器和其他部件。

3. 福特新荷兰有限公司——同心多样化战略

在1917年,福特公司通过生产拖拉机开始了同心多样化战略。福特新荷兰有限公司现在是世界上最大的拖拉机和农用设备制造商之一,它于1978年1月1日成立。福特新荷兰有限公司是由福特公司的拖拉机业务和新荷兰有限公司联合而成的,后者是从Sperry公司收购来的农用设备制造商。

福特新荷兰有限公司随后兼并了万能设备有限公司,它是北美最大的四轮驱动拖拉机制造商。这两项交易是福特公司通过收购实行同心多样化战略的最好例证。

4. 金融服务集团——跨行业的复合多样化战略

福特汽车信贷公司的成立,是为了向经销商和零售汽车顾客提供贷款。这可以说是实行同心多样化战略。

不过,在20世纪80年代,福特公司利用这个部门积极从事复合多样化经营。1985年它收购了国家第一金融有限公司,后者是北美第二大储蓄和贷款组织。1987年后期,它收购了美国租赁公司,它涉及企业和商业设备融资、杠杆租赁融资、商业车队租赁、设备运输、公司融资和不动产融资。

5. 其他行业的复合多样化战略

福特汽车土地开发有限公司是一个经营多样化产品的部门,也是跨行业多种经营的典型实例。到1920年,这个部门围绕着密歇根福特世界总部建立了59个商用建筑。由这个部门所拥有和它管理的设施及土地的市场价值约有10多亿美元。

福特太空有限公司和赫兹有限公司也是复合多样化战略的良好典范。

在福特公司的发展史上,它曾经被迫实行了几次调整战略。在第二次世界大战后,福特公司以每月几百万美元的速度增加亏损。亨利·福特二世重组了公司并实行分权制,这使公司迅速恢复了元气。

可以说被许多美国公司采用的最富戏剧性的调整战略是福特公司在20世纪80年代早期所完成的。1979年,福特公司的利润亏损额达5.11亿美元。销售额由1978年的420亿美元下降到1981年的380亿美元。福特公司陷入了严重的危机。

亏损的原因之一是激烈的国际竞争。也许更重要的是福特公司运营的方式。例如:新车的款式看起来像许多年前的一样;在部门之间(如设计与工程)很少沟通;管理层所做的管理公司员工的工作很不如意;下级很少向上级部门汇报情况。

福特公司的管理层如何来转变这种情况呢?首先,他们显著地减少了运营成本。1979年至1983年,从运营支出中就节省了4.5亿美元。其次,质量成为头等大事。管理层也改变了福特公司设计小汽车的程序。以前,每一个工作单位是独立工作的。现在,设计、工程、装配等部门都在这个过程中一起协调工作。

不过,福特公司实行的最重要的改变是一种新的企业文化。从首席执行官P·考德威尔和总裁D·彼得森开始,一种新兴管理风格建立起来了。该种管理风格强调联合行动和在工作中所有雇员为共同的目标而努力。在福特公司，人们建立起更加密切的关系，并且更加强调雇员、经销商、供应商之间的关系，呈现了一种新的集体工作精神。

6. 放弃战略

多年来，福特公司不情愿地放弃了它的某些经营单位。例如，在1989年10月，福特公司和一伙投资商签署了卖掉它的Rouge钢铁公司的谅解备忘录。福特公司之所以卖掉这家公司，是因为它不想支付实现其现代化的成本。估计在其实现现代化的几年中，每年的现代化费用约1亿美元。福特公司作出的其他放弃决策包括：在1986年和1987年，分别把漆料业务和化工业务卖给了杜邦公司。

7. 收购和合资经营战略

1989年11月2日，福特公司以225亿美元收购了美洲豹私人有限公司，以作为消除它在汽车市场上的一个弱点，即产品缺乏在豪华轿车市场上的竞争手段。和福特公司竞争的豪华型轿车主要有丰田公司的凌志LS400和本田公司的阿库拉、传奇、宝马三个系列。在1989年，豪华轿车的销售额是250亿美元，当时预测到1994年能增长到400亿美元，这个增长速度比整个汽车市场的增长速度要大得多。福特公司把美洲豹轿车看作是进入美国和欧洲豪华轿车市场的机遇。

福特公司也采用了合资经营的战略，即具有较重大意义的两项合资经营，是和马自达公司及日产公司实现的。福特公司和马自达公司一起合作生产五种汽车。例如，在马自达生产车间生产的Probe汽车，外部和内部的设计由福特公司进行，细节性的工程技术由马自达公司完成。日产公司和福特公司正在合作开发前轮驱动的微型汽车，福特公司将在俄亥俄州的卡车厂制造该汽车，并将由两个公司销售。在澳大利亚，福特公司的Maverick汽车是日产四轮驱动车Patrol的一种车款，它由福特公司的经销商销售，而日产公司经销商销售福特公司的Falcon客货两用车和运货车。

资料来源：http://www.cs360.cn/guanlilunwen/guanlixue/chengbenguanli/69111/index_s.html

【案例讨论题】

1. 福特汽车在不同时期实施怎样的企业战略推动企业发展？
2. 汽车企业在变更战略时应该注意什么问题？你有什么建议？

第六章 汽车市场营销调研与预测

【本章学习重点】

1. 识别汽车市场调研的类型、掌握汽车市场调研的内容与实施步骤;
2. 掌握汽车市场调研的方法、各自的优缺点和适用范围;
3. 掌握定量预测法的时间序列预测法和一元线性回归模型预测法;
4. 了解其他定量预测法。

【开篇案例】

霸道广告引争议

2003年11月5日,一汽丰田为其三款新车——陆地巡洋舰、霸道和达路特锐举行了隆重的上市仪式。可是半个月后,两则丰田汽车的广告却将丰田公司、广告制作公司和刊登广告的杂志推到了风口浪尖,在互联网的论坛上,喊打之声一片。

为新品刊登广告是再平常不过的事了,刚刚成立不久的一汽丰田汽车公司为了推广三款新车,于是在全国公开招标广告公司,最后,美资背景的盛世长城广告公司在5家公司中脱颖而出,为丰田三款车代理平面和电视广告。两则霸道和陆地巡洋舰的广告,引发了"丰田问题广告"风波。

两则广告中,争议最大的是霸道的广告。画面上,霸道越野车威武地行驶在路上,而两只石狮蹲坐路旁,一只挺身伸出右爪向"霸道"车作行礼状,另一只则低头作揖。配图的广告语写道:"霸道,你不得不尊敬。"

另一则是陆地巡洋舰的广告。它的画面是,在可可西里无人区的崎岖山路上,一辆丰田"陆地巡洋舰"迎坡而上,后面的铁链上拉着一辆笨重的、军绿色的、看似"东风"的大卡车。在画面左侧,还挂着追捕盗猎者所用的军大衣、冲锋枪等。

看到这两则广告后,立即有人在网上留言,表示了疑义和愤怒。认为石狮在我国有着极其重要的象征意义,代表权利和尊严,丰田广告用石狮向霸道车敬礼、作揖,极不严肃。更有网友将石狮联想到卢沟桥的狮子,并认为,"霸道,你不得不尊敬"的广告语太过霸气,有商业征服之嫌,损伤了中华民族的感情。

而对于"陆地巡洋舰"的广告,网友也认为,用丰田车拉着看似"东风"的大卡车跑,有贬低中国落后之嫌。

网友的声音迅速扩大,大多数网友把抨击的矛头指向了丰田公司、广告制作公司和刊登广告的杂志,要求他们赔礼道歉。一位网友甚至还模仿"霸道"广告制作了一幅图画,画面上狮子把霸道车按在了爪子之下。

媒体也迅速跟进报道此事,12月3日,国内最具影响力的媒体——新华社对"问题广告"

进行了报道,随后,国内的许多媒体都不同程度地对此事进行了追踪。而在日本颇有影响的报纸——《朝日新闻》也用"有两盒香烟大小的版面"报道了此事,并带动了其他日本媒体的关注。

工商局也对这两则广告表示关注,并要求投放刊登广告的杂志社提交了书面材料。

到底是什么让信心满满的丰田公司遭受重创呢？原因就是两则广告伤了中华民族的自尊心,遭到全中国人民的强烈谴责。在做广告之前,日本广告公司缺乏对中国人民风俗习惯的了解,更没有做过相关的调查,因此犯了大错,给丰田公司造成了不良影响。

资料来源：中车网，http://www.car.com.cn/f/news/0312/10/167.html

第一节　汽车市场营销调研

一、营销调研的概念与意义

营销调研(Marketing Research)就是运用科学的方法,有计划、有目的、有系统地收集、整理、研究和分析有关市场营销方面的信息,总结有关结论,并撰写调研报告,提出机遇与挑战,以便帮助营销管理者了解营销环境,发现问题与机会,并为市场预测与营销决策提供依据。

当今世界,市场竞争日趋激烈和复杂。现在竞争者之间已经从价格竞争更多地转向非价格竞争,许多厂商利用开发新产品、改进产品和产品包装、提供更完备的售后服务以及改进促销方法或销售渠道等多种方式作为竞争的武器。这些都需要借助科学的方法进行市场调研,通过分析、研究和比较,弄清消费者的消费偏好以及市场供求状况,以便对市场环境、营销机会和营销战略做出正确的判断和决策,从而提高厂商市场营销的效率。现代的市场调研,一般具有以下几个方面的特点。

1. 目的性

现代企业进行市场调研均具有明确的目的。在每次市场调研之前,都必须预先确定调研的范围和所要达到的目的。因此,它是一种有计划、有目的、系统而客观地进行的市场信息资料的收集、整理和分析工作,而不是盲目的对市场的观察和了解。

2. 科学性

市场调研的方法必须是科学的,而不是主观臆测。要正确认识市场的发展规律,必须从市场的实际情况出发,坚持实事求是,应用现代信息技术和统计分析方法,采取科学的调研方法,克服调研过程中的主观片面性。

3. 实践性

市场调研具有鲜明的实践性。它要求工作人员必须深入实践才能获取具体的、全面的一手资料。

4. 相关性

市场调研一般以某种产品的营销活动为中心展开具体工作。因此,它总与产品的营销业务直接相关。市场调研是厂商营销工作的基础和起点,随着市场竞争机制的确立,市场调研在企业经营中的地位和作用也越来越明显,对企业营销实践的作用表现在以下几个方面。

（1）市场调研是企业获取信息的主要途径。获取市场信息的途径有很多,但其主要途径是市场调研。通过市场调研,能从错综复杂的市场现象中揭示出市场的本质及其发展规律,掌握瞬息万变的市场供求关系和消费者的消费结构、消费习惯和消费心理,以及顾客对商品的意见和要求,竞争对手的策略等比较齐全的信息资料。这些信息资料是汽车厂商做好市场营销的重要资源。

(2)市场调研是企业进行产品规划、产品开发和决定投资方向的基础。市场调研,对于厂商开发新产品、进行技术改造、决定投资方向具有十分重要的意义。随着科学技术的进步,新技术、新工艺不断被广泛采用,老产品不断更新,新产品不断成功上市,厂商为市场提供越来越多的新产品和服务。企业只有通过市场调研,分析产品所处的生命周期阶段,才能合理调整生产结构和产品结构,确定什么时候研制、生产、销售新产品,以满足消费者需要。同时,企业有限的资金应该投向哪里,应由市场对产品和服务的需求来确定,因此市场调研也为企业合理确定投资方向和投资规模提供依据。

(3)市场调研是企业进行科学营销决策的依据。市场调研的目的在于决策,决策是否符合实际,在很大程度上取决于市场调研的科学性与准确性。企业的管理部门要制定市场营销战略,对市场营销中的某些问题——诸如产品策略、价格策略、分销策略、促销策略等进行决策和预测,都需要通过调研了解市场实际情况。另外,市场调研可以对企业市场营销活动起到监督和修正的作用。通过市场调研所取得的信息资料,可以使企业了解营销计划与市场实情的相符程度,检验企业战略与计划是否可行,哪些方面还有疏漏、不足和失误,或者营销客观环境是否有新的变化,为营销管理者提供修改调整的依据。市场情况是在不断变化的,竞争是非常激烈的。通过市场调研,可以预测未来的市场变化趋势,及时调整营销管理中的"可控因素"去适应竞争环境中的"不可控因素"的变化,从而有针对性的采取应变措施,提高企业的竞争能力,提高经营效果。

【营销瞬间】

"中国汽车品牌满意度调查"(简称"联信汽车调查")由国务院国资委研究中心、中国汽车工业协会、中国环保协会、天下英才传媒等权威机构于2005年创立,是国内首家自主品牌的汽车满意度测评体系。目前"联信汽车调查"结果已成为消费者购车的指导性标准。

由于比国际调研机构更能够了解本土消费者的需求,并且熟悉本土汽车工业的制造商表现,中国汽车品牌满意度调研完全自主的调研模式和用户报告,越来越引起行业的重视和消费者的关注,具有本土话语权威地位。作为中国第三方独立汽车测评体系,联信在积极引导市场消费行为的同时,又将用户信息与制造商战略计划、营运活动结合起来,帮助企业赢得竞争优势。

资料来源:凤凰汽车 http://auto.ifeng.com/changshangxinwen/20130228/845418.html

二、营销调研类别与内容

1. 市场调研的类型

市场调研可以从不同的角度,使用不同的标志进行分类。一般根据研究问题的目的,可以将市场调研分为以下四种类型。

1)探索性调研(Exploratory Investigation)

一个厂商在自身的经营活动过程中,可能会遇到一些新情况或新问题。面对这些新情况和新问题,厂商应该怎么办,这就需要通过探索性调研来寻找问题发生的原因,或者为解决新问题寻找新的思路。比如近几个月来,企业产品销量一直在下降,是竞争者抢走了自己的市场还是市场上出现了新的替代产品,或者是消费者的偏好发生了变化,还是由于厂商经营不善,这些疑惑都需要通过探索性调研来寻找问题的原因。又如,随着市场的变化,厂商应该开发哪些新产品来满足市场的需要,要开发哪些新的市场,这些也需要通过探索性调研来搜集资料,以便为厂商的决策提供科学依据。探索性调研一般是通过搜集二手资料(Secondary Data),或请教一些专家,让他们发表自己的意见,谈自己的看法,或参照过去类似的实例进行。

2) 描述性调研(Description Investigation)

所谓描述性调研,就是通过搜集与市场有关的各种历史资料和现实资料,并通过对这些资料的分析研究,来揭示市场发展的变化趋势,从而为厂商的市场营销决策提供科学的依据。如某汽车厂商,要制定今后5年的营销战略,就需要对历年来各种车型的产量和销售量,汽车的社会保有量和拥有率(分大城市、中小城市和农村),厂商产品的销售量及在全国各地的市场占有率,汽车的进出口情况,城乡居民的收入与支出的变化情况,以及在今后5年内居民对汽车的需求情况(包括需求数量、需求的品种、规格、型号和分布等)进行详细的调研,并对收集到的各种资料进行科学分析以后,才能制定出正确的市场营销战略与决策。描述性调研所得到的资料,还是为市场预测提供了基础。与探索性调研相比,描述性调研要更深入一步。因此,需要制定详细的调研计划,并做好市场调研的各项准备工作(包括调研表的设计、样本的选择、调研人员的选择与培训以及调研过程的管理等),以确保调研工作的顺利进行。

3) 因果性调研(Causality Investigation)

汽车厂商在营销活动过程中,会面临许多数量关系。这些变量(Variables),有的是属于自变量(Independent Variables),即厂商自身可控制的变量,如产品产量、产品价格、各项销售促进费用的开支以及销售人员的配备等;有的则属于因变量(Dependent Variables),也就是它的变化,会受到多种因素的影响,如产品销售量(或销售额)、产品成本、厂商获利情况等。所谓因果关系调研,就是要揭示和鉴别某种因变量的变化究竟受哪些因素的影响,以及各种影响因素的变化对因变量产生影响的程度。如汽车的销售量究竟受哪些主要因素的影响?各种不同的影响因素,对汽车的销售产生影响的程度有多大?这些影响因素会发生什么样的变化等。这就是因果关系调研所要回答的问题。由于上述问题的研究对厂商的市场关系极大,因此,因果关系调研应用很广。因果性调研同样需要有详细的计划和做好充足的准备工作,并且在调研过程中,实验法是一种主要的研究方法。

4) 预测性调研(Predictability Investigation)

在整个市场营销调研中,预测性调研具有特别重要的意义。因为市场的未来情况如何,决定着厂商的命运和今后的发展。所以,只有对市场的未来有一个比较清楚的了解,厂商才能够避免较大的风险。

2. 市场调研的内容

市场调研的内容包括厂商市场营销的各个方面。具体地说,可包括以下六个方面。

1) 顾客需求调研

从市场营销的观念来说,厂商的一切活动都是为了满足顾客的需要。因此,对顾客需求情况的调研,应该成为市场调研的主要内容。

对顾客需求情况的调研应包括:

(1) 现有顾客需求情况的调研(包括需求什么、需求多少、需求时间等);

(2) 现有顾客对厂商产品(包括服务)满意程度的调研;

(3) 现有顾客对厂商产品信赖程度的调研;

(4)对影响需求的各种因素变化情况的调研;
(5)对顾客的购买动机和购买行为的调研;
(6)对潜在顾客需求情况的调研(包括需求什么、需求时间等)。

2)产品或服务调研

产品(包括服务)是厂商赖以生存的物质基础。一个厂商要想在竞争中求得生存和发展,就必须始终一贯地生产出令顾客满意的产品。

产品调研内容包括:

(1)产品设计的调研(包括功能设计、用途设计、使用方便和操作安全的设计、产品的品牌和商标的设计以及产品的外观和包装设计等);
(2)产品和产品组合的调研;
(3)产品生命周期的调研;
(4)对老产品改进的调研;
(5)对新产品开发的调研;
(6)对于如何做好销售技术服务的调研等。

3)产品价格调研

价格对产品销售和厂商的获利情况有着重要的影响,尤其在市场经济条件下,积极开展产品价格的调研,对于厂商制定正确的价格策略有着重要的作用。

价格调研的内容包括:

(1)市场供求情况及其变化趋势的调研;
(2)影响价格变化各种因素的调研;
(3)产品需求价格弹性的调研;
(4)替代产品价格的调研;
(5)新产品定价策略的调研。

4)促销调研

促销调研包括广告的调研、人员推销的调研、各种营业推广的调研以及厂商形象的调研等多方面内容。具体包括:

(1)广告的调研(包括广告信息的调研、广告媒体的调研、广告时间的调研和广告效果的调研等);
(2)人员推销的调研(包括销售力量的调研、销售人员素质的调研、销售人员分配的合理性调研和销售人员报酬的调研);
(3)各种营业推广措施及其效果的调研;
(4)公共关系利用与厂商形象的调研等。

5)分销渠道调研

销售渠道的选择是否合理,产品的储存和运输安排是否恰当,对于提高销售效率、缩短交货期和降低销售费用有着重要的作用。因此,销售渠道的调研也是市场调研的一项重要内容。

销售渠道调研的内容包括:

(1)中间商(包括批发商、零售商和代理商等)的选择和利用情况的调研;
(2)仓储地址调研;
(3)运输工具的安排和利用调研;

(4)交货期、销售费用的调研等。

6)市场营销环境调研

市场营销环境是汽车厂商市场营销最重要的营销因素,必须重视对营销环境的调研。从市场的角度,关注的调研内容主要包括:

(1)政治环境。主要是了解政府对该类产品的有关政策和法令、条例等。

(2)经济环境。包括各种重要经济指标,如:全国及各主要目标市场的人口总数及结构,国民生产总值及其构成,社会商品总零售额,消费水平和消费结构,币值是否稳定及价格水平,重要输入品、输出品及其数量、金额,能源及其他资源的情况等。

(3)科技环境。主要了解新技术、新工艺、新材料的发展趋势、应用及推广情况等。

(4)竞争环境。包括生产或输入同类商品的竞争者的数目与经营规模,同类产品各重要品牌的市场占有率及未来变动趋势,同类产品不同品牌所推出的型号与售价水平,用户乐意接受的品牌、型号及售价水平,竞争产品的质量、性能与设计,主要竞争对手所提供的售后服务方式,用户及中间商对此类服务的满意程度,竞争对手与哪些中间商的关系最好及其产生的原因,竞争对手给经销商或推销人员报酬的方式及数量,主要竞争对手的广告预算与所采用的广告媒体等。

以上各项内容,是从市场调研的一般情况来讲的,各个汽车厂商在不同时期,在市场营销中遇到的问题不同,所要调研的问题也就不同。所以不同的厂商,必须根据自己的实际情况来确定市场调研的重点,并组织力量,把调研工作做好。

三、营销调研步骤

为了保证市场调研的准确性、客观性和工作质量,必须遵循一定的工作程序。调研活动的实施,应根据调研目的与目标,调研的内容及其要求,调研的时间、地点、方法、经费预算,以及调研人员的知识、经验等具体情况而确定恰当的工作程序,一般按照以下几个步骤进行。

1. 确定调研目标

市场调研的第一步就是确定调研目标。也就是说,在进行市场调研之前,先要确定调研的目的、范围和要求,即把调研的主题确定下来。例如,本次调研想要了解什么问题,目的要求是什么,调研想要解决什么问题等。如果调研目标不明确,就会无的放矢,浪费时间和财力。调研目标要明确具体,一次调研的问题不宜过多,要突出重点,紧紧围绕营销决策的需要和消费者最关心的问题确定调研目的。

2. 制定调研计划

调查目标确定之后就要制定实现调查目标的行动计划和方案。调研小组应根据调研的总体目标进行目标分解,做好系统设计,制定调研方案,确立调研方法与形式,并制定工作计划与阶段目标。具体而言,制定调研计划包括以下内容。

1)确定调查对象

要明确本次调研的范围,包括调查对象是哪一地区的顾客,是什么样的顾客,以及需要调查的样本数量。

2)拟定调研提纲

拟定调研提纲主要就是确定实际调研基本问题的过程。简单地说,就是根据厂商发展情况和存在的营销问题去确定调研范围,包括调研的问题和需要收集的资料等。调研提纲设有固定的内容,可简可繁,但问题要具体。有时候,只要求查明当地消费者对某种产品的特殊要求,有时候要了解厂商新产品、新技术、新服务项目在顾客中受欢迎的程度及改进意见,有时要了解厂商商标牌号在消费者中的知名度,有时也要了解同行竞争者产品的性能、特点及推销策略等。

调研提纲和调研问题(调查题目)设计质量的好坏,既反映了调研小组的能力水平,也直接关系到调研结果的质量和调研目标的实现。为此,调研者在拟定调研题目和编制调查表格时应做到以下要求:①尽量减轻被调查者的负担。凡是那些与调查目的关系不大或者可隐含得到答案的问题均可略去,那些需要被调查者反复回忆、计算或艰辛查找资料才能回答的问题也应避免。否则,被调查者可能不会配合调查工作,甚至对调研工作置之不理。②问题要具体,用语要准确,让被调查者选择的主要答案应尽量完备。③调查目的不应具有诱导性,不应让被调查者受调查工作人员态度倾向的影响。④问题必须是被调查者有能力回答和愿意回答的问题。⑤问题应简单明了,并注意按问题的逻辑关系顺序罗列,同一方面的多个问题应连续列出,符合人们的一般思维过程。⑥问题要与被调查者身份与知识水平相适应。如对专家可使用专业术语,而对一般群众则应使用通俗语言。⑦交代必要的填写说明及其他事项。如调查活动的背景、目的等,以让被调查者理解和支持调查活动。否则,调查活动就难以得到被调查者的积极配合,调查效果也就较差。

3) 确定调研方法

实际调研方法是多种多样的,每种方法都有一定的优点、缺点和使用的条件。调研者应根据资料的性质、精确度及经费预算情况来确定调研方法。如果采用抽样调查法,还要搞好抽样设计。

4) 确定经费预算

调研经费预算应包括调研劳务费、文印与资料费、交通费、差旅与补助费、杂项支出等。

5) 制定调研工作日程表

日程安排要根据调研过程中所要做的各项工作和每项工作所需要的时间来确定。为了控制调研进度,可在日程安排的基础上列出调研进度表。

3. 实地调研

这是营销调研的正式实施步骤。指调研人员到指定的目标市场和具体地点,寻找具体的调研对象,有目的地收集一手资料(Original Data)。现场调研的及时性和准确性取决于调研人员的素质;实施调研工作的好坏,直接影响到调研结果的准确性。为了保证调研工作按计划顺利进行,应事先对有关工作人员进行培训,而且要充分估计出调研过程中可能出现的问题,并建立报告制度。课题组应对调研进展情况了如指掌,做好控制工作,并对调研中出现的问题及时采取解决和补救措施,以免拖延调研进度。以上方面对于采取派调研人员外出调研方式更为重要。在这一步骤内,调研者还必须确立收集调研信息的途径,因为有些问题可以采用二手资料。当需要进行调研获取一手资料的时候,应具体确定被调研对象或专家名单。工作中要特别强调按调研规则办事,采取实事求是的态度,忌带主观偏见。注意尊重调研对象,获取被调查者的真诚合作。

4. 整理分析资料

当调研资料收集工作完成以后,调研人员就要对资料进行整理,并进一步加以分析,以掌握市场发展动态,探索解决问题的办法。资料的整理与分析,主要包括以下工作内容。

1) 资料校核

现场实地调研所获取的大量资料,不一定都真实可靠。所以,当取得大量的一手资料之后，首先要对每份资料进行审核，消除资料中的错误或含糊不清的地方，以达到资料的准确性和完整性。在审核时，如发现资料不清楚、不完整、不协调之处，就应该采取各种措施予以澄清、补充和纠正。

2）资料编码

经过审核，调研资料合乎要求后，应分类编码汇总，按不同的标志分门别类进行资料编码。编码的目的在于方便查阅、统计和利用。

3）数据统计

统计就是累计计算某一问题选择各个答案的人数，计算相应的百分比，即答案的分布情况。

4）资料分析

资料分析是整个市场调研工作中资料工作的最后阶段。资料分析要求市场调研人员使用经过调研获得的全部情况和数据，去验证有关各种因素的相互关系和变化趋势。换句话说，就是要将全部各项分散的资料适当地组合为足以揭示包含某种意义的"模式"，以便明确和具体地说明调研结果。

资料分析的方法一般有三种：①因果性分析，即分析造成这种结果的原因是什么，有哪些直接或间接的影响因素及其影响程度；②预测性分析，即分析研究市场的发展趋势如何；③描述性分析，即通过调研资料的研究分析，找出存在的问题，寻找问题的结论。

5. 编写调研报告

市场调研的最后一道工作程序是编写调研报告，这是市场调研的最终成果，调研报告一般包括以下内容：①题目、调研人、调研日期；②目录。最好有内容提要；③序言。说明调查研究的原因、背景、目的、任务和意义；④调查概况。说明调研地点、对象、范围、过程、采取的调研方法和调研程序；⑤调研结论与建议。这是研究报告的主要部分。根据调研的一手资料、数据，运用科学的方法对调研事项的状况、特点、原因、相互关系等进行分析和论证，提出主要理论观点，做出结论，提出建设性意见；⑥调研的不足、局限性以及今后工作的改进意见；⑦有关资料、材料的附件。

四、营销调研的方法

市场调查的方法是多种多样的，调研者应根据实际需要，审慎的选择适宜的调研方法。下面介绍几种常见的调研方法。

1. 文献调查法

收集、查询和研究已发表的历年统计资料、档案资料、样本资料等二手资料，加以整理、分析、研究，从中获取有关信息。这些资料的获取可以依靠日常的收集，也可以通过购买、交换、查问、索取等方法获取。资料的收集应注意广泛性和连续性。所谓广泛性是指凡与厂商市场调研主题有关的资料都要收集，这有利于全面分析研究问题。所谓连续性，是指对于有关的资料要不间断的收集，这有利于动态地研究所调研的问题。

获取文献资料后，要进行分类和编码，这是科学调研的基础。分类可按下列方式展开：

（1）政策法律：包括国家立法部门、司法部门和行政部门颁发的与调研有关的公共政策、法律、法令、规定、条例等。

（2）经济形势：与调研有关的各种经济资料。包括政府公布的统计资料、经济年鉴和手册等。

(3)竞争者信息：竞争对手的产品、服务、经营等情况。

(4)公开刊物：包括报纸、杂志、图书刊载的新闻报道、市场信息、调查报告、经济论述等资料。

(5)企业内部资料：包括历年的统计资料，各种记录、报表，财务决算报告，生产销售资料，用户来函等。

2. 面谈法

面谈法就是派调研人员上门访问被调查人员，面对面地提出问题，征求意见，获取所需信息资料。面谈又分为个别访问和座谈两种。召开座谈会每次与会人数不宜过多，根据会议主持者的能力来确定，一般5~9人为宜。为使会议收到预期效果，必要时可将调查提纲发给与会者。采用面谈法，要求议题明确、集中，尽量让与会人员谈出有价值的意见和建议。这种方法的优点是：一是调研者可以介绍说明调查的目的、意义和要求，可以把被调查者提出的问题当面解释清楚，不致发生误解，气氛也较融洽。二是反馈迅速，意见回收率高。三是灵活性强，可以对被调查者提出的问题进行讨论。其缺点是耗时长，费用高，而且调研者的观点容易影响被调查者。

3. 电话调查

电话调查就是调查人员根据抽样要求，用电话向被调查者进行询问，这种方法在试探性调查阶段应用较多。其优点是速度快，意见回收率高，费用较低。但电话调查不能深入讨论问题，调查受到一定程度的限制，同时也无法看样品、图片或有关说明。

4. 函件通讯调研

又称信访，就是将设计好的调查问卷邮寄给被调查者，请他们填好后寄回。此法的优点是费用低，被调查者有充分的时间思考和回答问卷，并能与周围的人进行讨论和交换意见。但缺点是回收率低，费时较长，回答问题往往肤浅，或者由于提问不够明确，被调查者可能误解被调查的问题，导致错误的结果。使用此法，应注意所提问题必须简单明了，不宜过多。

5. 实验法

所谓实验法，就是通过各种实验手段来收集资料。当厂商要推出一种新产品或者新的推销策略时，要根据调查的项目选择一定的对象和一定的规模，在适当的地点，开展小范围实验，观察消费者的反应，并对实验结果进行全面分析、研究，以判断有无大规模开展市场实验的价值，以及如何改进才最有效。

1)实验调查法的应用范围

这种方法应用范围广泛，凡是新产品或某种产品改变品种、改变包装、改变外观造型、改变设计、改变广告、改变陈列、改变价格，以及改变分销渠道时，都可通过实验方法，观察对销售量产生的影响。

2)实验法调查的方法

(1)实验室观察法

这在研究广告效果和选择媒介广告时常常被采用。例如，厂商为了选择一种最能吸引大众的广告，可设计几种广告，请一些人来评判，看哪种广告设计对他们最有吸引力，以便为广告设计提供有用的信息。

(2)销售区域实验法

此法可分为：①试销。把少量产品先拿到几个有代表性的市场区试销、展销、看样定货。

试销是商品大量上市之前的一个准备阶段,是新产品趋向成长的过渡过程。这种方法要求厂商先生产一小批商品,有计划地投放到几个预订市场,摸清销路,听取顾客意见,经过改进,然后再扩大生产。②免费试用。厂商先拿出一部分商品让消费者先试用一段时间,到期收回,由试用者提出产品改进意见。这就为厂商进一步改进产品和预测销售提供了有价值的资料。

(3) 模拟实验法

这种实验是建立一定的模型,在计算机上进行模拟。模拟实验必须建立在对市场情况充分了解的基础上,也就是说,它所建立的假设和模型,必须以市场的客观实际为前提,否则就失去了模拟的意义。模拟实验的好处是,它可以较好地进行各种方案的对比,这是其他实验观察法难以做到的。

总之,通过实验调查法,收集到的原始资料比较客观、准确,但缺点是调查的时间比较长,成本比较高。

6. 典型调查法

这种方法就是在全面分析调查对象的基础上,根据调查目标,选择具有代表性的单位进行调查,即所谓"解剖麻雀",依据调查结果推断调研对象总体的情况,从中找出规律。

7. 观察法

观察法就是调研人员亲自到现场直接进行观察,来判断顾客在各种情况下的购买心理、购买行为、购买态度和购买感受。观察法可分为以下三种:

1) 直接观察法

就是调研人员亲自参与某种活动,直接观察市场动向和顾客态度。如汽车厂商派调查人员到4S店,直接观察顾客最喜欢哪几种车型,或派调查人员到销售现场观察顾客最喜欢什么样的装备配置和造型设计等。

2) 行为记录法

就是利用机器如录音机、录像机、照相机及其他一些监听监视设备搜集所需要的资料,如美国的尼尔森公司,在全国各地1250个家庭的电视机里装了电子监听器,每90s扫描一次,每一个家庭的电视机,只要收看3min以上的节目,就会被记录下来。

3) 痕迹观察法

就是观察被调查对象留下的实际痕迹。例如,经销商都经营汽车修理业务,考察各个品牌经销商的维修业务,就可以知道各品牌汽车的产品质量等。观察法的关键是做好实际情况的记录,根据不同的调研课题,可分别采用卡片记录、代码记录、速记记录和机械记录等方法记录调查结果,取得调查资料。观察法的优点是收集资料比较迅速客观,但不能讨论,无法了解到原因、动机方面的资料。

8. 问卷法

问卷法又称问卷调查法。是调查人员将要调查的内容和问题编成统一的问卷,从调研对象总体中抽取一定数量的样本进行抽样调查,从而推算出总体情况的一种调查方法。

1) 问卷设计

问卷设计,首先要把握调研的具体目的,然后围绕调研目的拟定一些问题。问卷设计是否恰当,直接关系到调研结果的质量,所以问卷设计一定要做到科学合理。问卷一般分两类:

(1) 开放式问卷。即问卷上没有拟定现成的答案,只罗列问题,请被调查者自主发表意见。这样可以收集到调查者事先估计不到的答案和资料。但这类问卷资料整理分析起来比较困难,因为被调查者的答案各不相同,用词各异。

(2)选择式问卷。对调查的问题均附有现成的答案供被调查者选择。它又分为是非法、选择法、等级排列法、计分法等四种方法。

①是非法。要求调查对象对问卷中问题的"是"与"非"进行判断回答。例如:

您是否喜欢 SUV 这种车型？　　是□;否□。

②选择法。要求被调查者从提供的几种答案中选择选择答案并填在括号内。例如:

您认为下列汽车品牌质量最好的是哪种？(　　)

　　A. 奔驰　　　B. 宝马　　　C. 奥迪　　　D. 雷克萨斯　　　E. 凯迪拉克

③等级排列法(又称序列法)。要求调查对象对多种可供选择的方案,按其重要程度的顺序进行排列。例如:

您最喜欢哪种品牌的汽车,请对下列品牌注明顺序号:

　　A. 奔驰　　　B. 宝马　　　C. 奥迪　　　D. 雷克萨斯　　　E. 凯迪拉克

④计分法。要求调查对象对问卷中的问题进行 5 段或 7 段计分的方式进行回答。例如:

请您按服务质量的优劣对下列汽车经销商场打分,最好的打 5 分,最不好的打 1 分:

　　经销商 A ＿＿＿;经销商 B ＿＿＿;经销商 C ＿＿＿;经销商 D ＿＿＿。

2)抽样设计

问卷调查往往只对调研对象总体中的一部分进行抽样(Sampling),而不需要对总体(population)进行普查。如何抽样,即抽样设计是否科学合理,直接关系到调查的准确性。在实际工作中,按抽样是否严格遵守随机原则可分为随机抽样调查和非随机抽样调查。

(1)随机抽样调查

指按随机原则抽取样本。也就是说在总体中随机抽取一定数目的个体进行调查,用所得样本数推断出总体情况的专门调查。其具体抽样又分为:

①简单随机抽样,也叫纯随机抽样。是从被调查的市场总体中,随机抽取若干个体作为样本而不作任何有目的的选择,以此推测总体的调查方法。通常有 3 种做法:

- 抽签法——就是将总体中每一个个体分别编号,然后随机抽取样本。抽签办法很多,既可以使用抓阄方式抽取样本,也可以使用机器摇号方式抽取样本。
- 乱数表法——也称随机号码表法,它是将 0—9 的数字随意排列,调查者任意指点表上一个数字,然后从这个数字开始,从左至右或从上至下,按行或隔行抽取数字即可得到调查样本。
- 等距随机抽样——又称系统抽样或机械抽样。先按一定指标将总体进行顺序排列,然后每隔相等距离抽取一个样本,直到样本满足需要为止。

②分层随机抽样,又叫分类或分组随机抽样。就是先将总体按照属性或特征分成若干层次或类型,然后在多个层次或类型中按照一定比例随机抽取相应的样本。实际应用中,如何分层应根据调查的目的和要求而定,分层可按职业、性别、年龄、受教育程度等标准进行。这种方法的样本代表性较强,在社会购买力调查、家庭居民收入调查、商品销售量调查中,被广泛应用。

③分群随机抽样,又叫群体随机抽样。即将总体分成若干个子群,再从子群中随机抽取样本,抽取的样本单位不是一个而是一个子群。分群随机抽样所划的子群,其特性应大致相近,

每个子群应包含特性不同的个体。分群抽样的主要优点是抽样组织工作比较容易,可以节省人力、物力和费用。在市场调查中,按地区分群抽样比较普遍。分层随机抽样与分群随机抽样所划分的层或子群是不同的,分层随机抽样中在层与层之间,样本的特性是不同的,而同一层内的个体特性基本相似。而分群随机抽样是子群之间的特征基本相似,子群内个体之间的特性不同。

(2)非随机抽样调查

它不是根据概率原理进行的,而是根据调查者的主观意愿,有意识地在总体中选择一些单位作为样本进行调查的方法。非随机抽样常用的方法有:

①判断抽样。调查者根据对总体的熟悉了解程度凭自己的经验判断抽取样本。此法要求调查者对总体的特征有充分的了解。选择样本时,如果发生判断偏差,则极易产生抽样误差。一般而言,判断抽样通常只适用于总体的构成单位极不相同,而样本数量很小的情况。

②定额抽样,又叫配额抽样。是先将总体按一定的属性和特性分层,并规定各层的样本配额,然后由调查人员按照每一层的配额,用判断抽样的原则取样。所以它实质上是分层判断抽样。

③任意抽样,又叫偶遇抽样。就是调查人员根据方便,任意抽取样本进行调查的方法。例如在街上访问行人、柜台访问顾客,征询对某种商品或市场供应方面的意见和要求等。此法调研误差较大,常用于探索性调研或预备性调研。其优点是方便灵活,成本低廉。

④计划抽样。是按照一定的标准或计划,从总体中按标准选取若干样本进行调查的方法。所谓一定的标准,一般是选取中等特征的样本作为抽样样本。例如,在调查价格时,常选取中等价格的商品作为样本。在调查居民耐用消费品的消费能力时,常选取中等收入家庭为样本。

各种抽样调查的方法既可以单独使用,也可以综合使用。此外,在确定抽样方法的同时还要确定抽样样本的规模(样本的个体数量),这要根据人力、物力、财力和所需的时间而定。

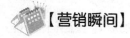

【营销瞬间】

汽车后市场调研项目案例

所谓汽车后市场是指汽车销售以后,围绕汽车使用过程中的各种服务,它涵盖了消费者买车后所需要的一切服务。也就是说,汽车从售出到报废的过程中,围绕汽车售后使用环节中各种后继需要和服务而产生的一系列交易活动的总称。

汽车经销商满意度调研案例:

项目目标:检查汽车品牌售后服务承诺的执行情况,及时发现服务商存在的共性问题,提升汽车的品牌形象。

样本量:主要集中在北京地区。

调研内容:售前服务调研:形象调研,包括硬件设施(外部装修与标志;内部设施及环境、宣传资料、车展状况等);服务人员专业性调研,包括销售人员服务态度、专业性;履行服务承诺调研,包括定价是否明确规范、促销活动、初始车况等;其他配套服务履行情况调研,提供试驾、提车方便、提供一条龙服务等。

售后服务调研:服务商形象,服务站服务指示信息,服务质量包括人员态度、专业性、维修费用(店内标价、实际报价);维修时间,维修质量等。

救援服务调研:人员着装、承诺时间与实际到达时间、服务态度及解决问题能力。热线服务调研:热线服务提供时间、接通率、接听礼仪、解决问题的能力等。

访问方法:神秘顾客访问、店面检查、售后服务体验、救援服务体验采用实地实景神秘顾客访问;服务热线质量监测采用电话神秘顾客访问。

执行时间:2个月。

项目难点:调研内容涉及售前、售后维修服务、救援服务以及热线电话等多个方面,无法采用单一的调研方式,而且调研涉及的内容很多,很容易被服务商察觉,使得调研失真或无法完成。

解决方案要点:针对项目特点及难点,采取了以下方式来保证项目的质量。在项目中采用了两种神秘顾客调研方式,实地实景神秘顾客访问和电话神秘顾客访问,保证了调研的真实性及全面性。在项目实际执行时,一家服务商用两组神秘顾客进行调研:第一组做服务站外出救援调查;第二组做店内修车、店内调查和服务站电话礼仪调查。同时启用两组神秘顾客进行调查的目的是在服务站全无察觉的情况下进行调查,使得调查结果客观、真实、可靠。

资料来源:3see 市场研究论坛 http://bbs.3see.com/viewthread.php?tid=38985

第二节 汽车市场营销预测

汽车市场运营规律比较复杂,市场需求经常出现波动,经常向汽车生产、流通厂商反馈一些虚假信息,为汽车营销工作带来了很多困难。因而,在加强研究汽车市场运行规律的基础上,做好预测工作对于提高市场营销水平具有重要的现实意义。

【营销瞬间】

宝马 CEO 对电动汽车前景看好 需求旺盛

[环球动向]据海外媒体报道,宝马 CEO 诺贝特·赖特霍费尔(Norbert Reithofer)呼吁德国汽车业界抛除对电动汽车未来的担忧,要坚持对电动汽车技术的研发信心。

"德国的工程技术和创新能力一直得到全世界的敬重,但是对德国的焦虑也随之而来。"赖特霍费尔坦言到:"我们并不排斥这些危言耸听的讨论,因为我们德国人不仅看重机会,更看重问题。在电动汽车领域也一样。"

尽管电动车的需求始终比汽车厂家预计的要低,宝马还是对自己的 i3 城市小车充满了信心。由于宝马矢志追求超越奥迪和奔驰,宝马 i3 对公司的品牌形象则显得至关重要。宝马 i3 的广告活动已经铺开,公司投入了大量网络和平面广告以及一些视频广告。

德国经济专科学校汽车工业教授 Stefan Bratzel 预计:到 2020 年,电动车将在全球汽车市场中的份额占到 2%~3% 之间,而混合动力型汽车将会占到 12% 左右。

宝马声称,中国市场和美国市场需求旺盛,随着今年 11 款新车型的引入,包括宝马 i3 电动车跟宝马 3 系 GT 轿跑车,宝马由于欧洲金融危机所造成的亏损将会由此被填补。加上宝马 1 系 SUV 和宝马 3 系旅行版在市场上的良好表现,宝马已经在第一季度的销售中名列前茅。

资料来源:凤凰汽车,2013-05-17 09:36:25,http://auto.msn.com.cn

一、市场营销预测的概念与理论

所谓市场预测（Market Forecasting），就是在市场调研基础上，利用科学方法和手段，对未来一定时期内的市场需求、需求趋势和营销影响因素的变化作出判断，为营销决策服务。科学的营销决策，不仅要以营销调研为基础，而且要以市场预测为依据。

市场预测大致包括市场需求预测、市场供给预测、产品价格预测、竞争形势预测等。对厂商而言，最主要的是新市场需求预测。

从我国目前对汽车市场预测的现状看，尚存在这样一些问题：①预测缺乏系统性和经常性。同时，预测花费的时间长，费用高。②统计工作薄弱，数据十分缺乏，直接阻碍了预测工作的有效开展。③汽车市场本身尚处于成长阶段，受宏观环境的影响比较明显，为营销预测增加了很多困难，使得市场预测的准确性难以提高。此外，由于预测研究的基础薄弱，加之人们对预测的准确性常常进行片面理解，导致预测工作面临较大的压力。

迄今为止，预测理论产生了很多的预测方法，有人统计有几百种，但人们常用的方法并不多。归纳起来，预测方法大体可分为两大类：一是定性预测（Qualitative Forecast）方法，另一类是定量预测（Quantitative Forecast）方法。人们在实际预测活动中，往往综合运用两种方法，即定量预测必须接受定性分析的指导，定性预测需要定量预测给出发展程度的描述。只有如此，才能更好地把握汽车市场的变化趋势。

无论是定性预测，还是定量预测，事物之所以能够进行预测，是因为预测存在自己的理论基础。预测的理论依据主要包括惯性原则（Inertia Principle）、相似原则（Analogy Principle）和相关原则（Relevancy Principle）。

惯性原则认为事物的发展总是具有一定的惯性，特别是在短期内事物发展的趋势不会出现突变情况。人们便依据这一思想，创造或发明了很多预测方法（如时间序列预测方法），根据业已发生的事实或现象，去预测事物的未来发展。应该承认，在短期预测中，应用惯性原则进行预测是有一定科学性和合理性的。

相似原则认为特征相似的系统也具有发展过程和发展规律的相似性，在研究系统的特征变化或发展趋势时是可以互相借鉴的。现实生活中，"相似的系统"有两种情形：①系统在发展时间上不同，但发展特征相似。人们利用这一原理，总结了一些预测方法，即利用特征相似的不同系统在发展时间上的先后差别，以先发展系统的表现过程去预测后发展系统。例如，通过对发达国家家用轿车普及过程的研究，来预测我国家用轿车走向家庭的过程。②局部系统与总体系统相似。基于此，人们总结出由局部类推总体的预测方法如抽样调查与统计方法。由于研究局部系统通常比研究总体系统更为容易，因此可以通过抽样，研究某些局部或小规模系统，去预测总体或大规模系统。例如，通过对一省一市汽车更新需求的调研，来预测全国汽车更新需求的情况。应用相似原则进行预测研究时，要注意系统之间的相似性，系统的特征越是相似，预测就越能够成功。否则，如果相似性不够，预测效果就会较差。

相关原则认为有些事物之间客观上存在着因果关系或关联关系，通过研究这种相关关系及其规律，就可以通过研究相对较容易（包括获得数据容易）的问题（自变量），去预测另一些问题（因变量）。人们基于这一原理，提出了很多预测模型，尤其是定量预测模型，如回归因果联系，一个事物的变化必然引起另一个事物按照一定的规律变化；所谓的关联关系，是指事物之间存在一定的联系，而不是因果关系，因为消费者收入高不是消费者购买私家车的原因，高收入消费者不是必然会购买私家车；反过来，消费者购买私家车也不是消费者收入高的原因。

因此,这不是因果关系。但是,这确实有着较强的联系,具有明显的相关性。应用相关原则进行预测时,应注意事物之间必须存在较强的相关性,这是成功预测的关键。

除以上预测理论外,还有一些理论,如概率原则(Probability Principle)。它认为事物的发生、发展,遵从一定的概率,我们可以通过研究事物过去的发生概率,预测它未来发生的可能性或必然性。

二、定性预测方法

定性预测主要依靠营销调研,采用少量数据和直观材料,预测人员再利用自己的知识和经验,从而对预测对象的未来状况作出判断。这类方法有时也用来推算预测对象在未来的数量表现,但主要用来对预测对象未来的性质、发展趋势和发展拐点进行预测和判断,适合于缺乏数据的预测场合,如技术发展预测,处于萌芽阶段的产业发展预测,中长期预测等。定性预测的方法易学易用,便于普及推广,但它有赖于预测人员本身的经验、知识和技能素质。运用定性预测方法,不同经验、知识和技能素质的预测人员,所得出的预测结论往往差别很大,预测的价值也不尽相同。

定性预测的方法具有很多种,其中最常用的是德尔菲法(Delphi Technique)。该种方法是在20世纪40年代末期,由美国兰德公司首创并使用的。至今,这种方法已经成为国内外广为应用的预测方法,它可以用于技术预测和经济预测,短期预测和长期预测,尤其是对于缺乏统计数据的领域,需要对很多相关因素的影响作出判断的领域,以及事物的发展在很大程度上受政策影响的领域,都是非常合适的。

该种方法的预测过程与营销调研的过程基本一致。首先由预测主持人将需要预测的问题逐一拟出,然后分寄给各个专家,请他们对预测问题一一填写自己的预测看法,然后将答案回寄给预测研究者。预测研究者进行分类汇总后,将一些专家意见相差较大的问题再抽出来,并附上几种典型的专家意见进行第二轮预测。如此循环往复,经过几轮预测后,专家的意见便趋向一致或集中于几种看法上,预测研究者便以此作为预测结果。由于这种方法使参与预测的专家能够背靠背的充分发表自己的意见,不受权威人士态度的影响,这就保证了预测过程的民主性和科学性。

定性预测方法还有社会(用户)调研法(即面向社会公众或用户展开调研)、综合业务人员意见法(综合销售或其他业务人员意见)、小组讨论法(回忆座谈形式)、单独预测集中法(由预测专家独立提出预测看法,再由预测人员予以综合)、领先指标法(利用与预测对象关系密切的某个指标变化对预测对象进行预测)、主观概率法(预测人员对预测对象未来变化的各种情况作出主观概率估计)等。

总之,随着社会经济及科学技术的发展,预测方法也在不断地发展和完善,汽车营销预测人员应不断加强理论学习,并通过预测实践总结出一些实用方法。

三、定量预测方法

定量预测方法是依据必要的统计资料。借用数学方法特别是数理统计方法,通过建立数学模型,对预测对象在未来数量上的发展表现进行预测等方法的总称。汽车市场定量预测常用的方法有以下四种。

1. 时间序列法预测法

时间序列(Series Based on Time)预测模型有多种,这里只选择指数平滑法和"成长曲线"

两种模型。

1）指数平滑法

指数平滑法（Exponential Smoothing）的理论依据是惯性原理，认为最新的观察值（预测变量的历史统计值）包含了更多的未来信息，因而应赋予较大的权重，越远离现在的历史观察值应赋予越小的权重。通过这种加权的方式，平滑掉观察值序列中的随机信息，找出预测变量发展的主要趋势。

（1）水平趋势预测模型（原始观察值大体呈水平趋势）。

（2）线性趋势预测模型（原始观察值大体呈线性增长趋势）。

（3）二次曲线预测模型（原始观察值大体呈加速增长趋势）。

2）"成长曲线"预测模型

"成长曲线"模型认为，绝大多数产品都要经历出现、发展、成熟和衰亡的过程，呈现出"S"曲线的发展特点，如图6-1所示。

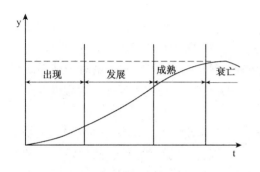

图6-1 "S曲线"图

2. 一元线性回归预测模型

回归预测模型是基于相关原理的统计模型，是最常用的预测模型之一。很多情况下，选用（准）一元线性回归（Linear Regression）预测模型便可以进行研究预测。其主要步骤为：①回归预测模型的建立与检验；②预测结果的点估计与区间估计。

3. 市场细分集成法

这种方法的基本原理是对某种商品的使用对象按其特征进行细化分类，确定出若干细分市场—子市场，然后对各子目标分别采用适当的方法进行测算，最后汇总集成。

以我国轿车市场预测为例，我们可以按照轿车的需求域，将这个市场划分为各个细分市场，然后分别对各个细分市场的需求采取不同的方法进行预测，再将各细分市场的预测结果加总，就可以得到轿车整体市场的需求。

4. 类比预测模型法

该方法是以某个国家或地区为类比对象，研究预测目标与某个指标之间的数量关系，然后根据本国或本地区该指标的发展变化，测算预测目标值，从而达到预测目的。例如，某汽车公司与研究机构曾经以部分国家为类比对象，通过人均国民收入和人口数量两个指标与轿车保有量之间的关系，预测我国未来的轿车保有量。

以上讨论的都是常用的定量预测方法，模型与计算过程相对并不复杂。现实生活中，尚有许多人探讨过其他复杂的定量预测方法。实践证明，通过复杂数学模型得到的预测值，不一定比简单方法更准确。营销人员也可以根据自己的知识和经验灵活选用各种方法。

四、组合预测与组合处理

采用定量预测方法时，对同一预测对象的预测，人们既可以采用多种预测模型，也可以对同一模型采用不同的自变量（如增加值、投资额或财政支出等）。像这样对同一预测采用多种预测途径进行预测的方法，叫做组合预测方法（Combination Forecasting）。它是现代预测科学理论的重要组成部分,其思想就是认为任何一种预测方法都只能部分地反映预测对象未来的发展变化规律,只有采用多种途径进行预测,才能更全面地反映事物发展的未来变化。实践证明,组合预测方法比采用单一预测方法,对于改善预测结果的可信度具有显著效果。因此,现代预测实践大多都采用组合预测方法。但采用组合预测方法,随之而来的问题是如何处理组合预测带来的多个预测结果。对多个预测结果,到底该选用哪个作为预测的最终结论呢?组合预测在理论上针对这一实际问题提出了一些解决方法,这个过程就是组合处理。

所谓的组合处理就是通过一定的方法,对多个预测结果进行综合,使最终预测结论收敛于一个更有价值的区间内,即得到一个较狭窄的预测值取值范围,并将其作为最终的预测结论。组合预测具体方法主要有两种。

(1)权重合成法。该方法即是对各种预测结果(称为中间预测结果)分别赋予一定的权重,最终预测结果即为各中间预测结果与相应权重系数乘积的累计。

(2)区域合成法。此法取各个预测模型预测值的置信区间之交集为最终结果。

总之,组合处理可以去除一部分随机因素对预测结果的影响。实践表明,它对改善预测结果具有良好效果。

五、汽车市场预测实践应注意的几个问题

预测人员在实际进行预测活动时,应注意以下问题:

(1)政策变量。汽车市场受国家经济政策和非经济政策的影响很大。在进行汽车市场预测时,政策变量常常影响到模型曲线的拐点和走势,影响到曲线的突变点。即使在根据历史观察值建立的模型中考虑了政策突变的影响,并不意味着也包括了未来政策突变对预测结果的影响。富有挑战性的是,这种影响对预测结果的可信度往往具有决定性的影响。

政策变量虽然不是很好把握,但并不是不可预测的。政策的制定总有其目的性,它往往是针对某些经济或社会问题制定的,最终目的总是要促进经济和社会的稳定发展。从这个意义上讲,政策是可以预知的,只要预测人员加强经济运行和政策的检测和研究,便可以通过对未来经济运行的预知达到政策预知的目的。尽管由于存在较多不确定因素,对政策的预测要比经济预测困难得多,厂商可以通过建立预警系统,加强对营销环境的监测,大体上去把握政策变化。

(2)预测结果的可信度。前述各种模型中,只有回归模型提供了可信度结论,而其他模型都没有给出结果的可信度。当对预测结果作组合处理后,最终预测值没有也不可能给出可信度。这个困难尚有待预测科学本身的发展,但在实践中却不可能裹足不前。

(3)预测的方案。实际预测活动中应尽量给出多个预测方案,通常应给出乐观、一般和不容乐观等几种预测结果,以增加预测为决策服务的适应性,避免单一方案给决策造成刚性。

(4)模型的拟合度与预测精度。模型拟合度是指预测模型对历史观察值的模拟程度。一般地讲,对既定的历史数据总可以找到拟合程度很高的模型。但预测人员也不应过分相信拟合度越好,预测结果就越准确的神话。预测精度是指预测的准确程度,模型拟合度好,不一定预测精度就高,当然模型的拟合度太差肯定是不妥当的。

(5)预测的期限。按预测时间的长短,预测可分为长期预测和中短期预测。一般地说,对中短期预测较好的模型,不一定对长期预测也较好。反之亦然。对这两类预测从精度上讲,对

中短期预测的精度要求应高于长期预测。

(6) 预测模型。现在有将预测模型复杂化、多因素化的趋势，虽然这种发展趋势一般有利于提高预测的精度(因为这包括了更多因素的影响)，但有时复杂模型不一定比简单模型的预测精度好，而且因素过多，对这些因素的未来走势也不易判断。

(7) 数据处理与模型调整。如果某个模型的预测误差较大，人们通常采取对原始数据进行平滑处理和修改模型的方法去解决。这种对原始数据进行平滑处理的方法实际上是在回避矛盾。数据异常总有其原因，预测人员应首先对此加以研究，以便在预测活动中考虑这些原因的影响。

(8) 实际与想象。很多预测人员在预测活动开始时，就对预测对象的未来发展做了想象，并以此想象来不断地修正预测结果。其实这是一种本末倒置的做法，尤其是中间预测值的取舍以及组合处理时，应力求避免这种易犯的错误。

六、预测实践的未来发展

前述的定性与定量的预测方法，并不是相互排斥的，而是相辅相成的。一般地说，定性预测有利于把握事物发展的质，定量预测有利于把握事物发展的量。预测实践应综合运用两类预测方法，定量预测必须接受定性分析的指导，这是由于：①现实是复杂的，任何模型都无法完全描述现实情况。②预测涉及到许多不稳定的影响因素，了解和掌握这些因素的不稳定信息，预测人员的经验，甚至直观感觉都是十分重要的。否则单纯的采用由历史数据识别的模型进行外推预测，可能会导致数学模型的滥用。③定量预测模型本身也经常用到经验和定性知识，如虚拟变量的引用、权重分配及观察点数目的选择等。

总之，对于变化规律不稳定的经济指标的预测，在模型的识别、建立、运行、修正、结果的判断与调整过程中，定性分析和专家的经验都起着十分重要的作用。

从预测目前的发展动态来看，在美国主要发展了基于知识信息的决策支持系统(Decision Support System, DSS)，他们一般都包含了预测功能。在我国，一些学者主张发展我国的DSS，提倡直接引用一些经验知识研究系统问题，预测研究正在向预测专家系统、干预模型、预警指标分析等高层次的定量与定性的综合预测发展。

由此可见，预测必须能够随着事件的发展，根据专家的理论和经验，不断吸收新的数据，补充新的情况，修正运用数学模型，建立除了包含传统程序和数据系统外，还必须包括面向知识和经验的知识库系统，组成以人工智能为基础的，采用现代科技新成果等各方面知识的专家系统，由预测人员灵活地运用专家系统进行辅助预测，将是今后进行预测的主要途径。

【复习思考题】

1. 简述营销调研对企业营销实践的作用。
2. 制定汽车营销调研的步骤有哪些？
3. 请列举说明汽车营销调研的方法，并阐述各自的适用范围。
4. 简述定性预测的方法及其优缺点。
5. 时间序列预测法和一元线性回归预测法分别有哪些具体模型？
6. 请阐述汽车市场预测实践中应注意的几个问题。

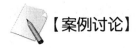

【案例讨论】

我国汽车市场发展现状与趋势

本文主要从描述中国汽车的发展阶段,分析、研究我国汽车发展阶段的标志和特点,并着重分析和研究了我国未来10年汽车的现状和发展趋势,提出了汽车市场发展的对策及建议。第一部分主要从我国汽车的发展过程,分析了汽车不同的发展阶段,以及标志和特征。第二部分从我国汽车所处的现状出发,重点分析了我国汽车行业的主要生产企业2010年的产销态势。第三部分主要从国民经济发展趋势、城市居民收入、国家汽车消费政策、世界贸易组织(WTO)的影响等因素出发,预测了未来我国汽车市场需求状况,并从车型、需求量、价格、消费主体等方面作了分析。第四部分主要研究、分析了未来我国汽车市场的发展趋势。主要从市场增长点方面进行了深入分析。

- 我国汽车所处的现状

2010年,我国汽车产销双双超过1800万辆,分别达到1826.47万辆和1806.19万辆,同比分别增长32.44%和32.37%,创全球历史新高,蝉联全球第一。12月份,汽车产销分别为186.48万辆和166.67万辆,环比分别增长6.27%和下降1.79%;同比分别增长22.30%和17.90%。

数据显示,2010年各车型全面增长,自主品牌份额有所提升,汽车出口逐步恢复,大企业集团产销规模整体提升,行业经济效益明显提高。综合起来主要有以下十大特点:

特点之一:延续上年走势产销再创新高,但增速逐月回落。

特点之二:各类车型全面增长,整体增幅达三成。

特点之三:基本型乘用车(轿车)继续保持较快增长。

特点之四:SUV和MPV增势迅猛,交叉型乘用车需求由热趋稳。

特点之五:1.6L及以下排量乘用车受政策影响最为明显。

特点之六:乘用车自主品牌市场份额有所提升。

特点之七:客货车市场全面增长,重型货车销量首超百万。

特点之八:大企业集团产销规模整体提升。

特点之九:汽车出口逐步恢复。

特点之十:汽车行业经济效益明显提高。

2011年我国汽车工业仍将呈现较好的发展态势,一方面,我国宏观经济仍将快速发展,城乡居民生活水平稳步提高,城镇化、工业化进程加快,出口逐步恢复;另一方面,购置税优惠等多项促进政策已经退出,北京市限购政策的示范效应,用车成本将有所增加等。有利和不利的因素以及可能出现的不确定因素,将对2011年我国汽车工业的发展带来诸多影响。调整结构,鼓励和发展小排量、节能环保汽车应成为我国汽车工业发展的主基调。协会预测,汽车产销增长速度为10~15%。

- 国民经济发展趋势对汽车市场的影响

我国汽车业加入世界贸易组织(WTO)后,挑战与机遇并存。"挑战",基本涵盖了三种情况:一是部分企业倒闭;二是部分企业被购并;三是如果控股比例自由化,外资将以独资形式"买断"中国汽车业。天津汽车集团总裁林引说得好:"死,也是一种活法。"加入世界贸易组织

（WTO），汽车"准入"的开放无疑会全面加快中国汽车业的发展，这包括巨额外资进入、技术引进、最新车型进入、质量管理、规模效益，还包括低成本、低价位、高销售量、高用户满意度，更包括全面拉动内需、促进 GDP 的大幅度增长，成为全球新的经济增长点。从全球经济一体化角度看，这无异是一次新生、一次"凤凰涅槃"。

- 我国汽车市场增长点

"过去 10 年我国汽车市场的主导力量在一线或者二线市场，未来将在二线或者三线市场，一二三级城市是过去增长的主要点，四五级城市是未来增长的主要点。二三线市场将是我国汽车行业未来 5—10 年最具发展潜力的部分。"中国信息中心信息资源开发部主任徐长明在 9 月 3—5 日于天津滨海新区举行的"2010 我国汽车产业发展国际论坛"上，对于中国汽车行业未来发展作出了上述预判。

这种格局出现的根本原因与社会发展阶段和消费鼓励政策有较大关系。2009 年国家出台了汽车消费鼓励政策，一个是小排量车购置税减半，一个是 1 月 1 日开始取消养路费，还有 2008 年 12 月 19 日宣布了成品油价格大幅度降低。购买、保有和使用三个环节费用同步下降，对小城市的影响更大，导致二三线市场的发展会更快。

从中期方面来看，我国中部、东部地区以及西部的部分地区将成为主要的增长地区，自主品牌推出的低价和小型轿车将受益于这些欠发达市场。鉴于行业参与者在不同地理区域的市场覆盖率各不相同，随着增长点转移到这些地区，这将对各汽车厂商的表现产生巨大影响。"

- 总结

一位业界资深人士分析指出，作为交通工具而诞生的汽车，至今已走过 100 多年的发展历程，如今，国际汽车的开发技术越来越先进，开发速度越来越快。无论是从国际市场上看，还是从国内市场上看，消费者的多元化需求是无止境的，消费者对车的各种性能和功能的要求越来越高，不断刷新他们的审美需求，从而推动着汽车设计理念不断更新。而科技的进步与发展，则为汽车这种边缘化趋势提供了坚实的基础。例如，各种新材料的出现、信息化技术的高度发展，都为汽车设计更加人性化提供了可能。另一方面，从现实市场上的产品来看，技术的迅速扩散，导致产品越来越趋于同质化，这就迫使汽车制造企业积极寻求新的突破点，打造新的车种，开辟新的细分市场，占领新的市场制高点，尽早获取新的领先优势。一车多能、一车全能，已成为跨国公司除新能源动力之外，新产品发展战略的一个重要取向。我国汽车产业的高速发展，令世界瞩目。据统计，2010 年我国汽车年产销量仍然处于全球第一位置，当前中国机动车保有量将超过 1.99 亿，其中汽车保有量达到了 8500 万辆，汽车零部件业作为我国汽车产业中最为关键的一环，在其整车的拉动下，同样得到了飞速的发展。2011 年，恰逢国家"十二五"规划的开篇元年，汽车产业的发展依然是促进国民经济发展的重点产业之一，必将迎来一个新的飞跃。

资料来源：百度文库，作者依之萍。作者根据原文进行了改编

【案例讨论题】

1. 请结合我国实际情况归纳我国汽车发展的三个阶段，其主要消费群体分别是哪些？其购买行为有哪些特点？

2. 请从经济学原理、人们消费习惯及我国具体国情等角度出发，分析 2010 年中国汽车出现的十大特点。

3. 哪些经济因素、市场因素将有力地拉动我国的汽车市场？

第七章 汽车用户购买行为研究

【本章学习重点】
1. 影响汽车私人消费市场、集团组织市场购买行为的因素;
2. 汽车私人消费、集团购买的决策过程;
3. 汽车私人消费、集团组织市场的购买决策模式。

【开篇案例】

看国人汽车消费观念的转变

在计划经济年代,买车是我国家庭可望而不可及的美丽梦想。汽车市场向个人开放以后,汽车开始走进千家万户。国人的汽车消费习惯也随同车市发展与时俱进,大致经历三个阶段。最初是2000年以前的"成功象征"阶段,其核心消费特征是"我要有一辆自己的车"。最早私人买车的绝大部分是各界"成功人士",他们买车除了给自己出行和工作带来方便,更多的还是把它当作一种身份的象征。那时,车市可选车型不多,即使拥有一辆"桑塔纳"、"捷达"、"富康"的车主,也足以在平民百姓中出人头地。紧接着是本世纪前8年的"汽车普及阶段",核心消费特征是"我要有一辆'上档次'的车"。在这个阶段,车市大发展,汽车不再是稀罕物,于是"上档次"成为国人买车的首选。而"上档次"的具体标准就是三厢车、大空间和外观时髦。第三阶段就是2009年以来的"多元化消费时代",消费者买车更关注"我要买一辆适合自己的车",具体标准就是既实用、又实惠;既关注车型外观、内饰,更关注安全、操控和节能环保。

消费习惯由消费观念支配,消费观念又受到传统文化的影响。我国传统文化崇尚"学而优则仕",几千年来等级森严。做官处于社会最上层,官场上素有以官位定座驾(古代以级别定官轿大小,现代以级别定排量)的传统,民间自然积极仿效。为了向同事、朋友、亲戚显示自己的实力,国人早期买车第一要素是外观要气派、车身足够长,而不关心车的安全性、操控性和舒适性,而且能买大的不买小的,能买贵的不买对的……

伴随车市发展,特别是中西文化融合,国人的消费习惯渐渐发生变化,开始进入多元化时代。最突出的就是"三个变化"。

高品质两厢车成为市场新宠。想当年,由于不符合国人的汽车消费习惯,上海大众首次推出的两厢车"高尔",因为"水土不服"而黯然退市。如今,外观时尚、技术先进、性能出众、做工精致的两厢车,不管进口还是国产,都越来越受市场、特别是年轻一族的追捧。今年上半年中级两厢车逆势走强就是有力的证明。

城市SUV持续升温。国内车市经过几年井喷式发展,不少家庭在拥有第一辆轿车后,开始将购买第二辆车列入新的购车计划。城市SUV体现出个性张扬、安全感十足、动力强劲的特性,与追求时尚消费家庭的个性气质不谋而合。城市SUV保留越野车高视野、高通过能力,又具有轿车的时尚性、舒适性,乘坐和储物空间宽大,特别适合全家老小一起出游,理所当然成为他们第二次买车的首选。这是中国汽车市场发展到一定阶段的真实写照,也是汽车消费升级、朝着多元化方向发展的标志。

安全性成为买车第一要素。品牌、外观、性价比,曾经是国人买车的第一要素。现在,它们越来越多地被安全性取代。全球知名调查公司尼尔森近日发布的最新调查显示,近94%的消费者正计划在短期或长期内买车。其中,60%的消费者表示,安全性已经超越性价比,成为他们购车的首选。而计划第二次买车的家庭则表示,他们买车的三个要素排序是安全性、发动机性能和舒适性。

资料来源:和讯汽车网,作者:济申,发表于2011年9月1日,作者根据原文进行了改编
http://auto.hexun.com/2011-09-01/133001308.html

市场营销的过程就是充分满足顾客需要的过程。而顾客需要的满足,总是在一定的信念支配下,通过一系列的购买和消费行为去实现的,因而市场营销必须对顾客的购买和消费行为进行研究,掌握其中的规律和特点。这将有利于营销者实施针对性强、富有成效的营销策略,从而提高营销效率和营销业绩。

第一节 汽车私人消费市场及消费行为

汽车私人消费市场(Consumption Markets)由汽车的消费者个人构成。研究这个市场的特点及其发展规律,对于那些以这个市场为目标市场的汽车厂商而言,具有非常重要的意义。现代营销理论对普通商品的私人消费市场做了大量研究,取得了许多成果,这些成果值得我们参考和借鉴。但是由于汽车产品的使用特点及价值特点与普通商品存在着较大的差别,因此我们不能简单地套用这些成果,必须对汽车私人消费市场特殊性及其购买行为的特点进行深入研究。

一、汽车私人消费市场的需求特点

汽车私人消费市场的消费者由于受经济、社会、文化等因素的影响,呈现出千差万别、纷繁复杂的形态。但从总体上讲,各种需求之间存在着共性。具体来说,有以下特点。

(1)消费需求的多样性。众多的汽车消费者,其收入水平、文化素质、职业、年龄、性格、民族、生活习惯等各不相同,因而在消费需求上也表现出不同的需求特性。比如说,年轻人喜欢运动型的车辆,而老年人喜爱舒适型的车辆。再比如说,经常在道路条件较差的地区活动的人,所选择的车辆主要是要求汽车的通过性要好(如越野车);而主要在城市范围道路条件较好地区活动的人,所选择的车辆主要是要求舒适性要好(如轿车等)。总之,人们对汽车的需求是多种多样的,从而表现出需求的多样性特点。

(2)消费需求的层次性。消费者由于在社会上所处的地位不同,或者由于经济收入与消费能力的不同,对汽车所需求的档次也不同。一般的普通老百姓购买汽车的目的主要是作为代步工具,所选购的汽车大多为经济型。而民营企业老板、社会地位较高或消费能力较强的人,购买的汽车必须体现其消费心理,所选购的汽车大多为豪华型或中高级型。社会阶层的存在,使得汽车的消费需求表现出层次性。

(3)消费需求的伸缩性。一方面,汽车作为一种高档耐用商品具有较强的价格弹性,即汽车的售价对汽车的个人需求有较大的影响。另一方面,这种需求的结构是可变的。当客观条件限制了这种需求时,它可以被抑制,或转化为其他需求,或最终放弃;反过来,当条件允许时,

个人消费需求不仅会得以实现,甚至会发展成为流行消费。

(4)消费需求的可诱导性。对于大多数私人消费者而言,由于他们缺乏足够的汽车知识,往往会受到周围环境、消费风尚、人际关系、宣传报道等因素的影响,对某种车型产生较为强烈的需求。例如,某单位的职工,由于最初有人购买了某款轿车,使用后感到该款轿车售价低、耗油低、质量好、方便灵活,是很实用的代步工具,受其影响,这个单位的职工,先后有数十人购买了该款轿车。

(5)消费需求的习惯性。有的人在长期的消费活动中积累下来的一些偏好和倾向是很难改变的。例如,某人在使用车的过程中,对某公司生产的汽车产生了偏爱,认为其可靠性、安全性和服务质量比其他品牌的车要好,所以在以后更换汽车时所买的几辆车都是该公司生产的。这就是俗语所说的"买车认品牌",从而表现出消费需求的习惯性。这种习惯性,主要是指品牌忠诚度或厂商忠诚度,而不一定是重复消费原样产品。

(6)消费需求的可替代性。私人购买汽车(尤其首次购买)在面临多种选择时,一般都要进行反复的比较、鉴别,也就是俗语所说的"货比三家",只有那些对私人消费者吸引力强、各种服务较好的商家的汽车产品才会导致消费者最终购买。也就是说,同时能够满足消费者需要的不同品牌或不同商家之间存在竞争性,消费者需要表现出可替代性。

(7)消费需求的发展性。人的需求永远是进步发展的,某种需求被满足后,新的需求又会产生。因此汽车私人消费需求(主要表现为对车辆性能、操控和服务质量的要求)也会永无止境的,在不过分增加购买负担的前提下,消费者对汽车的安全、节能、舒适等性能的要求总是越来越高。

(8)消费需求的集中性和广泛性。一方面,私人的消费水平与其经济实力有着密切的关系,只有达到一定经济收入的消费者才可能购买汽车。在特定时期内,经济发达地区的消费者达到这一收入条件的人比其他地区的人多,这一地区的汽车需求比其他地区明显高,从而表现出一定的在地理上的消费集中性。另一个方面,达到一定经济收入的人各地都有,而且随着经济的发展会不断增多,因此又表现出消费需求在地理上的广泛性。

二、汽车私人消费者的购买行为模式

消费者的行为受消费者心理活动支配。按照心理学的"刺激—反应"(Stimulus-Response, S-R)理论,人们行为的动机是内在的心理活动过程,像一只看不见、摸不着的"黑箱"(Black-Box),是一个难以透视的过程。客观的刺激,经过"黑箱"产生反应,引起行为,只有通过对行为的研究,才能了解心理活动过程。消费者购买的行为模式如图7-1所示。

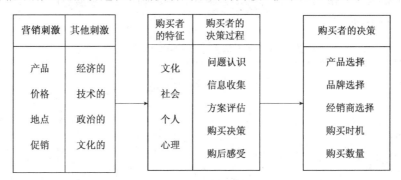

图7-1 消费者购买行为模式

在上述购买行为模式中,所谓营销刺激(Marketing Stimulus),是指企业营销活动的各种可控因素,即产品、价格、地点、促销;其他刺激,指消费者所处的其他环境因素(经济、技术、政治、文化)的影响。这些刺激通过刺激"黑箱"产生反应,即购买行为。消费者对外部的刺激反应(即购买决策)取决于两方面因素:一是消费者的特征,它受多种因素影响,并进一步影响消费者对刺激的理解与反应;二是消费者的购买决策过程,它影响最后的行为结构的状态。

三、影响汽车私人消费市场购买行为的因素

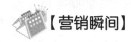
【营销瞬间】

是什么原因导致日系车在华销售下降?

2012年,钓鱼岛事件争端扩大,中日关系日益紧张,中日民族矛盾导致了日系车在华销售迅速下降。以下是2012年11月29日记者采访成都三和集团张德鹏部分内容。

记者:今天有幸采访到三和集团张德鹏张总,张总,您好,咱们三和集团旗下都有哪些品牌呢?

张德鹏:成都三和企业集团也代理了很多品牌,比如说劳斯莱斯、阿斯顿马丁、兰博基尼、奥迪、沃尔沃,还有日系品牌也不少,包括日系的高端英菲尼迪,包括日产、丰田、本田等等,旗下有30多个企业20多个品牌。

记者:主要是高端为主?

张德鹏:中高端为主。

记者:我看您说也有日系品牌,日系品牌在之前的钓鱼岛事件之后是不是也受到一定的影响呢?

张德鹏:日系品牌在钓鱼岛事件以后,应该说全国都出现问题,成都还好,成都没有打砸抢烧的情况,可能成都的市民还比较理性。从市场情况看我们跟全国一样,日系品牌都有一些下滑,8月份、9月份、10月份一直到现在,应该说下滑了将近30%多。

记者:就是说现在的销量还能按预期完成吗?

张德鹏:要看厂家,厂家实际上调整了计划,调整了供应量,按照厂家的要求做没有问题,按我们年初的目标发生了一些问题,要完成全年的目标就非常困难。

资料来源:车讯网 http://auto.msn.com.cn 2012-11-29

影响汽车私人消费市场购买行为的因素很多,主要包括文化因素、社会因素、个人因素、心理因素,如表7-1所示。

表7-1

影响汽车私人消费市场购买行为的因素

文化因素	社会因素	个人因素	心理因素
社会文化 亚文化 社会阶层	参照群体 家庭 角色与地位	年龄与人生阶段 职业 经济状况 生活方式 个性与自我观念	动机 知觉 学习 信念与态度

1. 文化因素

（1）社会文化（Social Culture）。从广义的角度理解，文化是指人类在社会历史发展过程中所创造的物质财富和精神财富的总和，它既包括人类生产的物质财富和提供的各种服务，也包括价值观念、伦理道德、风俗习惯、行为规范、宗教信仰等意识范畴。不同民族、不同社会，其文化内涵的差别很大。

（2）亚文化（Subculture）。亚文化又被视作"文化中的文化"，它为某种文化群体带来更明确地认同感和集体感。亚文化群体的成员不仅具有与主流文化共同的价值观念，还具有自己独特的生活方式和行为规范。就汽车消费者购买行为而言，亚文化的影响更为直接和重要，有时甚至是根深蒂固的。

（3）社会阶层（Social Stratum）。社会阶层是指一个人在社会中的地位或社会结构中所占据的位置。很显然一个人的社会地位不同，其价值取向也是不同的。

总之，文化因素对汽车私人消费者，在消费学习、消费心理、消费行为、价值判断、审美取向、选择标准等方面具有广泛而深刻的影响。

2. 社会因素

汽车私人消费市场的购买行为也经常受到一系列社会因素的影响。这些因素主要有：参照群体、家庭、角色与地位。

（1）参照群体（Reference Group）。参照群体是指对个人的态度具有直接或间接影响的群体。它可能是一个团体组织，也可能是某几个人；可能是正式的群体，也可能是非正式的群体。参照群体是人们沟通、交流、学习或效仿的对象，在缺乏消费经验的情况下，个人的消费选择往往以周边群体的标准为依据。比如，相处较好的朋友就可能会都买同一品牌的轿车。研究表明，汽车私人购买者的购买行为容易受到相关群体的影响。

（2）家庭（Family）。家庭是以婚姻、血缘和有继承关系的成员为基础形成的一种社会单元。大部分的消费行为是以家庭为单位进行的，在一个典型的现代家庭中，作为家庭成员的丈夫、妻子及子女在购买决策中的角色各不相同，购买决策权的大小取决于家庭生活习惯、内部分工、收入与受教育程度等。家庭基本上可以分为四类：丈夫决策型、妻子决策型、协商决策型和自主决策型。在我国私人汽车的购买过程中，在买不买的决策上，一般是协商决策型或丈夫决策型，但在款式或颜色的选择上，妻子的意见影响较大。对汽车性能的要求方面，女性比男性更看重安全性、易操作性和舒适性；男性比女性更看重动力性。从营销观点来看，认识家庭的购买行为类型，有利于营销者明确自己的促销对象。

（3）角色与地位（The Role and Status）。角色是社会期望个人所承担的活动，每种角色都有相应的地位，它反映了社会对个人的综合评价。一个人在一生中会从属于许多个群体，个人在群体中的位置取决于个人的角色与地位。一个消费者同时又承担着多种不同的角色，并在特定的时间里具有特定的主导角色，每种角色都代表着不同的地位身份，并不同程度地影响着其购买行为。

3. 个人因素

消费者的购买行为还会受到个人因素的影响，具体体现在以下几个方面：

（1）年龄与生命周期阶段。从消费者个人的角度考察，消费者的购买行为与所处年龄密切相关。随着年龄的增加，人们对汽车产品的喜好也在改变。例如年轻人购买汽车主要注重汽车的动力性和速度，而老年人购买汽车主要注重汽车的操作方便性和驾驶安全性。从家庭角度考虑,其生命周期的不同阶段也影响消费者的消费选择。学术界通常把家庭生命周期划分为九个阶段,即①单身期,指离开父母后自己独居的青年时期。②新婚期,指新婚的年轻夫妻,无子女阶段。③"满巢"Ⅰ期,指子女在6岁以下,处于学龄前儿童阶段。④"满巢"Ⅱ期,子女在6岁以上,已经入学阶段。⑤"满巢"Ⅲ期,结婚已久,子女已成人,但仍需抚养的阶段。⑥"空巢"Ⅰ期,子女也已成人分居,夫妻仍有工作能力的阶段。⑦"空巢"Ⅱ期,已退休的老年夫妻,子女离家分居的阶段。⑧鳏寡就业期,独居老人,但尚有工作能力的阶段。⑨鳏寡退休期,独居老人,处于修养状态的阶段。汽车厂商只有明确目标顾客所处的生命周期阶段,才能拟定适当的营销计划。

(2)职业。一个人所从事的职业在一定程度上代表着他(她)的社会地位,并直接影响他(她)的消费行为。不同职业的消费者对汽车的购买目标是不一样。例如,公司经理与其属下雇员所选择的车型及档次可能存在差别。汽车厂商可以为特定的职业群体提供其所需的汽车产品。

(3)经济状况。个人的经济状况对其消费选择具有重大影响,它在很大程度上决定着人们可用于消费的收入、对待消费与储蓄的态度及借贷的能力。尤其是汽车对一般人来说属于一种高档耐用消费品,个人的经济状况达不到一定程度是不可能购买汽车的;并且经济状况较好的人与经济状况一般的人所选购的汽车是有差别的。例如,低价位车主对燃油经济性比较在意;高价位车主对安全性、技术先进性和舒适性比较在意。

(4)生活方式。从经济学的角度看,一个人的生活方式表明他所选择的分配方式以及对闲暇时间的安排方式,一个人对汽车产品的选择实质上是在声明他是谁,他想拥有哪类人的身份或生活方式。消费者常常选择这样而不是那样的汽车产品,是因为他们把自己与一种特定的生活方式联系在一起。汽车厂商应注意寻找特定汽车产品与特定生活方式群体之间的联系。

(5)个性与自我观念。个性是指人独特的心理特征,它使个人对环境作出相对一致和持久的反应。例如,有的人稳健保守,有的人则勇于冒险。个性不同会导致消费者购买行为的差异,进而影响消费者对汽车产品和汽车品牌的接受程度和选择。自我观念与个性有关,可以理解为自我定位,它对消费行为产生影响的一个重要表现是:消费者往往会选择与他们的个性及自我定位相吻合的汽车产品。另外,自我观念在一定程度上影响着人们对未来(如收入)的预期,从而影响其现在的购买决策。在汽车厂商的营销活动中,应注意赋予产品一定的个性化特征,根据个性特征和自我观念的不同,把消费者划分为不同的细分市场,并制定相应的营销策略。

4. 心理因素

除文化、社会和个人因素外,消费者的购买行为还会受到动机、知觉、学习、信念和态度4个心理因素的影响。

(1)动机(Motivation)

每个人在每个时刻都有许多需要,包括生理需要如口渴、饥饿等,也包括心理需要如希望得到尊重、具有归属感等。需要只有强烈到一定程度才会转化为动机,动机是一种上升到足够强度的需要,它能及时引导人们去探索满足需要的过程和目标。美国心理学家亚伯拉罕·马斯洛(Abraham Maslow)的需求层次理论(Hierarchy of Needs)解释了在特定阶段人们受到特定需求驱使的原因,如图7-2所示。

马斯洛认为,人类的需要是层次化的,按其重要程度依次为生理需要、安全需要、社会需要、尊重需要和自我实现需要,并且只有较低层次的需要被满足后,较高层次的需要才会出现并且要求得到满足。这个理论比较适合于我国当前的私人汽车消费市场情况。有汽车购买动机的人,肯定是在生存需要如吃、穿、住等,得到满足以后才可能去购买汽车,以满足更高层次的需要。而购买汽车的人,也是根据其在社会上所处的地位,所要满足的需求,选择不同的车型和品牌,普通消费者购买汽车是为了满足其代步的需要,因此选择经济型汽车。而社会地位和经济收入较高的消费者,购买汽车的目的除了满足其代步需求外,更要体现其身份和地位,因此选择豪华型轿车。需求层次理论可以帮助汽车营销人员理解其潜在消费者的生活和目标,使营销人员更好地识别出现实的和潜在的消费者。

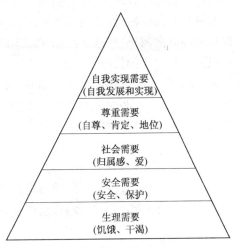

图 7-2 马斯洛需求层次理论

需求层次理论解释了消费者消费实现过程变化的发展趋势,但没有解释消费者实施购买行为的原因。边际效用(Marginal Utility)理论则弥补了这一缺陷。该理论认为,消费者购买动机的形成受商品效用支配,商品效用是消费者实施购买行为的根本条件。如果商品没有效用或效用不大,即使具备购买能力,消费者也不会对该商品产生购买动机。反之,如果效用很大,即使购买能力暂时不足,消费者也很可能筹措资金购买。

商品的效用是指商品所具有的能够满足消费者某种需要的功效。就汽车产品而言,代步功能就是普通汽车的功效,解决个人交通和体现形象价值就是高档汽车的功效,能够获取良好运营效绩就是运营汽车的功效等。消费者购买动机的强弱受商品"边际效用"大小的支配。边际效用越大,购买动机就越强。所谓的边际效用,是指消费者对某种商品再增加一个单位的消费时,该种商品能够为消费者带来的效用增量。只要消费者认为,增加商品购买可以增加效用,即能够更好地满足需要,那么消费者就可能继续增加购买该种商品。但客观上,随着消费数量的增加,商品的边际效用存在着递减现象,这就是"边际效用递减规律(Law of Diminishing Marginal Utility)"。例如,消费者总是感觉第一辆私家车给家庭带来的方便是最大的,随着购买的增加(假如有必要),那么第二辆、第三辆私家车给家庭带来的方便程度就会越来越小,甚至还会觉得它完全没有必要(边际效用为0)。

边际效用理论的营销意义是,企业可采取各种措施,如降低产品价格、提高质量、延长寿命、增加功能等,增加产品的边际效用,达到促进销售的目的。另外,当边际效用为零时,表示商品需求趋于饱和,营销者可以借此预测商品的市场需求容量。

(2)知觉(Perception)

一个受到动机驱使的人可能随时准备行动,但具体如何行动则取决于他的知觉程度。人们是通过各种感觉器官来感知刺激事物的,同样的外部刺激对不同的消费者会引起不同的知觉,这是因为每个人感知、组织和解释信息的方式不尽相同。所谓知觉,是指人们收集、整理、解释信息,形成有意义的客观影像的过程。具体地说,人们要经过三种知觉过程:①选择性注意。人们在日常生活中会接触众多刺激,但大部分会被过滤掉,只有少部分刺激会引起人们注意。例如,汽车厂商所做的汽车广告很多,但真正引起某一个即将准备买车的人注意的只有一条,因为这条广告,这位购买者可能会对该广告所宣传的车型做进一步的了解,很可能最终选择该种车型;②选择性理解。每个人总是按自己的思维模式来接受信息,并趋向于将所获信息与自己的意志结合起来,即人们经常按先入为主的想法来接受信息。例如,当消费者一旦倾向于某种汽车品牌时,即使他了解到该品牌车的某些缺点。也可能会无视这些缺点的存在,而选择该种品牌的汽车;③选择性记忆。人们往往会忘记接触过的大部分信息,而只记住那些符合自己态度与信念的信息。因此营销人员必须尽力吸引消费者的注意,把信息传递给消费者。例如,许多汽车厂商在推出新产品时,为了引起消费者的注意,留下一个好的第一印象,花费大量的精力,举办一些大型的公关活动销售促销活动,如果活动组织得好,能引起消费者的注意,将会取得较好的宣传效果,使消费者对该种车型留下一个美好的印象。

(3) 学习(Learning)

人们总是在实践中不断学习,学习是指由于经验而引起的思想和行为的改变。人类的活动大多来源于学习,一个人的学习是驱使力、刺激、诱因、反应和强化等互相作用的结果。由于汽车市场营销环境的不断改变,新产品、新品牌不断涌现,汽车消费者必须经过多方收集有关信息后,才能对相应的产品或品牌作出评价,并最终作出购买决策,这本身就是一个学习的过程。同时,消费者对汽车产品的消费和使用也是一个学习的过程。汽车营销者可以通过把汽车产品与强烈的"驱使力"联系起来,利用刺激性的诱因,并提供正面强化手段如通过汽车展销会、顾客联谊会、广告措施等,使消费者对汽车产品产生认识和了解,强化消费者的需要。

(4) 信念与态度(Belief and Attitude)

信念是指人们对事物所持的描述性思想,并影响人们的行动态度,它可能建立在消费者的学习和实践经验上,也可能建立在传闻上。调查显示,我国消费者对日系车、德系车、美系车和韩系车有着不同的信念,例如认为日系车经济省油、结构紧凑、外形漂亮、价格较低,综合性价比好,但材料过于节省,安全性不够好;德系车安全性能好、做工讲究、质量可靠、品牌可信,但价格相对较高;美系车宽敞舒适、稳重大气,但车体笨重、费油,使用成本高;韩系车时尚现代、外型造型好、价格低廉,但质量不够好等。对于汽车厂商来说,信念构成了汽车产品和品牌的形象,汽车厂商应通过健康的促销活动使消费者对其产品和品牌建立正确的信念。当消费者已经对某种汽车品牌产生良好印象时,汽车厂商必须努力维护或提升这个形象,不能出现有损形象的事件,以免消费者出现否定该品牌的信念。研究表明,汽车的产品质量和售后服务质量对汽车消费者的信念形成具有突出意义,是汽车厂商做好营销的基础。

态度是指人们对某些事物或观点所持的正面或反面的认识上的评价、情感上的感受和行动上的倾向。态度导致人们喜欢或者不喜欢某些事物,它在很大程度上受信念的支配。一般情况下汽车厂商不要试图改变消费者的态度,而应该考虑如何改变自己的产品形象,改变消费者的信念,并促使消费者产生积极的购买态度。

综上所述,汽车消费者的购买选择是文化、社会、个人及心理等因素综合作用的结果。汽车厂商及营销人员在制定营销策略时,必须认真研究这些因素。

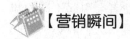【营销瞬间】

家庭购车谁拿主意?

家庭购买汽车谁来拿主意?购买家庭轿车会考虑多长时间?单身汉买车会请谁来当参谋?日前,一家咨询公司的调查为人们找到了答案。

家庭购车仍是男人主导,但女性作用不可忽视,男人与汽车似乎有剪不断的情缘。汽车之于男人,如同衣服之于女人。正如研究人员所预料的那样,男性在家庭购车决策中仍然占主导地位。

调查显示,在已婚家庭中,女人占三分之一的决定权,也就是说,在汽车刚刚进入家庭的中国,女性的决策地位只有男人的一半。

尽管如此,研究人员分析,女性决策的未来走势将会看好。根据这家咨询公司的研究经验,对于一些较为复杂的消费品,如电子/数码产品、汽车、互联网等,男性对新事物的接受速度比女性快,因此理所当然地充当了市场领导者的角色(这也许和男性喜欢冒险的天性有关)。但随着这种产品的普及(在消费者中的拥有率达到一定程度),女性将逐渐成为推动市场增长的主力。

单身与已婚家庭对购车决策的差异较大,已婚家庭是私人购车的主要力量。调查显示,有22%的购车人是单身。很显然,与已婚家庭相比,单身决策时主要是自己做主(74%),而已婚者无论男性还是女性,都必须和配偶商量。已婚家庭中,男性被访者声称自己做主的成分占到63%,女性被访者声称自己做主的成分占到52%,鉴于男性被访者多于女性被访者,推算出已婚家庭平均男性占到58%的决策,女性占到35%的决策。

同时,单身和已婚家庭都会适当邀请其他人参与购车决策。除本人和配偶外,参与者还包括其他家人和朋友。在已婚家庭,其他家人会参与70%的决策;单身不仅积极地邀请未婚妻/夫(6%)、其他家人(18%),还会有朋友们参与进来(2%)。

资料来源:东方财经,http://finance.eastday.com/。作者:李婉

四、汽车消费者的购买决策过程

除文化因素、社会因素、个人因素、心理因素以外,汽车消费者的购买决策过程同样影响着消费者的购买选择。因此,汽车营销者不仅要了解影响消费者购买行为的各种因素,还要了解消费者是如何进行购买决策的,即确认购买决策的角色划分、购买决策的基本类型及购买决策的主要步骤。

1. 汽车消费者购买决策的角色划分

不同的汽车消费者在汽车购买决策中扮演的角色不同,对这个问题的分析,实质上是对汽车私人消费市场购买行为的发起与组织的分析。在汽车私人消费市场中,消费者的购买行为往往是家庭及其成员共同影响的结果,各个家庭成员可能扮演的角色包括以下5类:发起者,首先提出购买建议的人;影响者,其看法和建议对最终决策有一定影响的人;决策者,对购买决策的某个方面(包括是否购买、何时买、买何种车型、何处买、如何买等)作出最后决定的人;购买者,实际购买的人;使用者,实际使用的人。

上述5种角色可以组合在一个消费者身上,也可以分别由几个消费者充当。了解消费活动的主要参与者及其扮演的角色,有助于汽车厂商有针对性地制定营销策略。汽车营销者应先分析和确认消费者在购买汽车产品的决策中可能扮演的角色,然后再开展相应的产品设计和广告促销等营销活动。例如,汽车厂商可以构思和设计出符合使用者需要的有特色的产品(如具有较强通过性的越野车、具有较好舒适性的轿车、具有较大载货能力的载货汽车等),在发起者容易接触的媒体上进行广告宣传,为决策者提供本企业汽车产品的质量、价格、性能、购买地点等信息,吸引消费者购买本企业的汽车产品。

2. 汽车消费者购买决策的基本类型

不同的消费者在购买汽车产品时,其购买行为存在较大的差异。家用轿车对一般人来说是一种高档耐用品,其购买决策对一个家庭来说是非常重要的事,往往需要经过多人的参与和反复的权衡。根据汽车消费者的购买态度,可将汽车消费者的购买行为分为下列5种类型。

(1)理智型。这是指以理智为主做出购买决策的行为。具有这类特点的汽车消费者,其购买思维方式比较冷静,在需求转化为现实之前,他们通常要做广泛的信息收集和比较,充分了解汽车的相关知识,在不同的品牌和车型之间进行充分的调查,慎重挑选,反复权衡比较。也就是说,这类消费者的购买过程比较复杂,通常要经历信息收集、评价方案、慎重决策和评价购后感受等阶段,属于一个完整的购买决策过程。现阶段,我国的私人汽车消费者的购买决策多属于这种类型。因为他们多是初次使用轿车的用户,购买轿车要花费他们较多的资金和时间。所以对于这类顾客,汽车厂商应制定策略帮助消费者掌握产品知识,借助多种渠道宣传产品优点,发动营销人员乃至顾客的亲朋好友对顾客施加影响,简化购买过程。

(2)冲动型。这是容易受别人诱导和影响而迅速作出决策的购买行为。冲动型的购买者,通常是情感比较外向,随意性较强的消费者。他们一般为较年轻的人,并且具有较强的资金实力。对于冲动型的购买者来说,易受广告宣传、营销方式、产品特色、购买氛围、服务介绍等因素的影响和刺激,进而就做出购买决策。这种需求的实现过程较短,消费者较少进行反复挑选和比较。但是这类消费者常常在购买后会认为自己所购买的产品具有某些缺陷或其他同类产品有更多优点而产生失落感,怀疑自己购买决策的正确性。对于这类购买行为,经销商要提供较好的售后服务,通过各种途径向消费者提供有利于本企业和产品的信息,使消费者相信自己的购买决策是正确的。

(3)习惯性。购买者个人根据自己的品牌偏好作出购买决策。这类购买决策较少受广告宣传和时尚的影响,其需求的形成,多是由于长期使用某种特定品牌的产品并对其产生了信赖感,从而按习惯重复购买,因此这种购买决策实际上是一种"品牌认同"的购买决策,具有比较明显的品牌忠诚度。从发展眼光来看,随着今后我国汽车市场更新需求的增长,这样的消费者在数量上会增加。

(4)选价型。这是指对商品价格变化较为敏感的购买决策。具有这类购买态度的个人,往往以价格作为购买决策的首要标准,选价型购买决策又有两种截然相反的表现形式,一种是选高价决策,即个人消费更乐意选择购买优质高价的商品。例如,那些豪华轿车的消费者多是这种购买决策;另一种是选低价决策,即个人消费者更注重选低价商品,多数工薪阶层的消费者以及旧车的消费者主要是这种购买决策。现阶段,我国汽车消费者在购买私家车时,往往是根据汽车的使用目的和自己的经济承受能力,首先确定一个目标价格区间,再在这个价格区间内,大体按照车型(造型)、颜色、耗油、维修成本与方便性、配置、内饰的顺序,选择自己中意的产品。

(5)情感型。这是指容易受感情支配作出购买决策的行为。持有这类购买态度的消费者,其情感体验较为深刻,想象力特别丰富,审美感觉灵敏。在情感购买决策的实现过程中,较易受促销宣传和情感的诱导,对汽车的造型、色彩及知名度都极为敏感,他们多以汽车是否符合自己的情感需要作为研究购买决策的标准。国外家庭女性成员为使用者的汽车消费者多属于这种购买决策。

总体上讲,我国现阶段的汽车私人消费者,其汽车购买决策类型以理智型占主导地位,其余类型在西方经济发达地区经常见到,这也说明汽车厂商在开发国内国外两个市场时,应采用不同的营销策略。

3.汽车消费者购买决策的主要步骤

完整的购买决策过程包括5个阶段:确认需要、收集信息、评价方案、购买决策、购后感受。也就是说,消费者的购买决策过程早在实际购买发生之前就已经开始,并将一直延续到实际购买之后。因此营销人员应关注消费者的整个购买过程。汽车是一种高质耐用消费品,其购买行为较为复杂,消费者一般会经历这5个阶段,但在有些情况下,消费者可能会跳过或颠倒某些阶段。

(1)确认需要。确认需要是购买过程的起点。当消费者意识到自己的实际状态与期望状态存在差距时,就产生了需要。汽车消费者的需要一般源于两方面的原因:一是内部刺激,如上下班较远需要汽车作为代步工具;二是外部刺激,如电视广告、身边同事或者消费流行等自身以外的环境因素。需要是推动消费者从事购买活动的驱动力,而消费者的大部分需要是由于外部刺激的影响而产生的,即使是代步等内部刺激引发的需要,也往往会在外部刺激的影响下寻求满足需要的具体品牌的汽车产品。因此汽车厂商应有意识地安排一些诱因(如广告、展销会等),激发消费者对本企业汽车产品的需要。

(2)收集信息。只有在消费者的需要十分强烈且可用于满足需要的产品就在身边时,消费者才会马上采取购买行动,以求尽快满足需求。但在大多数情况下,消费者在产生需要后并不马上做出购买决策,而是首先寻找有关产品的多方面信息,尤其是汽车购买行为,它是一种较为复杂的购买行为,需要收集的信息很多。一般来说,消费者的信息来源主要有4个方面:个人来源、商业来源、公共来源、经验来源。汽车消费者的主要信息来源是商业来源,但是个人来源是最有效的信息来源。汽车厂商应了解和掌握消费者的信息来源并对不同来源的重要性予以评价,在此基础上,设计有效的传播途径,使企业与目标消费者更好地进行沟通。

(3)方案评价。消费者在收集到所需的信息后,就会对这些信息进行分析比较和综合判断,以做出最终选择。不同的消费者使用的评价方法和评价标准存在着较大差别,但总体上讲,消费者对汽车产品的购买,是为了从该产品上寻求特定的功效,因此他们往往会把汽车产品看成是一些特定属性的组合,并根据自己的偏好对这些属性予以不同的权重,然后对不同品牌的汽车产品进行打分和排序(当然这个过程多数情况下是隐形的)。汽车营销者应强化自己产品的特色和对消费者实实在在的利益,帮助消费者进行正确的购买评价。

(4)购买决策。购买决策是购买过程的关键阶段。在评价阶段,消费者经过对可供选择的汽车产品及品牌的分析比较,初步形成了购买意向,但消费者购买决策的最后确定,还会受其他两种因素的影响:一是他人的态度,他人的态度对消费者购买决策的影响程度,取决于他人的反对态度的强度和消费者遵从他人愿望的程度。二是意外情况,消费者即将购买时,家庭收入、产品价格、营销人员的态度或者成交中的细节谈判等的意外情况常常会改变消费者的购买决定或者改变对品牌的选择。

(5)购后感受。消费者在购买汽车产品后,往往会通过自己的使用与他人的评价,对其购买选择进行验证,把他的体验与购买前的期望进行比较,进而产生一定的购后感受,如满意、一般或不满意等。这种感受最终会通过各种各样的行动表现出来。消费者根据自己从卖主、朋友及其他来源获得的信息形成对汽车产品的期望,如果汽车产品的实际表现达到了消费者的期望,就会产生满意感;反之,就会使消费者不满意。同时,消费者对汽车产品的满意程度还会影响以后的购买行为。如果消费者感到满意,很可能在今后再次购买该种品牌的汽车,并向其他人宣传该汽车的优点。如果消费者感到不满意,则会通过各种行为来减少不平衡的感受,如向卖主退货、向熟人和亲友抱怨、向消费者协会投诉等。汽车厂商营销的目标是通过满足顾客的需要来使顾客满意,实现顾客满意是汽车厂商与消费者保持长久关系的关键,它能使汽车厂商获得信誉。实现顾客满意的最好方法是提供优质的汽车产品和售后服务。特别是售后服务,应该做到维修服务的及时性、维修服务的方便性(网点数量)、配件价格的合理性和质量的可靠性、维修人员态度的友善性和技术水平等方面让消费者满意。与此同时,企业还应该研究对待消费者不满意的方法,采取有效措施尽可能的降低消费者的不满意程度,提供良好的沟通渠道,并在可能的情况下采取包括损失赔偿在内的有效措施,妥善处理善后工作。

综上所述,汽车营销者可以通过对"消费者黑箱"的研究和解剖,找出影响消费者购买行为的主要因素,理解消费者购买决策的过程,获得隐藏在可见消费者行为背后的深层线索,进而以此为依据,设计和制定出行之有效的市场营销策略。

第二节 汽车集团组织市场及购买行为

除了个人和家庭为单位的汽车消费外,集团组织也是汽车厂商的重要顾客,各种各样的组织和集团构成了汽车的集团组织市场。这个市场是一个涵盖面积很大的市场,是我国现阶段汽车市场的重要组成部分,甚至是某些车型的主力市场。但是,这个市场的特点和购买行为比私人消费市场更为复杂,必须得到充分重视和研究。

一、集团组织市场的购买特点

与一般私人消费者市场相比,集团组织市场的总体特点可以归纳为:

(1)购买者数量相对较少,但购买规模相对较大。集团组织市场的购买者一般不是个人,而是购买汽车的一个组织或集团,因此相对于私人消费者来说,其数量较少,但需求量往往较大。

(2)供需双方关系密切。集团组织购买者数量少、购买量大,非常适合采用效率较高的人员推销的促销方式。汽车厂商(包括零部件厂商)十分看重这个市场,通常会根据集团组织的特定需要定制产品,甚至不惜改变常规的生产流程、营销操作方法和程序,非常注重与这些大客户建立持久的合作与伙伴关系。

(3)购买者类型比较集中。面向集团组织市场销售的汽车产品,尽管车型品种多样,但是对具体的车型品种,其购买者的类型却是非常集中的,如各种专用汽车、客车、旅游汽车、公务轿车甚至汽车零部件都有自己特定的用户。集团组织市场的这种特性,有利于汽车厂商降低销售成本。

(4)需求具有衍生性。许多集团组织购买者对汽车产品的需求最终是由消费者的需求衍生出来的。例如,汽车运输公司购买汽车,往往是因为运输业务发展的需要,当运输业务增加时,会导致运输公司增加汽车购买量。

(5)需求具有特殊性,购买过程具有较强的专业性。集团组织购买者大多对产品功能、产品结构、产品价格、产品质量、产品交货期、备货供应和售后服务有特定的要求,且采购过程复杂,采购、设备建账、财务做账等作业流程规范,一般由受过专门训练的采购人员来完成。此外,他们在采购谈判技巧方面都较有经验和一定的规则,这就要求营销者必须熟悉他们的采购业务。

(6)短时期内需求弹性较小。相对于汽车私人消费市场而言,集团组织购买者的需求价格弹性要小得多,特别是在短时期内需求受价格变动的影响不大。例如,汽车在生产型购买者中,由于其制造工艺不可能在短期内进行重大改变,不会因为汽车零部件或中间型产品的价格上涨(只要涨价原因合理)而减少购买。在私人消费市场上,如果汽车涨价,消费者就可能立即放弃购车计划。

(7)需求的波动性较大。由于受到政策法规、政治形势、宏观经济运行状况、大型突发事件或者重要领导人变更等因素的影响,集团组织购买者对汽车的需求比私人消费者的需求具有更大的波动性。例如四川汶川发生大地震,各级政府运行经费预算缩减,就会导致行政机关削减或取消公务购车计划,使得这个市场的需求出现波动。

(8)影响购买决策的人较多。汽车集团组织购买决策中的影响者比汽车私人消费购买决策的影响者多很多。除了具体执行购买行为的采购部门外,常常还包括技术部门、质量部门、产品使用部门、财务部门(或财政部门)等众多部门的人员参与,尤其是在购买数量较大,所需资金较多时,通常需要相关领导审批。

(9)购买的行为方式比较特殊。体现在:①直接购买。集团组织购买者往往直接向生产厂家采购所需的汽车产品,而不通过中间环节;②互惠采购。是指汽车供应厂商与采购者之间存在互购产品项目时,各自向对方提供优惠,实施互惠采购;③租赁。是指在不占有所有权的条件下,通过支付租金来获得产品使用权的采购方式。例如,某些特种汽车、专用汽车的单价很高,用户又不是经常使用,租赁方式可以解决用户的资金困难。

(10)不同类型的集团组织购买者,从需求到购买实现的过程各有千秋。例如机关公务购车、事业单位集团消费购车,除了受财政(资金)形势影响外,其需求数量与机构的设置模式及其数量(含领导职数)、权力制度设计及资金管理制度密切相关,对车型和价格的选择受政策的影响很大;而企业性质的集团组织,其购车需求主要受宏观或微观经济形势和企业的经济效益影响。

(11)集团的购买实现具有明显的政策特征和关系特征。集团组织购买者在选购汽车产品时,受政策因素和个人因素的影响非常明显。例如,很多地方对机关公务购车往往是财政拨付部分购车资金,不足部分需要用车者从预算外或者其他渠道筹集资金;假如纪检部门规定某级别的领导用车价格不能超过20万元,那么购车者就会寻找定价为19.8万元的汽车,诸如此类的现象都是政策因素所致。再例如,汽车营销者与用车者或者领导者个人关系良好,那么就有可能争取到销售机会,甚至说服领导人作出某些具有政策性质的规定。

二、集团组织市场的购买决策模式

根据购买情况的复杂程度,集团组织购买者的决策模式分为以下3类:

(1)直接重购型

直接重购(Straight Rebuy)是指集团组织购买者按以往惯例重复订货,是一种最为简单的购买行为模式,购买者需做的决策最少。在这种情况下,采购部门根据以往采购的满意程度,从自己认可的汽车供应厂商名单中作出选择。被选中的汽车供应厂商将尽力保证其产品和服务的质量,并采取其他有效措施来提高集团组织购买者的满意程度。

(2)修正重购型

修正重购(Modified Rebuy)是指集团组织购买者的采购部门为更好地完成任务,就汽车产品的型号、价格、发货条件及其他方面进行一定调整。与直接重购相比,修正重购涉及更多的决策参与者。原来被认可的汽车供应商会产生危机感并全力保护自己的份额,未被认可的汽车供应商则力图推出新产品或改进买方不满意的环节,以争取集团组织采购者。

(3) 全新采购型

全新采购(New Ask)是指集团组织购买者的采购部门首次购买某种产品。在3种购买决策模式中,全新采购最为复杂,需收集的信息最多,需做出的决策最多。同时,销售成本、成交风险和决策参与者增加,形成购买决策所需的时间也延长(很多时候是履行采购流程)。在全新采购中,集团组织购买者必须在汽车产品型号、性能、汽车供应厂商情况、价格限制、付款条件、订货数量、交货时间及售后服务约定等方面进行决策。对汽车供应厂商来说,这是最大的机会和挑战,他们应采取不同的传播工具,尽可能多的向集团组织购买者提供市场信息,并帮助其解决疑难问题。对于大型的全新采购业务机会,汽车供应厂商都会派出自己的推销使团,大的汽车公司还往往设立专门的机构来负责对全新采购用户的营销。就汽车的全新采购来说,汽车供应厂商还必须注意一定要搞好售后服务工作,为使该集团组织购买者成为其长久的用户而奠定坚实的基础。

需要指出的是,许多集团组织购买者倾向于从一个汽车供应商那里购买一揽子解决方案(比如说,不同的车型都从一个汽车厂商那里购买,或从整车到配件都从一个汽车厂商那里购买),这种方式叫系统购买(System's Buying),它始于政府对重要军火和通信系统的采购。现在,系统销售已经成为汽车厂商的一种重要营销手段,也就是说,为客户提供最完善的解决方案,是赢得和留住集团组织顾客的关键。

【营销瞬间】

青海批量采购执法执勤车

青海省卫生厅、青海省人民检察院专业车辆项目正在针对汽车厂商进行公开招标,投标截止时间以及开标时间是7月31日。据介绍,此次青海省卫生厅和青海省人民检察院专业车辆的采购预算共计2304万元,涉及车型主要是越野车和面包车。

雄踞"世界屋脊"的青海省位于青藏高原东北部,面积为72万平方公里。境内山脉高耸,地形多样,河流纵横,湖泊棋布,地形大势是盆地、高山和河谷相间分布的高原。青海省与甘肃、四川、西藏、新疆接壤,省内行政区划为3个市,6个自治州,1个地区公署,47个县。这样的地理环境也决定了青海省公车采购的"与众不同",即越野车采购多,而且对车辆的性能和品质要求都比较高。

卫生厅采购39辆工作督导车

据青海省卫生厅于先生介绍,此次卫生厅共采购39辆工作督导车,预算控制额度为663万元,即平均每辆车的预算价格在17万元。这个项目是妇幼卫生项目的一部分,车辆主要交给各州县妇幼保健机构使用,所以要求是越野车。如果采购轿车,可能无法保障车辆的正常使用,各州县路途遥远,而且有很多盆地,只有越野车才能正常通过。

据悉,这是国家立项的项目,所以资金来源是国家专项资金。汽车厂商如对项目感兴趣,可以在2012年7月12日至7月23日间,每天上午9:00~11:30,下午3:00~5:30(公休日、节假日除外),到青海省西宁市黄河路30号青海省政府采购中心一楼购买招标文件。

检察院采购 66 辆执法执勤车

青海省人民检察院此次采购车辆包括囚车和执法执勤车,据青海省政府采购中心人员介绍,囚车采购 10 辆,预算为 241 万元,平均每辆车的采购预算为 24 万元;执法执勤用车采购 56 辆,预算为 1400 万元,平均每辆车的采购预算 25 万元。

据青海省人民检察院人员介绍,此次采购的囚车的原型车是面包车,主要是给各地的检察院使用。而执法执勤用车的采购主要面向越野车车型。青海地面很广,地理环境差,有些地方甚至只能采购五六十万元的越野车,20 余万元的越野车都不能用。

购买人民检察院项目招标文件的时间和地点和卫生厅项目一致。

越野车采购标准无法一刀切

越野车在大部分省市的采购量比较少,主要分布在西部地区。轿车一直有全国统一的配备标准,越野车却没有,直到 2011 年 6 月,财政部印发《党政机关执法执勤用车配备使用管理办法》的通知,规定党政机关配备执法执勤用车的标准:确需配备越野车的,应当控制在排气量 2.5 升以下、价格 25 万元以内。

当然这只是一个通用的标准,像青海、西藏、新疆等地采购越野车,有时无法按照此标准执行。新疆维吾尔自治区财政厅政府采购管理办公室主任吴兰香曾经表示,新疆有些地方的冬季温度在零下 50 度,一般的越野车根本无法使用,只能使用高配的越野车,采购价格高的车型。所以针对越野车的采购,还需要特殊情况特殊对待,不能一刀切。

资料来源:政府采购信息网转自政府采购信息报 2012 年 7 月 18 日第 1338 期 5 版,作者,修霄云。http://www.caigou2003.com/suppliers/car/fv/20120718/fv_373644.html。

三、集团组织购买过程的参与者

采购中心是指集团组织用户的购买决策制定单位,它由所有参与采购决策过程的人构成。在集团组织购买过程中,购买的参与者很多。具体地说,采购中心的成员可以分为 5 种角色:使用者、影响者、决策者、购买者、信息控制者。

(1)使用者(User)。使用者是指未来使用欲采购的汽车产品的组织成员。在通常情况下,首先由使用者提出购买建议,他们在界定汽车产品的功能、用途、品牌和型号方面起着重要作用。

(2)影响者(Influencer)。影响者是指影响购买决策的组织成员。他们通常协助决定汽车产品的品牌和型号,并提供所需信息。组织中的质量人员、技术人员、财务人员是重要的影响者。

(3)决策者(Decision Maker)。决策者是指有权决定或批准采购计划的组织成员。汽车是一种高价商品,并且多数情况下购买的数量较多,所以汽车集团组织的购买决策者一般都是该集团组织的高层领导者或具体采购部门的领导者。

(4)购买者(Purchaser)。购买者是指具体安排和落实购买事项的组织成员,其主要职责是选择汽车供应厂商并就交易条件进行谈判(如价格、服务、违约责任等)。一般在汽车的购买活动中,购买者还包括参与谈判的高层经理。

(5)信息控制者(Goal Keeper)。信息控制者又被称为守门人,是指控制信息流向的组织成员,如集团组织的采购代表、技术人员、秘书人员等。

由于采购的汽车产品的型号和数量不同,采购中心成员的数量和类型也有所不同。同时,在实际采购过程中,在不同情况下,各类参与者所起的作用也各不相同。在汽车的集团组织市场的营销活动中,人员推销是主要的促销方法,销售员必须弄清楚下列问题:谁是主要的决策参与者,他们影响哪些决策,影响决策的程度如何,决策参与者之间如何相互影响,每位决策者使用何种评价标准等。

四、影响集团组织购买行为的主要因素

集团组织购买者在制定购买决策时会受到很多因素的影响,归纳起来,主要有以下4类:环境因素、组织因素、人际因素和个人因素,如表7-2所示。

影响集团组织购买行为的因素　　　　表7-2

环境因素	组织因素	人际因素	个人因素
经济因素	目标	权力	年龄
资源供应	政策	地位	教育
技术进步	程序	志趣	职业
政策法规变动	组织结构	说服力	个性
竞争环境	制度		风险态度
文化习俗			

(1)环境因素。环境因素是影响组织集团购买行为的重要外部因素。首要的环境因素是经济因素。在通常情况下,经济环境对集团组织购买行为的影响最为直接,集团组织购买者的购买行为在很大程度上受到当前经济环境和预期经济环境的影响。在经济不景气时,集团组织购买者往往会减少购买。另一个重要的环境因素就是政策法规因素,如几乎所有的依靠财政资金购买汽车的集团组织购买行为,均要符合有关政策和纪律检查制度的要求;各地对城市客运出租行业也或明或暗地出台了车型规定。此外,集团组织购买者还会受到资源供应、技术进步、竞争环境、文化习俗等其他因素的影响。

(2)组织因素。组织内部因素在一定程度上影响着集团组织购买者的购买行为,每一个集团组织购买者都有自己的目标、政策、程序、组织结构和制度,营销人员必须尽可能多地掌握这些相关信息,从而了解和确定购买决策的参与人员的组成、集团对采购人员的政策和限制等。

此外,营销人员还必须及时了解集团组织用户的组织变化及其对集团组织未来购买行为可能产生的影响。组织制度的变化调整、组织结构的重新设置等因素都会影响集团组织客户的购买行为。例如,在设有多个事业部的组织集团里,可以由各个事业部分别行使采购权,也可以由总部统一集中采购,上述两种不同情况将对营销策略产生直接影响。

(3)人际因素。集团组织的购买中心由相互影响的众多成员组成,由于他们在组织中的地位、职权以及相互关系各不相同,因而对购买决策的影响力也不尽相同。在很多情况下,并非地位高的购买中心成员最具实质影响力。这种人际关系因素非常微妙,营销人员必须认真予以调查和分析。

(4)个人因素。个人因素对集团组织购买行为的影响也不可低估,尽管集团组织购买相对私人消费者购买更为专业与理性,但由于购买中心由多个感性的人组成,个人的情感因素将不可避免地体现在购买决策和购买行为中。每位参与购买决策的组织成员都对采购行动带有个人的理解和偏好,这些因素又受成员年龄、受教育程度、专业、个性特征及对待风险的态度等的影响。在产品和服务同质性和替代性较强,或者销售竞争比较激烈时,采购人员的个人偏好、情感因素对集团组织购买行为的影响尤为重要。

综上所述,影响组织集团购买行为的因素复杂多样,在上述因素中,环境因素的影响最为重要,其次是个人情感因素。营销人员必须了解和掌握环境的变化及其对集团组织购买者的购买行为可能产生的影响,并结合集团组织客户的组织情况、人际情况和购买参与者的个人特点,及时制定和调整营销方案。

五、集团组织市场的购买决策过程

市场营销学将集团组织市场的购买决策过程划分为8个阶段,全新采购包括这8个购买决策阶段,属于完整的购买决策过程;而对于修正重构和直接重购而言,所包括的决策阶段要少一些,尤其是直接重购包括的决策阶段最少,这两种决策过程属于不完整购买决策过程。各类决策模式所包括的决策过程的阶段见表7-3。

集团组织市场的购买决策过程阶段　　　　表7-3

采购阶段	采购决策模式		
	全新采购	修正重构	直接重购
1. 确认需求	是	可能	否
2. 描述基本要求	是	可能	否
3. 确定产品性能	是	是	否
4. 寻求供应厂商	是	可能	否
5. 提出方案	是	可能	否
6. 选择供应厂商	是	可能	否
7. 签订合同	是	可能	否
8. 检查评估	是	是	是

(1)确认需求。确认需求阶段是集团组织购买过程的起点,即集团组织购买者意识到各种需求。这种需求可能来源于两个方面:一是组织内部因素,如集团决定购买新的运输车辆;二是组织外部因素,如汽车展销会、广告等,这两种因素都可能刺激集团组织购买者的需求。

(2)描述基本要求。即在确定需求后进一步明确所需产品的数量及各项性能。汽车是一种技术较为复杂的工业产品,采购人员通常会与技术人员和实际使用者共同研究确定产品的品牌、型号及其他特征。

(3)确定产品性能。即通过说明书对所需产品进行详细描述。其主要工作是确定产品的技术规格,一般需要专家小组进行价值分析。价值分析方法是美国通用电气公司(GE)的采购经理迈尔斯(A. D. Miles)在1947年发明的,目的是消耗最少的资源成本取得最大的功能,以提高经营效益。在价值分析的基础上,由专家小组负责撰写所需产品的技术说明书,作为采购人员取舍的标准。

(4)寻求供应商。集团组织购买者可以通过多种渠道寻求供应厂商,如汽车目录、电话查询、计算机查询等,在此基础上列出一份合格的汽车厂商供应名单。当前,随着互联网的普及,越来越多的集团组织购买者通过国际互联网来寻找供应厂商。

(5)提出方案。集团组织购买者邀请相关的供应厂商,让他们提供具体产品目录的和报价表,并描述其产品在质量、性能、型号、技术、服务等方面的详细情况。对营销人员来说,这种书面材料既是技术文件,也是营销文件,在文件中必须突出强调其生产能力、技术和资源优势,从而增加成交的可能性。

(6)选择供应厂商。在选择供应厂商阶段,购买中心通常会制作一个表格,列出满意的供应厂商的特征,如产品质量、售后服务、交货及时性、价格竞争性、企业的资质和信誉等,并对待选的供应厂商进行分类评估。在作出最后决定之前,购买中心还可能与预选中的供应厂商就价格或其他条款进行谈判。

(7) 签订合同。在选定供应厂商后,供求双方要正式签订合同,并在其中详细规定交货数量、技术标准、交货时间、质量保证等具体细节。

(8) 检查评估。即采购者对特定供应商的履行合同状况进行检查和评估。集团组织购买者可以直接向实际使用者了解其对所购汽车产品的满意度,并在此基础上,设计不同的评估标准,再通过加权计算的方法评价供应厂商,根据评估的结果,决定对供应厂商的取舍。

六、集团组织市场的采购方式

集团组织市场采购过程中,常常需要选择合适的采购方式。常见的采购方式有以下两种。

1. 公开招标选购

公开招标(Competitive Bidding)是指集团组织的采购部门通过一定的传播媒体发布广告或发出信函,说明拟采购汽车的型号、数量和有关的要求,邀请汽车供应厂商在规定的时间内投标(该过程叫招标)。有意参加招标的各供应商,各自秘密地填写招标书内容,在规定的截止日期前将填写的招标书交给招标人(该过程叫投标),招标单位在有公开或内部监督的条件下,在预定的日期揭开各供应商的投标书内容(该过程叫开标),然后招标人根据各供应商填报的价格,并参考其他条件(供应商的产品质量、服务、交货期等)请招标专家小组进行评议(评标),最后选择报价合适或者其他方面符合要求的供应厂商作为中标单位,宣布招标结果(结标)。这种招标方式常被用于政府采购、在生产者配套件采购、重大工程项目建设单位装备采购等场合。

采用招标方式,集团组织会处于主动地位,供应厂商之间会产生激烈的竞争。供应厂商在投标时应注意以下问题:①自己产品的品种、型号是否符合招标单位的要求;②能否满足招标单位的特殊要求。许多集团组织在招标中经常提出一些特殊要求,譬如提供较长时间的维修服务,承担维修费用等;③中标欲望的强弱。如果厂商的市场机会很少,迫切需要赢得这笔生意,就要特别研究投标策略(尤其是价格、质量和服务协调);如果厂商还有更多地市场机会,只是来尝试一下,则可以适当提高投标价格。但无论如何,报价均要求在合理的范围内,恶意的低价竞争不一定能够中标,因为招标单位对价格一般都已进行过调查,有一个标底价。过分远离这个价格,招标单位都有可能淘汰投标单位。

有时,招标单位要对投标单位进行资质审查。例如,汽车再生产者对零部件或中间性产品的配套采购,就要对各个拟投标的供应厂商进行资质审查,看其产品质量是否能够通过本企业质量部门的认可,是否通过全面质量管理认证,并考察其是否具有必要的融资能力等。因此供应厂商在投标前应了解招标单位的决策过程,事先做好必要的准备工作。

2. 议价合约选购

议价合约选购(Bargaining)是指集团组织的采购部门同时与若干供应厂商就某一采购项目的价格和有关条件展开谈判,最后与符合要求的供应厂商签订合同,达成交易。在符合要求的供应商数目较少时,采购方大多采取议价方式采购。汽车产品的大宗订单、特殊需求订单一般都采用此种采购方式。

综上所述,汽车供应厂商必须了解集团组织顾客的购买特征,考虑到集团组织市场中一些有别于私人消费市场的特殊问题,针对集团组织购买者的不同情况,制定行之有效的营销策略。

【复习思考题】

1. 简述汽车产品的使用特点。
2. 简述汽车私人消费市场的需求特点及购买行为模式。
3. 影响汽车私人购买行为的因素有哪些?
4. 影响汽车集团组织购买的因素是什么?
5. 汽车私人消费市场和集团组织市场在购买决策过程上有什么异同?

【案例讨论】

首份我国青年未来汽车消费趋势调查

我国新生代青年诞生于中国经济起步和高速发展的年代,生活在三口之家的优越环境中,懂得享受生活,善于接受新的消费观念。尽管他们中的大多数仍然接受着传统教育,恪守着责任与诚信,却拥有崭新的价值观和创造力,展现出与父辈截然不同的生活方式。

带着个性、自我、独立、开放的标签,怀揣对新事物、新生活方式的热爱,青年人已成为推动我国经济发展的重要力量。一项调查显示,在我国,25~34岁的人已成为汽车消费的主力,占了购车人群的47.7%。35~44岁的人排在第二位,所占比例为39.3%。两者合计达到87%。值得一提的是,主力消费人群的年龄段正在逐年降低,这也意味着,以青年人为主流的潜在消费群体,有望成为未来最具消费实力的族群。然而与不断壮大的消费群不相匹配的是,鲜有汽车企业了解青年人对于未来汽车发展趋势的想法,以及这个群体逐渐成形的独立消费习惯。

生活方式:传统观念起主导作用

与美国相比,我国学生对汽车的关注程度仍然较低,超过三分之二(67.7%,203名)的受访学生表示对汽车关注很少,偶尔关注汽车;11%(33名)的受访者甚至对汽车完全没有兴趣;对汽车痴迷和非常关注的分别占6.3%(19名)和14.3%(43名)。

在中国学生眼里,家庭最为重要。在问及"您觉得下面哪些对您最重要"时,90%的受访学生选择了"家庭"。朋友则位居其次,69.3%的受访学生认为朋友同样重要,再其次则分别是"自由时间"(55%)、"爱情"(50%)、"工作/教育"(39.3%)、"旅行"(31.3%)、"稳定"(29%)和"金钱/地位"(24%)。

图7-3中,您觉得下面哪些对您最重要?(%)

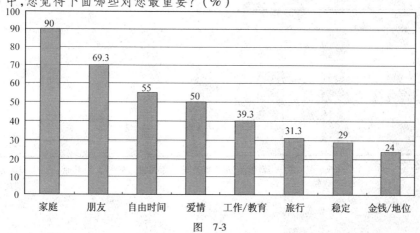

图 7-3

消费理念:满足感占第一位。

拥有一辆汽车,会有什么感觉?大多数(55.5%)中国学生认为"满足感"最强,其次则是"成就感"(32.4%),选择"骄傲感"的受访者最少,只占7.4%。

理想中的汽车是什么样子?调查数据表明,符合自身个性(34.8%)排在第一位,其次是"拥有时代设计感及先进科技"(27.7%)、"拥有极致的驾驶性能"(17.9%)、"节能环保"(15.5%)和其他(4.1%)。

图7-4中您觉得拥有一辆汽车是一种什么样的心理?

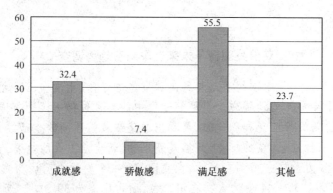

图 7-4

在汽车文化日益普及的今天,汽车能在生活中扮演什么样的角色,多数中国学生还是认为汽车只是一个代步工具。数据显示,61.1%的人认为汽车只是"与朋友外出、见朋友和参加其他社会活动代步"。此外,认为"汽车等于自由和独立"的占29.2%,为了匹配目前生活方式而选择汽车的占23.2%,16.8%的人出于爱好驾驶而选择汽车,认为汽车"是一种身份和成就感的象征"的受访学生只占一成(10.7%)。

购买车型:SUV独占鳌头

在具体希望购买的车型上,支持率最高的是"豪华SUV"(74%),其次是"个性化的小型车或微型车"(63%)、"豪华型轿车"(46%)、"高性能跑车"(43%)和"新能源汽车"(33%),"经典美国肌肉车"的支持率最低,只有13%。

图7-5中,希望购买的主要车型

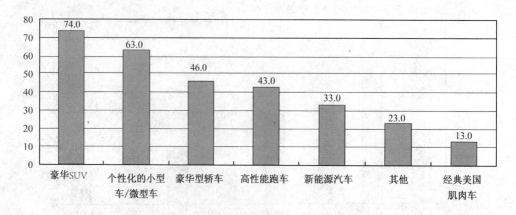

图 7-5

购车影响因素:安全性最重要

我国学生选择汽车会考虑哪些因素？调查显示,中国学生最看重的是汽车的安全性能,77.6%的受访学生表示选择汽车时会考虑安全性能,这一因素的支持率远高于其他因素,比如:合适的尺寸和功能(47.8%)、节能环保(45.2%)、个性化的外观内饰(44.1%)、驾驶乐趣(36.1%)、高科技(30.1%)、品牌地位(25.1%)、高保值率(15.7%)。

图7-6中,买一辆车,你觉得什么因素最重要？

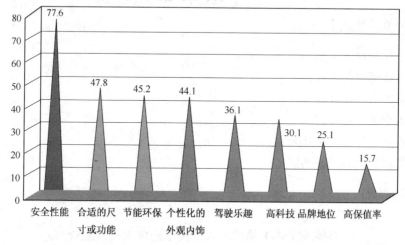

图 7-6

案例来源:资料节选自上海通用汽车官网,作者有删减,网址:http://www.shanghaigm.com。2012年8月9日。本调查由雪佛兰联手《中国青年报》、腾讯网面向未来主流年轻群体开展的"中国青年未来汽车消费趋势调查"。

【案例讨论题】

1. 请用自己的话概括自己身边青年人性格特点及消费特点。
2. 调查显示,我国学生的家庭观念很强,请列举家庭购买汽车的决策类型及其特点。
3. 如果现在,你需要购买一辆代步车,你会考虑哪些因素,做哪些准备工作？

第八章　汽车品牌定位与品牌设计

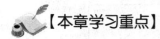【本章学习重点】

1. 品牌定位的理论发展和内涵；
2. 汽车品牌定位的策略选择；
3. 汽车品牌定位的决策步骤；
4. 品牌名称设计的类型；
5. 品牌名称设计的策略是什么；
6. 如何设计汽车品牌标志。

【开篇案例】

奔驰 SMART 品牌定位从代步走向高端的尴尬

在时尚圈里，不少在国外只能算的上是平价的服装和化妆品，在我国市场却摇身一变成了高档货。同样与时尚沾边的奔驰 SMART，似乎也受到了"传染"，明天将正式在国内上市的这款小车，变得似乎并不是那么亲民。

一、价格成选择难题

16 万元至 21 万元，这是奔驰 SMART 在预订时宣布的价格区间，这个价格一举把它推向了高端小车的位置。

对于这款高端小车来说，它的出现将会从价格上直接冲击中国消费者的购车理念，国产中级车高配车型的价格买一辆 1.0L 的小车，有多少人会出手？

此前，对于 SMART 在美国市场的低价，奔驰的相关负责人表示，那是由于汇率问题所造成的。但是，在如今的汇率下，SMART 到中国市场的价格似乎应该更低一些。

但事实却是，在之前公布的 16～21 万基础上，价格下降幅度并不会太大。记者从经销商处了解到，最终的最低售价肯定低于 16 万，可能在 15.8 万元左右，但是这个价格比该车在国外的价格还是贵了四分之一左右。

据了解，在欧洲类似配置的售价在 1 万欧元左右，而在美国市场最高也不会超过 1.7 万美元。

二、品牌遭遇尴尬

同样让消费者感觉不太舒服的，还有 SMART 的品牌。

虽然大家都知道 SMART 是奔驰旗下的产品，但是 SMART 却并没有使用奔驰的标识。记者从 4S 店的随机采访中了解到，不少消费者都以为 SMART 挂的是奔驰的"三叉星"。但实际上，SMART 挂的是自己的标识。

1994 年，奔驰公司和手表制造商 Swatch 公司联手建立 MCC 汽车股份有限公司，开始制造

SMART。到目前为止,SMART 的品牌历史才仅仅 10 多年。

有专家表示,在中国市场,SMART 的出名还是由于"小贵族"的出现,要不是当初的"抄袭事件",可能还不会有那么多人知道 SMART,而奔驰也可能不会那么快决定将其推向中国市场。

他还表示,与宝马的 MINI 和大众的甲壳虫相比,SMART 在中国市场的品牌竞争力还远远不够。而且,从市场售价来看,这三款车差距并不大,尤其是甲壳虫,现在的市场价格仅为 20 万元左右,但是 SMART 的动力与其差距很大。在这种情况下,SMART 的市场前景不容乐观。

三、北京仅一个经销商可售

在正式宣布进入我国市场之前,SMART 曾经在北京亚运村交易市场出现过,据销售的经销商表示:"买这个车的大多数都是已经有几辆车了,买这个车就是为了赶时髦。"

目前,随着 SMART 宣布进入中国市场,同时其在全国的经销商网络也开始跟进建设。

在北京市场,记者了解到,目前还是仅有北星行可以销售,其他奔驰的经销商都暂时无法销售。

北星行的销售人员表示:"4 月 15 日,将会有 40 辆车同时到店,之前交过订金的顾客将会按顺序选择,如果有想要的颜色在这 40 辆里面的话,4 月 15 日就可以提车,但是如果没有那就要等到 5 月份了。"

资料来源:http://www.cyzs.com/xiaoshow.asp? id = 943,2009 年 4 月 17 日

第一节 品牌定位

一、品牌定位概述

1. 品牌定位理论的产生

在定位概念被提出来之前,市场营销经历了产品时代和品牌形象时代两个阶段。在产品时代,市场上产品品种比较少,商品差异化程度比较大,因此市场竞争主要通过产品本身的属性特点和功能利益的差异来实现。在这一时期,罗瑟·雷德弗斯的 USP(unique selling proposition)理论成为营销理论的主流,它所诉求的是竞争对手做不到或是无法提供的独特的功能和利益。这一时期企业的注意力集中在产品的特色和消费者的利益上。可是在 20 世纪 50 年代后期,随着技术革命的兴起,产品之间以功能的差异来吸引消费者越来越难了,因为独特的卖点越来越少了。到 60 年代,成功的企业发现,在产品的销售中声誉或者形象比任何一个具体的产品特色都更加重要。大卫·奥格威提出了品牌形象论,认为"每一次广告都是对品牌形象的长期投资",然而当每家公司都想建立自己的声誉时,市场上有太多的产品和太多的营销噪声,以至仅有少数公司取得成功。人们逐渐认识到,产品重要,公司形象也重要,但比任何其他都更重要的是,你必须在潜在顾客大脑里建立一个"定位"。

定位理论首先是在 1969 年由里斯和特劳特提出的,他们在美国营销杂志《广告时代》和《工业营销》上发表了一系列的文章,提出了定位这一具有重要意义的概念。他们认为在这样一个传播过度的时代,消费者脑中充斥着各种各样的产品信息,只有使自己的产品独树一帜能够给消费者留下印象从而赢得顾客。

里斯和特劳特共同撰写了多部营销理论著作,1980 年出版了《定位》,其中推出诸如"心理占位"、"第一说法"、"区隔化"等极其重要的营销传播理论,指出任何一个品牌,都必须在目标

受众的心中占据一个特定的位置,并维持好自己的经营焦点,从而宣告了一个营销新时代"定位时代"的来到。1985年《营销战》面世,它是在定位理论指导下具有实战性、针对性的营销战术书。这两部著作引发了营销界的思想革命和实践革命。

1995年,特劳特又与里夫金合作,出版了定位理论的刷新之作《新定位》,作者借鉴心理学及生命科学的最新成果,提出营销定位的诸种心理原则及其误区,从而使定位理论发展得更为成熟,成为完整的思想体系,使其在全世界各个领域得到了广泛的应用。

里斯和特劳特的观点构成了品牌定位理论的基础。他们认为产品要赢得顾客仅仅靠发明新产品是不够的,企业同时还必须第一个打入预期顾客的脑中,并占据一席之地。并且他们还认为,在预期顾客的脑中存在着一级一级的小阶梯,这些顾客会按产品的一个或多个方面在这些阶梯上进行排序,定位就是要找到这些小阶梯并与其中某一阶梯联系上,以此在预期顾客的大脑中树立起本企业产品或品牌的独特方面。

2. 品牌定位的定义

里斯和特劳特认为,消费者的大脑中储存着各种各样的信息,就像一块吸满水的海绵。只有挤掉原有的产品信息,才有可能吸纳新的产品信息。

据此,他们认为"定位是从一个产品开始,这个产品可能是一种商品、一项服务、一个机构甚至一个人,也许就是你自己。但是,定位并不是对你的产品要做的事,定位是你对预期顾客要做的事,是在预期顾客心智上所下的工夫,把产品定位在预期顾客的大脑中"。据此他们给定位下的定义是"如何在顾客的脑中独树一帜"。由此看出里斯和特劳特把定位看成一种传播策略,让产品信息占据消费者心智中的空隙。菲利普·科特勒给定位下的定义是:"定位是指公司设计出自己的产品和形象,从而在目标顾客心中确立与众不同的有价值的地位。"所以具体来说品牌定位就是希望顾客感受、思考和感觉该品牌不同于竞争者的品牌的一种方式。

品牌定位可以通过目标顾客、顾客需求、品牌利益、原因、竞争性框架以及品牌特征来描述,以上六个元素分别从不同的方面对品牌定位进行界定:①目标顾客,指通过市场细分所选取的品牌所要满足的潜在顾客;②顾客需求,指通过识别或创造顾客需求,以明确品牌是要满足顾客的哪一种需求;③品牌利益,指品牌能够提供给顾客的独特价值,这种价值能够有效地吸引顾客;④原因,指为品牌的独特定位所提供的具有说服力的证据,比如独特的包装等;⑤竞争性框架,指明确产品所属类别以及竞争者;⑥品牌特征,指品牌所具有的独特的个性。

品牌定位与产品定位是有区别的。产品定位是指企业通过自己的产品创立鲜明的个性特色,从而塑造出独特的市场形象,而这要通过产品的性能、质量、档次、款式等来实现。产品定位要结合企业自身生产状况,其操作对象是产品本身,是针对消费者的需求对产品进行开发和改造以为其提供独特的利益;而品牌定位并不对产品本身做出什么改变,它是对品牌进行设计和传播,使其能在目标顾客心目中占有一个独特的、有价值的位置的行动,要在预期顾客的头脑里进行排序和定位。品牌定位的理论基础是消费者心理学。从上述概括中可以看出,定位的本质是"心理占位",是对顾客心理的运作,即向顾客传播一种有关品牌的事情或观念,使其在认同和接受时对品牌形成一个独特的印象和信念。

3. 品牌定位的意义

品牌定位是品牌建设的基础。品牌定位的成功与否,关系到品牌在市场竞争中的成败,因而越来越受到企业的高度重视,可以说,品牌管理的首要任务就是品牌定位,所以品牌定位具有重要的营销战略意义。

(1) 品牌定位能够使顾客记住企业所传达的信息

现代社会是信息社会,各种消息、资料、新闻、广告铺天盖地,人们从睁开眼睛就开始面临信息的轰炸,应接不暇。科学家发现,人只能接受有限度量的感觉。超过某一点,脑子就会一片空白,拒绝从事正常接受的功能。在这个"感觉过量"的时候,企业只有压缩信息,实施定位,也就是一方面简化自己品牌的信息,另一方面努力使自己的品牌与众不同,这样才能为自己的产品塑造一个最能打动潜在顾客心理的品牌形象,这才是在今天这个市场环境下明智的选择。例如红旗汽车是"中国领导人的坐骑",凯迪拉克是"高贵奢华",沃尔沃则是"安全舒适"……品牌定位使潜在顾客能够对该品牌产生正确的认识,进而产生品牌偏好和购买行动,它是企业信息成功通向潜在顾客心智的一条捷径。品牌的独特定位为其不同于竞争者的产品或服务提供了竞争性的理由,从而使企业在越来越同质化的激烈竞争中脱颖而出。

(2) 品牌定位有利于企业整合营销资源并打造强势品牌

品牌定位是品牌传播的前提,所以有了一个好的品牌定位就可以围绕这个定位来组织企业的营销资源为这个定位服务,加强这个定位。这一过程也就是品牌定位指导营销活动,营销活动又反过来加强品牌定位的过程。企业可以控制的营销资源包括通常所说的 4PS 组合策略。品牌的定位为企业指明了在恰当的地点,以合适的价格,进行有效的促销活动,为目标顾客提供满意的产品。

(3) 品牌定位是确立品牌个性和品牌形象的基础

品牌定位是确立品牌个性的重要途径,因为品牌定位中对品牌蕴涵的情感已经指向了品牌所要传达的个性。比如柯达定位以家庭为主,诉求快乐、温暖,其品牌个性表现为纯真的、诚实的、友善的;保时捷定位在为追求时笔和刺激的年轻人展示个性,其品牌个性则是大胆的、新潮的、富有冒险精神的。由此可见,品牌定位清晰,则品牌个性就能够比较鲜明地得到体现。而品牌个性可以体现品牌情感诉求,最终也是为了树立品牌形象。品牌定位通过对品牌整体形象的设计使之贴近消费者的心理感受,是对目标消费者情感和心智的管理,所以品牌定位也是塑造品牌形象的基础,它是联结品牌形象和目标市场的纽带。

二、汽车品牌定位策略

汽车品牌定位使品牌和消费者之间产生了交流和互动,所以它不可以随心所欲,而要遵循适当的原则,这是品牌定位成功的重要条件。具体说来,品牌定位要依据以下的几条原则:

(1) 要源自对目标顾客的了解

品牌定位必须要针对目标顾客,因为只有目标市场才是其特定的传播对象。如果品牌不能定位在顾客所偏爱的位置,或者说没有抓住他们的需求点,那么这一定位就无法与顾客产生共鸣,获得他们的认同。只有在对目标顾客深入了解的基础上,认准了顾客需求,才能找到品牌所要满足的目标顾客群的特定偏好,这样才能够获得成功的定位,占据顾客的心。路虎认为"自 1947 年问世以来,世界豪华 SUV 的至臻之选,从来就只有路虎"。路虎汽车不仅从外观、内饰给使用者带来了奢华、尊贵的感觉,同时也满足了越野爱好者对于汽车的高性能、高驾驶性的要求。

(2) 要与产品本身的特点相结合

品牌是产品的形象化身,产品是品牌的物质载体。所以品牌定位要结合产品本身的特点和价值来进行,脱离了产品特点的品牌定位对于消费者而言只是空中楼阁。在进行品牌定位时应该考虑产品的质量、结构、性能、款式、用途等相关因素。

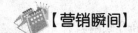

红旗:品牌错位下神坛

红旗,我国第一民族品牌,其光芒曾经让世人眩目,红旗过去一直是国人心目中尊贵的"代名词","领袖车"的身份更增添了其神秘的色彩,当年许多外国官员来我国的三大心愿就是"见毛主席、登长城、坐红旗车"。然而,今天面对大街小巷风尘仆仆的红旗出租车,面对13.38万/辆的价位,面对逐年下滑的销量,我们不得不承认,红旗已经走下了神坛。

目前,中国汽车市场销售状况渐入佳境。2007年上半年乘用车销量达308.41万辆,同比增长22.26%。然而,和竞争品牌销售火暴状况极不协调的是,红旗轿车的销量近年来逐年下降。从2002年—2005年,红旗销量由近2.7万辆减少到9000辆,2006年红旗和奔腾一共才销售了1万辆左右,2007年上半年,红旗品牌轿车销量不足1600台,曾几何时,红旗曾是国人心中尊贵的"领袖车",而今神秘的面纱揭去,红旗已经辉煌不在。在一汽轿车的一次展示会上,国家某部委机关的一位采购官员直率地说:"我们现在基本不再考虑购买红旗车了,觉得它的档次不够。"红旗轿车从昔日的辉煌荣耀,变为今天的步履维艰,应该说有整个民族汽车工业弱势、自主研发和创新乏力等原因,然而笔者认为,红旗走下神坛,致命的硬伤还是品牌战略管理的失误,红旗品牌错位,偏离了自己品牌核心价值的主线。

历史赋予了红旗品牌无人能出其右的至尊地位,"尊"和"礼"应该是红旗的品牌核心价值,红旗应该是尊贵、权力、地位的象征,自然也是最高档的轿车。持之以恒地维护品牌核心价值,早已成为国际一流品牌创建百年金字招牌的秘诀,许多卓越汽车品牌坚守自己品牌核心价值几十年甚至上百年,例如,宝马的"驾驶乐趣"、马自达6的"动感、时尚"、沃尔沃的"安全"、劳斯莱斯的"皇家的坐骑"等。按理说,红旗应该维护自己"尊和礼"的品牌内涵,坚守高档车市场。然而,面对激烈的市场竞争,红旗经不住诱惑,弃"官"从"民",昔日的尊贵的"领袖车"今日自贬身价,服务于普通大众。

红旗的最大的败笔就是品牌延伸进入中、低档轿车市场,降价过频、过多,最便宜的一款红旗车只要13万多,滑向低档经济型轿车市场。红旗为了短期利益,进入城市出租车市场,虽然提升了一定的销售量,但看着大街小巷的红旗出租车,谁还会想到它曾经是集尊贵、权力和地位于一身的"领袖车"呢?红旗进入中、低档轿车市场,使红旗多年来积累的尊贵品牌形象消失殆尽,严重稀释了品牌价值,红旗失去值得炫耀的"尊和礼"的品牌价值,也就等于走下了人们心中的圣坛,难怪红旗在许多人眼里成为低档货,供销量逐年下滑也就不足为奇了。

资料来源:杨兴国《红旗:品牌错位下神坛》,中国营销传播网,2008年2月26日

(3)要考虑企业的资源条件

品牌定位要充分考虑企业的资源条件,以优化配置和合理利用资源为宜。理想的品牌定位最终还要靠企业通过资源调配来管理和执行,所以既不能妄自菲薄,造成资源浪费,也不能好高骛远,追求过高的定位。将品牌定位为创新的、前沿的,就要有尖端技术的开发实力;将品牌定位为高档的、尊贵的,就要有确保产品高品质的生产和管理能力;将品牌定位为国际化的,不仅需要有雄厚的技术和资金实力,还需要具备进行全球市场营销和管理的能力。

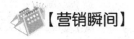【营销瞬间】

宝骏:一跃成名的勇气和底气

上汽通用五菱以"宝骏"之名进军中级车,是需要勇气和底气的。令人欣慰的是,在上汽和通用等大股东的力挺下,这两项条件上汽通用五菱都具备了。

2010年,上汽通用五菱在上海正式发布了全新乘用车品牌——宝骏,由此拉开了这家微车大王进军乘用车市场的序幕。

上汽通用五菱将呼声最高的宝骏作为乘用车品牌,毫无疑问是顺应"民意"之举,在品牌名称和LOGO敲定之后,笔者更关注的是股东各方如何群策群力,统筹资源,让宝骏首款产品面世之后便"一跃成名"。

作为微面起家的汽车企业,转战轿车领域时放弃从低端的微型轿车起步(SPARK乐驰就属于A0级的微型轿车但挂的却是雪佛兰标),而直接从中级车入手,确实需要勇气。虽然挑战不小,但是从长远来说,宝骏从中级车切入轿车,是明智且可行的。

众所周知,对于任何一个新品牌而言,如果第一款产品推向市场后获得成功,那无异于在消费者的第一印象上给品牌定型了。这就是所谓的品牌联想效应。在宝骏出笼之前,中国车市已经从正反两方面的经验告诉企业,第一款产品的推出对于树立一个什么样的品牌形象至关重要。

从这个意义上讲,宝骏先从中级轿车切入,再往微型轿车延伸的"由高往低打"的做法,尤为值得肯定。当然,有人会说,如果干脆从中高端或者高档车切入,是不是对于树立宝骏品牌形象更为有用?如果真是这样,宝骏为什么不这样做呢?

结合宝骏诞生的背景和环境来看,很容易发现上述假设完全是不可行的。首先,上汽通用五菱没有足够的资源(包括技术人才和资金)让宝骏从中高端切入;其次,合资公司的大股东上汽和通用也不愿宝骏冒此无谓的风险,中高端和高端车让别克、荣威和凯迪拉克去做就好了。

所以,摆正宝骏面前的就只有两种选择,一种是打造一款与SPARK乐驰同级别的A0级小车,从微型车顺理成章地过渡到微型轿车,由于五菱微型车的市场认可度较高,因此这条道路走起来会相对轻松,但是一个不可忽视的隐忧是,宝骏的品牌形象可能"被固化"为过于低端。

另一种选择就是越级进军更为主流的A级轿车市场。由于微车和A级车所在的中级轿车市场存在一个跨度,因此消费者和市场接受上可能需要时间,而且投放市场后不可避免要承担一定风险。但是在树立品牌和口碑方面的好处是显而易见的,宝骏天生就会被认为是中级车品牌,而非低端的经济型车。

从不久前上汽通用五菱发布的乘用车品牌战略来看,宝骏选择的是更具挑战性的第二条道路,从这个意义上讲,宝骏的勇气可嘉。这同时也从一个侧面反映出,大股东上汽和通用在宝骏品牌定位上的深谋远虑。

从上汽高层的表态来看,作为合资自主品牌的宝骏,将同荣威和MG共同捍卫中高端轿车及其以下的细分市场。在中高端领域,先入为主的荣威和MG已经占领制高点,各自主攻的方向分别为国内和海外市场;而宝骏则以上汽通用五菱独有的"高价值、低成本"竞争优势,主攻国内和海外新兴市场的中级车及以下细分市场。

据悉,2010年—2015年期间,宝骏品牌规划的轿车产品,将完全覆盖A级、A0级和A00级三个细分市场。由于上汽在合资公司中所处的绝对大股东地位,宝骏将可以充分利用泛亚、上海通用和通用全球的研发资源、营销经验和管理模式,来运作自己的轿车产品。

明晰的品牌定位战略加上大股东的力挺,宝骏"一跃成名"只会是时间问题。

资料来源:世界经理人网站　http://blog.ceconlinebbs.com/BLOG_ARTICLE_34858.HTM

(4) 定位要关注竞争者

定位是重要因素。因为定位本身要求自己与竞争者的品牌区别开来,提供独特的利益或价值以在消费者心中占据一席之地,所以考虑竞争者就是为品牌定位找到一个参照系。在今天竞争日益激烈的市场环境下,可以垄断的细分市场越来越少,企业更应该制造差异,以与竞争者相区别而存在,以品牌定位凸显竞争优势。否则,人云亦云、墨守陈规的定位只可能在纷繁复杂的市场信息中被淹没。

(5) 定位要简明扼要

品牌定位要简单化,要从无数的创意构想中抽取一两个最具代表性的要点高度概括出品牌的本质特征,同时这个要点还要能够激发消费者联想到更多的品牌利益。品牌定位切忌啰唆繁复地列举优点,造成定位不清晰。在今天信息爆炸的时代,一个简单的定位,一条简单的信息能够更长久地占据目标顾客的大脑。众所周期,沃尔沃汽车是安全车的代名词,"安全"成为沃尔沃汽车的成功定位。然而沃尔沃曾经把自己定位成一种可靠、豪华、安全、有趣的车,这种多功能的定位使得顾客对于沃尔沃车的印象十分模糊,自己宣称什么都是,也许顾客认为什么都不是。沃尔沃在认识到这一点之后,修正了定位,很快在竞争中脱颖而出。

(6) 品牌定位要始终如一

经过最初的定位,在顾客心中会形成一个特殊的品牌形象,并且把这个形象根植于心中而不易改变。一方面,一旦品牌的定位在顾客的心中形成,如果要去改变这样的定位就有可能招致顾客的反感;另一方面,企业投入大量的营销资源形成一个品牌的定位是一件艰巨的任务,如果随意改变品牌的定位将会导致资源的浪费。所以随意改变品牌的定位是一件得不偿失的事情,品牌定位的任务一方面是要形成一个独特的定位,另一方面是要长久坚持这个定位。

但是很多的企业并没有坚持它们品牌的定位,在获得一定的成功后常常掉入我们所谓的FWMTS(forget what made the successful)陷阱,也就是"忘记了使他们成功的根本"。

三、汽车品牌定位的策略选择

品牌定位是一项颇具创造性的活动,我们在日常生活中可以感受到市场上品牌的定位五花八门。然而仔细观察就会发现,品牌定位所采取的策略也是可以参考和遵循的,以下介绍一些最常见的品牌定位策略,它们有时候单独使用,还有不少可以结合使用,根据具体的市场环境和企业资源条件可以进行灵活的选择。

1. 品牌属性或利益定位

顾客购买某品牌的产品是因为该产品能够满足其需求,带来某种利益,属性或利益定位就是将产品的某些功能特点和顾客的关注点结合起来,以消费者视角为基础将本品牌与竞争者品牌相区别。比如飘柔使头发柔顺,潘婷能为头发提供滋养,海飞丝去屑出众;落脚于汽车品牌的话,我们也能看到本田是节油,沃尔沃是安全,宝马是具有驾驶的乐趣,奔驰则是高贵显赫的象征。这些都已经成为成功且深入人心的品牌定位。属性定位的实质就是突出产品的效用,所以产品功能是整体产品的核心部分,企业采用这种定位方式来突出其产品的特别功效或者高品质。采用属性或价值定位方式的品牌不仅需要采取严格的质量保证体系以实现持续的高品质,而且还要坚持不断地改进产品质量,争取做到推陈出新。这是一个长期的过程。这种方法适用于那些长久以来追求卓越品质并且在消费者群体中间享有良好口碑的品牌。

2. 价格/质量定位

有的品牌会采用价格/质量定位,这种定位要么使用广告宣传品牌具有一流的质量却只需要支付二流的价格,要么强调具有竞争性价格的产品的质量或价值。

3. 情感定位

沃尔特·舍恩纳特在《广告奏效的奥秘》中写到:"人首先依赖于情感,其次才是理智。情感是维系品牌忠诚的纽带,它能够激起消费者的联想和共鸣。"采用情感定位就是利用品牌带给消费者的情感体验进行定位。在今天市场上的产品越来越同质化的竞争环境下,品牌如果能够带给消费者独特而不可替代的情感体验,哪能说占据了消费者的心。

对于技术含量高的产品基于高科技的产品和服务来说,消费者的购买变得更加困难和谨慎,而且消费者往往对于过于详细的产品信息(尤其是含有很多专业技术术语的信息)也没有更大的耐心和兴趣。因此,购买一辆"最新科技的汽车"或者"购买这辆汽车是您的明智之举"的感觉远远比让消费者阅读大量的、印刷精美的有关发动机和传动机的信息简单得多。因此,鼓励和引导消费者在情感层面做出购买决策,将降低其对认知性信息的需要,避免消费者迷失在复杂的有关产品特性的诉求中,使其轻松做出决策。

4. 品牌使用者定位

品牌使用者定位点的开发,是把产品品牌和一类用户联系起来,从而界定出品牌使用者这一特定的消费群体。这种定位往往有两种方式:第一种是暗示出该品牌能够为该群体所带来的特定利益,比如金利来定位于"男人的世界",其男士衬衣、腰带、皮包都畅销于中高收入的男性群体,因为品牌的定位暗含了其高品质和品牌象征的身份。另一种方式是挖掘消费者特质,将品牌塑造成一种消费者"自我的表达"或者说"延伸的自我"。

5. 产品类别定位

产品类别定位一般是用于为品牌扩建一个新的产品类别,以加强其在消费者心中的印象。采用这种定位有时候是为了进行市场培育,有时候则是采用了诉诸已知类别的对立面的方式给人留下印象。例如,一些品牌将自己定位为一些为人熟期的产品类别的对立面以引起人们注意。

6. 首席定位

首席定位即强调自己处于同行业或同类产品中的领先地位,在某一方面有独到的特色。因为"第一"的位置是让人羡慕的,所以冠上这个头衔可以产生聚焦作用和光环效应,具备追随性品牌所没有的竞争优势。企业在广告宣传中使用"第一家"、"市场占有率第一"、"之最"等口号,就是首席定位策略的运用。例如沃尔沃的最安全,波斯克牌赛车是小型运动跑车的第一等等。在现今信息爆炸的社会里,各种品牌多如过江之鲫,消费者对大多数信息毫无记忆,但对"第一"印象最为深刻,因此,首席定位能使消费者在短时间内记住该品牌。

7. 竞争者定位

竞争者定位也叫做比附定位。这是通过与竞争品牌的比较来确定自身市场定位的一种策略,通常是和竞争对手的品牌间接地联系起来,借竞争者之势,衬托自身的品牌形象。在这种定位中,参照对象的选择是一个重要的问题,一般来说,只有与知名度、美誉度高的品牌做比较,才能够借势抬高自己的身价。

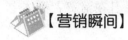【营销瞬间】

艾维斯汽车租赁:我们正在努力

在定位理论中,第一是永远的胜利者,因此,企业为了在市场竞争中处于有利地位,总是想方设法占据某个领域的第一,目的是为了在消费者心目中形成明确位置。而艾维斯(Aviss)汽车租赁公司却是一个以竞争者比附定位的成功案例。

20世纪60年代艾维斯汽车租赁公司只是美国出租车市场上的第二大公司,其使命是"做到让顾客完全满意的程度"。其目标在于"为顾客提供最佳的服务,待客如待己,还要超越客的期望"。经过周密调查,公司发现行业最厉害的、瓜分全部市场份额1/4的是赫兹(Hertz)汽车租赁公司。于是,艾维斯公司打出了这样的口号:We Are No.2(我们是第二);因为我们是第二,所以我们更努力广文维斯虽然与赫兹汽车租赁公司在规模上还有很大的差距,但艾维斯汽车租赁公司却用竞争者定位的方法,将自己和赫兹公司设置得处于同一竞争层次,并且直面自己的劣势,大胆地对消费者说"我们是第二",从而在消费者心目中建立起一个谦虚上进的企业形象。艾维斯汽车租赁公司从此稳稳占据第二的位置。从此"第二"理论名扬天下,这个定位巧妙地建立了与市场领导品牌赫兹公司的联系,最终艾维斯的市场份额上升728个百分点,大大拉开了与行业排名老三的国民公司的距离。

甘居"第二",就是明确承认同类中另有最负盛名的品牌,自己只不过是第二而已。这种策略会使人们对公司产生一种谦虚诚恳的印象,相信公司所说的是真实可靠的,同时迎合了人们同情弱者的心理,并且这种宣称无意中透露的信息是我们比别人更努力严格,这样很容易使消费者记住这个通常难以进入人们心智的序位。

资料来源:《世界经典广告语欣赏》
中国征集网,http://www.zhengcn.com/zy/gw/2007/02/3.html

8. 文化定位

文化定位是指将文化内涵融入品牌,形成文化上的品牌差异,这种定位不仅可以大大提高品牌的品位,而且可以使品牌形象更加独具特色。具有良好的文化底蕴的品牌具有独特的魅力,能够给消费者带来精神上的满足享受。

9. 品牌再定位

品牌再定位就是变更或者改变品牌的原有定位,当产品品牌的销售额下滑或者企业发现有新的市场机会时,为了获得品牌新的增长与活力,企业可以考虑品牌再定位。比如香港服装品牌鳄鱼恤,创立于1952年,是一个有着50年历史的全球品牌。

一般来说,品牌的再定位比树立一个新品牌的定位要更加困难,因为先要清除顾客脑中原有的定位,再将品牌的新定位传播给顾客,并不断地加强这一形象。坚持品牌定位是品牌营销的一般原则,如果市场环境发生变化,原有的品牌需要更新自我以获得市场认可,那么企业可以考虑对品牌进行重新定位。

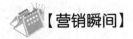【营销瞬间】

东风雪铁龙：在历史和文化中重寻品牌定位

5月18日，在神龙汽车第三工厂的奠基仪式以及专访结束后，东风雪铁龙的一众高管们匆匆离去。而在千里之外的北京，另一场早已准备好的活动正等待着他们的到来。

拉近与中国的距离

时间回溯至4月19日，在喧嚣的上海车展上，前来参观的人们惊诧地发现，总是以设计和科技作为展示亮点的雪铁龙的展台上突然多出了两款老爷车，AUTOCHENILLE1931 履带车与 TRACTION 前驱车。不过，这并不需要过多猜测，当你看到了雪铁龙在该次参展的主题中增加了"传奇"二字就会明白，雪铁龙此举是另有他意了。果然，在其新闻发布会上，雪铁龙宣布启动"世纪传奇、驾驭未来——纪念汽车史上首跨欧亚大陆、雪铁龙东方之旅80周年"庆典活动，并将活动的首发地放在了中国。而这两款老爷车，正是雪铁龙80年前跨越欧亚大陆的见证者。而东风雪铁龙之前把2011年定为"品牌体验年"，除了本身品牌仍存在的较弱影响力需进一步提升外，也考虑到了要呼应雪铁龙筹备的"东方之旅"全球庆典活动。

东风雪铁龙公关部人士告诉记者说，"东方之旅"活动将持续两个月，以城市接力的形式跨越全国19个省、市和自治区，最终到达新疆的红其拉甫达坂，总行程近1.5万公里。"这应该是东风雪铁龙近年来组织的最具品牌传播广度的活动，"业内资深人士称，这样的活动对于改善雪铁龙品牌形象、提升其品牌价值很有效果。

尘封的历史印记

在东风雪铁龙总经理魏文清看来，目前东风雪铁龙销量提升速度很快，但仍有障碍，就是品牌力还不够，"通过C5来提升品牌价值已经初见成效，但我们还需要加强其他方面以形成合力，来达到这个目的。"因此，对于非常希望在中国市场打个漂亮的翻身仗的雪铁龙来说，启封这段辉煌的历史就显得很有必要。

"这毕竟是雪铁龙与中国的第一次亲密接触，非常有意义，"在厚重的历史面前，东风雪铁龙副总经理德拉莫特称，东风雪铁龙发起本次活动是为了传承和传递品牌的创新精神。据资料显示，1931年4月4日，"帕米尔车队"正式从贝鲁特出发，沿大马士革、巴格达、德黑兰、赫拉特、坎大哈前往阿富汗首都喀布尔。4月6日，"中国车队"从天津启程。1931年10月8日，历经数月，两队人马终于在新疆喀什附近的阿克苏胜利会师，并最终于1932年2月12日成功抵达北京。"那是一次最疯狂的探险，"德拉莫特称，戈壁滩、喜马拉雅山，还有动荡的时局，车队无时无刻不在危险之中，"但那也是一个传奇"。

雪铁龙的转变

此前，雪铁龙总是把太多的精力放在欧洲大本营，对于新兴市场却抱着作壁上观的态度，这也给中国消费者以"僵化、慢半拍"的印象。然而，不期而遇的金融危机最终改变了雪铁龙固守的思维，2009年上任的PSA总裁菲利·瓦兰则以国际化视野重新调整了PSA的全球战略，中国、印度等新兴市场作为战略重点被纳入其战略版图中。

事实上，雪铁龙在欧洲市场是一个很有话语权的品牌，品牌积淀也很深厚，并不输于德系品牌。但由于其在中国经营多年形成的品牌积弱，让其不得不重提"回归价值高端"品牌战略。之前雪铁龙为了提升全球品牌形象而进行了全球换标以加强品牌科技感的活动，虽然给东风雪铁龙带来一定的品牌拉动作用,但影响还是偏弱。因此,需要更加贴近市场、更具广度和深度的活动相匹配,才能使雪铁龙从真正意义上获得品牌价值的高端化。

眼下,东风雪铁龙正在尝试着从历史文化中发掘品牌价值,而在另一方面,东风雪铁龙产能的再次提升、产品的密集投放、本土化人才的引进等等,都在昭示着 PSA 正在走向开放的经营思维,长久以来形成的死结正在一个个打开。

四、汽车品牌定位决策步骤

为汽车品牌定位是一个科学地整合分析目标消费者需求、市场竞争状况、企业资源特征的过程。为了获得清晰准确的定位,必须遵循一定的操作程序。一般来说,一个完整、有效的品牌定位的形成要遵循以下步骤:

1. 消费者需求分析

品牌必须将自己定位于满足消费者需求的立场上,最终借助传播让品牌在消费者心中获得一个有利的位置。所以消费者的需求分析是进行品牌定位的首要步骤。要达到这一目的,可以借助消费者行为调查,通过客观的数据来了解目标市场顾客的生活形态或心理层面的情况。20 世纪 90 年代初,我国的市场调查营业额总量在全球排在倒数几位,而 2007 年我国已经排在第 15 位。近年来,中国的市场调查行业保持了 20% 的增长率。调查的属性也由最初简单的数据采集,到现在着眼于全方位的各种系统北市场需求和客户群的分析模型,这一切,就是为了找到切中消费者需要的品牌利益点,而思考的焦点已从产品属性转向消费者利益。消费者利益的定位是站在消费者的立场上来看的,它是指消费者期望从品牌中得到什么样的价值满足,所以用于定位的利益点选择除了产品利益外,还有心理、象征意义上的利益,借此使产品转化为品牌。因此可以说,定位与品牌化其实是一体两面,如果说品牌就是消费者认知,那么定位就是公司将品牌提供给消费者的过程。

2. 确认品牌竞争者并明确其定位

品牌定位的实质就是与竞争品牌相区别以给消费者留下独特的印象,所以一个企业在进行品牌定位时应该首先分析品牌的竞争者。确认品牌竞争者是一个需要全面考虑的过程,因为品牌竞争者不仅包括同类产品竞争的品牌,还包括其他种类产品的品牌(直接的或间接的替代产品品牌)。这也将作为一个行业分析的基础。在确认竞争品牌之后企业必须明确每个竞争者品牌是如何进行定位的。一般而言,探求竞争性品牌的定位可以采用竞争性框架的方法:就是根据产品的某些属性来做一个树形图,并分别细分这样一些属性,最后把所有的竞争性品牌按这些属性在这个树形图上"对号入座",以明确竞争品牌的差异性定位。

比如大家熟悉的沃尔沃品牌在分析竞争性品牌时,首先根据汽车的功能属性,细分出消费者对于这一产品的各种不同诉求,比如乘坐的舒适性、驾驶的体验性、安全性能、作为尊贵的象征等。然后将市场上的各种竞争性品牌与汽车的属性对应起来,从而明确它们的定位,最后寻找到"安全性"的突破点。

3. 测试消费者偏好

企业可以在市场细分的基础上对目标市场进行评估,分析这样一个特定群体对于产品的哪些属性是非常看重的,并且竞争性品牌没有很好地满足这些需求。我们今天使用的市场调查方法和获取的需求数据,更多的是一些顾客需求的外在表达,这种表达往往经过了人的刻意修饰而非内心的真实感知。如何深度获取顾客对某品牌的真实潜在需求和心理感知,并以此作为品牌定位的依据,是一个全球性的探索性课题。研究者们结合心理学的成果,已经开发出了一些研究消费者潜在需求的隐喻引出工具。

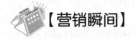
【营销瞬间】

宝马品牌核心价值：使驾驶成为乐趣

品牌战略要求企业的所有营销传播活动都要围绕以核心价值为中心的品牌识别而展开，企业的任何营销策划、营销活动、公关活动、促销活动、产品设计、产品定价等，都要去演绎出品牌识别。

德国宝马汽车是用品牌核心价值全面统领一切营销传播活动的成功典范。宝马汽车品牌核心价值是"驾驶的乐趣和潇洒的生活方式"。因此，总是不遗余力地提升汽车的操控性能，使驾驶汽车成为一种乐趣、一种享受。

1. 满足不同消费人群的产品差异化策略

德国宝马汽车的产品研发与技术创新都清晰地指向如何提升汽车的驾驶乐趣。宝马汽车的外观也栩栩如生地体现出品牌的核心价值，体现出潇洒、轻松的感觉，与很多豪华车都十分庄重的特点形成鲜明的反差。在整体的品牌核心价值的统帅下，每一个系列的车型都会有个性化的差异，以适应于不同的消费人群。

2. 高调定价策略

公司认为制订高价策略是因为：高价也就意味着汽车的高品质，高价也意味着品牌的地位和声望，高价表示了品牌与竞争品牌相比具有的专用性和独特性，高价更显示出车主的社会成就。总之，高价策略是以公司拥有的优于其他厂商品牌的优质产品和完善的服务特性，以及品牌象征的价值为基础的。汽车的价格比同类汽车一般要高出10%~20%。

3. 亚洲直销渠道策略

公司早在1985年在新加坡成立了亚太地区分公司，总管新加坡、中国香港、中国台湾、韩国等分支机构的销售事务。在销售方式上，公司采取直销的方式。独特、个性化且技术领先的品牌，锁定的顾客并非是大众化汽车市场，因此，必须采用细致的、个性化的手段，用直接、有效的方式把信息传递给顾客。直销是最能符合这种需要的销售方式。公司在亚洲共有3000多名直销人员，由他们直接创造的销售奇迹。

4. 放长线钩大鱼的促销策略

公司的促销策略并不急功近利地以销售量的提高为目的，而是考虑到促销活动一定要达到如下目标：成功地把目融入潜在顾客中；加强与顾客之间的感情联络；在具有的整体形象的基础上，完善产品与服务的组合；向顾客提供详尽的产品信息。最终，通过各种促销方式使能够有和顾客直接接触的机会，相互沟通信息，树立起良好的品牌形象。公司考虑到当今的消费者面对着无数的广告和商业信息，为了有效地使信息传递给目标顾客，采用了多种促销方式，包括：以传播品质为核心内容的广告宣传；许多城市开设了生活方式专卖店的直销模式；以体育营销为载体的公关活动。

正因为用核心价值统帅一切营销传播，成功地把"驾驶的乐趣和潇洒的生活方式"的品牌精髓刻在了消费者的大脑深处，所以车的购买者更多的是行业新锐、演艺界人士、富家子弟和活力、激情、心态比较年轻喜欢自己开车的成功人士。

资料来源：http://news.imosi.com/news/20101009/7013.shtml 作者：李天，2010年11月9日

4. 通过竞争优势提炼品牌核心竞争价值

有价值的、值得开发的品牌竞争优势一般并不能直接用于品牌定位,它是原始的、粗糙的和宽泛的,要经过高度概括和提炼,得到其核心竞争价值。而这种品牌核心价值是品牌创建的重要战略目标,有它们才能真正地把品牌与其竞争对手区别开来。所以这种核心价值是品牌的精髓,是品牌向消费者承诺的最根本利益,也是消费者认同、忠诚于品牌乃至愿意为之付出高价的原动力,是可以建立品牌定位的本质性的东西。

5. 确定汽车品牌定位

在前面步骤的基础上,通过竞争环境分析、差异研究、消费者需求的探索、品牌核心价值的提炼,就可以获得一些品牌的定位点。然而汽车品牌定位还要在这一系列的品牌定位点上进行优化组合,舍弃不合理的方案,保留可行方案,然后再对这些方案进行严格筛选,以在相互竞争的参考体系中找到品牌的理想位置,最终形成品牌定位。这种定位应该能够用文字简洁而准确地表述出来。

6. 汽车品牌定位的传播和监控

汽车品牌定位是开始而不是结束。当定位确定之后,还必须有效而一致地传播这一定位。传播要采取有效的手段来表达这一定位,让目标消费者认识、理解、接受这一定位,产生心灵的共鸣。这种认同感才是最终在消费者脑中对品牌形成特殊印象的基础,所以定位是否成功,只有消费者才最有发言权。传播有公关、广告、包装、价格、营销渠道等多种途径,其中最重要的是广告,因为广告可以通过图文结合、多媒体的表现方式,立体地展现品牌的定位。而一旦某种汽车品牌定位已经在消费者脑中建立起来了,汽车企业还要注意监控它在市场上能否有效地维持。企业可以通过记录不同时期研究出来的品牌形象来了解品牌定位状况,另一方面,也可以确定竞争者品牌的状况。

第二节 品牌设计

一、品牌名称设计

1. 品牌名称的意义

品牌设计是文字、标志、符号、图案和颜色等要素或构成的组合,用以识别某个销售者或某群体销售者的产品或服务,并使之与竞争对手的产品或服务区别开来的商业名称及其标志。品牌设计分为品牌名称设计和品牌标志设计。而品牌名称的理论和实际意义在近来的有关品牌资产和品牌扩展的研究中已经得到承认。

品牌名称是品牌识别中可以用文字表述并用语言进行传播的部分,也称"品名",如奔驰(BENZ)、奥迪(Audi)等。好的产品是一条龙,而为它起一个好的品牌名字就犹如画龙点睛,每一个品牌都有自己的名称,否则就无法与外界进行传播与沟通。

品牌名称提供了品牌联想,这是成功品牌名称的基本特征之一。它最大限度地激发了消费者对于品牌的一种感知联想。一提到某个品牌名称,人们马上就会自然而然地对该品牌所代表的产品或服务的质量、形象、特色等产生一个整体的印象。

品牌名称还可以从不同的侧面诠释品牌的核心价值,成为品牌传播的最好载体。如"古驰"(Gucci)皮具突出了产品古典朴素的设计;"易趣"(Ebay)拍卖网站,这个译名传达的不仅是"交易的乐趣"·,还是"乐趣的交换";帮宝适(Pampers)给宝宝提供最贴心的照顾,让他们舒适随意,令人联想到它的柔软。这些品牌名称我们一听就可以了解到其品牌核心价值能够带给消费者怎么样的利益。

另外,对于世界品牌而言,成功的品牌名称还可以坚定其品牌核心价值的专业性,甚至产生了巨大的影响力。大众汽车公司的德文 Volks Wagenwerk,意为大众使用的汽车。此外,现在的市场环境需要企业具备全球眼光,所以为了与全球经济接轨,品牌名称的国际化成为一种必然趋势。

2. 品牌名称设计的类型

一个好的品牌名称是品牌被消费者认知、接受,使消费者满意乃至忠诚的前提,品牌的名称在很大程度上会对产品的销售产生影响,可以帮助产品扩大知名度,提高品牌产品的市场份额。纵观国内外一些著名品牌,它们的名称既各具特色,又都遵循着共同规律,还包含着许多精彩的偶然创意,下面就是我们从这些命名实践中总结出的品牌名称设计的一些基本类型。

(1)地域命名

这种命名方法以产品的出产地或所在地的名称作为品牌的名称。这种方法通常是想凸显该地方生产此产品所具有的独特资源,由此而形成独一无二的、竞争品牌无法替代的产品品质,以突出产品的原产地效应。消费者由对地域的信任,进而产生对产品的信任。将具有特色的地域名称与企业产品联系起来确定品牌的方法,有助于借助地域积淀,促进消费者对品牌的认同。

(2)人物命名

将产品的发明者、企业的创始人或者与商品相关的某个明星的名字作为品牌名称的命名方法,可以充分利用名人名字的价值,以吸引消费者认同。世界著名的"本田汽车",就是以创始人本田名字命名的品牌。像这样因人取名的产品能借助名人的威望及消费者对名家的崇拜心理,以语言文字作为媒介,把特殊的人和产品联系起来,激发人们的回忆和联想,借物思人,因人忆物,容易留下深刻的印象。

(3)目标顾客命名

这种命名方法就是将品牌与目标客户联系起来,明确指出该品牌是为某一针对性群体服务,进而使目标客户产生认同感。

(4)形象命名

这种命名方法就是运用动物、植物或自然景观等来为品牌命名,它利用某个形象来使人产生联想的空间,并给消费者留下深刻的印象。比如美洲虎汽车又称捷豹,缘由英文 JAGUAR 的音译,它的汽车标识为成一只纵身跳跃的美洲虎,造型生动、形象简练、动感强烈,蕴含着力量、节奏与勇猛。然而企业需要注意的是,这种联想应该是积极的、与品牌的价值利益内在地相一致的,如果品牌命名的某种特定形象使消费者对产品认知产生了混淆和怀疑,那么会使得消费者对品牌产品不信任从而拒绝购买。

(5)企业命名

企业命名是指将企业名称直接用做品牌的名称,它有利于形成产品品牌、企业品牌相互促进,达到有效提升企业形象的目的。企业式名称又可分为两种类型:全称式和缩写式。全称式如摩托罗拉公司的摩托罗拉手机、索尼公司的索尼电器等;缩写式名称是用企业名称的缩写来为品牌命名,即将企业名称每个单词的第一个字母组合起来,这种类型的品牌名称较著名的汽车品牌有菲亚特(FIAT)其全称为意大利都灵汽车制造厂(Fabbrica Itliana Auto-mobi Ledi Torino)。

(6) 利益价值命名

利益价值命名就是利用企业追求的价值来为品牌命名,使消费者看到产品品牌,就能感受到企业的价值观念,感受到消费者从品牌中获得的利益。因此,运用价值法为品牌命名,不仅能够明确企业为顾客带来的直接利益,有时还能够为品牌注入深层次的精神价值观念,容易使消费者产生共鸣。

(7) 数字命名

数字命名即以数字或数字与文字联合组成的品牌名称。运用数字命名法,可以使品牌增强差异化识别效果,借用人们对数字的联想效应,打造品牌的特色。

采用数字为品牌命名容易为全球消费者所接受,但也需考虑各国对不同数字的含义的理解,从而避免与目标市场国消费文化相冲突。如日本人回避数字4,西方人忌讳数字13。

3. 汽车品牌名称设计的原则

消费者对品牌的认知始于品牌名称,企业要确定一个有利于消费者认知、能传达品牌发展方向、价值和意义的名称,需在法律、营销及语言三个层面遵循以下原则:

1) 法律层面

(1) 具有法律的有效性

在为品牌命名时应遵循相关的法律条款,这样才能使品牌名称受到法律保护。企业首先应考虑该品牌名称是否有侵权行为,品牌设计者要通过有关部门,查询是否已有相同或相近的名称被注册;其次,要向有关部门或专家咨询该品牌名称是否在商标法允许注册的范围以内。有的品牌名称虽然不构成侵权行为,但仍无法注册,难以得到法律的有效保护。

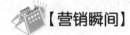

商标法中关于商标使用的禁止和限制方面的规定

《商标法》同时规定了以下标志不得作为商标注册:①仅有商品的通用名称、图形、型号的;②仅仅直接表示商品的质量、主要原料、功能、用途、重量、数量及其他特点的;③缺乏显著标志的。但上述标志经过使用取得显著特征,并便于识别的,可以作为商标注册。

《商标法》规定禁止在商标中使用下列文字和图形:①同中华人民共和国的国家名称、国旗、国徽、军旗、勋章相同或者近似的,以及同中央国家机关所在地特定地点的名称或者标志性建筑物的名称、图形相同的;②同外国的国家名称、国旗、国徽、军旗相同或者近似的,但该国政府同意的除外;③同政府间国际组织的名称、旗帜、徽记相同或者近似的,但经该组织同意或者不易误导公众的除外;④与表明实施控制、予以保证的官方标志、检验印记相同或者近似的,但经授权的除外;⑤同"红十字"、"红新月"的名称、标志相同或者近似的;⑥带有民族歧视性的;⑦夸大宣传并带有欺骗性的;⑧有害于社会主义道德风尚或者有其他不良影响的。

县级以上行政区划的地名或者公众知晓的外国地名,不得作为商标。

但是,地名具有其他含义或者作为集体商标、证明商标组成部分的除外;已经注册使用地名的商标继续有效。

资料来源:中国商标网

http://sbj.saic.gov.cn/flfg1/flfg/200501/t20050104_53010.html,2003 年 08 月 27 日

(2)汽车品牌命名要具有保护意识

一直以来,我们的市场中都不乏处心积虑的市场追随者,企业如果在为产品命名时缺乏对品牌名的保护意识,可能会酿成严重的后果。

2)营销层面

(1)汽车品牌名称要具有易记忆性

消费者是以听觉形式(如广播广告、吃喝和口头传播)和视觉形式(如广告和包装的印刷部分)来接触品牌名称的,因此品牌的易记忆性是品牌选择标准的关键一项。品牌研究的著名学者阿克曾指出:"易记忆性是消费者进一步的信息处理和有效的品牌定位的先决条件。"汉语和英语的品牌名称记忆亚太地区的语言(如汉语)是基于形意的书写体系,而西方语言(如英语)采用的是字母体系。有学者研究了语言差异对思维影响的差异,这会进一步影响消费者对口头信息(品牌名称)的记忆。他们在北京和芝加哥分别以中国学生和美国学生为样本进行了实验研究,结果发现:汉语的口头信息的表示主要以视觉方式编码,而英语的口头信息的表示主要以音韵方式编码。因此,营销者应进一步增强讲汉语的消费者依赖视觉表示的倾向,以及讲英语的消费者依赖音韵表示的倾向。这可以通过针对汉语消费者选用视觉独特的品牌名称的书写或书法以及强调书写的图案设计来实现。另一方面,目标针对英语消费者的营销者应通过采用押韵和拟声的名称设计,努力运用其品牌名称的发音特点。

(2)汽车品牌名称要结合考虑目标消费者的需求

消费者总是从一定的背景出发来评价品牌名称,因此,品牌名称要适应目标市场的文化价值观念,否则会产生不利的影响。

(3)汽车品牌名称要能形象地反映品牌定位

例如林肯(LINCOLN)汽车是福特汽车公司拥有的第二个品牌。林肯汽车是第一个以总统的名字命名的品牌,专为总统和国家元首生产的高档轿车。由于林肯车杰出的性能、高雅的造型和无与伦比的舒适,自1939年美国的富兰克林·罗斯福总统以来,一直被白宫选为总统专车。

(4)汽车品牌命名要与时俱进,突出时代特色

为了在新的竞争环境中重新定位企业形象,展示企业新的文化理念,获取新的竞争力,特别是如果现有名称已经不能诠释品牌内涵,那么有必要进行更换。

(5)确立竞争中的独一无二性

尽管同一名称使用在不同类别的产品中是被法律认可的,但企业在给品牌命名时最好做到独一无二。

4. 语言层面

(1)语音易读,朗朗上口

难以发音或音韵不好的字,是无法让消费者很快地熟悉品牌名称的,均不宜采用。

(2)简洁明了

单纯、简洁、明快的品牌名易于形成具有冲击力的印象,而且名字越短,就越有可能引起公众的遐想,含义更丰富。名称越简洁越有利于传播,能使品牌在最短的时间内建立起较高的认知度。

(3)构思独特

品牌名称应该具有独特的个性,标新立异,尽量避免与其他品牌雷同或混淆。

(4)语意要能够启发积极联想

赋予品牌名称相关的寓意,通过品牌名称与产品功能在意念上的联系,来启发人们丰富的想像力,让消费者从中得到愉快的联想,这种方式对品牌营销和占领市场往往有很大帮助。例如"沃尔沃"汽车,VOLVO是滚滚向前的意思,寓意着沃尔沃汽车的车轮滚滚向前的动力十足和公司兴旺发达、前途无量。

5.汽车品牌命名的程序

现代品牌命名是一个科学、系统的过程,而不再是以前随意性的名称选择,专业化的企业品牌命名一般遵循以下过程:提出方案——评价选择——测验分析——调整决策直至确定命名。

(1)提出备选方案

品牌设计者要根据命名的原则,收集那些可以描述产品的单词或词组。在搜集备选名称时,常常运用的是头脑风暴法。头脑风暴法可以通过集思广益的方式在一定时间内得到大量的候选品牌名称,具体收集候选品牌名称的方法则因企业而异,如丝宝集团在为洗发水起名字的时候,便是让营销人员尽可能列出与头发相关的字,然后进行组合,并要求品牌名称不是语言文字的习惯组合,但能很好地寓意产品,如"舒蕾"、"风影"便是这样组合的产物。

(2)评价选择

有了若干个符合条件的候选品牌名称之后,再组织一个合理的评价小组,评价小组的成员最好包括语言学、心理学、美学、社会学、市场营销学等各方面的专家,由他们作初次评价。可供评价筛选的原则除了前面我们已经阐述的原则外,品牌名称还应该预示出企业良好的经营理念;不应该选择带有负面形象或含义的品牌名称;从长远角度考虑,要避免品牌名称高度狭窄的定位,以利于将来的品牌延伸。

(3)测验分析

对品牌名称的评价而言,消费者才是最终的决定者。因此,对选择的方案需进行消费者调查,了解消费者对品牌名称的反映,而调查问卷则是最有效的形式。调查问卷应包括以下内容:名称联想调查,即选定的品牌名称是否便消费者产生不理解的品牌联想;可记性调查,了解品牌名称是否方便记忆,通常的做法是挑选一定数量的消费者,让他们接触被测试的品牌名称,经过一段时间后,要求他们写出所有能想起来的名称;名称属性调查,即调查品牌名称是否与该产品的属性、档次以及目标市场的特征一致;名称偏好调查,即调查消费者对该名称的喜爱程度。

(4)调整决策

如果测试分析显示的结果不理想,消费者并不认同被测试的品牌名称,就必须考虑重新命名,重新进行命名的程序步骤直至最后获得消费者认可为止,切不可轻率决定。

6.汽车品牌命名的策略

(1)品牌来源策略

品牌来源策略是指以产品本身的创始、生产、加工的人名或地名作为名称,或者甚至用来源的文学作品中虚拟的人名或地名,从而引起人们的美好联想。这种策略在其他行业中的应用十分广泛,香格里拉(Shangria),原本只是美国作家詹姆斯·希尔顿创作的小说《失落的地平线》中一个虚构的地名,风景宜人,犹如世外桃源,后来被用做饭店的品牌名。香格里拉背后蕴藏的巨大的商业价值被逐渐发现,云南和四川为了争夺香格里拉的地名展开了一场大规模的宣传战,最后以云南取胜。香格里拉·藏秘青稞干酒则十分贴切地运用了这笔无法估价的资源,发展前景十分看好。

(2) 目标市场策略

该策略以目标消费者为对象,根据目标市场的特征进行命名。以该策略命名的品牌名称要迎合消费者心理、文化或品味特征,其传达出来的寓意要与目标消费者的年龄、性别、身份、地位等相符。

(3) 产品定位策略

该策略以产品特征为焦点,让品牌名称立足于产品本身的功能、效应、利益、使用场合、档次和其所属类型,其好处是使消费者从中领会到该产品所带来的利益。不同利益层面又分为功能性利益和情感性利益。诉求功能性利益的比如奔驰汽车、路虎汽车、捷豹汽车等。诉求情感利益的比如富康汽车等。

(4) 本土化与全球化的选择策略

经济全球化导致全球营销时代的来临,品牌命名必须考虑全球通用的策略。一个完善的品牌应当易于为世界上尽可能多的人发音、拼写、认识和记忆,在任何语言中都没有贬义,这样才利于品牌名称在全球市场上传播。由于世界各国消费者的历史文化、风俗习惯、价值观念等存在一定差异,使得他们对同一品牌的看法也会有所不同。在这一个国家是非常美好的意思,可是到了另一个国家其含义可能会完全相反。品牌名称绝对全球通用往往并不现实,因此在执行上,更多采用的是"全球思考,本土执行"和"全球兼顾当地"的做法。

全球品牌命名策略首先要考虑如何使品牌名称适合当地,在向全球推广时,可采用另起名或翻译原有名称的方法,如路虎汽车在国外为 landrover,中国则翻译为为路虎。另一种方法则是选择一个全球通用的名称,这种命名常常是数字、英文字母或单词,比如 BMW。

二、汽车品牌标志设计

品牌标志是指品牌中可以被识别但不能用语言表达的视觉识别系统,即运用特定的造型、图案、文字、色彩等视觉语言来表达或象征某一品牌的形象,构成一整套品牌视觉规范。品牌标志分为标志物、标志色、标志字、标志性包装等,它们同品牌名称等都是构成完整品牌概念的基本要素。事实上,几乎所有关于品牌的运作都涉及品牌标志设计,从产品的包装系统到品牌延伸、新产品开发管理,从营销网络的拓展到零售空间的管理等,一个成功的品牌标志设计所构建的稳定的、具有差异化价值的、简明易记的品牌视觉识别系统将会为品牌带来潜在的传播价值。

1. 品牌标志的作用

品牌标志对于强势品牌的传播具有重要作用,心理学家的研究结论表明:人们凭感觉接收到的外界信息中,83%的印象来自视觉,11%来自听觉,3.5%来自嗅觉,1.5%通过触觉,另有1%来自口感或味觉。标志正是品牌给消费者视觉的印象,其重要性可见一斑。与产品名称相比,品牌标志更容易让消费者识别,品牌标志作为品牌形象的集中表现,充当着无声推销员的重要角色,其功能与作用体现在以下几个方面:

(1)品牌标志生动形象,让消费者容易识别

我们看到,不识字的幼童看到麦当劳金色的"M",便想到要吃汉堡包;喜欢汽车的幼童看到四个相连的圆圈,就知道是奥迪,看到三叉星环的标志会大声叫出奔驰。这些简洁形象的品牌标志使消费者十分容易识别品牌,从而在第一眼就能够彻底将其与其他品牌的产品区分开来。

(2)品牌标志能够引发消费者的联想

风格独特的标志能够刺激消费者产生美好的幻想,恰当地传达出品牌的定位、价值观和目标消费者形象,使他们从中找到归属感,从而对该品牌产品产生好的印象。"艾诗"冰浴露设计在玫瑰花瓣上的标签、华美飘逸的字体和质地柔润的触感,使它传达出了对都市年轻女性生活的关怀和体贴,从而赢得了她们的钟爱。"星巴克"从体验消费角度出发,设计"双尾鱼女神"标志充满异域风情,富有浪漫色彩,能够引发消费者联想。

(3)品牌标志能够提高品牌附加值

在品牌具有内在的高品质的前提下,包装设计称品牌标志的不同将会促进顾客对品牌产品认知价值的差异。在白酒领域,新生的"水井坊"将贴花工艺创新性地用到了包装上,再加上文物保护认证、地方风物的描绘图、"世界之星"设计大赛等附加因素的支持,构建起独特的品牌形象,从而打开了高端市场。

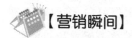
【营销瞬间】

日本"三菱"品牌标志的故事

日本"三菱"品牌的创始源于该公司创办人岩崎太郎在狱中的经历。当初岩崎曾在狱中结识了一位博学多才的老人,这位长者告诫他,企业发展条件中,最重要的是MITSUBISHI"人和"(孟子曰:"天时不如地利,地利不如人和。"易经有"应天时者创基业,占地利者守霸业,谋人和者成事业"编者注)。在老人的开导与影响下,岩崎将"人和"的理念注入商标设计,组成了一个初步图案。随后又与岩崎家族的族徽三片树叶相融合,构成了"三菱"商标。

因此,"三菱"品牌不仅反映"人和"之理念,并含有纪念之意,同时还令人联想到池塘中的菱叶所孕育的朝气,其形又与三片钻石相似而富有高贵感,故"三菱"的英文"Mitsubishi"是日语英译的"三——Mitsu与钻石——bishi"的合成词。同时这三片菱形又标示着三菱公司经营宗旨的三原则:"承诺对社会的共同责任;诚实与公平;以及通过贸易促进国际谅解与合作。"所以,三菱集团把这一造型简洁而蕴涵丰富的商标,用在也包括从轻工、日化到重工、轻纺以及汽车机械等一系列商品上,成为世界驰名的品牌。

资料来源:倪宁、陈绚八《讲个世界名牌的故事》、《中国建材》,2003年9月

(4)品牌标志有利于企业进行品牌宣传

品牌标志是最直接、最有效的广告工具和手段,品牌宣传可以丰富多彩,各种艺术化、拟人化、形象化的方式均可以采用,但核心内容应该是标志。企业应通过多种宣传手法让消费者认识标志、区别标志、熟悉标志、喜爱标志,不断提高品牌标志及其所代表的品牌知名度和美誉

度,启示和激发消费者的购买欲望直至形成购买行为。

2. 汽车品牌标志设计的原则

美国商标协会对一个好的商标标志特征界定如下:简单、便于记忆、易读易说、可运用于各种媒体形式、适合出口、细致微妙、没有不健康的含义、构图具有美感。因此,在品牌标志设计中,我们除了最基本的平面设计和创意要求外,还必须考虑营销因素和消费者的认知、情感心理。这些方面构成了品牌标志设计的五个制约原则,即营销原则、创意原则、设计原则、认知原则和情感原则。

(1)营销原则

品牌标志设计要体现品牌定位,品牌标志以品牌定位为基础,准确传递产品信息,体现品牌价值和理念,传递品牌形象,是消费者识别品牌的鉴别器。即使在同一品类,由于品牌来源、品牌角色、品牌文化、品牌地位的不同,品牌识别也表现出明显的差异。

(2)创意原则

从标志创意的视角,品牌标志设计须做到新颖独特、一目了然,给消费者以强烈的视觉冲击。在信息爆炸的时代,复杂、大众化的信息让人过目即忘,因此标新立异、匠心独运的品牌标志易于让消费者识别出其独特的品质、风格和经营理念。宝马(BMW)车以高雅的设计和卓越的功能著称于世,它的象征标志是一个圆,由蓝白两色将其分成四份,清晰、醒目而能够给消费者留下深刻的印象。

(3)设计原则

设计原则一般涉及平面工艺设计的美学原则,品牌标志的设计在线条及色彩搭配上应遵守对比鲜明、平衡对称的原则。对比是利用不同的大小、形状、密度及颜色,以增强可读性,更加吸引人们的注意力;平衡是指各要素的分布要令人赏心悦目,留下和谐的视觉印象。另外,品牌标志的设计还要清晰明确、隐喻象征恰当,采用象征寓意的手法,进行高度艺术化的概括提炼,形成具有象征性的形象。

(4)认知原则

从消费者对品牌标志的识别和认知视角来看,品牌标志在图形及色彩的运用上要做到简洁明了、通俗易懂、鲜明醒目、容易记忆,并符合消费者的风俗习惯和审美价值观。如奔驰的"三角星"标志代表发动机在海、陆、空的强劲马力和速度,在车主和车迷的大脑中会形成这样的认知:所有喜爱汽车的人对这个商标产生的反应是:信赖、崇敬、自豪和满足。在品牌标志设计中往往存在这样的误区,即过分追求图形的艺术性,高度抽象,而忽略大多数消费者的可识别性。

(5)情感原则

如果一个品牌标志具有浓郁的现代气息、极强的感染力、给人以美的享受、标志符号能让人产生丰富美好的联想,那么消费者看到它就有一种天然的亲近感。

3. 品牌标志设计的基本要素

品牌标志由基本视觉识别系统和延伸视觉识别系统构成。其中基本视觉识别系统的要素包括标志物、标志色、标志字、标志性包装等,而延伸视觉识别系统包括辅助图形、吉祥物等。在这里主要介绍标志物、标志色和标志字这些基本要素的一些设计要点。

(1) 标志物

标志物作为非语言性的符号,以其直观、精练的形象诠释着品牌理念,传达着品牌风格,能够有效克服语言和文字的障碍。图形和图案作为标志设计的元素,都是采用象征寓意的手法,进行高度艺术化的概括提炼,形成。具有象征性的形象。图形象征寓意有具象和抽象两种:具象的标志设计是对自然形态进行概括、提炼、取舍、变化,最后构成所需的图案。人物、动植物、风景等自然元素皆是具象标志设计的原型,采用何种原型取决于产品的特征和品牌内涵,常用的图形有太阳、月亮、眼睛、手、王冠等。抽象的标志设计则是运用抽象的几何图形组合传达事物的本质和规律特征。几何图形构成抽象设计的基本元素,"形有限而意无穷"是抽象设计的主要特征。

标志物设计通常包括三个步骤:①标志标准制图。通过严谨的制图,对于标志内部的构成和各个部分的比例做出严格的界定,保障其在后续操作中能够正确地使用。②标志解说。即用文字对标志的设计理念和具体含义做出详细的说明,保证后续操作者能够正确地理解标志物。③标志变形规范。为了扩大标志延伸应用空间,在不损害标志整体形象特质的前提下,对于标志中的关键造型和主题意义进行造型变化。这种造型变化还要结合考虑消费者的认知和联想,比如直线条引发的联想是果断、坚定、刚毅、力量,有男性感,而曲线则象征柔和、灵活、丰满、美好、优雅、优美、抒情、纤弱等女性美。

(2) 标志色

色彩在标志设计中起着强化传达感觉和寓意的作用,色彩通过刺激人的视觉而传递不同的寓意。不同色彩带来不同的联想意义,常见的色彩与联想的意义见表8-1。

表8-1 色彩与联想的意义

色彩	正面联想意义	负面联想意义
白色	纯真、清洁、明快、喜欢、洁白、贞洁	致哀、示弱、投降
黑色	静寂、权贵、高档、沉思、坚持、勇敢	恐怖、绝望、悲哀、沉默
灰色	中庸、平凡、温和、谦让、知识、成熟	廉价
红色	喜悦、活力、幸福、快乐、爱情、热烈	危险、不安、妒忌
橙色	积极、乐观、明亮、华丽、兴奋、欢乐	欺诈、妒忌
黄色	希望、快活、智慧、权威、爱慕、财富	卑鄙、色情、病态
蓝色	幸福、深邃、宁静、希望、力量、智慧	孤独、伤感、忧愁
绿色	自然、轻松、和平、成长、安静、安全	稚嫩、妒忌、内疚
青色	诚实、沉着、海洋、广大、悠久、智慧	沉闷、消极
紫色	优雅、高贵、壮丽、神秘、永远、气魄	焦虑、忧愁、哀悼
金色	名誉、富贵、忠诚	浮华
银色	信仰、富有、纯洁	浮华

4. 标志字

标志字设计的文字样式在品牌传播中出镜频率极高,它们不仅持续传递着品牌多方面的信息,更以鲜明的文字个性和美感,传达着品牌风格。标志字可以根据品牌传播的实际需要,选择手写字体、广告字体、印刷字体或者通用字体等。香飘世界的星巴克咖啡,在其印刷样式里采用手写体,仿佛咖啡馆里人们的信手涂写,或者以粗线条的钢印字母出现,令人联想起运送咖啡的粗麻布袋上的印刷文字,体现了一种独特风格。另外要特别强调的是,中文作为一种象形文字,字间的呼应、笔触的交接无不渗透着极高的艺术性,在图文的统一性上达到了很高的水平,这种独特的文字魅力还需要斟酌应用来慢慢提升其价值。

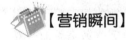

【营销瞬间】

世界著名汽车品牌含义及标志大全

奥迪 AUDI

奥迪轿车的标志为四个圆环,代表着合并前的四家公司。这些公司曾经是自行车、摩托车及小客车的生产厂家。由于该公司原是由4家公司合并而成,因此每一环都是其中一个公司的象征。

奔驰 BENZ

1909年6月戴姆勒公司申请登记了三叉星作为轿车的标志,象征着陆上、水上和空中的机械化,1916年在它的四周加上了一个圆圈,在圆的上方镶嵌了4个小星,下面有梅赛德斯"Mercedes"字样。"梅赛德斯"是幸福的意思,意为戴姆勒生产的汽车将为车主们带来幸福。

大众 VOLKSWAGEN

大众汽车公司的德文 Volks Wagenwerk,意为大众使用的汽车,标志中的VW为全称中头一个字母。标志像是由三个用中指和食指作出的"V"组成,表示大众公司及其产品必胜-必胜-必胜。

丰田 TOYOTA

丰田公司的三个椭圆的标志是从1990年初开始使用的。标志中的大椭圆代表地球,中间由两个椭圆垂直组合成一个T字,代表丰田公司。它象征丰田公司立足于未来,对未来的信心和雄心,还象征着丰田公司立足于顾客,对顾客的保证,象征着用户的心和汽车厂家的心是连在一起的,具有相互信赖感,同时喻示着丰田的高超技术和革新潜力。

福特 FORD

福特汽车的标志是采用福特英文 Ford 字样,蓝底白字。由于创建人亨利·福特喜欢小动物,所以标志设计者把福特的英文画成一只小白兔样子的图案。

宝马 BMW

宝马标志中间的蓝白相间图案,代表蓝天,白云和旋转不停的螺旋桨,喻示宝马公司渊源悠久的历史,象征该公司过去在航空发动机技术方面的领先地位,又象征公司一贯宗旨和目标:在广阔的时空中,以先进的精湛技术、最新的观念,满足顾客的最大愿望,反映了公司蓬勃向上的气势和日新月异的新面貌。

劳斯莱斯 ROLLS-ROYCE

劳尔斯·罗劳易斯汽车的标志图案采用两个"R"重叠在一起,象征着你中有我,我中有你,体现了两人融洽及和谐的关系。劳尔斯·劳易斯的标志除了双R之外,还有著名的飞人标志。这个标志的创意取自巴黎卢浮官艺术品走廊的一尊有两千年历史的胜利女神雕像,她庄重高贵的身姿是艺术家们产生激情的源泉。当汽车艺术品大师查尔斯·塞克斯应邀为罗尔斯·罗易斯汽车公司设计标志时,深深印在他脑海中的女神像立刻使他产生创作灵感。于是一个两臂后伸,身披纱衣的女神像飘然而至。

法拉利 FERRARI

法拉利车的标志是一匹跃起的马,在第一次世界大战中意大利有一位表现非常出色的飞行员,他的飞机上就有这样一匹会给他带来好运气的跃马。在法拉利最初的赛车比赛获胜后。该飞行员的父母亲———一对伯爵夫妇建议:法拉利也应在车上印上这匹带来好运气的跃马。后来这位飞行员战死了,马就变成了黑颜色;而标志底色为公司所在地摩德纳的金丝雀的颜色。

标致 PEUGEOT

标致汽车公司的前身,是19世纪初标致家族皮埃尔兄弟开办的一家生产拉锯、弹簧等铁制工具的小作坊。这些铁制品的商标是一个威武的雄狮,它是公司所在地弗南修·昆蒂省的标志,有不可征服的喻意。体现了标致拉锯的三大优点:锯齿像雄狮的牙齿久经耐磨、锯身像狮子的脊梁骨富有弹性、拉锯的性能像狮子一样所向无阻。当1890年,第一辆标致汽车问世时,为表明它的高品质,公司决定仍沿用"雄狮"商标。

阿斯顿·马丁 ASTONMARTIN

阿斯顿·马丁汽车标志为一只展翅飞翔的大鹏,分别注有奥斯顿、马丁英文字样。喻示该公司像大鹏一样,具有从天而降的冲刺速度和远大的志向。

本特利(宾利)(Bentley)

尔特·欧文·本特利1919年生产第一辆四汽缸赛车时车上就带有一个徽章,上面是一对隼鹰翅膀簇拥着本特利的开头字母"B"。现在四汽缸汽车已不再生产,而"B"字徽章仍是本特利(宾利)的象征。本特利轿车标志是以公司名的第一个字母"B"为主体,生出一对翅膀,似凌空翱翔的雄鹰,此标志一直沿用至今。

林肯 LINCOLN

林肯(LINCOLN)汽车是福特汽车公司拥有的第二个品牌。镶嵌在车头正中长形围绕的十字星,象征着尊严和庄重。林肯汽车是第一个以总统的名字命名的品牌,专为总统和国家元首生产的高档轿车。由于林肯车杰出的性能、高雅的造型和无与伦比的舒适,自1939年美国的富兰克林·罗斯福总统以来,一直被白官选为总统专车。

美洲虎 JAGUAR

美洲虎又称捷豹,缘由英文 JAGUAR 的音译,它的汽车标识被设计成一只纵身跳跃的美洲虎,造型生动、形象简练、动感强烈,蕴含着力量、节奏与勇猛。

雪佛兰 CHEVROLET

雪佛兰商标表示了图案化了的蝴蝶结,Chevrolet 是瑞士的赛车手、工程师路易斯·雪佛兰的名字。

兰博基尼 LAMBORGHINI

公司的标志是一头浑身充满了力气,正准备向对手发动猛烈攻击的犟牛。据说兰博基尼本人就是这种不甘示弱的牛脾气,也体现了兰博基尼公司产品的特点,因为公司生产的汽车都是大功率、高速的运动型轿车。车头和车尾上的商标省去了公司名,只剩下一头犟牛。

凯迪拉克 CADILLAC

选用"凯迪拉克"之名是为了向法国的皇家贵族、探险家、美国底特律城的创始人安东尼·门斯·凯迪拉克表示敬意,商标图形主要由冠和盾组成。冠象征着凯迪拉克家族的纹章,冠上 7 颗珍珠喻示皇家的贵族血统。盾象征着凯迪拉克军队的英勇善战。盾分为 4 个等分。第一和第四等分是门斯家族的全底纹章,中间横穿过的深褐色棒把三只相同的黑鸟分开,两只在上,一只在下。这三只鸟意味三味一体的神圣,还意味着大胆和热情的基督教武士智慧、富有、聪敏的头脑和它完美的品德。第二和第三等分是由于内部通婚,当另一块领土加到门斯家族的财产上时,这些 4 等分才能在门斯盾形纹章里被采用。4 等分内采用的色彩表明了广阔的土地,增色了门斯家族的名望,红色标志着行动的勇敢和大胆;银色表示团结、博爱、美德和富有。横穿的棒表示了在十字军战争中骑士们的勇敢。凯迪拉克商标是底特律城创始人的祖先的英勇和荣誉。

沃尔沃

"沃尔沃"(VOLVO)。车标由图标和文字商标两部分组成。沃尔沃图形车标是由双圆环组成车轮的形状,并有指向右上方的箭头。中间的拉丁语文字"VOLVO",是滚滚向前的意思,寓意着沃尔沃汽车的车轮滚滚向前和公司兴旺发达、前途无量。

马自达

马自达汽车公司的原名为东洋工业公司,生产的汽车用公司创始人"松田"来命名,又因"松田"的拼音为 MAZDA(马自达),所以人们便习惯称为马自达。马自达公司与福特公司合作之后,采用了新的车标,椭圆中展翅飞翔的海鸥,同时又组成"M"字样。"M"是"MAZDA"第一个大写字母,预示该公司将展翅高飞,以无穷的创意和真诚的服务,迈向新世纪。

莲花

莲花车标,是在椭圆形底板上镶嵌着抽象了的莲花造型,上面除了有"莲花"(LOTUS)字样外,还以创始人查普曼姓名全称(A. C. B. CHAPMAN)的四个英文字母"A. C. B. C"叠加在一起而成。

通用别克

别克(BUICK)商标中形似"三利剑"的图案,被安装在汽车散热器格栅上。那三把颜色不同的利剑(从左到右分别为红、白、蓝三种颜色),依次排列在不同的高度位置上,给人一种积极进取、不断攀登的感觉,它表示别克采用顶级技术,别克人是勇于登峰的勇士。

保时捷

保时捷的英文车标采用德国保时捷公司创始人费迪南德·保时捷的姓氏。图形车标采用公司所在地斯图加特市的盾形市徽。"PORSCHE"字样在商标的最上方,表明该商标为保时捷设计公司所拥有;商标中的"STUT-TCART"字样在马的上方,说明公司总部在斯图加特市;商标中间是一匹骏马,表示斯图加特这个地方盛产一种名贵种马;商标的左上方和右下方是鹿角的图案,表示斯图加特曾是狩猎的好地方;商标右上方和左下方的黄色条纹代表成熟了的麦子颜色,喻指五谷丰登,商标中的黑色代表肥沃土地,商标中的红色象征人们的智慧和对大自然的钟爱,由此组成一幅精湛意深、秀气美丽的田园风景画,展现了保时捷公司辉煌的过去,并预示了保时捷公司美好的未来,保时捷跑车的出类拔萃!

欧宝

"圆圈闪电",即意味着欧宝汽车的力量和速度是无与伦比的;欧宝公司永远充满着生机与活力。

菲亚特

菲亚特(FIAT)意大利都灵汽车制造厂(Fabbrica Itliana Auto-mobi Ledi Torino)的译文缩写"fiat"在英语中的词意为"法会"、"许可"、"批准"。该公司的标识一直沿用"FIAT",只是形状和色彩有不同的改进。

现代

其商标是在椭圆中采用斜体字"H","H"是现代汽车公司英文名"HYUNDAI"的第一个大写字母。商标中的椭圆即代表汽车的方向盘,又可以看作是地球,与其间的 H 结合在一起恰好代表了现代汽车遍布全世界的意思。

【复习思考题】

1. 品牌名称的来源有哪些?举出相应的例子。
2. 在全球化背景下,汽车企业为品牌命名要注意哪些因素?

3. 试述汽车品牌定位的含义和原则。
4. 汽车品牌定位包含哪些因素？
5. 汽车品牌定位有哪些策略选择？分别举例说明。
6. 简述汽车品牌定位决策的步骤。

【案例讨论】

宾利：创造奢侈与奢侈营销

对奢侈品不可以像大众产品一样去"推"，必须始终维持一种"拉"的态势，就是说，基本上应该由顾客需求来拉动生产。

888万、1200万元的天价，相当于一个普通居民数百上千年的收入，但依然让中国的富豪趋之若鹜。这是为什么？

1919年，第一辆宾利车诞生。并于1919年推出宾利3.0，开创高档运动汽车之先河，其在一系列的赛事中所向披靡，创造了1924、1927、1928、1930年法国勒芒赛道五届冠军的辉煌记录，宾利公司也走上了专业设计高档跑车、赛车的历程。

但这系列的辉煌并未能挽救其在经营、营销方面的失误，由于其价格与其他中档车相差不大，"质优价廉"不仅没有引起更多顾客的兴趣，也没有带给宾利更多的销量和利润。终于在1931年，宾利公司笼罩着面临倒闭的可怕阴影，在这关键时刻，劳斯莱斯以12.5万英镑买下宾利，宾利汽车正式加盟劳斯莱斯汽车公司。宾利的汽车生产线亦于1946年迁往英国克鲁郡，携手将这两个世界顶级的名车品牌推至更高峰。

从此，宾利被劳斯莱斯改造成其豪华房车的"跑车版"。劳斯莱斯与宾利都是纯手工制作，具有巧夺天工的造车艺术，完美无瑕的品质，都是显赫地位和财富的象征，但两者其实各具独特的元素和内涵，根据用户需求不同而各有特色。劳斯莱斯尊贵、舒适，是身份与地位的象征，为总统、权贵、工商巨贾所垂青；而宾利则为充满活力、积极进取的企业领导人所追求，它卓越的性能和驾驶乐趣一直为人称道。

自此，宾利也有了清晰明确的品牌定位——全球顶级的运动型豪华轿车。

其某些车型的价位，甚至超过了劳斯莱斯。既然劳斯莱斯的目标对象是接近于年长的富豪，那么宾利的目标对象便直接锁向年轻的富豪。既体现尊贵，又体现年轻的富豪喜欢的动力和速度，不与劳斯莱斯正面冲突。

劳斯莱斯被誉为"车轮上的官殿"，而宾利则被称作"人生追求的终极汽车"。与劳斯莱斯不同的是，年轻的富豪是宾利的主人。劳斯莱斯的车主年龄一般是40~60岁，已经拥有了财富、地位，性格沉稳尊贵；车主本人绝对不会亲自去驾驶劳斯莱斯，必须由司机掌舵。而宾利车主则要年轻一些，年龄在30~50岁，他也许是大企业的总裁，他已经功成名就但还在努力争取，干劲十足，热力冲天；从出身上看，他的财富不是来自遗产，而是个人奋斗；他具有个性鲜明的判断力，非常自信；如果高兴，他完全可以自己驾驶，享受高速的刺激运动。

超豪华轿车似乎总是给人优雅有余而马力不足之感，但宾利却能破格创新，研制出马力与尊贵兼备的豪华轿车。数百万的天价、百分之百的手工制作、纯正的英国贵族血统、每年1000多辆的产量，宾利可以说为既想体验高速刺激的驾驶感受，又不会因为亲自驾驶而担心"掉价"的年轻富豪们提供了一个选择的机会。使超豪华宾利轿车成为全球富人彰显富足的终极之选。宾利作为劳斯莱斯的运动型豪华轿车,目前在全球顶级豪华车市场已占到约60%的市场份额。

可以说适当的顶级运动型豪华轿车的品牌定位以及全世界顶级的价格,不仅为为宾利争夺了眼球,更提供了利润财富和飞速发展的契机。

价格本身并不是豪华产品的销售依据,但却是定位因素。如果以低廉的价格提供同样高值的豪华产品,其中的价值会突然感受不到了。就是说,没有合适的价位,人们会看低一个产品。即使从成本结构考虑可以以较便宜的价格提供某件产品,从定位方面考虑这样做也是错误的。汽车行业的有些人会认为不可思议。他们会说,这样多好啊,我们可以多销。不过我的观点是:非也,如此以来就无法保持同样的产品魅力。如此看来,本田内部认为的"一个巨大的腾飞机会——即将成为广州街头的出租车",实际上可能并不是件好事,满街跑的本田出租车虽然提高了暂时的销量,但也很可能伤害了整个本田的品牌形象。

又如水井坊的操盘手丁邦清先生所言,许多高端的消费者喝酒不是喝到胃里的,而是喝到心里的。这样的消费心理决定了中国需要一个高档白酒的出现,来体现一些富豪的品位和档次。于是借助于"中国白酒第一坊"的品牌定位以及"中国最贵的白酒"的价格诉求,水井坊成功了,2000年在广州市场实现了从零到近一个亿回款的突破。

时代在发展,新一代的富豪们正在兴起,谁抓住了年轻的富豪就意味着谁掌握了未来。丁磊们用了5年的时间可以走过其上辈20年走过的路,他们的消费能力令众多的品牌垂涎三尺。而年轻的丁磊们哪一个不爱运动?张朝阳不是刚从珠穆朗玛上下来么?姚明更不用说了?英国著名球星贝克汉姆亦拥有一部宾利雅致。

年轻和高价的力量着实可怕,从2003年开始,宾利已取代劳斯莱斯作为英国皇室唯一指定的汽车品牌,并成为英女王登基50周年庆典座驾。

资料来源:http://www.ceconlinebbs.com/FORUM_POST_900001_900005_913188_0.HTM,2000年6月19日

【案例讨论题】

1. 最开始质优价廉的宾利汽车为什么面临公司倒闭?
2. 宾利汽车采取了哪些定位策略?
3. 为什么奢侈品需要用"推"而不是"拉"?
4. 宾利汽车成功的关键是什么?

THE THIRD CHAPTER

第三篇 策略篇

第九章　汽车产品策略

【本章学习重点】

1. 了解汽车产品组合的概念和产品组合策略的种类；
2. 掌握形式产品策略的主要内容；
3. 理解产品生命周期理论和各阶段的市场策略；
4. 熟悉汽车新产品的开发方式和程序。

【开篇案例】

在历史上，福特汽车公司的业绩曾出现过巨大的起伏。在20世纪50年代末，福特汽车公司开发了一种新型车"爱迪塞尔"，其结果未能如愿，而是一败涂地。"爱迪塞尔"是福特汽车公司生产的中档车，1957年9月投入市场。通常美国汽车制造商都是在10月份才推出下一年度将上市的新车，福特汽车公司提前1个月推出"爱迪塞尔"，目的在于抢先引起顾客的关注，免得顾客在10月份的众多新车中挑花了眼。福特汽车公司为"爱迪塞尔"制定了一个目标：1958年达到3.3%—3.5%的汽车市场占有率，即如果美国汽车市场一年销售600万辆汽车，那么"爱迪塞尔"每年应售出20万辆左右。但是公司主管们认为这个估计过于保守，他们觉得这种新车的年销量肯定大大超过20万辆。为了"爱迪塞尔"的问世，福特汽车公司已经进行了长达10年的准备和研究。对福特汽车公司而言，它太需要像"爱迪塞尔"这样的中档车了。下面我们来仔细看一看"爱迪塞尔"诞生的前后过程。

产品创意

福特汽车公司推出"爱迪塞尔"这样的中档车的经营构想应该说是合理的。美国已经形成了一股中档车的潮流。如Panliac、Oldsmobile、Buick、Dodge、Desolo、Mercury等中档车以前仅占五分之一的市场份额，而到20世纪50年代中期，其市场份额达到三分之一。经济指标预示：在20世纪60年代，低档车需求量将下降，中档车需求量将上升。按1956年不变价格计算，个人可支配收入从1938年的1380亿美元升至1956年的2870亿美元。据预测，1965年将达到4000亿美元。而且，个人收入中用来购买轿车的比重也已从1939年的3.5%升至1950年中期的5.5%—6.0%。显而易见，外部经济环境对像"爱迪塞尔"这样的中档车有利。

福特汽车公司在中档车领域实力一直偏弱。通用汽车公司有Panliac、Buick、Oldsmobile等中档车，克莱斯勒汽车公司有Dodge、Desolo，而福特汽车公司仅有Mercury，且产量十分有限。

有研究显示，每年五分之一拥有旧低档车的人会将低档车换成中档车。当"雪佛莱"车主换车时，87%的人选通用汽车公司3种中档车的一种。当"普利茅斯"车主换车时，47%的人买克莱斯勒公司的Dodge和Desolo。而当福特车主换车时，只有26%的人买福特公司产的Mercury—福特汽车公司在这一价位上的唯一车型。福特汽车公司的经理们把这种现象称为

183

"现代商业中最慈善的行为"。因为,"福特"车主的升级换代往往便宜了通用汽车公司。这种情况下,福特汽车公司引入"爱迪塞尔"看来是必要的了。

市场调查

福特公司对"爱迪塞尔"的市场调查持续了整整10年。调查者认为应当生产出一种蓬勃向上、充满活力的新型车,这种新车的目标顾客是年轻的经理或白领职员,对新车进行的广告和促销活动应集中于这一主题:这种车显示了车主高尚的社会地位。这种车还应当有一个好名字,为此,调查者收集了近2000个名字,并派人在纽约、芝加哥、威罗朗、密歇根等大城市的街头向行人征询意见。

后来,"爱迪塞尔"——亨利·福特独生子的名字——被提议为车名,但是亨利·福特的孙子们——福特二世、本森和威廉·克莱对以他们父亲的名字为车名不太满意。而且,"爱迪塞尔"与"柴油机"和"滞销"发音相近。但是,在董事会上,董事们最后还是选定"爱迪塞尔"作为新车的车名。

产品设计

"爱迪塞尔"的设计始于1954年。为了能设计出一种与众不同而又十分美观的车形,设计者对现有的汽车作了广泛的研究,甚至跑到十层高的大楼顶上去观察在街道上行驶的汽车顶部的特征。市场调查者们也广泛征询了消费者的意见。各个设计组都拿出自己的方案,并制成模型,最终挑出一个令各方面都比较满意的方案。

这个方案就是垂直的散热器、按键传动装置和豪华设施。一些经理把"爱迪塞尔"的垂直散热器比作是30年代的古典车——"拉歇尔"和"波尔·阿罗"。按键传动也被喻为是当代科技点睛之笔:车盖、手刹、传动装置统统采用按键控制,甚至可以用一根牙签操纵汽车打开前后盖(这也是"爱迪塞尔"的销售人员向顾客炫耀该车的易操作性时的示范做法)。"爱迪塞尔"车型庞大,而且动力较大,高达345Ps(马力)。设计者希望借此突出"爱迪塞尔"的运动气息或青春色彩,从而达到吸引年轻顾客的目的。

分销

新型的"爱迪塞尔"并未通过福特汽车公司原有的销售网进行销售,而是专门为它重新建立了一个独立的总部和销售网。其销售网包括1200家经销商,而且大部分经销商只出售"爱迪塞尔"。公司决策者认为,为"爱迪塞尔"新建独立分销机构,虽然加大了固定成本,但这种对"爱迪塞尔"实施独立经营核算的做法可以刺激生产和销售的积极性。

对"爱迪塞尔"经销商的选择也是经过深思熟虑的。经销商的声誉、设施、销售、管理能力、种族观念、竞争意识等都是严密考察的重要方面。"爱迪塞尔"的经销商分布于全国60个大城市。可以说,"爱迪塞尔"拥有位置最好的销售点。"爱迪塞尔"总部还为经销商配备了熟悉业务的助手,以便为购车顾客提供更好的服务。

促销

1957年7月22日,"爱迪塞尔"第一个促销广告出场了。在《生活》杂志上,刊登了"爱迪塞尔"飞驰而过的模糊照片,并标注"最近公路上将有一些神秘轿车出没"。在以后的广告中,又刊登了带有覆盖物的"爱迪塞尔"的照片。直到8月底,"爱迪塞尔"才露出了它的真面目。

在广告商的选择上,福特汽车公司也颇费了一番思量。它没有找以往的老代理商,而是选择了一些从来没有做过汽车广告的大型广告代理公司。整个广告平静而自信,尽力避免使用"新"字。因为根据策划,广告应尽量平淡,不能喧宾夺主。由此,也掩盖了新车本身的光芒。

销售经理多尔还坚持认为:应对"爱迪塞尔"的外形采取严密的保密措施,以激发公众的好奇心。所以,"爱迪塞尔"的广告是在隔离环境下印制的,"爱迪塞尔"在运入各销售点时也带有覆盖物,甚至连新闻界也没有"爱迪塞尔"的照片。为推出"爱迪塞尔",福特汽车公司花费了5000万美元的广告费用。

结局

经过精心策划,"爱迪塞尔"于1957年的9月4日正式面世。第一天,就收到了6500份订单。这是比较令人满意的,但也出现一些不太妙的兆头。一位同时经销"爱迪塞尔"和"别克"的经销商声称:有一些顾客看了"爱迪塞尔"后却当场买了"别克"。

在以后的几天内,销量急剧下降。10月份的前10天仅售出2751辆,平均每天不足300辆。而根据最低20万辆的年销售量估算,每天应售出600~700辆。在整个1958年,仅售出34481辆,还不到原计划的五分之一。

1958年12月又推出了"爱迪塞尔"第二代。新一代"爱迪塞尔"小一些、轻一些,马力也小一些,售价比第一代低500~800美元。这次情况稍好。

不久以后,"爱迪塞尔"分部并入了"林肯—麦库里—爱迪塞尔"分部。1959年10月中旬,"爱迪塞尔"第三代上市,但市场反应冷淡,终于在1959年11月19日,"爱迪塞尔"停产了,整个计划以失败而告终。

在1957—1960年间,福特汽车公司仅售出109466辆"爱迪塞尔",损失巨大。在分析"爱迪塞尔"的失败原因时,有关人士指出:除产品和促销策略存在失误以外,该车投放市场的时机也有问题,正遇上1958年的经济萧条时期,中档车市场缩小,微型车走俏。此外,该车的重要特点之一是马力特别大,能够吸引充满青春活力和喜爱运动的年轻人。但是国家为了保障驾车者的安全,制定了法律禁止在广告中宣传汽车马力,使该车的这一优点不能广为人知。

资料来源:蒋彬主编.企业经营管理经典案例分析.北京,时事出版社,1997

在汽车厂商的市场营销活动中,汽车产品是占领市场的硬性条件,是为厂商带来经济利润的营销要素,也是其他营销组合策略的基础。汽车厂商必须针对顾客需求,重视产品的开发和产品决策,合理设计产品组合,以更好地满足市场需求。

第一节 汽车产品与产品组合

一、汽车产品的概念

产品是指供需市场中可以满足人们某种欲望和需要,并能让营销者获取收益的事物。产品既可以是实物,也可以是无形的事物,如服务、思想、版权、知识及实施过程等。

人们对汽车产品的理解,传统上常常仅指的是汽车本身,但这只是狭义的理解。市场营销是一个满足用户需要的过程,用户的需要既包括物质方面的需要,又包括心理和精神方面的需要。对汽车产品来讲,用户需要的是汽车能够满足自己运输或交通的需要,以及满足自己心理和精神上的需要,如安全、舒适、方便和身份地位的需要等。此外,汽车用户还希望营销者能够提供优质的服务,如维修方便、快捷、经济、品质保证等。因此,从营销理念来看,汽车产品是指向汽车市场提供的能满足汽车消费者某种欲望和需要的任何事物,包括汽车、服务、保险、品牌等各种形式。

由此可知,营销理论中关于产品的概念是一个包含多层次内容的整体概念,通常可以划分为五个层次,如图9-1所示。其中实质层居于中心地位,其他层次围绕实质层展开。每个层次都增加了更多的顾客价值,它们构成顾客价值层级(customer value hierarchy)。

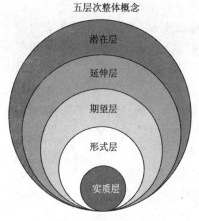

图9-1　产品的五大层次

(1)产品的实质层(Core Benefit)。即顾客真正购买的基本服务或核心利益,是产品整体中最基本和最实质性的。从根本上说每一种产品都是为解决问题而提供的服务,它是产品的效用,是产品的本质属性。汽车产品的实质层就是满足用户交通和运输的需要以及精神需要,因此营销人员必须把汽车产品的基本服务或核心利益,即用户所需要的实质效用提供给用户。

(2)产品的形式层(Generic Product)。即产品实质效用借以存在的载体,产品的基本形式、实体和形象,是产品呈现在市场上的具体形态,由品质、式样、特色、品牌及包装等几方面构成。用户通过对形式产品的使用或消费,获得效用达到满足需求的目的。随着商品经济的发展,消费者已经不仅要求产品具有使用价值,还要求产品具有安全可靠的性能,同时能够满足用户心理上的需求,如消费者对品牌、款式的挑选。

(3)产品的期望层(Expected Product)。即购买者在购买产品时期望得到的与产品密切相关的一整套属性和条件。在消费者购买之前基于以往经验和知识而形成的对产品的期望,这种期望能否得到满足会影响到消费者的购买决策。由于消费者期望得到更多的满足,如更舒适、更安全、操作更方便、更多用途等,所以汽车厂商不能仅仅从实质层或实体层出发进行营销,而要完整地理解消费者的整体期望。

(4)产品的延伸层(Additional Product)。是指产品各种附加利益和服务的总和,通常包括培训服务、融资服务、免费送货、安装调试、售后服务等。这些延伸内容看起来虽然与产品无关,却是消费者购买产品后的现实需求,能保证产品使用价值充分完全的发挥出来。在发展成熟的市场中,由于厂商在形式产品上的水平相近,竞争的主要战场就转移到了延伸层中,由此可见做好延伸产品的重要性。

(5)产品的潜在层(Potential Product)。是指包括现有产品的延伸和尚未被厂商或消费者充分认知到的内容。即现有产品包括所有延伸产品在内的、可能发展成为未来最终产品的潜在状态的产品。它指出了现有产品的可能的演变趋势和前景。

产品的整体观念体现了以顾客为中心的现代营销观念,为企业挖掘新的市场机会提高了新的思路,为企业产品的开发设计提出了新的方向。对于任何一个想要在市场中取胜的企业都必须首先树立产品的整体概念。汽车厂商必须坚持以实质产品为中心,对形式产品和延伸产品进行不断地完善,充分理解消费者对产品功能的需求和期望,投入精力研究潜在产品,争取率先将其转化为形式产品或延伸产品来占领市场,提高客户满意度。

二、产品组合的概念

大多数情况下,企业都不可能只生产经营单一的产品,也不可能生产经营所有的产品,那么由此引发的企业产品的量与度、产品之间的结构等问题,便可以用产品组合的观点来解释。

产品组合(Product Mix)指的是企业制造或经营的全部的有机构成方式,是企业生产和经营的全部商品的结构。汽车产品组合则是指一个汽车厂商生产和销售的所有汽车产品线和汽车产品品种的组合方式,即全部汽车产品的结构。当代社会的发展,一方面企业要以大批量生产获得较大的经济效益,另一方面又由于市场、消费需求的变化,要发展多品种的产品以适应消费需求的多样化,因此如何在生产和经销中充分满足目标市场的需求,合理进行产品的搭配和组合就成为企业在经营决策中必须要面对的重要问题。

产品组合由若干产品线组成,每个产品线又包括若干产品项目,研究产品组合必须先弄清这几个与其密切相关的概念。

产品线(Product Line)是指在特征上密切关联或相类似的一组产品,通常属于产品大类的范畴。一般来说一条产品线上的产品基本能满足某种同类需求;或需要相同的生产条件;或必须在一起使用;或者目标市场一致;或采取相同的销售渠道和促销方式等。这种类别可以按品牌、规格、款式和档次进行划分,譬如汽车产品的某一车型系列就是按产品结构划分的一条产品线。

产品项目(Product Item)则是产品线中具体明确列出的不同品种、规格、款式、质量和价格的产品单位。例如,一个车型系列中各种不同档次、质量、价格的特定品种。

通常在汽车营销中,我们采用宽度、深度、长度和关联性四个参数来描述企业的产品组合。以上海汽车集团的产品组合为例,理解汽车产品组合的宽度、深度、长度和关联性的概念,如表9-1所示。

上汽集团汽车产品组合广度和产品线的深度　　　　　表9-1

	上海大众				上汽集团	上海通用		
	第一代	第二代	第三代	第四代		别克	赛欧	麒麟轿车
	桑塔纳	桑塔纳2000	帕萨特	波罗				
产品线深度	普通型	时代超人	基本型	基本型	七座旅行车	GL	SL 基本型	
	警务用车	自由沸点	豪华型	舒适型		GLX		
	出租用车	俊杰		运动型		GS	SLX 选装 I 型	
	LPG 双燃料车			豪华型		G		
	旅行轿车	时代阳光	变型车			新世纪		
	99 新秀			GTI 型		新一代别克	SLX AT 选装 II 型	
	世纪新秀							

(1)汽车产品组合的广度:指汽车企业生产经营的汽车产品线的个数。上汽集团的汽车产品组合的广度为8,即拥有上海大众第一代、第二代、第三代、第四代、上汽集团七座旅行车、上海通用别克、赛欧和麒麟轿车等8条汽车产品的生产线。

(2)汽车产品的深度:指每一条汽车产品线所包含的汽车产品项目,如桑塔纳系列有普通型、警务用车、出租用车、LPG双燃料车、旅行轿车、99新秀、世纪新秀等7个项目;桑塔纳2000系列有时代超人、自由沸点、俊杰、时代阳光等4个项目;帕萨特有基本型、豪华型、变型车等3个项目;波罗有基本型、舒适型、运动型、豪华型、GTI型等5个项目;七座旅行车系列有1个项目;别克系列有GL、GLX、GS、G、新世纪、新一代别克等6个项目,赛欧有SL基本型、SLX选装 I 型、SLX AT 选装 II 型等3个项目,麒麟轿车有1个项目。

(3)汽车产品组合的长度:汽车产品组合中的汽车产品品种总数,所以上汽集团共有30

个品种的汽车产品,汽车产品组合的长度是30。

(4)汽车产品组合的关联性:各产品线在生产条件、最终用途、细分市场、分销渠道、维修服务或者其他方面相互关联的程度。例如,桑塔纳和桑塔纳2000在零部件组成上的通用性的高低,便属于产品组合关联性的范畴。

三、产品组合策略

汽车厂商可以根据自身产品组合来采取适合的产品组合策略,汽车产品组合策略是指根据企业目标对汽车产品组合的长度、深度、宽度和关联性做出的合理安排。产品组合策略一般有如下几种:

1. 扩大汽车产品组合策略

扩大汽车产品组合策略包括扩大汽车产品组合宽度、加深汽车产品组合深度和加强汽车产品组合关联性三个方面。扩大汽车产品组合的宽度是指以现有的技术和经验为基础,发展与现有产品大类相关联的产品大类,它可以充分利用企业的人力和各项资源,使企业在更大的市场领域中发挥作用,并且能分散企业的投资风险;加深汽车产品组合的深度是以现有产品大类为基础,向纵深发展,增加产品大类的品种规格,可以占领同类汽车产品更多的细分市场,迎合更广泛的消费者的不同需要和爱好;而加强汽车产品组合在生产条件、最终用途、细分市场、分销渠道、维修服务或者其他方面的关联性,可提高企业在某一地区某一行业的声誉。

但扩大汽车产品组合往往会分散经销商和销售人员的精力,增加管理困难,有时会使边际成本加大,甚至由于新产品的质量性能等问题而影响企业原有产品的声誉。

2. 缩减汽车产品组合策略

采取缩减汽车产品组合的宽度、深度和关联性策略可以使企业集中精力于技术,降低成本,对留存的汽车产品进一步改进设计,提高质量,从而增强竞争力;还可使企业的促销目标集中,效果更佳;但同时不可避免地会使汽车企业丧失部分市场,增加经营风险。

3. 高、低档产品延伸策略

企业原来生产中、低档或低档产品,新推出了中高档的同类品,这就是高档产品延伸策略。这一策略具有明显的优点:可获取更丰厚的利润;可作为正面进攻的竞争手段;可提高企业的形象;可完善产品线;满足不同层次消费者的需要。但采用这一策略应具备一定的条件:即企业原有的声誉比较高,同时企业具有向上延伸的足够能力,并且能应付竞争对手的反击。

企业在原来生产高档或中档产品的基础上,推出中档或低档的同类产品,便是低档产品延伸策路。企业采用这一策略可反击竞争对手的进攻,弥补高档产品减销的空缺;防止竞争对手乘虚而入。但它可能给消费者造成品牌档次下降的不良印象。为此,企业应在权衡利弊后再做出决策。

汽车产品组合决策对汽车厂商的市场营销有着重要意义。如增加产品组合宽度(如车型系列多),扩大经营范围,可减少单一车型的经营风险;增加产品组合的长度或深度(品种多),可使产品线丰满,同时给每种产品增加更多的变化因素,有利于企业细分市场,提高产品的市场占有率和客户满意率。在市场竞争激烈的情况下,增加产品深度是提高企业竞争能力常用的手段。所以,各汽车厂商更要做好产品组合决策,以促进企业更好的发展。

第二节 形式产品策略

产品从整体上虽然包括五个层次,但实质产品必须通过一定的产品形式来体现,如产品的结构设计、质量性能、外观包装、品牌商标等。

一、产品质量策略

产品质量(Product Quality)是直接影响用户满意度的重要因素,也是汽车厂商提高产品竞争力的重要源泉。产品的质量直接关系到产品的可靠使用,良好的质量对汽车厂商赢得信誉、树立形象、占领市场和增加收益,都具有决定性意义。

1. 质量的概念

质量也称为品质,GB/T 6583—1992 对质量定义为"反映产品或服务满足明确或隐含需要能力的特征和特性的总和"。该定义表明,质量就是满足顾客需要的能力。它包括以下几层含义:

(1)"需要"既可以是明确规定的(如以合同、标准、规范、图样、技术要求以及其他形式做出的顾客对售卖者的质量保证要求);也可以是隐含的人们对产品或服务的期望,以及人们公认的、不必做出明确规定的需要。

(2)强调顾客的需要是随时间的推移不断深化的,汽车厂商应定期修改规范以适应顾客不断发展的质量需要。

(3)顾客的需要必须由汽车厂商转化为有规定指标的产品质量特性,如使用性能、可靠性、维修性、安全性、舒适性、经济性等。对服务质量来说,主要包括售前、售中和售后服务中的功能性、经济性、安全性、时间性、舒适性和文明性等。

(4)"满足"不仅是指满足顾客的需要,还必须满足社会的需要,即产品或服务要符合法律、法令、法规、安全、环境和资源保护等方面的要求(通常是隐含需要),符合社会公众的利益。

现代市场营销对质量的理解不仅包括产品本身质量,还包括产品质量形成全过程各个环节的质量,也就是全面质量(Total Quality)的概念,在企业的经营活动中主要体现在以下几个方面:

(1)产品质量。是指产品在顾客实际使用过程中成功地满足需要的能力。

(2)工序质量。是指生产工序能成功地制造出符合设计质量标准和工艺要求的能力。

(3)工作质量。是指汽车厂商经营各环节的工作对确保经营方针和目标如期实现的能力。

(4)人员质量。是指汽车厂商内各类人员在生产经营过程中能成功地满足工作质量要求的能力,突出人的因素(如人员的质量意识和知识、人员的文化素质和能力意志等)。

2. 全面质量营销观念

(1)质量的好与坏应该是顾客说了算。质量的改进与提高应该以顾客的需要为开始,以顾客的感受为终结。如果产品不能按顾客要求的方式去工作,那么这和产品不能工作几乎没什么区别。只有被顾客认可的质量提高才是有意义的质量提高。

(2)质量的概念不仅仅反映在产品上,而且还要反映在公司的各项活动中。汽车厂商除了要关心产品质量,还要关心广告质量、服务质量、产品标识、送货和售后服务等的质量。

(3)质量的保证和提高需要全体雇员的支持和参与。只有公司的全体雇员认识到质量的重要性而且齐心协力去按照公司的要求去做时,公司才能够给顾客提供高质量的产品和服务。成功的公司无不是消除了部门之间隔阂的公司。公司的雇员应该像一个紧密团结的团队一样努力工作,执行公司的核心业务流程并创造出公司要求的结果——全面顾客满意。每个雇员通过自己的工作使公司内外顾客同时感到满意。

(4)质量的改进与提高离不开高质量的合作伙伴。只有整个价值链的上下游公司(即供应商和销售商)都能提供高质量的产品与服务,公司才能够向顾客提供高质量产品与服务。因此,一个公司为了改进或提高产品质量,必须寻找到能够给该公司提供高质量原料与零部件的供应商和高质量地进行产品分销的分销商。

(5)一个质量程序或质量宣传运动并不能拯救一个质量低劣的产品。庞迪科公司发起了一个提高质量的宣传运动,但是因为庞迪科轿车发动机本身的问题,这个质量宣传运动并不能拯救庞迪科轿车。质量宣传运动不能够拯救本身有缺陷的产品。

(6)质量可以不断改进和提高。即没有最好只有更好。日本丰田公司坚持这一原则,通过每个人的努力不断改进产品质量。提高质量最好的办法就是把最一流的竞争者作为学习和赶超的对象,研究他们产品、服务等各方面的优点,学习、吸收、消化、创新,赶上并超过他们;也可以把其他行业最一流的公司作为学习、模仿的对象。

(7)提高质量并不意味着提高成本。以前很多管理人员认为提高质量会使成本增加和使生产速度放慢。实际上,提高质量应该是学会把事情第一次就做对的方法,而不用去重复。提高质量不应该依靠产品检验,而应该依靠产品设计来保证。第一次就把事情做对会大大减少抢救、返修和重新设计的成本,更不会伤害顾客对公司的美好期望与印象。

(8)高质量是必需的,但还不是足够的。提高质量是公司为了满足需求多样化的顾客的必然要求。但同时,高质量并不能保证公司获得绝对的优势,特别是当竞争对手也相应地提高了他们产品与服务的质量。例如:沃尔沃公司在世界汽车行业曾享有安全性能最佳的盛誉,但是它的竞争对手们通过提高安全性能质量从沃尔沃公司手中抢得了很大一部分市场份额。所以,质量的高低只是一个相对的概念,一个公司若想长久地拥有优于竞争对手的竞争优势,他就不得不坚持不懈地去改进、提高产品质量,以更好地去满足顾客。

3. 汽车产品的质量策略

一般来说,汽车厂商会在企业营销组合的整体决策之内对产品质量进行统筹考虑。质量水平的定位不宜过低或过高,质量水平过低无法具备竞争能力,质量水平过高又容易导致生产成本太高,增加企业的资金压力,同样会削弱竞争力。因此,应当以能够让顾客满意和产品在市场上具有一定竞争力为前提。质量策略通常包括两种类型:

(1)高质量策略。指企业将其产品质量水平定位较高,甚至处于行业领先地位,依靠产品的高质量获得经营成功。一般情况下,这种策略适合高端产品,其基本特征是产品质量水平高,产品形象好,产品售价高,用户拥有较强的消费能力。例如,德国奔驰汽车公司对其S系列的轿车就定位于高端产品,采取的是高质量策略。为了让产品质量过硬,奔驰公司对每个制造细节都很有考究。如对汽车座椅奔驰公司专门从新西兰进口羊毛纺织面料,羊毛粗细大小都有规定,纺织时还要掺入从中国进口的真丝和从印度进口的羊绒。其牛皮面料只采用德国南部地区的公牛牛皮,为防止牛皮出现寄生虫,奔驰公司要求供应点在饲养过程中,必须保证公牛的良好生存状况。在面料制作、染色等每个环节都有专门的技术人员负责。奔驰如此严格的质量过程,可谓不惜成本,但同时也使得奔驰公司在汽车行业中名列前茅,令其他汽车厂商望其项背。其"经久耐用"、"名贵优质"的良好形象长期饮誉全球,更是成为成功人士们财富的象征。

(2)满意质量策略。指企业将其产品质量水平定位在一个自己满意(质量成本不高),用户可以接受(质量能够保证产品的正常使用)的合适水平上,企业主要不依靠质量取胜,而是依靠性价比立足于市场。这种策略比较适合中低端产品,依靠低成本争取中低端客户市场。其质量水平与这个行业的平均质量水平密切相关。例如日本丰田汽车,在西方传统的汽车产品由于过于追求安全性、舒适性和驾驶乐趣,车体庞大油耗较高,消费后期成本高。而丰田汽车产品则在车辆设计理念上追求车辆轮廓小、燃料消耗低、车辆结构简单实用。对于消费者而言无论是前期的采购成本,还是后期的使用成本,都显得比欧美汽车更具有竞争力。不错的质量加上特色优势,超高的性价比使得丰田汽车以"廉价汽车"的形象在20世纪80年代开始畅销全世界,并谋取了丰厚利润。

二、产品造型设计

汽车作为一种商品,首先向人们展示的就是它的外形,调查表明,消费者非常看重汽车的造型,外型是否讨人喜欢甚至可以直接关系到这款汽车甚至制造商的命运。从汽车营销的角度来看,汽车造型不只是单纯的艺术创造和技术设计,它是满足消费者审美需要和令消费者产生精神愉悦的要素。在全球各大汽车企业中,汽车造型工作通常都是由公司的最高层直接领导。

1. 汽车造型设计概念

汽车造型设计是根据汽车整体设计的多方面要求来塑造最理想的车身形状。汽车造型设计是汽车外部和车厢内部造型设计的总和。它不是对汽车的简单装饰,而是运用艺术的手法科学地表现汽车的功能、材料、工艺和结构特点。汽车造型的目的是通过外型的美去吸引和打动消费者,使其产生拥有这种车的欲望。汽车造型设计虽然是车身设计的最初步骤,是整车设计最初阶段的一项综合构思,但却是决定产品命运的关键。汽车的造型已成为汽车产品竞争最有力的手段之一。

2. 汽车造型发展的历程

(1)第一阶段——造型设计的原始阶段

1950年前称为第一阶段,汽车自19世纪末诞生后的20多年里,汽车的发展进步主要表现在底盘技术方面,车身一直是沿用马车的厢式造型。随着底盘结构的不断完善,人们逐渐意识到车身对于改进汽车性能(速度、油耗和使用特性等)也有着重要的作用,更与汽车的销售有着直接的关系。后者主要表现在汽车的造型风格、产品形象等方面,而这是在从前的机械技术研究中所不曾涉及的领域。于是,从20世纪20年代起,车身成为汽车研究中的一个新领域。可以说从这时起,汽车这一个工业产品开始被赋予文化内涵,汽车设计作为一个兼具技术和艺术要求的行业应运而生。

(2)第二阶段——造型设计的发展期

1950—1969年称为第二阶段,是汽车设计业的黄金时期。当时美国正处于鱼型车时代,欧洲则流行船型车,是一个非常讲究风格化的年代。当时的车身生产主要采用小规模的作坊作业,大部分汽车产量稀少,甚至有单件生产的情况,为汽车设计业提供了无数机会。如果现在去回顾汽车的造型发展史,这一年代仍是历史上最百花齐放、经典倍出、令人难以忘怀的年代。

(3)第三阶段——造型设计的成熟期

1970—1989年称为第三阶段,随着汽车的性质由奢侈品向生活必需品转变,加上20世纪70年代的世界石油危机,汽车的成本成为厂家必须面对的问题,于是具有良好成本效益的生产方式被广泛应用。70年代开始,大批量生产的汽车普遍采用冲压成型的承载式车身,传统小规模精工作业逐渐被淘汰。汽车产品系列被精简,单一型号汽车的产量大大提高。品种越来越少,但造型设计技术趋于成熟。

(4)第四阶段——造型设计的辉煌期

1990年后称为第四阶段,快速发展的年代,自从1990年后,开发技术的发展使汽车的开发速度大大加快,品种越来越多起来,由于开发技术的发展使汽车开发速度加快,变型加快成为可能。例如,先进的三维造型与建模软件(CAD/CAM)的应用就是一个重要的用于汽车造型设计的先进工具,设计周期开始大大缩短,设计品种越来越多。当代汽车界对汽车设计提出了更高的要求。90年代能够立足的汽车设计公司,都具备从意念到产品的全面开发能力,提供从市场分析、方案设计、模型制作以至模具开发的一系列服务,部分更具备生产能力。部分设计公司拥有的用于设计开发的专用设备足以媲美大型汽车制造商,而长期从事设计工作所累积的经验和人文素质则是他们的立足之本。据不完全统计,在发达国家,汽车公司产品设计工作量的50%~60%是由设计公司完成的。不仅造型设计,而且包括结构设计和分析优化,甚至包括工艺工装设计等。

3. 汽车造型的发展趋势

汽车造型是现代工业设计中一门经典的专业,基于现代汽车设计的现状和有待进一步改进的矛盾,对车身造型发展方向可以归纳为几个方面:

(1)改进空气动力性,降低能耗

降低能耗仍将是未来汽车发展的重要课题。未来汽车降低能耗的途径将是多方面的,采用新的代用燃料是一项重要措施。目前世界上汽车工业发达的国家中已经进行代用能源和燃料的研究。电能汽车,太阳能汽车,液态氢燃料汽车等等已经制成实验性样车。由于能源的改变使汽车基本结构有很大的变动,所以将来汽车的整车布置可能与现如今有较大差距。例如太阳能汽车必须考虑足够的顶面面积以接受太阳的辐射能量,而现代汽车顶面面积就很难满足这一需要。电动汽车由于动力相对减小,除复杂化了的蓄电装备外,所需要空间和位置与以内燃机为动力的汽车相比会有较大差别。多种能源的汽车也需要多种不同形状的车身,由此可见,未来汽车整体形状不可能是一种固定的模式,还将会出现更多的汽车造型形式。

(2)提高空间利用率与汽车的新造型

将来世界各国汽车保有量还会不断增加,到那时城市交通管理,停车场空间限制必然要求汽车外部轮廓占较小空间,但又不应对乘坐空间无限地压缩以至舍弃人的基本活动范围,所以提高空间利用率是未来汽车发展所需开拓的另一领域。在此我们可以参考上个世纪的四座轿车的体积和当代四座紧凑型轿车的体积相比的差别,应当肯定,后者的布置更合理,其车内乘坐舒适性并未因紧凑而变得比前者恶劣。当然车内空间不可能无限制地压缩下去,而应更加合理的利用。

(3)新材料、新工艺与新造型

新材料、新工艺向汽车造型提供了更大发展的可能性。迄今为止,制约车身造型的一个很大原因是材料和工艺性。一旦这方面取得突破性成果,促成汽车造型的一次大发展必然会成为现实。现在的玻璃工业所进行的开发性实验已可提供汽车整体玻璃顶盖。并且还可采用局部混色比例保护车厢内不受强烈日光辐射。这些结构四周的视野比现在有支柱的顶盖结构有相当大改善。从一些展览的样车来看,使上述结构投入大批生产的目标已不是十分遥远的事了。

(4)功能性结构的发展导致车身造型的改变

为解决城市汽车集中存放的空间利用率,减小车与车侧向之间距离。目前所采用的转轴式普通车门有可能被新的旋翼式车门,推拉式车门和整体顶盖翻转式结构所取代。这种改进对进出车厢也较为方便。由于旋翼式或推拉式车门的启闭运动轨迹不同于转轴式传统结构的轨迹,车门的形状可能会有相应变动,这对车门和顶盖的造型也会产生影响。

(5)电子技术进入汽车装置要求全新的造型

除发动机、底盘系统应用电子技术之外,车身的内部装置也已经开始采用电子技术。目前仪表应用数字显示代替指针,所以仪表和仪表板的造型已有新的改观。内部装置如室内调控、音响效果等也应用电脑。微型计算机系统导航装置也在若干样车中出现。以上各方面表现电子技术的应用改变了传统的结构,无疑将使各种装置的造型发生变化。而造型设计的基本原则之一是要致力于表现这些先进技术的特征,这也是未来汽车造型时代感的要求。

上面所提到汽车造型发展的预测是极为概括而粗略的,只限于目前已看到的一些发展动向,而不是准确的科学预测。未来的车型将是多种形式的,况且车身造型不可能维持千篇一律的模式。不同造型师的个人造型艺术风格与手法也一定会反映出车身造型中宽广的差异。可以肯定的是,未来汽车造型的发展必然随着汽车技术的发展而日新月异。

三、产品品牌策略

汽车品牌是汽车的标志,更是汽车质量、性能满足消费者效用可靠程度的综合体现,凝结着汽车企业的文化内涵,决定和影响着汽车市场的结构和服务定位。无论是德国的戴姆勒—奔驰、美国的福特与克莱斯勒,还是英国的劳斯莱斯、日本的丰田,这些汽车业巨头在不断对车辆创新的同时,都把打造强势品牌放在了非常重要的地位。

1. 品牌的概念与构成

1)品牌的概念

品牌(Brand)是企业给产品规定的商业名称,通常由文字、标记、符号、图案和颜色等要素或这些要素的组合构成,企业使用品牌来与竞争者的产品或服务区别开来。汽车品牌策略指汽车企业通过创立市场良好品牌形象,提升产品知名度来开拓市场,扩大占有率,取得丰厚利润回报,培养忠实消费者的策略选择。

2)品牌的要素

品牌的构成是一个复杂的系统,可分为有形部分和无形部分。有形部分包括品牌名称、品牌标识和商标等,无形部分则包括属性、利益、价值、文化、个性和使用者等等。

(1)品牌构成要素的有形部分:

①品牌名称(Brand Name)。是指品牌中可以用语言称呼的部分,包括中文名称和外文名称,如奥迪(Audi)、奔驰(Mercedes Benz)、丰田(Toyota)、别克(Buick)、奇瑞(Cheery)、东风(DFM)等。

②品牌标识(Brand Identity)。又称为品牌视觉标识,是指品牌中可以被认识、易于记忆但不能用语言称呼的部分即品牌的视觉形象标志,通常由文字、标记、符号、图案和颜色等要素组成,如大众车的标识是品牌缩写 VW 的上下组合,奥迪车的品牌标识是4个相连的圆圈,奔驰的品牌标识是一个汽车方向盘图案。

③商标(Trademark)。商标系指品牌名称和品牌标识经依法注册,成为受法律保护、具有专用权的品牌视觉系统。汽车商标就是利用文字和图画等符号,向人们表达它所象征的意义,

促使人们在见到某种汽车商标后产生一定的联想,以帮助生产者实现营销"诉求",帮助消费者理解产品生产者所诉求的内容(质量标准或其他特性),并分辨不同的商品。商标是一个法律概念,其法律作用主要表现在:维护公平竞争,保护商标所有者的合法权益,未经所有者允许,任何人不得使用他人商标,否则就是商标侵权,为法律所不许;促使生产经营者保证商品质量,维护商标信誉。

(2)品牌构成要素的无形部分:

①属性:一个品牌首先给人带来特定的属性。例如,梅赛德斯表现高贵、优良制造、高声誉、快捷等。许多年来,梅赛德斯的广告是:"其工程质量全世界其他汽车无可比拟。"这是为显示该汽车特定属性而精心设计的定位纲领。

②利益:一个品牌不仅仅限于一组属性。汽车消费者不是购买属性,他们是购买利益。属性需要转换成功能和情感利益。

③价值:品牌还体现了制造商的某些价值感。90多年以来,劳斯莱斯公司生产的劳斯莱斯和本特利豪华轿车总共十几万辆,它不仅是一种交通工具,更是富豪生活方式的一种标志。

④文化:品牌可能附加象征一定的文化。法拉利体现了意大利人的极致的浪漫,奥迪则体现了严谨高效的德国文化。

⑤个性:品牌还代表了一定的个性。梅赛德斯使人想起一位风度翩翩的老板,或一座质朴的宫殿。

⑥使用者:品牌还体现了购买或使用这种产品的是哪一类消费者。宝马象征着年轻精英,奔驰属于上流社会的成功人士,劳斯莱斯是身份显赫的贵族,福特犹如中产阶级白领。

3)品牌的作用

品牌的作用可以从买卖双方分别加以分析。对于消费者而言品牌代表着全部的消费体验;对企业而言,品牌则是一份无与伦比的财富。

(1)对消费者的作用:

①有利于消费者识别所需的产品,便于挑选和购买。

②有利于维护消费者的权益。

③有利于消费者寻找生产和经销企业,便于联系重复购买,便于修理及更换零件等服务。

(2)对生产经营企业的作用:

①有助于广告宣传与促销活动的开展。

②借助产品品牌,能为企业的营销活动提供方便。

③有助于保持和提高市场份额。

④有利于企业争创名优产品和自我保护。

2. 品牌策略

品牌策略的内容比较广泛,企业必须充分重视品牌策略的研究和应用才能打造出成功的品牌。

(1)品牌有形设计策略

品牌名称与商标是消费者对于品牌的首要印象,因此一个优秀的品牌与品牌名称和商标的精心设计密不可分。一般应该遵循这样一些原则和要求:

①品牌设计要能体现产品的特点;

②简明醒目,有艺术感染力,文字易读、易认、易记;

③创意新颖、美观大方、底蕴深厚。品牌本身就是一件艺术作品,应构思巧妙、耐人寻味,有丰富的文化内涵,给人以美的享受和好感;

④品牌设计要符合传统文化,适合消费者心理,为人们喜闻乐见;

⑤品牌设计要符合国家有关法规,如我国禁止使用政治人物的姓名对产品命名,也禁止用国旗、国徽图案作为品牌标识或商标。

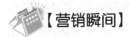【营销瞬间】

国内外汽车企业品牌名称和商标设计方法

1. 用人们了解的客观事物来设计品牌

这些客观的事物包括人名地名或是特殊的时代特征等。美国通用汽车公司的"凯迪拉克"豪华汽车商标,是利用底特律发展史上有卓越贡献的安东尼·门斯·凯迪拉克的名字命名的,英文是"Cadilac",该车标志由冠和盾组成,设计别致、色彩鲜艳、形象高雅、寓意深刻。冠与冠上的7颗珍珠象征着凯迪拉克先生家的皇家贵族尊贵血统,比喻凯迪拉克汽车的华贵与高雅;标志上的盾象征凯迪拉克先生金戈铁马、英勇善战,比喻凯迪拉克汽车拥有强大的市场竞争能力;标志中的盾形纹章表达了底特律人的精神和荣誉。

1981年大众公司生产的新型汽车以"桑塔纳"(Santana)命名,此名取自美国加利福尼亚盛产名葡萄酒的"桑塔纳山谷",希望这款汽车能像该山谷中经常刮起的一股股强劲、凛冽的旋风一样(著名的桑塔纳旋风)风靡全球。大众牌汽车的商标标志既是文字标志,也是图案标志,它是商标名称与公司名称的高度统一的典范。

除此之外,我国著名的解放牌汽车则是以特殊事件来命名的,具有浓重的政治色彩。

2. 以产品特点或象征来设计品牌

这种命名在特种车、专用车中很常见,采用象征或寓意来命名。如武汉冷藏机械厂以"企鹅"做品牌名,叫人联想到南极洲的寒冷冰冻,也寓意该车冷藏效果好。有的汽车商标在设计上可以让消费者很快联想到特定汽车的性能如动力、速度、安全、舒适等。如英国美洲豹公司生产的美洲豹牌汽车的标志是一只向前猛扑的雄壮的美洲豹,图案形神兼备,既点出生产者的名称,又表现该汽车的动力和速度性能。英国沃克斯豪尔公司的风驰电掣的飞狮、英国本特利汽车公司展翅翱翔的雄鹰、瑞典的沃尔沃(VOLVO:拉丁文"滚动"之意)、我国"红旗"等汽车商标也属此类。

3. 以企业的人文精神来设计品牌

德国大众集团奥迪分部生产的奥迪牌汽车,其标志是4个连环圆圈,它是其前身——汽车联合公司于1932年成立时开始使用的统一车牌标志。4个圆环表示当初公司是由4家公司合并而成的。从该标志的图形看,似乎是4兄弟手挽手走向未来,体现出团结的力量:4个圆环的半径相等,象征公司平等、互利和协作的敬业精神。

福特汽车公司生产的福特牌汽车的标志是以英文"Ford"为主的椭圆形蓝底白字图案,并形象化地构成一只充满活力的兔子。其构思简朴、设计美观、犹如在温馨的大自然中,一只活泼可爱、雄健温顺的小兔子在向前飞奔。

(2) 品牌运营策略

汽车品牌策略是现代汽车营销的核心,尤其是现在汽车厂商营销实力差距缩小,竞争越来越激烈,良好高效的品牌运营策略更成为克敌制胜的秘密武器。

同样,在当今我国民族汽车业蓬勃发展,内外竞争不断加剧的情况下,掌握良好的汽车品牌策略,对我国汽车企业打造强大自主品牌,并使自主品牌走向世界实现突围有着十分重要的意义。从世界顶级汽车品牌的建设策略来看,结合我国民族汽车工业现状,良好的汽车品牌运营策略应当包括如下几个方面:

①恰当把握品牌的市场定位,塑造鲜明的品牌人格。与众多产品品牌不同,汽车品牌具有鲜明的人格化特征。比如宝马品牌代表着"尊贵""年轻""有活力",追求经济和社会地位、追求极致的商业新贵形象;沃尔沃代表的是"成熟""稳重",喜好、性情相对稳定的职业绅士形象,而凯迪拉克则代表的是积极进取的中产阶级人士。鲜明的品牌人格一旦确立,就会沉淀为很深厚的品牌资产附在产品上,通过市场传播和推广根深蒂固留存在大众和目标消费者的脑海里,使消费者产生丰富的品牌联想,并对某种特定品牌产生强烈认同感,进而成为品牌的忠实消费者。毫不夸张地说,汽车品牌的特定人格,早已转化为社会身份、地位、财富甚至职业的象征,并成为人们在社会环境中存在的重要的第二身份标志。这种特定人格使得客户心目中潜在的购买欲望被发掘出来,转化成为消费冲动。汽车品牌人格的确立取决于合理的把握品牌的市场定位,迎合特定消费者自身价值体系的需求。要从分析市场需求开始,依次经历细分市场、选择目标市场、确定定位策略和定位策划等几个阶段。品牌的市场定位首先必须分析市场需求的状况,如需求特性的变化、需求总量以及有无被忽视的需求等,在此基础上对品牌档次、产品外形、使用者、类别、情感、附加、文化、情景等层面进行准确定位。当下我国许多汽车企业仍停留在一味抓原材料、抓生产、抓销售、抓质量的层面上,忽略了消费者对汽车的需求早已不再仅仅是对基本安全性、技术性的需求,更多是对汽车品牌内涵的看重,因此有必要塑造带有自身特点的品牌人格。例如奇瑞QQ把自身塑造为刚刚走入职场的年轻女性形象,其较高的性价比以及时尚个性的外形使得奇瑞QQ获得整体品牌力的提升。

②品牌传播上注重消费者的品牌体验。奔驰SMART在我国的试驾体验大获成功表明品牌体验对打造品牌形象,开拓市场有独特功效。品牌体验的最大优势在于能够让顾客与产品充分沟通,直接增加顾客对于产品特征比如产品技术、品质、设计的感观体验和对产品的信赖程度。国产车要想打造高端品牌,就必须首先让消费者切身体会到高端车品牌的一切特性。在品牌体验活动中,不仅仅可以是试驾体验,更可以加入品牌历史、品牌故事宣传甚至是整个业务流程的参观体验。事实上,品牌远不是产品的一个名称。成功的品牌包括整个业务流程,从原材料的选择到最终的顾客服务,而顾客购买的也正是这整个流程。让顾客有机会参观了解企业从原材料精选、产品定制研发、精湛的工艺流程到最后订单式的销售服务,使消费者全方位的了解品牌而不是单纯的停留在某一款车型上。企业还应当主动回应类似新浪网车友俱乐部的网络汽车品牌社群的发展,采用更加积极的营销手段推动品牌社区的成长。这些社区的存在基于顾客自身对某项产品或服务与其生活的契合度以及这些产品与服务带给他们的体验。企业通过加入社群能够将原来仅仅是顾客与顾客、顾客与品牌之间的关系扩张到顾客与顾客、顾客与核心顾客、顾客与品牌、顾客与营销者之间的关系。只要企业问得越多,邀请顾客参与体验得越多,企业就越有可能设计出迎合顾客口味的产品。

③采用正确的品牌发展策略。正确的品牌发展策略一方面可以使老产品焕发新的活力,另一方面也能使新产品打开市场。但倘若品牌策略出现失误,不仅会使新产品难以进入市场而且老产品的声誉也会受到损害。例如曾是我国荣誉和辉煌象征的"红旗"牌轿车,由于采用

单品牌策略用同一个品牌名称命名所有延伸的轿车档次,使得"红旗"原有的高贵、地位、品味的象征弱化,从而使国外高档车生产厂趁"红旗"高档位车定位的混乱乘虚而入。从整体来看,单品牌战略虽然有利于提高消费者的品牌认知度,但品牌单一导致抗风险能力弱,且由于一个品牌的车型价格区间跨度过大使消费者容易对品牌定位产生混淆。与单品牌策略相对的是多品牌策略。比如上海通用的雪弗兰、别克、凯迪拉克就分别属于低、中、高三个消费市场,三个品牌既自成体系,又均属于通用汽车;丰田有皇冠、雷克萨斯等品牌。采用多品牌策略能通过不同层次的产品覆盖所有市场,尽可能多的满足消费者的需求,而且能作为攻守兼备的战略手段,提高市场占有率和企业竞争力的同时通过结构复杂化增强企业的抗风险能力。当然采用多品牌发展策略应当注意一方面搞好品牌之间的定位。尽量防止由于定位混乱造成企业内部品牌的恶性竞争。比如一汽大众和上海大众近两年在中国市场份额下滑主要原因就是品牌谱系界定不清导致产品布局混乱,例如辉腾与奥迪 A8 的互博等。另一方面要注意关注企业的形象和长期发展,要抓住机遇。

④产品的更新和技术创新是强大品牌的源头。丰田、通用等国际汽车品牌不仅会根据市场以及消费者的需求不断推出新款车型,而且对于每一款车型都有技术更新。纵观世界级品牌的产生和发展进程,谁拥有先进的科学技术,谁就能把握市场的主动权。比如沃尔沃在技术研发上就拥有强大实力,拥有湿式双离合变速器、顶级的 GTDi 缸内直喷涡轮增压发动机等一批高端技术。又如奔驰车首创吸收冲击式车身,SRS 安全气囊和"安全客舱",拥有强大的安全防护技术,这背后有奔驰车 8500 人庞大的研究开发队伍、每年高达 14 亿马克的科研经费在起着巨大作用。日本一位知名企业家认为,研究与开发费用占总销售额的 5% 以上企业才有竞争力,2% 仅能够维持现状,不足 1% 企业难以生存,品牌之所以长盛不衰,是依靠巨大的科技投入的支撑。同时,技术创新在当下汽车业竞争日益激烈的环境下还有更为广阔的含义,那就是组织层面的技术创新,要在加大科技创新投入的同时注意培养整个企业的创新文化,丰田之所以强大正是因为其独特的创新型企业文化。除此之外,服务技术、广告技术、公关技术等方面的创新对于品牌的创立发展也有着非常重要的作用。

品牌化是汽车企业竞争的尚方宝剑,也是当今汽车企业的发展方向。品牌不仅仅代表着汽车的品质,而且更重要的是企业形象的具体反映。打造强势品牌是长期的、艰巨的、系统性的工程,需要有坚定的决心和足够的耐心,绝对没有捷径可走。已经有越来越多的企业开始意识到汽车市场未来的竞争将是品牌的竞争,开始思谋如何塑造一个能在市场上立于不败之地的强势品牌策略。

第三节 产品生命周期理论与市场策略

企业不能期望产品永远的畅销,一个产品从制造产出到上市,到最后从市场上消失,一般都要经历产品生命周期的四个过程。企业必须正确的认识和运用这种规律,并据此实施产品策略,才能打造出成功、经典的产品。

一、产品生命周期理论

通常,产品在市场上的销售情况与盈利情况是随着时间的推移而变化的,这种变化的规律

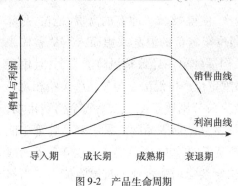

图9-2 产品生命周期

与人类和其他生物的生命一样都有出生、成长、成熟直到衰亡的过程,称之为产品生命周期(Product Life Cycle)。产品生命周期也称产品寿命周期,指产品从进入市场到退出市场所经历的全过程,分为导入期、成长期、成熟期和衰退期共四个阶段,如图9-2所示。

(1)产品导入期。此阶段产品刚开始上市,知名度还不高。因为产量和技术方面的问题,使得产品成本高,售价也高。公司必须把销售力量直接投向最有可能的购买者,尽量缩短引入期的时间。在这一阶段,产品很可能还没有为厂商带来利润。

(2)产品成长期。成长期的标志是产品知名度日益扩大,销售量迅速增长。早期使用者喜欢该产品,其他消费者开始追随领先者。新的竞争者加入,他们通过大规模生产来提高吸引力和利润。针对成长期的特点,公司为维持其市场增长率,使获得最大利润的时间得以延长,可采取改善产品品质,寻找新的细分市场,改变广告宣传重点和降价等策略。

(3)产品成熟期。在这一阶段,产品的销售量趋于平稳,产品成本和价格趋于下降,开始大量生产和销售,市场竞争加剧。对成熟期的产品,只能采取主动出击的策略,使成熟期延长,或使产品生命周期出现再循环。为此,可以采取市场改进,产品改进和市场营销组合改进等策略。

(4)产品衰退期。在这一时期,市场竞争非常激烈并开始出现新的替代产品。原产品的销售量明显下降,销售增长率为负值,最后因为无利可图而退出市场。面对处于衰退期的产品,企业需要进行认真的研究分析,决定采取什么策略以及在什么时间退出市场,通常可以采用继续、集中、收缩和放弃等策略。

产品生命周期是抽象的理论,对于四个阶段之间并没有明确的界限,很难做出定量的判断,具有较大的随机性和模糊性。因此,能否正确判断产品处在生命周期的哪个阶段,对于企业制定营销策略非常重要。企业一般借用产品销售量、销售增长率和利润这几个因素通过以下两种方法来判断产品的生命周期阶段:

①类比法。就是根据市场中的同类产品的销售过程以及生命周期变化的资料来分析、判断产品的生命周期阶段。

②增长率法。是通过观察销售量的变化,计算出这一时期的销售增长率来判断产品正处于生命周期的哪个阶段。

对于汽车产品来说,要比一般的易耗品更加需要综合分析才能正确判断出产品所处的生命周期阶段。这是因为汽车市场的发展更易受到国家宏观经济政策的影响,一时的销售徘徊或下降可能是由于宏观经济处于调整阶段所致,不一定意味着产品就到了衰退期;反之,一时的畅销也可能是由于宏观经济发展过热造成的,也不一定意味着产品处于成长期。除此之外,不同的汽车产品,其生命周期的长短和各阶段所经历的时间都不一样。国外统计数据表明,重型汽车的产品生命周期比轻型汽车要长一些,轿车的产品生命周期较短。但随着汽车工业的发展和科技进步,以及汽车市场竞争的日趋激烈,无论哪种车型的产品生命周期都有缩短的趋势。

对于汽车厂商来说,理想的产品生命周期的形态应该是:导入期和成长期要短,投入要少,较快达到销售的高峰,并尽可能的维持更长的时间,以便厂商获取最大的利润;而且衰退期要缓慢,利润要缓慢减少。而通过正确地实施营销策略,厂商可以尽量让产品的生命周期按理想形态发展。

二、各阶段的市场策略

对产品生命周期的分析主要是通过对产品的销售量和利润随时间的变化来进行研究的。产品生命周期的每个时期都反映出顾客、竞争者、经销商、利润状况等方面的不同特征,企业可以根据产品在生命周期各个阶段的显着特征而采取适当的营销策略,满足顾客需求,赢得长期利润。制定最佳产品组合和营销策略必须了解产品生命周期,产品生命周期的不同发展阶段有着不同的市场特征,产品组合和营销策略也相应不同。

1. 导入期的市场策略

在导入期,汽车厂商的重心应放在建立新产品的知名度,迅速建立市场份额上。在这一阶段,投入的需求很大,要采用各种办法广泛宣传,引导和吸引潜在用户。并积极收集社会上对新产品的反应与意见,以促成产品的技术完善和最终定型。在营销中突出强调新产品所能给消费者带来的效用和利益,厂商可以采用试驾、折扣、建立体验中心或进行活动赞助等方式来打响名号,争取消费者。确保销售渠道的畅通,给予中间商较大的利益保证与强有力的技术和服务支持,刺激中间商积极推销新产品,如给予较大的让利,加大合作广告津贴等。导入期产品的市场营销策略,一般有高价快速策略,低价快速策略和缓慢渗透等策略。

(1)高价快速策略。这种策略的形式是:采取高价格的同时,配合大量的宣传推销活动,把新产品推入市场。其目的在于先声夺人,抢先占领市场,并希望在竞争对手还没有大量出现之前就能收回成本,获得利润。适合采用这种策略的市场环境为:

①必须有很大的潜在市场需求量。

②这种商品的品质特别高,功效又比较特殊,很少有其他商品可以替代。消费者一旦了解这种商品,常常愿意出高价购买。

③企业面临着潜在的竞争对手,想快速的建立良好的品牌形象。

(2)低价快速策略。这种策略的方法是:在采用低价格的同时做出巨大的促销努力。其特点是可以使商品迅速进入市场,有效的限制竞争对手的出现,为企业带来巨大的市场占有率。该策略的适应性很广泛。适合该策略的市场环境是:

①商品有很大的市场容量,企业可望在大量销售的同时逐步降低成本;

②消费者对这种产品不太了解,对价格又十分敏感;

③潜在的竞争比较激烈。

(3)缓慢渗透策略。这种策略的方法是:在新产品进入市场时采取低价格,同时不做大的促销努力。低价格有助于市场快速的接受商品;低促销又能使企业减少费用开支,降低成本,以弥补低价格造成的低利润或者亏损。适合这种策略的市场环境是:

①商品的市场容量大;

②消费者对商品有所了解,同时对价格又十分敏感;

2. 成长期

产品由导入期进入成长期的显著标志是消费者对该类产品的需求加速增长,市场也很快地扩大,使得产品销售量急剧上升。在成长期,企业面临的任务是巩固自己的地位,在激烈的市场竞争中成为幸存者。营销的基本指导思想是:在竞争中开拓市场,扩大产品的市场占有率;也就是说是一种成长策略,其目标是在快速扩张的市场中保持相对的竞争地位,只要有可能就加以扩大,即在扩张的市场上成长。企业所面临的问题已不再是"如何让顾客试用其产品",而是"如何使顾客偏爱其品牌"。所以企业在营销策略与方法上也需要进行相应调整,企业在此基础上还需投入资源发展新的销售和营销能力,并根据现有的财务需求和相对竞争地位决定投资于哪一种相对优势:差异化、低成本还是集中战略。这一阶段可以适用的具体策略有以下几种:

(1)积极筹措和集中必要的人力,物力和财力,进行基本建设或者技术改造,以利于迅速增加或者扩大生产批量。

(2)进一步开展市场细分,积极开拓新的市场,创造新的用户,以利于扩大销售。

(3)努力疏通并增加新的流通渠道,扩大产品的销售面。

(4)改变企业的促销重点。例如,在广告宣传上,从介绍产品转为建立形象,以利于进一步提高企业产品在社会上的声誉。

(5)充分利用价格手段。在成长期,虽然市场需求量较大,但在适当时企业可以降低价格,以增加竞争力。当然,降价可能暂时减少企业的利润,但是随着市场份额的扩大,长期利润还可望增加。

3. 成熟期

商品的成熟期是指商品进入大批量生产,而在市场上处于竞争最激烈的阶段。通常这一阶段比前两个阶段持续的时间更长,大多数商品均处在该阶段,因此管理层也大多数是在处理成熟产品的问题。成熟期的营销策略的指导思想是:首先维持已有的市场占有率,不要被竞争对手挤出市场;然后选择进攻性策略,扩大销售并尽量延长这一阶段的时间,或是促使产品生命周期出现再度循环,以获得更多的利润收益。延长产品成熟期可以从以下三个方面来考虑:

(1)努力开发新的市场,来保持和扩大自己的商品市场份额。

(2)进行产品改良,满足用户的需求,增加产品的满意度与好评率。

(3)发展产品的新用途,使产品在某种程度上转入新的成长期。

4. 衰退期

衰退期是指商品逐渐老化,转入商品更新换代的时期。当商品进入衰退期时,企业不能简单的一弃了之,也不应该恋恋不舍,一味维持原有的生产和销售规模。企业必须研究商品在市场的真实地位,然后决定是继续经营下去,还是放弃经营。当企业分析产品确实进入衰退期后,则应在继留决策或丢弃决策中选择其一。继留决策指企业决定在产品衰退时,不应盲目地立即撤退,而是应首先观察市场。由于竞争企业相继撤出市场,继续留在市场内的企业往往可以接收他们留下的顾客而暂时增加销售量。丢弃决策指企业决定在产品衰退期丢弃产品,撤出市场。当产品衰退期到来时,企业也不应盲目坚持或犹豫不决,尽快撤出市场。

综上所述,产品生命周期各阶段及相应的营销策略可归纳如表 9-2 所示。

产品生命周期各阶段及营销策略 表9-2

	引入期	成长期	成熟期	衰退期
顾客	需要培训早期采用者	更广泛接受效仿购买	巨大市场品牌选择	有见识挑剔
产品	处于实验阶段质量没有标准,也没有稳定的设计,设计和发展带来更大的成功	产品的可靠性、质量、技术性和设计产生了差异	各部门之间标准化的产品	产品范围缩减质量不稳定
风险	高	增长掩盖了错误的决策	重大	广泛波动
利润率	高价格、高毛利率、高投资、低利润	利润最高、公平的高价和高利润	价格下降、毛利和利润下降	毛利、选择合理的高价和利润
竞争者	少	参与者增加	价格竞争	一些竞争者退出
投资需求	最大	适中	减少	最少或者没有
战略	市场扩张、研发是关键	市场扩张,市场营销是关键	保持市场份额	集中成本控制或减少成本

第四节 汽车新产品开发策略

在竞争激烈的汽车市场上,企业想要保持长久的竞争力,就必须不断研究和开发新产品,来满足消费者变化的需求。同样,从产品生命周期的角度来讲,如果企业不开发新产品,则当产品进入衰退期时企业也会跟着走向衰败。因此,只有企业不断运用新的科学技术改造自己的产品,开发新产品,才不至于被挤出市场的大门。

一、新产品的概念

从营销的角度来说,新产品(New Product)是一个广义的概念,产品只要在功能或形态上得到改进,与原有产品营销意义上的差别,能够为顾客带来新的满足、新的利益,都可以称之为新产品。大体可以分为以下四种类型:

(1)完全创新产品。是指采用新的科学技术或工艺设计研制出的市场上从未有过的产品,如第一次出现的电脑、手机、MP3等。完全创新产品需要科学技术的积累以及巨大的人力物力,因此绝大多数企业都不易提供这样的新产品。

(2)换代新产品。是指采用新材料、新技术使得原产品的性能得到大幅度的提升,如实体键盘手机换代为触摸屏手机等。换代新产品要求较高的技术含量,是企业提高竞争力的重要方式。

(3)改进新产品。是指对原有产品在性能、结构、包装或款式等方面做出改进的新产品,如在汽车上安装全球定位系统就属于这一类型。改进新产品需要的技术含量较低,是较容易设计的新产品形式,可以增强竞争力、延长产品生命周期、减少研制费用、提高经济效益。但这类新产品与原有产品的差别不是很大,进入市场后容易仿效,竞争更为激烈。

(4)仿制新产品。是指企业合法地模仿制造市场上已有的某种产品。仿制是新产品开发最快捷的途径,具有风险小成本低的优点,缺点是时间上总落后他人一步。日本汽车扬名海外,第一步也是从仿制开始的。但仿制不能原搬照抄,违反"专利法"等法律法规。

二、新产品开发方式

在汽车厂商确定要开发新产品后,必须解决的一个重要问题是采取什么方式来对新产品进行开发。一般而言,有四种方式可供汽车厂商选择:

(1)独立开发。指企业完全依靠自己的力量开发新产品。这种方式可以根据自身需求,紧密结合企业特点,使企业在某一方面具有领先地位,但独立开发需要较多的人力物力,并且具有较大风险。

(2)引进。即引进其他厂商开发的已经成熟的技术成果,自己只负责生产。采用这种方式可以缩短新产品的开发时间,节约开发费用,降低风险。但要注意引进技术要与企业自身条件相适应。

(3)开发与引进相结合。就是在新产品开发的方式上引进其他厂商先进的技术,并在此基础上针对自身情况和需求进行开发。犹如采取两条腿走路,既重视独立开发又重视技术引进,二者有机结合,互为补充。

(4)联合开发。联合开发除了企业与科研机构、大专院校的联合外,更多的是企业之间的联合。如戴姆勒与比亚迪联合开发的电动车,丰田汽车与宝马公司在燃料电池、混合动力组成、跑车和车辆轻量化四个领域展开合作等。这种方式,有利于充分利用社会力量,节约开发经费,并学习和吸收对方产品开发的先进思想,弥补企业独立开发能力的不足。

新产品开发还有其他途径,如通过技术市场购买部分或全部新产品技术(含料)等。究竟采取何种方式,并无统一定式,汽车厂商应结合自己的技术能力、技术发展战略等情况选择确定具体的开发方式。

三、新产品开发程序

从营销的观点出发,新产品的开发要经历调查预测——新产品构思——制定产品发展规划——工业化设计——生产技术准备——小批试生产——销售准备等几个阶段。值得注意的是,由于开发过程中采用的开发方式不同,所经历的阶段可能不完全一样。图9-3所示。

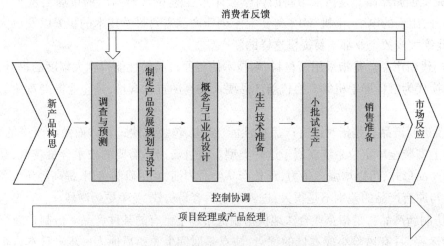

图9-3 汽车新产品开发一般程序

1. 新产品构思

新产品开发过程的第一个阶段是寻找产品创意,即对新产品进行设想或创意的过程。构思的多寡会影响新产品开发的成功率,因此要广泛收集,越多越好,而且不要在这一阶段否定任何一种构思。一个好的新产品构思是新产品开发成功关键,缺乏好的新产品构思已成为许多行业新产品开发的瓶颈。

新产品的设想通常来自于市场利益相关者,可分为企业内部和企业外部。公司内部人员包括:研究开发人员、市场营销人员、高层管理者及其他部门人员。这些人员与产品的直接接触程度各不相同,但他们总的共同点是熟悉公司业务的某一或某几方面。企业可寻找的外部构思来源有:顾客、中间商、竞争对手、企业外的研究和发明人员、咨询公司、营销调研公司等。

2. 调查与预测

在确定新产品构思后,汽车厂商新产品开发的前期工作首先是要做好调查与预测,这项工作做得是否细致和充分,对新产品开发的准确性有直接的影响。

就汽车厂商新产品开发和制订产品规划而言,调查应包括的内容有:

①市场调查。具体包括用户需求和市场容量及构成调查。消费者的需求是开发新产品的起点和归宿,因此,消费者的需求是产品创新构思的重要来源。调查途径大体有用户例会、特约经销商例会以及外出调查等几种。

②宏观环境调查。其中包括有关汽车产品的技术法规以及交通运输状况等。

③竞争者调查。主要包括竞争者的商品及其市场评价、商品价格以及他们的动向等。分析竞争产品成功和失败之处,借鉴竞争产品的经验教训,实事求是地判断其利弊,对于企业新产品的创新构思有积极的帮助。

④本企业的技术实力及经营状况评价。有助于找到更适合企业的产品进行开发,在企业内部调查的过程中还可以激发员工的积极性。

在上述调查中,市场调查和竞争者调查最为重要,是必须要认真作好的调查项目。

3. 制定产品发展规划与设计

这一阶段是汽车厂商新产品开发的重要依据,一般是在调查与预测的基础上,再结合本企业技术实力等内部条件,科学地加以制订。新产品开发计划一般包括产品特点、目标市场、竞争情况、预计销售量、价格、研制时间及费用、制造成本以及投资收益率等内容。下面是某公司拟开发一种在国外投产的新轿车,在制订计划时所考虑的内容:

(1)开发目的。这包括为什么要开发此产品?是为了占领新市场还是为了巩固现有市场份额?是为了拓宽品种还是为了更新换代?

(2)使用对象。什么样的人使用?在什么条件下使用?用途又是什么?

(3)产品概要。包括整体的型式、系列化车型、规格参数、性能指标、主要组成的规格等。

(4)销售目标。什么时候投产?投产后年销售量是多少?

(5)质量目标。产品要达到怎样的质量水平?保修里程和耐久性指标是多少?

(6)外购件的安排。外购件占多大比例?进口件和当地生产件的比例如何?当地政府关于自制件比例的政策如何?

(7)法规认证。明确具体的法规要求和认证手续。

(8)生产准备。需要做哪些项目生产准备?准备周期需要多长时间?

(9)设备和投资。为生产该产品必须要有多少投资?要增加一些什么设备?

（10）效益。定出目标售价、生产成本和管理费、各种赋税和企业利润，然后据此计算出投资收益率。

4. 概念与工业化设计

概念设计是由分析用户需求到生成概念产品的一系列有序的、有组织的、有目标的设计活动。通俗来讲，就是把构思变成实物，从造型和整车设计到结构设计和试制出样车的过程。这是一个由粗到精、由模糊到清楚、由抽象到具体的不断进化的过程。如汽车厂商认为有必要时，可以将样车拿到一组目标顾客中测试，请他们考察样车后回答这样一些问题：①你认为这种车与其他相似车型相比有何优点？还有哪些可以改进的地方？②这款车是否能够充分满足你的需要？③你认为这种车价值多少钱？④你愿意购买这种车吗？购买或不购买的原因是什么等。汽车厂商营销人员应研究和设计好问题。这样的测试可以帮助汽车厂商更好地修改概念设计，开发出一种适销对路的新产品。同时，还有利于汽车厂商测算未来的销售量。概念设计完毕后，汽车厂商就应确立正式的产品开发基本任务书，交由设计部门进行工业化设计。

工业化设计工作就是要把构思变成能批量生产的图纸和技术文件。设计过程中要把设计原则、成本控制和满足用户要求协调地贯彻其中。汽车产品的设计是不可能面面俱佳的，豪华与经济实惠是相矛盾的，高性能与高成本也是直接联系在一起的，过于流线型与尺寸控制和低成本也是相矛盾的，良好地协调这些矛盾才能设计出为市场接受的产品。某公司曾在设计一种经济实用但也不失气派的轿车时所贯彻的思想是这样的：①产品可靠，使拥有者感到自豪。②产品使用时间越长，越让人感到其造型美观，并能够充分体现公司形象。③价格合适。④易于操作驾驶，符合使用要求、视野开阔令人愉快。⑤内部空间宽敞，让一家人乘坐感到舒适，行李舱容量足够大。⑥足够的性能提供理想的行驶特性，可靠的空调和暖气装置。⑦维护工作量少，使用费用适中。

工业化设计之后，汽车厂商一方面即可投入生产准备，另一方面便是将新产品请有关产品机构进行产品认证。经认证的新产品便可投入生产和销售。

5. 生产技术准备

企业最高决策层根据技术发展预测和市场预测确定新产品的发展方向，由规划部门收集资料，编制新产品开发规划，经决策层讨论通过后，向产品设计部门下达产品设计任务书。

从样车的方案设计、技术设计、试制、试验到改进设计、试制、试验，此阶段是一个反复的过程。如中间过程的评审不能通过，则需要反复进行改进设计、试制、试验，直到产品鉴定，确定小批试生产用途。

在对样车进行改进设计的同时，对部分有把握的零部件可以提前进行生产技术准备。当改进设计、试制、试验结束，经评审通过后，即可进行大规模的生产技术准备，主要包括工艺设计、厂内自制设备及工装的设计制造；厂外设备订货、协作件的配套选点；生产用原辅材料的采购等。

6. 小批试生产

在生产技术准备阶段完成之后，即进行整车的小批试生产。小批试生产一方面要验证工艺工装能否满足批量生产的需要，另一方面要对小批试生产的车辆进行试验，以确定其产品质量与技术水平是否满足设计要求。小批试生产之后要进行评审，评审通过之后，产品、工艺、装备等各项技术文件经修改后即可转为正式生产用文件。

7. 销售准备阶段

在产品批量投产前,必须完成售后服务的准备工作,包括新车型的各种技术文件、使用说明书、录音带等;销售人员培训、维修用零配件的准备和销售地区、服务网点的布置、销售价格的确定等。

在上述各阶段工作完成之后,新产品即可批量生产,并投放市场。

【复习思考题】

1. 你能说出你最熟悉的汽车品牌的产品组合吗?
2. 谈谈你对全面质量营销观念在汽车营销应用中的看法。
3. 能否对于生命周期各阶段市场策略进行举例。

【案例讨论】

"野马"——起死回生之作

在"爱迪塞尔"停产后仅4年多,福特汽车公司于1964年4月17日又推出了"野马"。"野马"成为美国汽车工业史上最成功的新车型之一。

"野马"问世时美国汽车工业的发展现状

从1954年—1964年的10年间,美国汽车工业界发生了重大变化。外国汽车从1955年开始大规模进入美国市场,这些节油的进口微型汽车悄悄地改变了美国汽车工业的格局。许多美国著名汽车企业被迫压缩战线,终止了一些型号汽车的生产或被兼并甚至倒闭或尝试生产类似进口货的微型车。

1960年,肯尼迪当选美国总统。他的成功被视为年轻一代的胜利,美国人更加推崇青春与朝气,认为这才是这个时代的特征。肯尼迪上台后面对的是停滞的经济,他决心采取增加可支配收入的减税政策来刺激美国经济的复苏。由于人们对美国经济的信心得到了恢复和增强,1962年美国汽车市场逐渐复苏起来。1963年,美国政府又下调了汽车消费税。1964年的经济状况更加令人乐观,可支配收入比1962年上升了35%,而且信用卡开始流行起来,这大大促进了汽车的销售。另一个好消息是,美国拥有两辆汽车的家庭正在增加,至1964年这样的双车家庭将达到70万户。

20世纪60年代初期,人们还认识到,汽车既是代表成熟的标志,又是显示成熟的方式。因此,年轻人对汽车有着天然的迷恋。汽车制造商和经销商们均意识到:15～24岁的年轻人正在组成一个生机勃勃且不断扩大的市场。人口调查表明,到1970年美国20～24岁的人口将增加54%,而15～19岁的人口将增加41%。年轻人口的增长速度大大高于美国总人口的增长速度。

此外,受肯尼迪总统带来的青春浪潮的影响,许多中老年人也被年轻人的兴趣及偏好所感染,他们积极地参加到年轻人的活动中去,如:打高尔夫球、打网球等等。福特汽车公司的市场调查还发现,越来越多的人开始购买洋溢着青春朝气的跑车。

"野马"产品开发

汽车推销员出身的艾柯卡,对顾客的需求有着惊人的敏感。他立即建议福特汽车公司迅速迎合年轻人市场,开发具有运动型跑车外观的新车型。

艾柯卡提出的标准是：新车的价格不仅中等收入的人可以轻易负担，而且低收入的年轻人也可以承受。此外，这种新车还必须有后座和后备厢，借以满足小家庭的需要。如果有可能的话，这种新车还要力争成为准备购买第二辆汽车的家庭的首选车型。

当年福特的"爱迪塞尔"的开发耗资2亿美元，市场调查历时10年之久。而如今福特推出的这款新车只用了6 500万美元的开发费用。这主要是因为这款新车在许多方面采取了"拿来主义"，它是福特汽车公司许多成熟技术的混合体，例如，它的六缸发动机和传动装置就直接照搬Falcon型车。除了设计外形有一些开销外，这种新车最大的研发费用是用来设计悬架防震系统。

为了提高新型车对顾客的吸引力，满足不同档次顾客的需求，艾柯卡特别为它准备了多种可选配置，从而使顾客尽可能地在基本车型上演变出更符合他的偏好的个性化来。仅变速器一项，顾客就可以有3种选择：自动挡、四挡、三挡。此外，行李架、方向助力系统、刹车碟、空调、转速表、时钟等也均为选配件。为了迅速抢占市场并吸引年轻人，这种新型车的基本配置型售价仅为2 368美元。

为了确定新车的售价，福特汽车公司特地邀请来52对夫妇参观样车。当他们告诉这些夫妇新车售价为3 500美元时，这些人给新车挑了一大堆毛病。但当他们改口说售价为2 500美元时，顾客们则觉得该车风格独特，而且车厢空间宽敞舒适。

福特汽车公司从上千个征名中选出小野马、美洲豹、美洲狮、雄驹、野马、猎豹等6个名字。最后，"野马"成为新型车的车名。这是美国空军在第二次世界大战中服役的著名战斗机的名字，艾柯卡认为它"给人带来天高地远的激情，而且是地地道道的美国味儿"。

促销

为了推销"野马"，福特汽车公司在电视和印刷传媒上做了铺天盖地的广告，力争在最短的时间内让"野马"的形象覆盖到美国的每一寸土地。家庭、妇女、年轻人都是"野马"瞄准的目标顾客。

1964年4月2日，"野马"正式登场尚有两周时间，福特汽车公司的广告战打响了。美国三大电视网同时出现了"野马"广告。在一个月内，三大电视网为"野马"播出了25个内容各异的广告节目，美国95%的家庭从电视中看到了"野马"，每户平均收看了11次。"野马"还在191份报纸上做了彩色广告，在2612家报纸上做了黑白广告。此外，《生活》《观察》《读者文摘》《周六晚邮》等20余家全美发行的大型杂志也刊登了"野马"的四彩页广告。在两个月内，"野马"广告在收音机中平均每周出现60~70次。

福特汽车公司还与其他公司联手为"野马"摇旗呐喊，AMT玩具公司出售1美元一个的"野马"模型玩具；假日饭店下属的200多家旅店的大厅内陈列着"野马"，该饭店的经理们都配备了一辆"野马"；全美15个最繁忙的飞机场的候机大厅里也摆放着"野马"，Sea&Ski眼镜公司推出了名叫"野马"的新式太阳镜；几家著名的百货商店用"野马"车作为货架来陈列商品；美国的"微笑小姐"大赛用"野马"作为奖品；1964年的500mile（英里）汽车大奖赛指定"野马"为工作专用车……

"野马"把美国搅得沸沸扬扬，一下子就上了《时代》和《新闻周刊》杂志的封面。

结局

"野马"火了。1964年4月17日，福特的经销商们正式将"野马"介绍给顾客们。顾客的热烈反应令经销商们大喜过望，同时又措手不及。有一位经销商不得不紧锁展销室的大门，以防门外拥挤的顾客挤坏室内的设施。"野马"上市不足一周,就有400万顾客光顾了经销商的展厅。

福特汽车公司原来预计,"野马"第一年的销量为7.5万辆。但现在看来,第一年就可突破20万辆。于是,福特公司新建了第二条"野马"生产线,使该车的年产量达到36万辆。但这仍未能满足市场需求,第三条"野马"生产线又上马了。

绝大多数购买"野马"的顾客都从长长的选购订单中按自己的喜好为"野马"车选配了附加装置,平均下来每位顾客在购买"野马"车时为选配件花费了1000美元。"野马"问世的前两年中,福特汽车公司从该车上赚取了11亿美元的利润。

资料来源:蒋彬主编.企业经营管理经典案例分析.北京,时事出版社,1997

【案例讨论题】

联系"爱迪塞尔"的失败,谈谈你认为"野马"成功的原因。

第十章 汽车定价策略

【本章学习重点】

1. 了解汽车产品定价的程序；
2. 掌握主要的汽车产品定价策略；
3. 熟悉价格战的起因和规避策略。

【开篇案例】

奇瑞 A3

奇瑞 A3 上市意味着奇瑞正式驶入打造国际名牌的第二发展阶段，作为一款奇瑞重金打造的重点战略车型，奇瑞 A3 可谓集奇瑞造车经验之大成，也是奇瑞汽车从粗放型经营到精细化运作的开始。

奇瑞 A3 整车外观时尚、流畅、动感，造型新颖前卫，外形和内饰设计上都启用了立体交错跨越设计思路，内饰启用了各类新的色彩元素，强调高贵、典雅与舒适的家庭氛围。在设计风格上，奇瑞 A3 体现了"对梦想的追求"这一令人激动的元素，造型设计符合现代汽车造型发展趋势。顶部一体化的背鳍形天线设计，更好地改善表面空气流动性，有效消除外突天线引起的风噪声，也体现自然流畅而不张扬的时尚潮流；后车门外开把手的结构设计改变了传统风格，布置新颖，巧妙地与后部结构呼应；尾灯设计细腻、高雅，与后背门结构浑然一体，让人耳目一新；后背门的布置与设计显得巧妙大方，与同类车型相比，行李箱空间大，对于家庭非常实用，对于都市中各类出行及旅行均适用。

奇瑞 A3 可装备奇瑞 1.6L、1.8L、2.0L 等发动机，配合使用无级变速器和五挡手动变速器，动力强劲、操控轻松舒适。此外，奇瑞 A3 还将配备各类豪华配置，如四安全气囊（双前气囊、双侧气帘）、ABS+ESP、EPS 电动助力转向系统、GPS 全球定位导航系统、DVD 影音/导航系统、电动天窗、智能防盗系统等，在主动、被动安全性、人机工程等方面，达到一个新的高度。新款 A3 发动机为 1.6DVVT 发动机，省油的同时提升了动力。

猜想一：动力提升 12% 如何定价？

全新奇瑞 A3 最突出的改进之处是采用了拥有领先技术的 DVVT 发动机，新发动机配备了双可变正时气门和 VIS 可变长度进气歧管系统，动力提升效果更强。新 A3 1.6L DVVT 的最大功率达 93kW/6150rpm，最大扭矩高达 160 N·M/3900rpm，最大升功率 58kW/L。对比同排量的科鲁兹虽配备了 DVVT 发动机，但最大功率仅 86kW/6000rpm，最大扭矩仅 150N·m/3800rpm，最大升功率仅 53kW/L，相比这些参数，奇瑞新 A3 优势明显。目前市场上应用 DVVT 技术的车型主要为中高级车型，部分经济型轿车如荣威 550、雪佛兰科鲁兹等也开始配备此技术，但是起步价都在十万元以上表 10-1。

配备 VVT、VIS 技术的市场主流紧凑型家用车　　　　表 10-1

车　　型	奇瑞 A31.6DVVT	悦动 1.6MT	科鲁兹 1.6SL MT
发动机技术	DVVT	CVVT	DVVT
最大功率(Kw/rpm)	93/6150	90.4/6300	86/6000
最大扭矩(N.m/rpm)	160/3900	155/4200	150/3800
价格	7.78 万	9.98 万	10.89 万

奇瑞 A3 目前的价格为 7.48—10.28 万元,综合价格与动力性能来看,包括荣威 550、科鲁兹、福克斯、马自达 3 等都将成为新 A3 的竞争对手。而这几款车型的起步价均在十万元以上。虽说奇瑞价格一向亲民,但在这样的市场环境下,新 A3 的定价将如何呢?我们将拭目以待。

猜想二:油耗降低 24% 如何定价?

俗话说"买车容易养车难",油价的高位运行让众多车主们对耗油低的车型更加青睐。国家也通过出台新能源车补贴、节能产品惠民工程等一系列政策,不遗余力引导人们的低碳生活意识。油耗降低需要高科技的支持,新 A3 所搭载的 DVVT 发动机,恰恰给消费者带来了最切身的利益。

新款奇瑞 A3 由于采用 DVVT + VIS 技术组合,即通过电子液压控制系统可连续有效的控制进排气门的开闭时间,不但有效地提升了整车的动力性,更将车辆的油耗降低了 24%,具有"低转速大扭矩、耗油量更低、排放更环保"的明显优势见表 10-2。

配备 VVT、VIS 技术的市场主流紧凑型家用车　　　　表 10-2

车　　型	奇瑞 A31.6DVVT	悦动 1.6MT	科鲁兹 1.6SL MT
发动机技术	DVVT	CVVT	DVVT
工信部综合油耗(L)	6.5	6.7	7.3

据悉,新 A3 百公里综合油耗仅有 6.5L,远低于工信部制定的 7.3L 节能车标准,已被列入首批节能惠民工程 3000 元补贴的名单,受到国家有关部门的推荐。拥有这样傲人的资本,新 A3 将如何定价呢?毕竟新 A3 已经通过降低油耗的方式为消费者节省了费用支出,其定价即使略高于现行价格,也是可以理解的,毕竟高科技发动机意味着高研发高制造成本。

猜想三:内饰优化升级,如何定价?

新款奇瑞 A3 外观仍沿袭宾法设计,欧风动感,但内饰却进行了全面改变,可谓脱胎换骨。从已经曝光的谍照上可以看到,镁合金骨架方向盘、真皮座椅、倒车雷达、防夹手电动天窗等豪华配置一应俱全,而同样主打这些配置的福克斯 2011 款起步价为 10.48 万,斯柯达明锐 2010 款更是高达 13.70 万。

值得一提的是,新 A3 还采用了国际同步的后排多功能儿童保护安全带,这在国内紧凑型家用车市场中比较少见,但是对于经济型轿车的主要消费群,那些刚刚娶妻生子的 70 后、80 后来说却是实用性非常高的一项配置。可以说,新 A3 的人性化设计以及内饰造诣均达到同级车领先水平,在配置、技术上也丝毫不逊于合资车型,定价也似乎应该在一个区间内才符合逻辑。

综上所述,考虑到各项主要性能指标,以及奇瑞一贯的亲民作风,请为这款全新奇瑞 A3

的定价进行预测。

定价是市场营销的四大基本要素之一,是营销过程中一个非常重要、非常敏感的环节,直接关系着产品的市场份额和盈利水平,影响着生产商、经销商、用户等多方的利益。

第一节 汽车产品定价程序

价格策略是指根据汽车厂商营销目标和定价原理,针对生产商、经销商和市场需求的实际情况,在确定产品价格时所采取的各种具体对策。为汽车产品定价是一个系统性强、十分复杂的过程。一般来说,汽车厂商会遵循以下六个步骤来进行定价决策,即明确定价目标,测定需求弹性,估算成本费用,分析竞争状况,选择定价方法,核定最终价格。

一、确定定价目标

汽车企业在定价以前,首先要考虑一个与汽车企业总目标、汽车市场营销目标相一致的汽车定价目标,作为确定汽车价格策略的依据。汽车厂商的定价目标主要有以下几点,如图10-1所示。

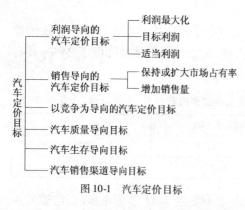

图10-1 汽车定价目标

1. 利润导向的汽车定价目标

以利润为导向的汽车定价目标又可分为三种情况:

(1)利润最大化。汽车企业期望获取最大限度的销售利润。

(2)目标利润。汽车企业把某项汽车产品或投资的预期利润水平,规定为汽车销售额或投资额的一定百分比,即汽车销售利润率或汽车投资利润率。

(3)适当利润。汽车企业为了保全自己,减少市场风险,或者限于实力不足,以满足适当利润作为汽车定价目标。

以利润导向作为汽车定价目标的汽车企业,应具备以下两个条件:该汽车企业具有较强的实力,竞争力比较强,在汽车行业中处于领导地位;采用这种汽车定价目标的多为汽车新产品、汽车独家产品以及低价高质量的汽车产品。因而,这种定价目标比较适合于处于成熟期的名牌产品。

在企业的定价实践中,确定当期利润最大化的价格,是一项高难度的工作。因为它要求企业必须有非常完善和准确的市场需求变动和产品成本变动的有关资料。通常做法是通过市场调查和预测,测算不同价格及其相应的销售量并结合需求函数和成本函数综合比较后,从中选择一个可以使企业取得当期最大利润的价格。

2. 销售导向的汽车定价目标

销售为导向的汽车定价目标也可分为两种情况:一是单纯增加销售量,即通过增加销售额,使企业能够获取足够的现金流量;二是保持或扩大市场占有率。市场占有率是企业经营状况、产品竞争力的直接反映,企业的产品只有在市场上有一定份额后才有较强的市场控制力,享受到更大的规模经济(Scale Economics)效益,才有可能获得更高的长期利润。因此,不少企业宁愿牺牲短期利润,以保持和提高市场占有率,确保长期收益。这种定价目标比较适合于投产不久的新产品或不为市场所熟悉的产品。但必须指出,价格只是提高市场占有率的一个重要但非决定性的因素,更多的情况下,市场份额的增加要通过非价格因素的竞争才能实现。

3. 竞争导向的汽车定价目标

有些企业会故意将产品价格定得低于竞争对手,以打入他人的市场,或阻止竞争者进入自己的目标市场。这种定价目标比较适合于目标实现的可能性很大,而且实力雄厚的企业。

4. 汽车质量导向目标

有的汽车企业的经营目标是以高质量高水准的产品和服务占领市场,这就需要实行"优质优价"策略,以高价来保证高质量产品的研究与开发成本以及生产成本。这一定价目标比较适合于市场美誉度好的知名产品。

5. 汽车生产导向目标

当汽车企业由于种种原因面临重大危机,如销路不畅、产品滞存、资金占用严重时,维持生存就成为企业的首要目标。企业以维持生存为目标时,一般采取低价策略吸引用户,这时价格只要能收回可变成本和部分固定成本即可。但这种定价目标只能是企业的短期目标,从长期来看,企业必须改善生产经营状况,谋求利润和发展,否则企业终将面临死亡。

6. 汽车销售渠道导向目标

为了保证销售渠道畅通无阻和中间商的利益,企业必须研究价格对中间商的影响,为中间商留出一定的利润空间,从而调动其销售本企业产品的积极性。这一定价目标比较适合那些大部分产品都由中间商销售的企业。

二、测定需求弹性

一般认为,人们对于汽车价格,尤其是中低档汽车的价格是敏感的。因此,汽车厂商在进行价格决策时,必须要了解价格变动对于产品需求的影响方向和影响程度,才能合理选择价格策略和制定价格决策。通常情况下,市场需求会按照与价格变动相反的方向变动,即价格提高,市场需求就会减少;价格降低,市场需求就会增加。可以通过需求价格弹性来反映价格变动而引起需求变动的情况,或者说需求对价格变动的敏感程度。

1. 需求价格弹性的概念

需求价格弹性(Price elasticity of demand),简称为价格弹性或需求弹性,是用需求量变化的百分比除以价格变化的百分比,表示需求量对价格变动的反应程度。用公式表示如下:

$$需求的价格弹性 = \frac{需求量变化的百分比}{价格变化的百分比}$$

$$E_d = \frac{\Delta Q/Q}{\Delta P/P} = \frac{\Delta Q}{\Delta Q} \cdot \frac{P}{Q}$$

式中:E_d——需求价格弹性系数;

Q——需求量;

ΔQ——需求量的变化量;

P——价格;

ΔP——价格的变化量。

通常来说,因为商品价格的下跌会导致需求数量的增加,所以一般情况下需求的价格弹性系数为负数。由于他的符号始终不变,为了简单起见,习惯上将需求看作为一个正数,或者用绝对值的形式来表示。

对于商品的不同弹性程度,在理论上有五种不同的情况:

(1)当 $E_d = 0$:完全无弹性(perfect inelasticity)

(2)当 $0 < E_d < 1$:缺乏弹性、不富弹性,或无弹性(inelastic)

(3)当 $E_d = 1$:单位弹性、单一弹性,或恒一弹性(unit elasticity)

(4)当 $1 < E_d < \infty$:富有弹性(elastic)

(5)当 $E_d = \infty$:完全弹性或完全有弹性(perfect elasticity)

在现实生活中,完全无弹性、完全弹性和单位弹性是比较罕见的,主要还是缺乏弹性和富有弹性两种情况。

在了解了产品的需求价格弹性后,汽车厂商就可以制定相应的价格策略,对弹性大的产品进行适当的降价,刺激需求量的增加,扩大销售,从而取得更大的收益。而对于弹性小的产品则不宜降价,因为降价后需求量并未增加多少,反而使企业收益降低;而适当的提升价格需求量不会明显下降,更有利于销售额的增加。一般而言,轿车比商用车的需求弹性大,私人购买比组织购买的需求弹性大。

2. 需求交叉弹性

需求交叉弹性(Cross Elasticity of Demand)是指某种商品的供需量对其他相关替代商品价格变动的反应灵敏程度。其弹性系数定义为供需量变动的百分比除以另外商品价格变动的百分比。用公式表示如下:

$$E_{XY} = \frac{\frac{\Delta Q_{dX}}{Q_{dX}}}{\frac{\Delta P_Y}{P_Y}} = \frac{\Delta Q_{dX}}{\Delta P_Y} \cdot \frac{P_Y}{Q_{dX}}$$

式中:E_{XY}——需求的交叉价格弹性;

Q_{dX}——X 商品的需求量;

ΔQ_{dX}——X 商品的需求量的变动量;

P_Y——Y 商品的价格;

ΔP_Y——Y 商品价格的变动量。

交叉弹性系数可以大于0、等于0或小于0,它表明两种商品之间分别呈替代、不相关或互补关系。可替代程度愈高,交叉价格弹性愈大。如 $E_{XY} > 0$ 表明此种产品价格上涨会导致另一种产品需求量增加,这两种产品为替代品,两种不同车型的汽车产品即属于这种情况。而 $E_{XY} < 0$ 则表明此种产品价格上涨会导致彼种产品需求量下降,这两种产品为互补品,例如整车与其零配件即属互补品。

三、估算成本费用

价格决策并不是企业随心所欲制定的。一般情况下,产品的最高价格取决于市场需求,即消费者愿意支付的最高价格,最低价格取决于这种产品的总成本。从长远看,企业要获得健康稳定的发展,任何产品的销售价格都必须高于产品成本,只有这样才能以销售收入来抵偿生产成本和经营支出。

企业的成本包括制造成本、管理成本、营销成本、储存成本、运输成本和提取折旧基金等,通常可分为固定成本(Fixed Cost)和可变成本(Variable Cost)两种。固定成本是指在短时间内不随着企业的产量和销售收入的变化而变化的费用,这种成本在企业存在期间都需要支付,即使企业未进行生产也要负担。固定成本包括租金、利息、企业管理费用和员工的薪金等。可变成本是指随着企业的产品产出和销售收入变化而变化的费用支出,主要包括原材料成本、储存费用、计件工资等,其特点是在企业不进行生产时可变成本应等于零。

产品总成本(Average Total Costs)是指分摊到每个产品的可变成本与固定成本的总和。在产品总成本的构成中,可变成本是大体稳定的,因为单位产品的直接消耗基本是不变的;而固定成本则会随着产品产量的增加而下降,因为企业在统计期的总不变成本是大致一定的,因此分摊到单位产品中就会与产销量有关。

四、分析竞争状况

在确定了最高定价和最低定价后,究竟怎样确定自己产品的价格则主要取决于竞争对手的同种产品价格、企业的产品质量和定价目标。因此,定价者必须了解竞争对手的产品质量和价格,并据此来进行分析和比较,从而为本企业制定出具有竞争力的价格。本企业和竞争对手的同种产品如果质量大体一致,那么二者的价格水平也应大体一致;如果本企业的产品质量较低或者较高,那么价格也应该制定得稍低或稍高。此外,定价者还应注意,竞争对手也可能会针对本企业的价格相应地调整其价格,也可能不调整价格而调整市场营销组合中的其他变量来和本企业争夺市场。

五、选择定价方法

汽车产品定价方法是指汽车企业为了在目标市场上实现定价目标而给汽车产品制定一个基本价格或浮动范围的方法。影响汽车价格的因素比较多,但在制定汽车价格时主要考虑的因素是汽车产品的成本、汽车市场的需求和竞争对手的价格。汽车产品的成本规定了汽车价格的最低基数,汽车市场的需求决定了汽车需求的价格弹性,竞争对手的价格提供了制定汽车价格的参照点。在实际操作中,往往侧重于影响因素中的一个或几个因素来选定汽车定价方法,以解决汽车定价问题。由此产生了汽车成本导向定价法、汽车需求导向定价法和汽车竞争导向定价法等三种汽车定价方法。

1. 成本导向定价法

成本导向定价法就是以产品的成本为中心定价,一般有两种具体形式。

1) 成本加成定价法

成本加成定价法是一种最简单的定价方法,就是在单位产品成本的基础上,加上一定比例的预期利润作为产品的售价。其计算公式为:

单位产品价格 = 单位产品成本 × (1 + 加成率)

成本加成定价法具有计算简单、简便易行的特点,在正常情况下,按此方法定价可以使企业获取预期利润。同时,如果同行业中的所有企业都使用这种定价方法,他们的价格就会趋于一致,这样能避免价格竞争,但它忽视了市场需求和竞争状况的影响,缺乏灵活性,难以适应市场竞争的变化形势。成本加成定价法普遍应用于零售企业。

2) 目标收益定价法

这种方法又称目标利润定价法,或投资收益率定价法。它是在成本的基础上,按照目标收益率的高低计算的方法。其计算步骤如下:

(1)确定目标收益率。目标收益率可表现为投资收益率、成本利润率、销售利润率、资金利润率等多种不同方式。

(2)确定目标利润。由于目标收益率的表现形式的多样性,目标利润的计算也不同,其计算公式为:

目标利润 = 总投资额·目标投资利润率

目标利润 = 总成本·目标成本利润率

目标利润 = 销售收入·目标销售利润率

目标利润 = 资金平均占用率·目标资金利润率

(3)计算售价

售价 = (总成本 + 目标利润)/预计销售量

目标收益率评定法的优点是可以保证企业既定目标利润的实现。这种方法一般是用于在市场上具有一定影响力的企业、市场占有率较高或具有垄断性质的企业。目标收益率评定法的缺点是只从卖方的利益出发,没有考虑竞争因素和市场需求的情况。

2. 需求导向定价法

需求导向定价法又称市场导向定价法、顾客导向定价法,是指企业在定价时不再以成本为基础,而是以消费者对产品价值的理解和需求强度为依据。现代市场营销观念要求企业的一切生产经营必须以消费者需求为中心,并在产品、价格、分销和促销等方面予以充分体现。需求导向定价法主要包括理解价值定价法、需求差异定价法。

(1)理解价值定价法。也称觉察价值定价法,是以消费者对商品价值的感受及理解程度作为定价的基本依据。把买方的价值判断与卖方的成本费用相比较,定价时更应侧重考虑前者。因为消费者购买商品时总会在同类商品之间进行比较,选购那些既能满足其消费需要,又符合其支付标准的商品。消费者对商品价值的理解不同,会形成不同的价格限度。这个限度就是消费者宁愿付货款而不愿失去这次购买机会的价格。如果价格刚好定在这一限度内,消费者就会顺利购买。为了加深消费者对商品价值的理解程度,从而提高其愿意支付的价格限度,使消费者感到购买这些商品能获得更多的相对利益,从而提高他们接受价格的限度。

(2)需求差异定价法。是以不同时间、地点、商品及不同消费者的消费需求强度差异为定价的基本依据,针对每种差异决定其在基础价格上是加价还是减价。

实行差异定价要具备以下条件:市场能够根据需求强度的不同进行细分;细分后的市场在一定时期内相对独立,互不干扰;高价市场中不能有低价竞争者;价格差异适度,不会引起消费者的反感。需求导向定价法的优点有:①考虑了市场需求对产品价格的接受程度,不会出现产品滞销或者损失盈利机会的风险;②能够为企业带来降低成本的压力和动力,从而提高企业的经营素质。因为顾客的感受价值既定时,企业的成本越低,实现的利润就越大。但同时也应该看到,需求导向定价法也有一些缺点:①定价过程复杂,特别是各种价格下的市场需求量,难以做到准确估计;②由于技术等各种因素的限制,不一定总能做到将产品成本降到用户的感受价值之下。由此可见,成本导向定价法与需求导向定价法的优缺点刚好相反。

3. 竞争导向定价法

竞争导向定价法是指企业通过研究竞争对手的商品价格、生产条件、服务状况等,以竞争

对手的价值为基础,确定自己产品的价格。竞争导向定价主要包括以下几种方式:

(1)随行就市定价法。在垄断竞争和完全竞争的市场结构条件下,任何一家企业都无法凭借自己的实力而在市场上取得绝对的优势,为了避免竞争特别是价格竞争带来的损失,大多数企业都采用随行就市定价法,即将本企业某产品价格保持在市场平均价格水平上,利用这样的价格来获得平均报酬。此外,采用随行就市定价法,企业就不必去全面了解消费者对不同价差的反应,也不会引起价格波动。

(2)产品差别定价法。产品差别定价法是指企业通过不同营销努力,使同种同质的产品在消费者心目中树立起不同的产品形象,进而根据自身特点,选取低于或高于竞争者的价格作为本企业产品价格。因此,产品差别定价法是一种进攻性的定价方法。

(3)投标定价法。当产品出现供不应求时,汽车营销者可以向中间商进行招标竞价,其过程与采购招标大体相似。企业采取这种定价方法往往可以使自己获得最大利益。

六、核定最佳价格

一般经过前述五个步骤,企业就可以为产品估算出一个大概的价格。但是,在企业确定最终价格时还需考虑其他方面的情况和要求,以求把价格定在最合理最有利的水平。首先必须考虑所制定的价格是否合法,即审查所定价格是否符合国家有关政策和法令、条例的规定,否则,就会受到法律制裁或行政处罚。其次,要考虑所制定的价格是否与企业的定价政策相一致。许多企业都明确了企业的定价形象、对待价格折扣的政策以及对待竞争者的价格的指导思想。再次,要考虑其他各方对本企业所定价格的反应。分销商和经销商对价格感觉如何?公司的推销人员是愿意按此价格推销还是抱怨此价格不合理?竞争者对这个价格会做出怎样的反应?供应商看到公司的价格,会不会提高他们的供货价格?最后,要考虑消费者的不同需求特性。消费者的需求特性包括消费者的地区差异、需求差异、购买行为差异、购买心理差异等。如果存在消费需求的差异,企业还要根据这些差异对价格进行修订和调整,如价格是否具有地区差别、购买数量差别、购买者类型差别等。

第二节 汽车产品价格策略

一、影响汽车产品定价的主要因素

汽车企业在定价之前,首先要对影响价格的因素进行分析,认识它们与汽车产品之间的关系,再据此选择价格策略。

1. 汽车成本

汽车在生产与流通过程中要耗费一定数量的资源和劳动,并构成汽车的成本。成本是影响汽车价格的实体因素。汽车成本包括汽车生产成本、汽车销售成本和汽车储运成本。汽车企业为了保证再生产的实现,通过市场销售,既要收回汽车成本,同时也要形成一定的盈利。

2. 汽车消费者需求

汽车消费者的需求对汽车定价的影响,主要通过汽车消费者的需求能力、需求强度、需求层次反映出来。汽车定价要考虑汽车价格是否适应汽车消费者的需求能力;需求强度是指消费者想获取某品牌汽车的程度,如果消费者对某品牌汽车的需求比较迫切,则对价格不敏感,企业在定价时,可定的高一些,反之,则应低一些;不同需求层次对汽车定价也有影响,对于能满足较高层次的汽车,其价格可定的高一些,反之,则应低一些。

3. 汽车产品特点

汽车产品是汽车企业整个营销活动的基础,是汽车自身构造所形成的特色,在汽车定价前,必须对汽车进行具体分析。一般包括产品寿命、汽车造型、质量、性能、服务、商标和装饰等,它能反映汽车对消费者的吸引力。汽车特征好,该汽车就有可能成为名牌汽车、时尚汽车、高档汽车,就会对消费者产生较强的吸引力,这种汽车往往供不应求,因而在定价上占有有利的地位,其价格要比同类汽车高。

4. 竞争者行为

汽车定价是一种挑战性行为,在竞争的汽车市场中,任何一次汽车价格的制定与调整,必然会引起竞争者的关注并导致竞争者采取相应的对策。为使汽车价格具有竞争力和盈利能力,汽车定价或调价前,对竞争者主要分析:同类汽车市场中主要竞争者是谁,其汽车产品特征与汽车价格水平如何,各类竞争者的竞争实力如何,等等。在这种对抗中,竞争力量强的汽车企业有较大的定价自由,竞争力量弱的汽车企业定价的自主性就小,通常会追随市场领先者进行定价。

5. 汽车市场结构

根据汽车市场的竞争程度,汽车市场结构可分为四种不同的汽车市场类型,即:

(1)完全竞争市场,又称自由竞争市场。在这种市场里,汽车价格只受供求关系影响,不受其他因素影响。这样的市场在现实生活中是不存在的。

(2)完全垄断市场,又称独占市场。这是指汽车市场完全被某个品牌或某几个品牌所垄断和控制,在现实生活中也属少见。

(3)垄断竞争市场,指既有独占倾向又有竞争成分的汽车市场。这种汽车市场比较符合现实情况,其主要特点是:同类汽车在市场上有较多的生产者,市场竞争激烈;新加入者进入汽车市场比较容易;不同企业生产的同类汽车存在着差异性,消费者对某种品牌汽车产生了偏好,垄断企业由于某种优势而产生了一定的垄断因素。

(4)寡头垄断市场。这是指某类汽车的绝大部分由少数几家汽车企业垄断的市场,它是介于完全垄断和垄断竞争之间的一种汽车市场形式。在现实生活中,这种形式比较普遍。在这种汽车市场中,汽车的市场价格不是通过市场供求关系决定的,而是由几家大汽车企业通过协议或默契规定的。

6. 货币价值

汽车价格是汽车价值的货币表现,汽车价格不仅取决于汽车价值量的大小,而且还取决于货币价值量的大小。汽车价格与货币价值量成反比例关系。在分析货币价值量对汽车定价的影响时,主要分析通货膨胀的情况,一般是根据社会通货膨胀率的大小对汽车价格进行调整。通货膨胀率高,汽车价格也应随之调高。

7. 政府干预

为了维护国家与消费者的利益,维护正常的汽车市场秩序,国家制定有关法规,来约束汽车企业的定价行为。因此,汽车企业在定价前一定要了解政府对汽车定价方面的有关政策和法规。

8. 社会经济状况

一个国家或地区经济发展水平及发展速度高,人们收入水平增长快,购买力强,价格敏感性弱,有利于汽车企业较自由地为汽车定价。反之,一个国家或地区经济发展水平及发展速度低,人们收入水平增长慢,购买力弱,价格敏感性强,企业就不能自由地为汽车定价。

二、汽车产品的价格策略

在对影响定价的各种因素进行充分考虑后,企业就可以围绕基本价格,根据不同情况,灵活多变地选择价格策略了。

1. 产品生命周期定价策略

汽车产品的生命周期包括导入期、成长期、成熟期和衰退期四个阶段。在这四个阶段中,汽车产品有着截然不同的平均成本和销售量,因此必须分别采取不同的定价策略。

1)导入期的定价策略

导入期的定价策略也被称为新产品定价策略。在激烈的汽车市场竞争中,汽车企业开发的汽车新产品能否及时打开销路、占领市场和获得满意的利润,除了汽车新产品本身的性能、质量及必要的汽车市场营销手段和策略之外,还取决于汽车企业是否能选择正确的定价策略。汽车新产品定价有三种基本策略:

(1)撇脂定价策略

这是一种汽车高价保利策略,是指在汽车新产品投放市场的初期,需求弹性小,尚未有竞争者,因此,只要汽车新产品能超群、质量过硬,就可以采取高价,来满足一些汽车消费者求新、求异的消费心理,将汽车价格定得较高,以便在较短的时期内获得较高的利润,尽快地收回投资。

这种汽车定价策略的优点是:由于汽车价格较高,因而可以使汽车企业在较短时期内取得较大利润;定价较高,便于在竞争者大量进入市场时主动降价,增强竞争能力,同时,也符合顾客对价格由高到低的心理。

这种汽车定价策略的缺点是:在汽车新产品尚未建立起声誉时,高价不利于打开市场,一旦销售不利,汽车新产品就有夭折的风险;如果高价投放市场销路旺盛,很容易引来竞争者,从而使汽车新产品的销路受到影响。

这种汽车定价策略一般适用于以下几种情况:

①汽车企业研制、开发的这种技术新、难度大、开发周期长的汽车新产品,用高价也不怕竞争者迅速进入市场。

②这种汽车新产品有较大市场需求。由于汽车是一次购买,享用多年,因而高价市场也能接受。

③高价可以使汽车新产品一投入市场就树立起性能好、质量优的高档品牌形象。

(2)渗透定价策略

与撇脂定价策略相反,这是一种汽车低价促销策略,是指在汽车新产品投放市场时,将汽车价格定得较低,以便使汽车消费者容易接受,很快打开和占领市场,在达到一定市场份额后再逐步提高价格。

这种汽车定价策略的优点是:一方面,可以利用低价迅速打开新产品的市场销路,占领市场,从多销中增加利润;另一方面,低价又可以阻止竞争者进入,有利于控制市场。

这种汽车定价策略的缺点是:投资的回收期较长,见效慢,风险大,一旦渗透失利,企业就会一败涂地。

这种汽车定价策略一般适用于以下几种情况：

①制造这种汽车新产品所采用的技术已经公开，或者易于仿制，竞争者容易进入该市场。利用低价可以排斥竞争者，占领市场。

②投放市场的汽车新产品，在市场上已有同类汽车产品，但是，生产汽车新产品企业比生产同类汽车产品企业拥有较大的生产能力，并且该产品的规模效益显著，大量生产定会降低成本，收益有上升趋势。

③该类汽车产品在市场中供求基本平衡，市场需求对价格比较敏感，低价可以吸引较多顾客，可以扩大市场份额。

以上两种汽车定价策略各有利弊，选择哪一种策略更为合适，应根据市场需求、竞争情况、市场潜力、生产能力和汽车成本等因素综合考虑。各种因素的特性及影响作用列于表10-3。

表10-3 汽车撇脂定价策略与渗透定价策略的选择标准

两种汽车定价策略选择标准	撇脂定价策略	渗透定价策略
汽车市场需求水平	高	低
与同类竞争汽车产品的差别性	较大	不大
汽车价格需求弹性	小	大
汽车企业生产能力扩大的可能性	小	大
汽车消费者购买力水平	高	低
汽车产品目标市场潜力	不大	大
汽车产品仿制的难易程度	难	易
汽车企业投资回收期长短	较短	较长

(3) 满意定价策略

这是一种介于撇脂定价策略与渗透定价策略之间的定价策略。所定的价格比撇脂定价策略低，也比渗透定价策略高，追求的是使汽车生产商与消费者都感觉比较满意。这种方法的优点是稳打稳扎，风险较小。缺点是"满意"的价格点很难拿捏。此策略通常适合那些需求价格弹性适中且销售能稳定增长的产品。

2) 成长期的定价策略

在成长期，消费者的注意力不再单纯停留在汽车产品的效用上，开始比较不同汽车品牌的性能和价格。产品在成长期通常比较适用目标利润价格策略，以期获得自己满意的目标盈利率。因为这个阶段，企业产品成本迅速下降，市场中竞争者较少，产品销路已打开，销售量呈上升趋势，企业在市场中处于主导地位，这时是有利于实现企业预定目标利润的时期。

这种价格策略的关键是对目标利润水平或目标盈利率的掌握，价格水平以获得社会平均资金利润率为宜。一般来说，成长期的汽车价格最好比导入阶段的价格低。因为消费者对产品了解增加，价格敏感性提高。在导入期采取撇脂策略的产品，可随产量的增加和竞争者的进入适当降低价格；在导入期采用渗透策略的产品，由于此阶段的成本已大幅度下降，维持原来的渗透价格即可获得平均利润；而在导入期实行满意价格策略的产品可随成本的降低适当降价，企业仍能取得平均利润,同时顾客也可以享受降价实惠。

但对于那些对价格并不敏感的市场,不应使用渗透定价。尽管这一阶段竞争加剧,但行业市场的扩张能有效防止价格战的出现;然而,有时汽车企业为了赶走竞争者,也可能会展开价格战。如美、日、韩三国的汽车企业就是在美国汽车市场走向成长期时才爆发价格战的。

3)成熟期的定价策略

成熟期的汽车有效定价着眼点不是努力挣得市场份额,而是尽可能地创造竞争优势。这时候注意不要再使用捆绑式的销售,因为那样只会使组合汽车产品中一个或几个性能更好的汽车产品难以打开市场。这时,市场为基本汽车产品定价的可调范围缩小,但可以通过销售更有利可图的辅助汽车产品或优质服务来调整自己的竞争地位。

这个阶段企业一般实行竞争价格策略。产品进入成熟期后,虽然生产量和销售量都达到最大,但因大量竞争者进入市场,企业的产品销售肯定会受一定影响,而这一阶段的产品生产成本也进一步下降了,企业可以根据市场情况对产品作不同程度的降价,同时辅以一些非价格竞争的手段以扩大销售、获得利润。实行竞争价格时,掌握降价的依据和幅度十分重要。降价太多,虽然可扩大销售,但可能亏损;降价太少,不足以震撼市场,也就不能使销售量扩大到满意程度,无法在竞争中取胜。企业在实行竞争价格策略时,必须对企业内外部情况进行综合分析,合理确定产品的竞争价格。通常,产品需求价格弹性大时降价幅度可大,需求弹性小时则降价幅度宜小。

4)衰退期的定价策略

产品进入衰退期之后,新产品、替代品不断出现,消费者对老产品也逐渐失去兴趣,销量直线下降,而且这个阶段的产品成本也会有所上升,利润减少,甚至出现亏损。这个时期产品的定价,主要着眼于最大限度提取收益和尽快回收占压资金,尽可能发挥产品在其市场寿命最后阶段的经济效益。

衰退期中很多汽车企业选择降价,但遗憾的是,这样的降价往往不能刺激起足够的需求,结果反而降低企业的盈利能力。衰退期的汽车定价目标不是赢得什么,而是应在损失最小的情况下退出市场,或者是保护甚至加强自己的竞争地位。一般,有三种策略可供选择:紧缩策略、收缩策略和巩固策略。它们的含义分别是:将资金紧缩到自己力量最强、汽车生产能力最强大的汽车生产线上;通过汽车定价,获得最大现金收入,然后退出整个市场;加强自己的竞争优势,通过削价打败弱小的竞争者,占领他们的市场。

2. 产品组合定价策略

一个汽车企业往往不只生产一种产品,常常会有多个系列的多种产品同时生产和销售,这同一企业的不同种汽车产品之间的需求和成本是相互联系的。但同时它们之间又存在着一定程度的内部竞争,因而,这时候的企业定价就不能只针对某一产品独立进行,而要结合相关联的一系列的产品,组合制定出一系列的价格,使整个产品组合的利润最大化。这种定价策略主要有以下两种情况:

1)同系列汽车产品组合定价策略

这种定价策略即是要把一个企业生产的同一系列的汽车作为一个产品组合来定价。在其中确定某一车型的较低价格,这种低价车可以在该系列汽车产品中充当价格明星,以吸引消费者购买这一系列中的各种汽车产品;同时又确定某一车型的较高价格,这种高价可以在该系列汽车产品中充当品牌价格,以提高该系列汽车的品牌效应。

同系列汽车产品组合定价策略与分级定价策略有部分相似,但前者更注意系列汽车产品作为产品组合的整体化,强调产品组合中各汽车产品的内在关联性。

2)附带选装配置的汽车产品组合定价策略

这种定价策略即指将一个企业生产的汽车产品与其附带的一些可供选装配置的产品看作一个产品组合来定价。譬如汽车消费者可以选装该汽车企业的电子开窗控制器、扫雾器和减光器等配置。汽车企业首先要确定产品组合中应包含的可选装配置产品,其次再对汽车及选装配置产品进行统一合理的定价。如汽车价格相对较低,而选装配置的价格相对稍高一些,这样既可吸引汽车消费者,又可通过选装配置来弥补汽车的成本,增加企业利润。

附带选装配置的产品组合定价策略一般适用于有特殊、专用汽车附带选装配置的汽车。

3. 心理定价策略

这是一种根据汽车消费者心理要求所采用的定价策略。每一品牌汽车都能满足汽车消费者某一方面的需求,汽车价值与消费者的心理感受有着很大的关系。这就为汽车心理定价策略的运用提供了基础,使得汽车企业在定价时可以利用汽车消费者心理因素,有意识地将汽车价格定得高些或低些,以满足汽车消费者心理的、物质的和精神的多方面需求,通过汽车消费者对汽车产品的偏爱或忠诚,诱导消费者增加购买,扩大市场销售,获得最大效益。具体的心理定价策略如下:

1)整数定价策略

在高档汽车定价时,往往把汽车价格定成整数,不带尾数。凭借整数价格来给汽车消费者造成汽车属于高档消费品的印象,提高汽车品牌形象,满足汽车消费者某种心理需求。整数定价策略适用于:汽车档次较高,需求的价格弹性比较小,价格高低不会对需求产生较大影响的汽车产品。由于目前选购高档汽车的消费者都属于高收入阶层,自然会接受较高的整数价格。

2)尾数定价策略

尾数定价策略是与整数定价策略正好相反的一种定价策略,是指汽车企业利用汽车消费者求廉的心理,在汽车定价时,不取整数、而带尾数的定价策略。这种带尾数的汽车价格给汽车消费者直观上一种便宜的感觉。同时往往还会给消费者一种汽车企业经过了认真的成本核算才定价的感觉,可以提高消费者对该定价的信任度,从而激起消费者的购买欲望,促进汽车销售量的增加。尾数定价策略一般适用于汽车档次较低的经济型汽车。经济型汽车价格的高低自然会对需求产生较大影响。

对于某些对数字有特殊偏好的地区,更是可以在价格的尾数上大做文章。如在中国,将尾数定位"9"以满足人们长长久久的心理,将尾数定位"8",以迎合客户"恭喜发财"的心理,将尾数定位"6"则暗示着"顺顺利利"。

3)声望定价策略

这是根据汽车产品在消费者心目中的声望、信任度和社会地位来确定汽车价格的一种汽车定价策略。声望定价策略可以满足某些汽车消费者的特殊欲望,如地位、身份、财富、名望和自我形象等,还可以通过高价格显示汽车的名贵优质。有报道称,在美国市场上,质高价低的中国货常竞争不过相对质次价高的韩国货,其原因就在于美国人眼中低价就意味着低档次。声望定价策略一般适用于具有较高知名度、有较大市场影响的著名品牌的汽车。

4）招徕定价策略

这是指将某种汽车产品的价格定得非常之高，或者非常之低，以引起消费者的好奇心理和观望行为，来带动其他汽车产品的销售的一种汽车定价策略。如某些汽车企业在某一时期推出某一款车型降价出售，过一段时期又换另一种车型，以此来吸引顾客时常关注该企业的汽车，促进降价产品的销售，同时也带动同品牌其他正常价格的汽车产品的销售。招徕定价策略常为汽车超市、汽车专卖店所采用。

5）分级定价策略

这是指在定价时，把同类汽车分为几个等级，不同等级的汽车，采用不同价格的一种汽车定价策略。这种定价策略能使消费者产生货真价实、按质论价的感觉，因而容易被消费者所接受。而且，这些不同等级的汽车若同时提价，对消费者的质价观冲击不会太大。分级定价策略，等级的划分要适当，级差不能太大或太小。否则，起不到应有的分级效果。

4. 折扣定价策略

在汽车市场营销中，汽车企业为了竞争和实现经营战略的需要，经常对汽车价格采取折扣和折让策略，直接或间接地降低汽车价格，以争取消费者，扩大汽车销量。灵活运用折扣和折让策略，是提高汽车企业经济效益的重要途径。具体来说，折扣和折让分以下五种：

1）数量折扣

数量折扣是根据买方购买的汽车数量多少，分别给以不同的折扣。买方购买的汽车的数量越多，折扣越大。

数量折扣可分为累计数量折扣和非累计数量折扣。前者规定买方在一定时期内，购买汽车达到一定数量或一定金额时，按总量给予一定折扣的优惠，目的在于使买方与汽车企业保持长期的合作，维持汽车企业的市场占有率；后者是只按每次购买汽车的数量多少给予折扣的优惠，这可刺激买方大量购买，减少库存和资金占压。这两种折扣价格都能有效地吸引买主，使汽车企业能从大量的销售中获得较好的利润。

2）现金折扣

现金折扣是对按约定日期提前付款或按期付款的买主给予一定的折扣优惠价，目的是鼓励买主尽早付款以利于资金周转。运用现金折扣应考虑三个因素：一是折扣率大小；二是给予折扣的限制时间长短；三是付清货款期限的长短。

3）交易折扣

交易折扣是汽车企业根据各个中间商在市场营销活动中所担负的功能不同，而给予不同的折扣，所以也称"功能折扣"。

4）季节折扣

季节折扣是指在汽车销售淡季时，给购买者一定的价格优惠，目的在于鼓励中间商和消费者购买汽车，减少库存，节约管理费，加速资金周转。季节折扣率应不低于银行存款利率。

5）运费让价

运费是构成汽车价值的重要部分，为了调动中间商或消费者的积极性，汽车企业对他们的运输费用给予一定的津贴，支付一部分甚至全部运费。

在这里必须说明的是，汽车一般不宜采用打折的方法，宜采用回扣的方法。因为虽然同样是降价，顾客在支出了很大的一笔费用以后能够收到一些回扣的货款的感受会比仅仅是得到一种降价的产品要好一些。这也就是20世纪90年代汽车经销商经常采用回扣的方法来刺激汽车的销售,而极少有采用打折的方法的原因。另一方面,企业是否要采取折扣和折让定价的策略,折扣的限度为多少,还要综合考虑市场上各方面的因素。特别是当市场上同行业竞争对手实力很强时,一旦实施了折扣定价,可能会遭到强大竞争对手的更大折扣反击。一旦形成了竞相折价的市场局面,则要么导致市场总价格水平下降,在本企业仍无法扩大市场占有率的情况下将利益转嫁给了消费者,和竞争对手两败俱伤;要么就会因与竞争对手实力的差距而被迫退出竞争市场。

因而,企业在实行折扣和折让定价策略时要考虑竞争者实力、折扣成本、企业流动资金成本、消费者的折扣心理等多方面的因素,并注意避免市场内同种商品折扣标准的混乱,才能有效地实现经销目标。

5. 地区定价策略

地区定价策略的实质就是企业对于不同地区顾客的某种产品,实行差别定价。概括地看,地区定价策略有如下几种:

(1)统一定价。就是企业对于卖给不同地区顾客的某种产品,都按照相同的厂价加相同的运费(按平均运费计算)定价。也就是说,顾客不管到哪家经销商购买汽车,价格都是一样的。这种策略有利于吸引各地的客户,规范市场和规范企业的营销管理。

(2)基点定价。企业选定某些城市作为基点,在这些基点城市实行统一的价格,客户或经销商在各个基点城市就近提货。如在制造厂商设在全国的地区分销中心或地区中转仓库提货,客户负担出库后至其家里的运送费用。

(3)分区定价。企业将全国市场划分为几个市场销售区,各区之间的价格不一致,但在区内实行统一定价。这种定价方法的主要缺点是价格不同的两个相邻区域,处于区域边界的用户对相同的商品,却要付出不同的价款,容易出现"串货"或商品的"倒卖"现象。

(4)产地定价。商品按产地的价格销售,经销商或用户负责从产地到目的地的运输,负担相应的运费和相关风险费用。这种定价策略已经不大采用,除非在销售较为旺盛时,部分非合同销售才可能出现这种情况。

6. 价格调整策略

价格的制定并不是一劳永逸的,而是要随着市场的变化及时进行调整。调整的动力既可能来自于内部,也可能来自于外部,既可能是主动调整,也可能是为应对竞争而被迫调整。但无论是主动调整还是被动调整,其形式不外乎是削价和提价两种。

1)削价策略

企业削价的原因很多,有企业外部需求及竞争等因素的变化,也有企业内部的战略转变、成本变化等,还有国家政策、法令的制约和干预等。这些原因具体表现在以下几个方面:

(1)企业急需回笼大量现金。对现金产生迫切需求的原因既可能是其他产品销售不畅,也可能是为了筹集资金进行某些新活动,而资金借贷来源中断。此时,企业可以通过对某些需求的价格弹性大的产品予以大幅度削价,从而增加销售额,获取现金。

(2)企业通过削价来开拓新市场。一种产品的潜在顾客往往由于其消费水平的限制而阻碍了其转向现实顾客的可行性。在削价不会对原顾客产生影响的前提下,企业可以通过削价方式来扩大市场份额。不过,为了保证这一策略的成功,有时需要以产品改进策略相配合。

(3)企业决策者决定排斥现有市场的边际生产者。对于某些产品来说,各个企业的生产条件、生产成本不同,最低价格也会有所差异。那些以目前价格销售产品仅能保本的企业,在别的企业主动削价以后,会因为价格的被迫降低而得不到利润,只好停止生产。这无疑有利于削价的企业。

(4)企业生产能力过剩,产品供过于求,但是企业又无法通过产品改进和加强促销等工作来扩大销售。在这种情况下,企业必须考虑削价。

(5)企业决策者预期削价会扩大销售,由此可望获得更大的生产规模。特别是进入成熟期的产品,削价可以大幅度增进销售,从而在价格和生产规模之间形成良性循环,为企业获取更多的市场份额奠定基础。

(6)由于成本降低,费用减少,使企业削价成为可能。随着科学技术的进步和企业经营管理水平的提高,许多产品的单位产品成本和费用在不断下降,因此,企业拥有条件适当削价。

(7)企业决策者出于对中间商要求的考虑。以较低的价格购进货物不仅可以减少中间商的资金占用,而且为产品大量销售提供了一定的条件。因此,企业削价有利于同中间商建立较良好的关系。

(8)政治法律环境及经济形势的变化,迫使企业降价。政府为了实现物价总水平的下调,保护需求,鼓励消费,遏制垄断利润,往往通过政策和法令,采用规定毛利率和最高价格、限制价格变化方式、参与市场竞争等形式,使企业的价格水平下调。在紧缩通货的经济形势下或者在市场疲软、经济萧条时期,由于币值上升,价格总水平下降,企业产品价格也应随之降低,以适应消费者的购买力水平。此外,消费者运动的兴起也往往迫使产品价格下调。

削价最直截了当的方式是将企业产品的目录价格或标价绝对下降,但企业更多的是采用各种折扣形式来降低价格。如数量折扣、现金折扣、回扣和津贴等形式。此外,变相的削价形式有:赠送样品和优惠券,实行有奖销售;给中间商提取推销奖金;允许顾客分期付款;赊销;免费或优惠送货上门、技术培训、维修咨询;提高产品质量,改进产品性能,增加产品用途。由于这些方式具有较强的灵活性,在市场环境变化的时候,即使取消也不会引起消费者太大的反感,同时又是一种促销策略,因此在现代经营活动中运用越来越广泛。确定何时削价是调价策略的一个难点,通常要综合考虑企业实力、产品在市场生命周期所处的阶段、销售季节、消费者对产品的态度等因素。比如,进入衰退期的产品,由于消费者失去了消费兴趣,需求弹性变大、产品逐渐被市场淘汰,为了吸引对价格比较敏感的购买者和低收入需求者,维持一定的销量,削价就可能是唯一的选择。由于影响削价的因素较多,企业决策者必须审慎分析和判断,并根据削价的原因选择适当的方式和时机,制定最优的削价策略。

2)提价策略

提价确实能够增加企业的利润率,但却会引起竞争力下降、消费者不满、经销商抱怨,甚至还会受到政府的干预和同行的指责,从而对企业产生不利影响。虽然如此,在实际中仍然存在着较多的提价现象。其主要原因是:

(1)应付产品成本增加,减少成本压力。这是所有产品价格上涨的主要原因。成本的增加或者是由于原材料价格上涨,或者是由于生产或管理费用提高而引起的。企业为了保证利润率不致因此而降低,便采取提价策略。

(2)为了适应通货膨胀,减少企业损失。在通货膨胀条件下,即使企业仍能维持原价,但随着时间的推移,其利润的实际价值也呈下降趋势。为了减少损失,企业只好提价,将通货膨胀的压力转嫁给中间商和消费者。

(3)产品供不应求,遏制过度消费。对于某些产品来说,在需求旺盛而生产规模又不能及时扩大而出现供不应求的情况下,可以通过提价来遏制需求,同时又可以取得高额利润,在缓解市场压力、使供求趋于平衡的同时,为扩大生产准备了条件。

(4)利用顾客心理,创造优质效应。作为一种策略,企业可以利用涨价营造名牌形象,使消费者产生价高质优的心理定势,以提高企业知名度和产品声望。对于那些革新产品、贵重商品、生产规模受到限制而难以扩大的产品,这种效应表现得尤为明显。

为了保证提价策略的顺利实现,提价时机可选择在这样几种情况下:
(1)产品在市场上处于优势地位;
(2)产品进入成长期;
(3)季节性商品达到销售旺季;
(4)竞争对手产品提价。

此外,在方式选择上,企业应尽可能多采用间接提价,把提价的不利因素减到最低程度,使提价不影响销量和利润,而且能被潜在消费者普遍接受。同时,企业提价时应采取各种渠道向顾客说明提价的原因,配之以产品策略和促销策略,并帮助顾客寻找节约途径,以减少顾客不满,维护企业形象,提高消费者信心,刺激消费者的需求和购买行为。

至于价格调整的幅度,最重要的考虑因素是消费者的反应。因为调整产品价格是为了促进销售,实质上是要促使消费者购买产品。忽视了消费者反应,销售就会受挫,只有根据消费者的反应调价,才能收到好的效果。

第三节　汽车价格战的分析与规避

价格战(Price War)是现代企业的一种常见的营销手段,在市场运作中合理利用价格杠杆作用,实行有效市场竞争,是企业营销策略的重要内容之一。但20世纪90年代以来,随着汽车买方市场的形成,我国的汽车市场经常出现带有恶性竞争性质的价格战现象,违背经济规律,扰乱了公平公正的市场秩序,导致产业结构不稳定、资源严重浪费和国家税收减少,还往往造成企业在竞争中陷入严重亏损的境地。

一、价格战的概念与特征

所谓价格战,是指企业为了自己的生存发展围绕价格水平开展的恶性竞争行为。竞争是市场经济本质属性,价格竞争是经营者之间进行市场竞争最重要的方式和手段。一般的价格竞争不会变为价格战,只有当市场供求发生严重失衡,市场竞争趋于激化,该行业内的企业又缺乏应对竞争的其他手段,价格战的爆发就具备了条件。一般来说,价格战必须具备以下四个特征:

(1)整体性。即不是某一个企业或者少数几个企业的降价行为,而是产业内企业整体性的降价竞争行为。

(2)连锁性。由产业内某一个或一些企业的降价行为引发,并迅速蔓延开来,形成"多米诺骨牌效益",导致产业内大部分企业的价格连锁反应。

(3)长期性。价格战并不是瞬间的价格行为,而是会使产业内低或负的利润率相对长期持续,以至于超过企业承受能力的一种竞争状态。

(4)危害性。这是最重要的特征。价格战不仅会使得企业利润丧失殆尽,陷入危机,而且会影响整个产业的发展,并最终影响国家的税收、经济的发展,甚至社会的稳定。

二、价格战的起因

价格战的起因一直广受学术界和产业界的观注，一般认为可以概括为以下几个方面：

1. 市场经济的产物

纵观改革开放20多年来，我国经济由传统的计划经济体制向市场经济体制转轨，市场也逐渐从卖方市场向买方市场转变。由于长期行政性分权和利益的条块分割以及经济决策的随意性，盲目投资、低水平重复建设致使行业结构严重趋同，以及市场供求格局的变化，卖方之间的市场竞争日益加剧，来自市场竞争的压力引发了价格战的爆发。价格战从某种意义上来说是我国经济体制改革的产物。

2. 市场壁垒

市场壁垒是指企业进入或者退出该市场的成本。如果进入壁垒很低，企业很容易加入竞争行列，竞争对手增加，价格竞争就会加剧。如果退出壁垒很高，使得本想退出的企业不得不留下背水一战，这样的企业可能不会考虑收回固定成本而只求收回变动成本。这种行为必定影响正常的价格秩序。

3. 产品差异性不明显

产品的差异性使竞争者无法从降价中获得预期的收益。由于消费者对不同产品认同的差异，使单纯的价格下调难以改变消费者的价值认知，降价者缺乏相应的利益动力，因此在产品差异性较大的行业一般不易发生价格战。反之，产品差异性较小，价格的高低就成为消费者选购的重要标准，降低价格就有可能增加销售，也就会给降价者带来收益。因此，产品差异小的行业容易发生降价竞争的现象。

4. 政府宏观调控

如果政府宏观调控不力，对市场缺乏正确的引导和规范，就会引发企业对热门产业的大量涌入。重复的投资建设，导致产品的相对过剩、产品的同质化、营销手段趋于同等，进而引发价格战。

在营销实践中，企业采用竞争性的降价而发起或参与价格战，多半是因为生产企业为了扩大市场占有率，占领市场，提高企业的价格竞争能力；缓解产品库存压力也是企业发动价格战的直接动力，过量的库存积压了企业资金、支出了大量库存管理费用，企业为了盘活资金以用于开发新产品而处理库存积压产品；销售渠道控制不力，使销售商砍价实力的逐步走强也会纵容价格战的爆发，造成价格失控的危险；另外一些企业则是由于同类产品发起了价格战，为了巩固自己已有的市场而不得不被动、盲目跟进，卷入价格战中。

三、价格战的规避策略

由于价格战的有害性，企业应不断地从管理的角度寻找规避价格战的策略。

1. 产品差异化策略

根据产品质量策略市场研究表明，不同的顾客群体具有不同的价格敏感度和质量敏感度。对于同质化的产品由于具有非常明确的可比性，在价格战中定价高的产品往往处于劣势。而采取差异化策略对产品进行处理后，则可明显降低价格敏感度，减少因价格战所带来的不利影响。这一点也是目前大多数企业采用较多的一种有效应对价格战的手段之一。产品差异化处理可重点从下面几个方面来进行：

（1）产品外观创新。这是最简单的一种方式，通过对原来产品外观的差异化处理，来突出产品与类别不同。

（2）产品技术创新。这属于产品的更新换代，产品由内而外都与原来不同，从技术层面上对产品进行了提升。通过这种方式可以有效地规避价格战对企业产品造成的影响。

（3）增加产品功能和附加值。有时一些看似微不足道的附加功能，但却能明显区别于竞争对手，从而减少因价格战带来的不利。这样即使同类产品发起了价格战，由于自己的产品新增了功能，消费者对于企业产品的价格敏感度会明显降低。如雪弗兰科鲁兹在车中增加了对苹果设备的支持，这样在行车过程中，不必收听枯燥的汽车广播，而是可以播放 ipod 中喜爱的歌曲，或是收听 podcast 中丰富的音频，享受苹果公司带来的服务。这对于青年消费者和苹果公司的粉丝们来说尤其是具有吸引力。

2. 营销方式差异化策略

在实际的营销实践中，有时价格战是无法避免的。这时候就要求企业沉着冷静，采取灵活方式来应对。比如降低部分商品或者服务的价格，采取分级定价策略，增加售后服务内容，提供超值赠品，提供折扣等等。另外，在国内汽车行业的销售中，一些企业经常采用赠送加油卡或洗车卡的方式也是一种有效应对价格战的方法。

对于价格战，无论是发起者、参与者还是规避者，都应该根据具体情况采取不同的策略，而不是盲目地降价或不降价。在企业要遭遇或将要遭遇价格战时，首先要充分了解竞争对手的能力、动机及策略，这样会使企业对对手的降价进行有效的反应；其次对消费者行为的研究能使企业避免价格战的爆发；最后企业应对短期损失与长期得益进行权衡，必要之时应该进行防守并承受一定的损失，以保住应有的市场领地以求得长远发展。作为国内的企业来讲，要想走出"价格战"的困扰，应该学会从国外企业应对价格战的实践中汲取经验，更新市场观念，创新企业的经营策略，从根本上摆脱市场过度竞争的困扰。在产品结构调整和品牌创新、新产品开发上多下工夫，尽快上升到以技术竞争取代价格竞争的高度。要坚持不懈地实施创品牌、创名牌。提高企业产品品质，创造优良产品，以品牌战略取得市场突破。

【复习思考题】

1. 在汽车定价程序中，你认为最重要的步骤是哪一步，说出你的理由。
2. 你认为最常见的汽车价格策略是哪种，请举例说明。
3. 请尝试对价格战的规避策略进行补充。

【案例讨论】

宝马汽车定价玄机

按照正常逻辑，级别越高的车越能够给汽车制造商带来更高的利润。可是，在宝马集团多年的财报中，级别并不高的 3 系反而跻身宝马品牌最赚钱的明星车型行列，这是为什么？另一个问题是，如果一辆高配置宝马 3 系的售价与低配置的宝马 5 系相当，你会毫不犹豫地选择后者吗？第三个问题是，在中国销售的进口车，动辄大降 10 万元，也可以涨上两三万，什么是价格起伏的"指挥棒"？

种种疑问，实际上都可以从高档车厂商一整套错综复杂的定价法则中找到答案。

高价位策略

在高档豪华车领域,宝马品牌价值的持久力可谓排在前列。宝马坚持高定价策略,只生产高档豪华车的宝马集团,在全球汽车企业销量排名中连前七位都排不进去,但去年该企业的息税前销售利润率上升至11.8%,几乎位列全球车企盈利能力前三位。从成熟的欧美市场来看,以2004年为例,宝马的售价普遍比奥迪高15%~20%,虽然随着市场格局的变化,奥迪的终端售价有所提升,但目前仍没有超过宝马。

根据宝马集团提供的数据,全球奢侈品消费将近10亿欧元,而高端豪华车则是该级别市场的标志,预计达到2.5亿欧元。其中,中国市场是全球三大奢侈品市场之一,位居美国之后,列第二位。这个全球最大的豪华车制造企业誓要将"高端"进行到底。3月12日宝马集团全球财报发布会欢迎酒会的主题,便是关于"奢华"的讨论。宝马集团并不掩饰打算下一步在高端豪华车上投入更多精力的野心。"全球的富裕阶层人群数量继续增长,很显然,这会直接带来高档汽车的销量增长,增长速度要超过整体汽车市场的涨幅。"宝马集团董事长诺伯特·雷瑟夫告诉《第一财经日报》,高档汽车的核心竞争力,包括质量、产品材料和设计等仍将拥有市场。

定价标准

作为高档豪华车,宝马1系入门级轿车定价27万~37万元,更高一级的3系则从35万元起,这种价格区间是怎样制定出来的?该集团董事克吕格尔在接受本报记者采访时解释道,宝马的产品定价标准,首先取决于产品本身的技术含量,其次,衡量同级别产品的市场竞争情况,是否有直接的竞争对手,细分市场是不是空白,处于怎样的竞争环境等。第三,新款车型相对于上一代车型有哪些增加的价值。然后,要看潜在客户对新产品的渴望程度是怎样的。

简而言之,不同级别的产品定价首先考虑其自身定位,但并不排除配置更高的低级别产品售价高于入门级配置的高一级产品,比如搭载六缸发动机的1系轿车,会比四缸的3系价格高。看似重叠的价格会使得企业内部出现产品相互竞争,但厂商通常会利用这种价位"叠加"的溢出效应,很容易让消费者的购买行为得到升级,从而获得更大利润。

但克吕格尔却否认了这种定价逻辑。他认为,首先宝马的产品非常丰富,以宝马5系轿车为例,发动机从四缸到V8,还要看是加长版还是普通版,在为5系定价时,要考虑其是四缸还是六缸发动机、不同配置以及长轴距还是短轴距等,这么大的可选范围决定了会涵盖较为宽泛的价格区间。克吕格尔特意强调,成熟市场客户做出买车决定,是分层的,通常首先要决定买哪个级别的车,其次,才会选高配、中配还是最低配置。

消费者往往有一个共性,首先要选内部装配,其次选发动机级别。比如,欧洲人买MINI品牌,第一要决定是否选两种颜色的车顶,然后才决定什么发动机级别。克吕格尔称,这种选择方式不会出现的前提便是不会在不同级别车型之间游弋。

虽然在我国等不成熟的新兴市场,有可能出现消费者单纯从价格角度出发,选择较为"实惠"的低配置高级别车,但实际上,深耕欧美等成熟市场多年的宝马集团凭借有层次感的定价阶梯,已经获得了整个产品组合的利润最大化。

以单车利润率并非最高的中级豪华轿车3系为例,伦敦Sanford C. Bernstein的分析师Max Warburton在一个调研报告中说道,自1995年以来,预计这一款车型税前的总收益达到了2900亿美元,利润达到了170亿美元。

销量足够大,是3系整体利润高的关键因素。作为宝马品牌中销量最高的车型,去年3系销量占宝马品牌全球总销量的27.9%。因此,Max Warburton把3系轿车定义为宝马集团"史上利润最高的车型之一"。

按照宝马集团董事长雷瑟夫的计划,宝马计划在2012年实现比整个汽车市场更快的增长,而新3系将是实现这一增长目标的最重要驱动力之一。

这意味着,也许你会给本文开头的第二个问题一个否定的回答。无论如何,宝马公司却仍然收获了不小的利润。

市场法则

中国汽车流通协会负责人认为,在竞争态势风云变幻的中国市场,决定产品最终售价最直接的因素除了供需变化,还包括竞争对手的定价策略。

最近风头正劲的豪华车市场车价集体跳水便是很好的例子。今年初,奔驰最高级别S级轿车大幅让利超过30万元,随后宝马、奥迪、沃尔沃甚至雷克萨斯纷纷跟进。"竞争对手大幅降价,如果我们没有优惠,客户很容易流失。"北京某宝马经销商的销售人员告诉记者。

降价并非常态,由于供不应求,豪华车制造商同样会上调车价。去年5月—7月,宝马两次官方调高产品价格,均为进口车,包括X1的全部3款车型、X5的全部6款车型以及X6除混动版之外的全部3款车型,最高上涨幅度达到了2.2万元。

事实上,产品定价是十分微妙的企业决策,如果定价精准,不仅可以牵制竞争对手,还可以优化自身盈利水平。

几年前,宝马在我国市场的老对手奥迪就利用新车定价策略将了宝马一军。2003年4月,在国产宝马3系上市之前,奥迪将A4推向市场,最低40多万元的高价甚至与更高级别的A6售价相当。

由于要保持稍高于奥迪A4的定价,随后上市的国产宝马3系与进口3系价格阶梯没有拉开,价格优势也不明显,处于尴尬的市场夹缝中。

吃了亏的宝马开始寻找机会反击,在市场潜力较大的入门级豪华SUV市场打了一个翻身仗。本月初,宝马在中国第三款国产车型X1正式亮相,28.2万~49.8万元的价格令业界哗然,华晨宝马营销高级副总裁戴雷直言:"我相信在BMW X1的整个生命周期,这都是非常有竞争力的价格。"

与宝马X1形成直接竞争的奥迪Q3,直至2013年才出现在一汽大众的排产计划中,宝马相对较为务实的定价给奥迪一个下马威。

资料来源:刘霞.第一财经日报;2012-03

【案例讨论题】

1. 你认为宝马公司在定价上采取了那些策略。
2. 你认为最常见的汽车价格策略是哪种,请举例说明。

第十一章　汽车分销策略

【本章学习重点】
1. 分销渠道的概念及作用；
2. 分销渠道主要的几种类型；
3. 分销渠道的中间商。

【开篇案例】

讴歌全国现退网潮　销量惨淡渠道死磕

讴歌广州2012年12月一个月上牌量仅有4辆，同期雷克萨斯190辆，英菲尼迪20辆。近日，位于白云大道北由鸿粤集团投资的讴歌Acura广州首家4S店，在经历三年苦苦支撑后悄然退网，转投广汽三菱。

这成为广州限牌后首个豪华品牌退网的4S店，也是讴歌继2010年北京双龙尊雅4S店又一家退网的经销商。中国汽车流通协会最新公布的2012年10月份"汽车经销商库存调查结果"调查显示，10月份经销商综合库存系数为1.54，而讴歌则成为当月库存系数最高的汽车品牌，库存高达10.08。

销量不济、经销商常年亏损、渠道管理不善、品牌推广乏力、产品认知度差……进入中国6年多的讴歌，正遭遇成长以来最大的困扰……

案例来源：http://www.chetx.com/news/2012-12-05/198/10381059.html

第一节　汽车分销策略概述

一、分销渠道的概念及特征

分销渠道，又称商品流通渠道。它是指某种货物和劳务从生产者向消费者移动时所经过的路线和通道。其中汽车分销渠道是指当汽车产品从汽车生产企业向最终消费者移动时，直接或间接转移汽车所有权所经过的途径，是沟通汽车生产者和消费者之间关系的桥梁和纽带。

它主要包括商人、中间商、代理中间商以及处于渠道起点和终点的生产者与消费者。在商品经济条件下，产品必须通过交换，发生价值形式的运动，使产品从一个所有者转移到另一个所有者，直至消费者手中，这称为商流。同时伴随着商流，还有产品实体的空间移动，称之为物流。商流与物流相结合，使产品从生产者到达消费者手中，便是分销渠道或分配途径。

分销渠道的作用在于它是连接生产者和消费者或用户的桥梁和纽带。具有以下特征：

（1）分销渠道反映某一特定产品价值实现全过程所经由的整个通道。其一端连接生产，另一端连接消费，是产品从制造商到消费者完整的流通过程。

（2）分销渠道是一群相互依存的组织和个人的集合。这些组织(个人)为解决产品实现问题各自发挥营销功能,因共同利益而合作,结成共生伙伴关系;同时也会因不同的利益和其他原因发生矛盾和冲突,需要协调和管理。

（3）分销渠道的实体是购销环节上的组织或个人。产品在渠道中通过或多或少的购销环节转移其所有权,流向消费者。

（4）分销渠道中存在着五种以物质或非物质形态运动的"流",如图11-1所示。

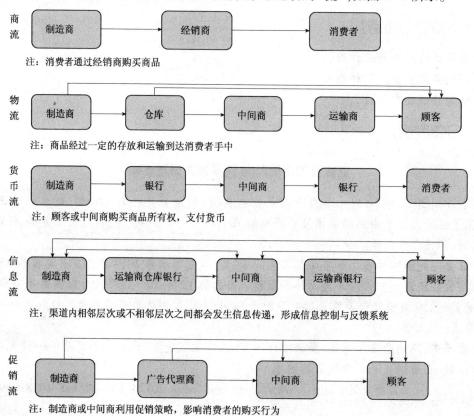

图11-1 分销渠道中的"五流"

二、分销渠道的作用

分销渠道的目的在于消除产品或服务与购买者之间在时间和空间上的差距。分销渠道的主要作用有以下几种:

（1）实现商品从生产者向消费者的转移。一方面使制造商的产品转化为货币,实现商品价值,从而使生产活动得以持续;另一方面,消费者利用货币资金换取他们需要的商品,使商品的使用价值得以实现,消费者需求得以满足。

（2）调节生产和消费在时间上的差异。有些产品常年生产,季节销售;有些则季节生产,常年销售。中间商可以把这些产品收购起来,克服生产时间和销售时间上的矛盾。

（3）融资。中间商不仅为本渠道所开展的各项销售工作筹集了使用资金,同时,通过支付货款,为企业进行下一步生产提供生产资金。

（4）分级搭配。中间商把不同生产者生产的产品集合起来,根据消费者的需要进行编配,供消费者选择,从而克服了生产者供给和消费者需求在产品数量、品种和等级上的不一致。

(5)对消费者的作用。分销渠道为消费者提供便利,节省了消费者选购商品的时间。同时也节约了商品的流通费用,从而使商品在流通过程中的销售成本降低,减轻了消费者的负担。

三、分销渠道的类型

企业所采用的销售渠道的长短、宽窄都是相对的,没有绝对的固定模式,企业应该依据具体情况决策好渠道的长度和宽度。根据不同的市场环境及其条件,分销渠道有很多划分方式,现将分销渠道划分为以下几种基本类型:

1. 直接分销渠道

直接分销渠道是指产品由生产者流向最终消费者的过程中,不经过任何中间商的渠道,即由生产者将其产品直接销售给最终消费者,是最短的分销渠道。直接渠道是工业品分销的主要类型。例如:大型设备、专用工具及技术复杂等需要提供专门服务的产品。直接渠道的优点有以下几方面:

(1)有利于产品及时销售,降低流通费用。

(2)便于企业有针对性地安排生产、提供服务。

(3)便于企业了解市场,控制价格。

但是,由于直接渠道不经过中间环节,生产者在产品销售上要投入较多的人力、物力和财力,同时销售覆盖面也会受到一定的限制,从而影响企业的销售。

2. 间接分销渠道

间接分销渠道是指产品从生产者流向消费者时,经过若干中间商的分销渠道,即生产者借助中间商将产品销售给消费者。间接分销渠道有以下优点:

(1)有利于生产企业集中精力从事生产。

(2)可以节约用于流通领域的人力、物力和财力。

(3)减少商品在流通领域的停留时间,降低销售费用和产品价格。

但由于中间商的介入,生产企业与消费者被隔离开来,企业不易准确地掌握消费者的需求。

3. 长渠道和短渠道

1)长渠道

经过两个或两个以上流通环节,把产品销售给消费者的分销渠道称为长渠道。也是企业常用的分销渠道。主要有以下优点:

(1)生产者不用承担流通过程中的商业技能,流通领域的一切风险均由中间商承担,生产者可以集中精力做好生产工作。

(2)生产者可以节省流通费用,加快资金周转,还可以减轻其营销风险。

(3)长渠道可以扩大产品的销售范围,增加产品销量。

同时长渠道也存在一些缺点,主要是由于流通渠道长、环节多,延长了产品进入市场的时间,也不利于企业及时掌握市场行情和信息。而且流通费用的增加,导致产品价格的提高,降低了产品的竞争力。

2)短渠道

没有经过或只经过一个中间环节,把商品销售给消费者的分销渠道称为短渠道。其优点

主要有以下几个方面:

(1)产品能够迅速到达消费者手中,生产者能及时、准确地了解消费者的需求变化,有利于生产者快速做出正确的决策。

(2)由于流通环节少,可节省流通费用,降低产品销售价格,便于开展售后服务,提高产品的竞争力。

短渠道的不足之处在于:由于流通环节少,销售范围会受到限制,市场覆盖面小,不利于产品的大量销售。

4. 宽渠道和窄渠道

渠道宽度是指渠道的每个环节(层次)中使用同种类型中间商的多少。据此可将分销渠道分为宽渠道和窄渠道。

1)宽渠道

指企业使用的同类中间商很多,分销面很广。宽渠道的优点主要有:

(1)能够使产品迅速转入流通领域和消费领域,还能够通过多数中间商将产品迅速转到消费者手中,更好地满足消费者的需求。

(2)有利于生产者择优选择中间商,不断提高销售效率。

缺点主要有:生产者与中间商之间的关系松散,不容易取得中间商的合作。因中间商较多,容易引发渠道冲突。

2)窄渠道

指企业使用的同类中间商少,分销渠道窄,称为窄渠道。一般适用于专业技术性强的产品或者贵重耐用品。主要优点有:

(1)生产者和中间商关系非常密切,能够对产品渠道进行较好的控制。

(2)生产者和中间商可通力合作,提高销售竞争能力。

缺点主要有:市场分销面受到限制,而且风险较大。

对于汽车企业,可以从自身的特点出发,采取适合自身产品的分销渠道。

【营销瞬间】

好经营需要好管理 厂商直营店优劣势分析

2012年12月18日,华泰汽车京城首家4S旗舰店在望京桥畔落成开业,此次开业的华泰汽车元田旗舰店是由华泰官方自主经营的首家旗舰店,后续还将继续直营店的建设。实际上,许多汽车品牌都建有直营店,豪华品牌也未能免俗。日前,保时捷中国接手长安保时捷,在北京地区建设直营店,厂商建设直营店的优劣势都是非常明显的,就看汽车厂商如何管理好了。

1. 获利丰厚 引得豪华品牌厂商涉足经销商领域

据了解,保时捷中国在接手长安保时捷之前,早在2010年就在上海建设了第一家直营店,后续还将在更多的城市建设直营店。对于保时捷这样的豪华品牌来说,由于本身经销商比较少,因此建设直营店与一般品牌还是有所区别的,它更看重的是销售及售后的收益,众所周知,保时捷在中国市场一直高速发展。据官方数据显示,保时捷2012年全年销售14.1万辆,同比增长18.7%。其中我国市场销量则为31205辆,在各单一市场中仅次于美国,比2011年的

24340辆同比增长28.2%。

高速增长的状态下,销售及售后无疑具有丰厚的利润,而保时捷中国显然早已不满足于总代理的那部分利润,直接涉足终端销售领域,随着直营店的增加,越来越多的来自终端的销售利润收入囊中,另外来自售后的利润也不可小视,因此不难看出保时捷中国建设直营店的真实目的,利润丰厚无疑是主要原因,不过建设直营店的优劣势都是显而易见的,要看汽车厂商能否把握好尺度了。

2. 优:汽车厂商市场"信息员" 劣:管理不善或对代理商产生严重后果

相对来说,汽车厂商对于直营店的定义比较丰富,承担的职能也比较多,它是获取利润与信息的直接来源,是收集消费者反馈的平台,是其他经销商的样板,也是厂家培训员工的基地。直营店相比一般授权店的优势非常明显,获取厂家信息更及时,也与厂家沟通更顺畅,在执行厂家的营销策略时都能做到快速、彻底。同时,汽车厂商也能根据直营店的反馈信息,更准备的把握终端市场,进而调整销售策略。其实,上述的方面都是直营店比较好的方面,但如果厂商管理不善的话,负面影响也是显而易见的。

比如直营店的销售业绩如果不好,对于厂商的投资成本产生压力,进而影响其相关职能的执行。而如果销量业绩过好,对于其他代理商则形成威胁,产生不好的示范作用。比如,像保时捷这样的大规模的建设直营店,由于本身经销商规模不大,越来越多的直营店的加入,势必造成直营店与授权代理店的竞争,显然直营店有着先天的优势,这势必对于授权店的投资人造成困扰。因此,直营店这样的销售模式,需要汽车厂商投入更大的精力,协调好相关的利益方,以免产生更加严重的后果!

资料来源:http://auto.msn.com.cn/auto_industry/20130130/1526561.html

四、汽车电子商务

随着因特网技术的发展及普及,在给全球经济带来新的革命的同时也正在改变整个商业社会的竞争格局。利用因特网开展电子商务,是企业改革和发展的必然之路。

电子商务:是指利用计算机网络进行的商务活动,即交易各方以电子交易方式而不是通过当面交换或直接面谈进行的任何方式的商业交易行为。现今,电子商务通常有如下几种方式:

(1) B2B(商家对商家),主要是企业间的产品批发业务,也称为"批发电子商务"。它是将买方、卖方以及服务于他们的中间商之间的信息交换和交易行为集成到一起的运作方式。

(2) B2C(商家对消费者),以卓越亚马逊为成功案例,在物流销售、连锁、品牌上形成优势。在国内,也有很多优秀的B2C商家,如"京东商城、当当网、苏宁易购"等。

(3) C2C(消费者对消费者),即美国eBay采用的方式,这样可以让用户自己解决付费、运输和验货等问题,避免了结算、运货等矛盾。

(4) C2B(消费者对商家),倒转式拍卖,提供各种商品的第三方评价,以利于消费者的参考。

相对于国外汽车电子商务已经取得很好的成效,我国汽车电子商务处于初级发展阶段,无论从交易规模、数量,还是电子商务的整合利用率、盈利率、社会影响力、效益规模等,各方面都需要进一步的发展和改进。所以说,我国汽车行业可以借鉴国外汽车公司成功的电子商务网,发展自己的电子商务交易平台。

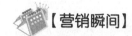

线上售车若想成功，需解决三大难点

2009年开始，线上售车成为了很多车企和汽车媒体所关注的方向。有企业与汽车媒体合作，开发线上3D显示4S店，还有很多其他的线上展示和售车的方式，当然，还有部分品牌包括江淮、吉利甚至兰博基尼等，都在淘宝上叫售整车产品。时至今日，这些线上售车的方式和车企都几乎已经销声匿迹，唯有江淮汽车还在坚持着自己的线上售车。前不久，江淮还特别针对线上售车，推出了悦悦天猫音乐版（图11-2）。

图 11-2

那么，江淮在线上售车的坚持能够为自己迎来未来的先机吗？诸多厂家退出网上售车，是否说明这一模式现在还不到时候？淘宝已经把营业额做到万亿规模，整车的线上销售还未到破冰之时吗？笔者认为，线上购车只要解决几大难点，就有希望逐步成为一种新的销售方式，为厂家、经销商以及消费者都带来新的利益。

难点之一，是如何让线下经销商配合厂家进行线上售车。传统销售模式中，厂家以一定的价格把产品批发给经销商，经销商售多少钱，厂家最多是规定一个范围。有些地区，经销商以指导价售车，而有些地区，则有相当大的优惠。现在厂家通过线上售车的方式，自然会冲击一部分以指导价售车的经销商。更为重要的是，如果厂家通过网络销售的产品，其利润被厂家所夺取，那经销商网络自然更为不满。所以，为了让经销商网络配合厂家进行线上售车，那么厂家必须明白"舍就是得"的道理，把线上售车节约下来的利润，大头让给经销商，自己则靠"薄利多销"来赚钱。

难点之二，线上售车如何对消费者更有吸引力。这两年我国汽车市场逐渐变成了供大于求，从豪华车到微车，没有优惠的车型几乎已经不存在了。所以，线上售车如果要想成功，那么就必须有个相比线下更具竞争力的价格或者提供额外的服务，否则消费者就更加愿意去经销商处议价。淘宝之所以做到今天的规模，靠的就是相对于实体市场的更高性价比。

难点之三，线上售车必须要解决好消费者的售前了解车型、售后服务水平这两个关键问题。汽车是一个大件产品，大多数消费者都不可能仅凭网上的一些介绍就出手订车，所以，必须要用多种渠道来让消费者有机会接触和了解这些产品。把产品展示厅放到大型超市里不失为一个好办法，消费者在购物时就有机会接触和了解网上售卖的产品。另外就是售后服务——

块,厂家必须要让消费者享受到相同的甚至是超值的售后服务(比如可以实行网上购车额外送若干次保养等)。

以上几点,是笔者对于线上购车难以实施以及如何解决这些问题的观点和看法。当然,任何一个车企在计划推行线上售车之前,都必须要思考的一个问题是,为什么要进行线上售车?是为宣传,为成本还是为了销量?只有自己的目的明确,才能够正确看待和应用线上售车这一方式。

案例来源:http://blog.autohome.com.cn/article/10195.html

第二节 汽车分销渠道中的中间商

一、汽车中间商的概念及类型

1. 中间商的主要作用

汽车分销渠道中的中间商是介于汽车生产企业与消费者之间,参与汽车流通、交易业务,促使汽车买卖行为发生和实现的经济组织和个人。中间商主要有以下几个方面的作用:

(1)能够减少交易次数、提高流通效率;
(2)具有平衡市场需求,集中和扩散产品的功能;
(3)能够实现规模经济效益;
(4)可以缩短产需之间的时间、空间距离;
(5)有效的承担相应的营销职能。

2. 中间商的类型

中间商的类型很多,汽车分销渠道中的中间商按照其在汽车流通、交易业务过程中所起作用,分为以下几种类型:

(1)总经销商(或者总代理商)

总经销商是指受生产企业的委托,从事总经销业务,取得所有权的中间商,获得经营利润,多品种经营,经营活动过程不受或很少受供货商限制,与供货商责权对等;

总代理商是指负责生产企业的全部产品所有销售业务的代理商,不是买断企业产品的、不拥有产品所有权,是厂家给予商家佣金额度的一种经营行为。所代理货物的所有权属于厂家,而不是商家,所以"代理商",一般是指赚取企业代理佣金的商业单位。

(2)批发商(或地区分销商)

处于商品流通的中间环节,实现产品的批量转移,使经销商达到销售目的的中间商。它一头连着生产企业或总经销商(总代理商),另一头连着经销商,并不直接服务于最终消费者。通过批发商转销汽车的交易行为,汽车生产企业或总经销商(总代理商)能够迅速、大量地转售出汽车,减少汽车库存,加速资金周转。

地区分销商是处于某地区汽车流通的中间阶段,帮助生产企业或总经销商(总代理商)在某地区促销汽车,提供地区汽车市场信息,承担地区汽车的转销业务。

(3)经销商(或特许经销商)

经销商在商品流通领域中处于最后阶段,是直接将产品销售给最终消费者的中间商。它的基本任务是直接为最终消费者服务,使商品直接、顺利并最终到达消费者手中。是联系生产企业、总经销商(总代理商)、批发商与消费者之间的桥梁。

特许经销商是从特许人(一般是总经销商)处获得授权,在某一特定区域内直接将特定品牌产品销售给最终消费者的中间商,按照特许经营合同,受许人可以享用特许人的商誉和品牌,获得其支持和帮助,参与统一运行,分享规模效益。

二、中间商的功能

(1)中间商的介入,简化了销售过程,提高了销售效率,节约了销售费用。由于供需双方在地域、时间、信息沟通等方面存在着差距,供需双方自行完成汽车交易有一定的困难,而中间商的积极工作,可以消除上述差异,促成交易。并且因为中间商的存在,减少了交易次数,提高了效率,节约了费用。

(2)中间商在生产者和消费者之间发挥着产品集中、平衡和扩散的作用。集中,就是将生产者的产品通过订货、采购集中起来;平衡,就是将集中起来的产品从品种、数量和时间上平衡产需关系;扩散,就是把产品销售给消费者。

(3)中间商是生产企业的信息来源。中间商最了解市场情况,知道哪些产品畅销、哪些滞销。这样可以及时地把信息反馈给汽车生产企业,使汽车生产企业能够根据产品市场的情况组织生产,避免生产中的盲目性。

(4)中间商为消费者提供方便。如果没有中间商,消费者购买产品就要去寻找生产厂家,购买过程就变得困难复杂的多。有了中间商,消费者就会很方便地从中间商那里买到自己所需的产品。

三、批发商

1. 批发商的类型

批发商按其实现产品批量转销的特征,可分为如下几类:

1)独立批发商。

是指独立从事批发购销产品业务,它对其经营的产品拥有所有权,其经营收入主要是通过向其他中间商或生产企业提供对汽车的集散、销售与其他技术服务而赚取差价及部分服务费。对于汽车企业的批发商,按照其业务职能和服务内容又分为以下两种类型:

(1)多品牌汽车批发商

是指批发转销多个汽车生产企业的多个品牌的汽车,它批发转销的范围较广,品种较多,转销量较大,但因其批发转销的品牌较杂,无法获得诸多生产企业的全力支持,也没有能力为营销商提供某品牌汽车转销中的专业化服务。

(2)单一品牌汽车批发商

是指转销批发某个汽车生产企业的单一品牌的汽车,它批发转销的范围较窄,品种单一,转销量有限。但因为其批发转销的汽车品牌单一,能够获得此品牌汽车生产企业的直接支持和帮助。因而,它具备此品牌汽车转销的专业能力,能为营销商提供该品牌转销中的专业化服务。

2)委托代理商。

它主要是接受生产企业委托而从事批发购销活动,对于其经营的产品没有所有权。它的经营收入主要是通过为生产企业寻找客户和代表企业进行购销活动来赚取佣金或手续费。它与生产企业之间不是买者与卖者之间的关系,而是被委托人与委托人之间的委托关系。

3）地区分销商。

它是指在某一地区生产企业设立了自己产品批发销售业务的独立商业机构。它使产品从生产企业到某地区的营销商只经过一道批发转销环节，营销商将全部直接面对其所辖区域内的消费者进行直销。

2. 批发商的功能

分销渠道是由生产企业、总经销商、批发商、运输商和消费者所组成。在这条分销渠道中，批发商处于传统的推动式销售和以市场为导向的拉动式销售之间的过渡位置。因此，对于汽车批发商，其主要有以下几个方面的功能：

1）销售管理功能

批发商通过销售管理，使经销商在自己的领域内规范销售，减少经销商之间的内耗，合理处理渠道冲突，稳定销售价格，更好地集中精力，开拓市场，服务营销。主要进行供需矛盾的协调，销售计划的制订和执行，销售模式的转换以及对经销商销售网络的重组。

2）售后支持功能

批发商应对经销商提供维修技术、产品知识及零部件供应的支持，提高经销商的职业化水平，并充当总经销商与经销商的协调桥梁。它主要针对经销商进行技术支持以及对零部件的集散进行管理。

3）市场营销功能

批发商应通过行之有效的市场营销活动，建立和发展经销商销售网络系统，促使经销商销售体系正规化。同时，明确加强汽车的产品定位，在工作开展过程中，有效扶植并利用已建立的市场共同体开展各项工作。主要进行市场调研、开展营销和促销以及建立公司标示体系。

4）储运分流功能

批发商应更及时、更准确地把汽车送至经销商，减少甚至免除经销商在"拿车"上投入的精力和财力。主要进行质量把关、二次配送以及中转库的管理。

5）资金结算与管理功能

批发商应免除经销商频繁奔波于销售地与总经销商之间因购车而浪费的时间和精力，让经销商更集中于销售及服务。主要进行经销商购车结算、资金管理和业务评估。

6）经销商培训功能

批发商应通过对经销商的培训，改变经销商的传统经销理念，并提高经销商的业务素质，使对经销商的控制通过培训加以落实。主要进行熟悉所管辖地区的现状、制订培训计划以及开展多方面培训。

7）经销商评估功能

批发商应该通过对经销商全面的业务评估（包括业务水平、营销技巧及最终成绩），综合参考顾客满意度的评价结果，发现各经销商的长处与短处，并通过奖惩制度，达到实现经销商业务过程的目标。它主要进行对硬件与非硬件指标体系的评估和用户满意度的考核。

8）信息系统功能

批发商为扭转对物流、顾客及销售商缺乏客观监控的局面，应建立信息系统网络，以大幅度缩短汽车储运时间，并使脱库现象尽可能少；合理降低经销商的库存量。拥有完善的汽车产品客户信息，以备供营销决策及考核经销商时使用。及时准确地获得经销商营销状况的主要指标，供评估使用。批发商主要进行系统安装、操作人员培训和信息系统扩展。

四、经销商及其类型

对于汽车经销商,是向最终消费者直接销售汽车和提供服务的,按其经营特征可分为特许经销商和普通经销商。普通经销商可逐渐发展成为企业产品的特许经销商,现仅介绍特许经销商的一些要求及权利:

1. 特许经销商的定义

汽车特许经销商是指有汽车总经销商作为特许授权人,按照汽车特许经营合同要求以及约束条件授予其经营销售某种特定品牌汽车的汽车经销商作为特许被授权人,简称受许人。

2. 特许经销商的条件

要想成为汽车特许经销商,需要具备以下条件才可以:

(1)独立的企业法人,能自负盈亏地进行汽车营销活动;

(2)有一定的汽车营销经验和良好的汽车营销业绩;

(3)能够拿出足够的资金来开设统一标识的特许经营店面,具备汽车经营所需的周转资金;

(4)达到特许人所要求的特许经营商硬件、软件标准。

符合以上条件便可以通过履行经销商申请和受许人审核等手续,并经双方签署汽车特许经营合同,正式成为某品牌汽车的特许经销商。

3. 特许经销商的特殊权利

一旦成为某品牌的特许经销商,便可享有很多特殊权利,现介绍如下:

(1)特许经营权。有权使用特许人统一制作的标记、商标和标牌;有权在特许经营系统的统一招牌下经营,从而享受由著名品牌带来的利益;有权获得特许人的统一运作系统分享利益;有权按照特许人的规定取得优惠政策,对特许人经销的新产品享有优先权。

(2)地区专营权。有权要求特许人给予在一定特许区域内的汽车专营权,以避免在统一地区内各加盟店相互竞争。

(3)取得特许人帮助的权利。有权得到特许人的经营指导援助、技术指导援助及相关服务。

4. 特许经销商的义务

(1)必须维护特许人的商标形象。在使用特许人的经营制度、秘诀以及与其相关的标记、商标和标牌时,应积极维护特许人的品牌声誉和商标形象,不得有降低特许人商标形象和损害统一经营制度的行为。

(2)参加特许经营系统统一运营时,只能销售特许人的合同产品,只能将合同产品销售给直接用户,不得批发;必须按特许人要求的价格出售,必须从特许人处取得货源;不得跨越特许区域销售,不得自行转让特许经营权。

【营销瞬间】

奔驰该不该打经销商板子?

"你们的业务表现令我非常忧心,即使是呼叫中心的电话销售员都能完成这样低量的销售,你们的懒惰和不作为给奔驰带来了极大的困扰。在未来,任何一家没有达到奔驰销售指标的经销商都将面临严重的后果,不论过去我们的合作关系有多么良好。"很难想像,上述措辞严厉的信函,与其说是奔驰中国总裁兼首席执行官、北京奔驰销售服务有限公司总裁倪恺发给其合作伙伴奔驰中国区经销商的商务邮件内容,倒更像是对下属劈头盖脸的训斥。

也难怪倪恺如此火大。去年10月从奔驰日本总裁任上来到中国,接替迈尔斯出任奔驰中国总裁兼首席执行官,今年4月又兼任了负责在华进口车与国产车销售业务的北京奔驰销售服务有限公司总裁的倪恺,一定是背负了提振奔驰在华销售业绩的重托。要知道,从2005年起,原先的豪车销量冠军奔驰先后被宝马、奥迪反超,落到了第三位后,戴姆勒的首席执行官蔡澈曾发誓要重回全球豪车销售冠军宝座,而中国市场则是实现这一目标的关键,也是奔驰目前业务扩张的首要目标市场。然而,奔驰在中国的业务并没有因倪恺的到来而有所改善,而是销量持续下滑。统计数据表明,今年第一季度奔驰的销售额同比下降12%至45440辆,而宝马中国区的销量上升8%至86224辆,奥迪的销量则攀升至102810辆,同比涨幅14%。不论是尴尬所致,还是压力使然,结果是倪恺毫不留情地发信炮轰了奔驰中国区经销商。

倪恺的心情可以理解,但并不表示就能获得赞同。这是因为,奔驰在华的经销商体系,一直以来就问题多多,这绝不是一封信的斥责就可以解决的。更何况,销量不好并不只是经销商方面的原因,产品质量及口碑的好坏,才是决定销量高低最重要的因素之一。

在这方面,奔驰旗下的产品并未得到中国消费者的普遍认可,而是相继出现了大面积的投诉。有关这方面,似乎不用多说,从C级车内空气问题到E级轿车涡轮增压器漏油,从质量问题被央视曝光到车主投诉无果抱团维权,不仅给当事的车主造成了极大的困扰,多发的案例也让相当一部分人对奔驰的产品质量失去信任,汽车卖不好几乎成了一种必然。

在这种情况下,倪恺发信抨击经销商懒惰懈怠,甚至厉声警告经销商后果自负,给人感觉是在回避产品自身原因所引起的滞销,而将责任全部归咎于经销商,这是不合时宜的。正如德中经济联合会总经理 Rainer Gehnen 所说的,这种表达方式"将导致灾难性的消极后果,损害贸易关系。这显然并非调动中国工人或经销商积极性的办法。"

资料来源:http://blog.autohome.com.cn/article/10384.html

第三节 汽车分销渠道的选择

一、影响汽车分销渠道选择的因素

汽车制造商不能随心所欲选择分销渠道,必须对下列几个方面的因素进行综合分析和比较,才能做出合理的选择。

1. 产品因素

汽车产品由于体积大、质量大、价值大、运输不方便、储运费用高、技术服务专业性强等原因,对中间商的设施、技术服务能力和管理水平要求都很高。因此汽车产品的分销渠道适合选择短而宽的销售渠道类型,但由于不同企业的汽车产品由于针对的受众不同,在上述特性方面有可能存在差异,所以不同企业的销售渠道的长短、宽窄也会有所不同。

2. 市场因素

(1)目标市场的大小。如果目标市场范围大,宜采用较长、较宽的渠道;相反,则采用较短、较窄的渠道。

(2)目标顾客的集中程度。如果顾客分散,宜采用长而宽的渠道;反之,宜采用短而窄的渠道。

(3)消费者购买批量的大小。如果消费购买批量大,多采用直接销售;购买批量小,除通过自设门市部出售外,多采用间接销售。

(4)潜在顾客的数量。若潜在的顾客多,市场范围则大,就需要中间商提供服务来满足消费者的需求,宜选择间接分销渠道;若潜在顾客少,市场范围小,生产企业可直接销售。

(5)竞争者状况。当市场竞争不激烈时,可采用同竞争者类似的分销渠道;反之,则采用与竞争者不同的分销渠道。

3. 企业本身的因素

(1)资金能力。企业本身资金雄厚,则可自由选择分销渠道,既可建立自己的销售网点,采用产销合一的经营方式,也可以选择间接分销渠道。企业资金薄弱,则一般要依赖中间商进行销售和提供服务,往往选择间接分销渠道。

(2)销售能力。生产企业在销售力量、存储能力和销售经验等方面具备较好的条件,就可选择直接分销渠道。反之,则必须借助中间商,选择间接分销渠道。另外,企业如能和中间商进行良好的合作,或对中间商能进行有效控制,则可选择间接分销渠道。

(3)提供服务能力。中间商通常希望生产企业能更多地提供广告、展览、修理、培训等服务项目,为销售产品创造条件。若企业无意或无力满足这方面的要求,就难以达成协议,迫使企业自行销售。若企业提供的服务项目多,中间商就乐于销售该产品,企业应该采用间接分销渠道。

4. 环境因素

宏观经济形势对渠道的选择有较大的制约作用,如在经济不景气的情况下,制造商要控制销售费用,降低产品售价,因此必然减少流通环节,使用较短的渠道。此外,政府有关商品流通的政策、法规也限制了渠道选择。

二、分销渠道选择的原则

企业必须建立快速、优质、高效的销售渠道系统,以确保企业尽快把商品分销出去,满足消费者需求。所以分销渠道管理人员在选择具体的分销渠道模式时,无论出于何种考虑,从何处着手,一般都要遵循以下原则:

1. 畅通高效的原则

这是渠道选择的首要原则,任何正确的渠道决策都应符合物畅其流、经济高效的要求。畅通的分销渠道应以消费者需求为导向,将产品尽快、尽好地通过最短的路线,以尽可能优惠的价格送达消费者方面购买的地点。畅通高效的分销渠道模式,不仅要让消费者在适当的地点、时间以合理的价格买到满意的商品,而且应努力提高企业的分销效率,争取降低分销费用,以尽可能低的分销成本,获得最大的经济效益,赢得竞争的时间和价格优势。

2. 覆盖适度的原则

企业在选择分销渠道模式时,仅考虑加快速度、降低费用是不够的,也不能一味的强调降低分销成本,这样可能导致销售下降、市场覆盖率不足的后果。在分销渠道模式的选择中,也应避免扩张过度,分布范围过宽过广,以免造成沟通和服务的困难,导致无法控制和管理目标市场。

3. 消费者满意原则

企业生产产品的目的就是想要让消费者满意然后购买企业所生产的产品。所以说,企业的营销活动,包括分销渠道的设计,都要以消费者满意为基本原则。首先做到网点布局方便消费者,企业要根据商品或服务特点、目标市场顾客的分布情况和购买特点,设计那些能方便购买者的分销渠道;其次是服务周到,要树立服务观念,做到全方位服务,包括以广告信息、商品设计、技术咨询、客户调查为主要内容的售前服务,以顾客接待、贷款结算、商品包装、购物环境为主要内容的售中服务,以送货上门、安装调试、维护修理、技术指导、跟踪反馈为主要内容的售后服务。

三、汽车企业选择分销渠道的策略

通过对影响分销渠道选择因素的综合分析,企业可以据此选择适当的分销渠道,企业渠道选择决策通常分以下两步进行:

1. 选择渠道模式

分销渠道模式可以选择一种模式,也可以选择多种模式。分销渠道模式的选择决定着渠道的长度。不管选择直接渠道、间接渠道还是选择长渠道、短渠道,应综合分析生产企业的特点、产品的特点、中间商的特点以及竞争者的特点加以确定,以利于降低渠道成本,便于控制分销渠道。

2. 中间商数量的选择

在综合分析渠道结构和影响分销渠道选择的各种因素之后,就要决定每个渠道层次使用多少中间商,具体数目要根据企业的具体情况来定。通常有三种形式可以选择:

1)广泛性分销

又称密集分销,是指生产企业尽可能地通过许多负有责任的、适当的中间商经销其产品,利用的中间商越多越好。消费品中的便利产品和工业品种的标准化、通用化程度较高的产品,通常采用这种形式。因为这种策略有利于企业扩大市场覆盖面,提高市场占有率。但是,由于生产者与中间商的关系比较松散,为了调动中间商的积极性,生产者要承担较多的促销费用,所以此形式并不适用于汽车产品的促销。

2)选择性分销

选择性分销是指在某一地区只选用几个中间商来经销其产品。这种形式适用于所有的产品,这种策略有利于维护企业产品的良好信誉,便于生产者与中间商结成长期而稳固的合作关系,易于调动中间商的积极性,节省销售费用。

3)专营性分销

也称为独家分销,即企业只选择一家中间商经营其产品,通常产销双方要协商签订独家经销合同,规定中间商不得再经营其他厂家的同类产品,生产者在该地区也不得再通过其他中间商来推销其产品。这种策略的优点在于生产企业与中间商关系密切,中间商积极性高,生产企业能有效地控制销售渠道。主要适用于十分重视品牌的高档消费品以及工业品种技术性强、服务要求高的专用设备等的销售。

四、汽车分销渠道管理

企业在选定渠道方案后,就可以着手建立渠道,实施对渠道的控制和管理,使企业形成一个畅通的分销渠道网络,确保企业的市场营销组合策略的实施。

1. 分销渠道的合作、冲突和竞争

(1)渠道合作,是同一渠道中各成员之间的通常行为,分销渠道实际上是由各企业基于相互利益结合而成的,制造商、批发商和零售商彼此之间相互有需求,各成员由于互相合作而获得的利益,要比自己单独从事分销工作所获得的利益大得多。

（2）渠道冲突,有水平渠道冲突和垂直渠道冲突。

水平渠道冲突是指处于同一渠道层次的各企业之间的冲突,对于这种冲突,渠道领导者有责任制定正确得力的政策,使渠道冲突的信息能反馈到最高管理当局,并迅速果断的采取行动,以缓和并消除这些冲突,否则它将损害渠道的形象和向心力。

垂直渠道冲突是指不同渠道层次的企业之间的利益冲突,它比水平冲突更为常见。如,通用汽车公司在几年前因为层架服务、降低价格和强化广告而和它的经销商发生冲突。有些渠道冲突不一定有害,有可能会有益。问题不在于如何去压制,而在于如何因势利导。渠道领导者应为其渠道系统确立一系列目标,并强化系统内的管理职能,以增加渠道成员的信任感,消除彼此之间的冲突。

（3）渠道竞争是指同一系统内不同企业之间或不同系统之间为同一目标市场而展开的竞争。

2. 渠道成员的管理

分销渠道管理是一项长期的任务。企业必须对渠道成员进行激励和评价,协调渠道冲突中各方的利益,同时还要对分销渠道进行一定的调整,以适应新的市场状况和环境变化,从而提高分销效率,实现分销目标和企业整体目标。

1）选择渠道成员

中间商的选择是否恰当,直接影响企业商品的分销,从而影响企业整体营销目标的实现。因此,企业必须慎重地选择中间商,一般来说,选择中间商的评价标准主要有以下几点：

（1）经营史、信誉、销售能力和管理能力；

（2）业务人员的素质和合作态度；

（3）储存、运输等设备条件；

（4）市场覆盖面；

（5）地理位置。

2）激励渠道成员

鼓励中间商,最大限度地调动和发挥中间商的销售积极性,是管理分销渠道的重要内容。所以在激励中间商时,可以从以下方面着手：

（1）在提供商品方面。生产者要在商品的数量、质量、品种、价格和交货时间、交货条件等方面尽可能满足中间商的要求,为中间商创造较高的营销条件。这是鼓励中间商的一个很重要的措施。生产者应根据市场需要以及中间商的要求,合理地调整生产计划,改进生产技术,改善经营管理。

（2）在交流情报信息方面。生产者要及时向中间商传递本企业的信息以及所获得的其他市场情况,以便中间商合理安排营销工作。为此,企业有必要定期或者不定期的邀请中间商座谈,共同研究消费者需求,分析市场动态,制定扩大销售的措施。

（3）在开展销售方面。生产者应协助中间商掌握商品的技术知识和开展技术服务,并通过广告宣传、举办商品展览等展销活动,帮助中间商做好商品陈列、新产品宣传和培训推销人员及维修人员,让中间商感受到生产企业对其支持与帮助。

（4）在资金互助方面。生产者对资金不足的中间商,应采取资金通融措施,包括给予中间商以较长的付款期限及一定的折扣。帮助中间商扩大经营,提高销售额。

(5)在经营收益方面。生产者要本着公平合理、利益均衡的原则,从双方长期合作的立场出发处理收益分配问题,使双方都能够合理的得到利润。企业的定价既要考虑自己的盈利,也要考虑中间商的利益。

(6)在渠道价格方面。理顺价格关系是保证渠道成员利益的关键环节。生产企业通常要根据不同中间商的实力与其在通路中的地位,结合具体的销售目标制定出不同层面的价格差,以协调各环节的利益关系,使之取得相对平衡,从而维持分销渠道的正常运行。

3)评估渠道成员

生产企业必须定期按照一定的标准衡量中间商的表现。如销售配额的完成情况、平均存货水平、向顾客交货时间、对损坏和遗失商品的处理、与公司促销及培训计划的合作完成情况等。如果中间商的绩效低于标准,则应考虑产生的原因及处理的方法,并帮助中间商对经营方法进行改进。

4)调整分销渠道

市场营销环境每天都在变化,企业的分销渠道也要根据市场的情况随时做出相应的调整,其一般需要对以下三个方面进行调整:

(1)增减中间商。在改进分销渠道时,通常要针对企业的利润及中间商自身的经营额对中间商进行增减。一般来说,生产企业如果决定在某销售区域增加一家批发商,不仅要考虑这样做对企业未来的收益有多大影响,而且要考虑对其他批发商的销售量、成本等带来的影响。

(2)增减某一分销渠道。不管企业所用何种分销渠道,其最终目的都是为了方便、有效的将产品送至消费者手中,所以企业要分析其所用的渠道是否符合此要求。比如在采用宽渠道时,发现有些渠道作用不大,需要缩减;采用窄渠道时,又会发现渠道不足,造成某些产品销售受阻,那就需要增加新的分销渠道。

(3)调整分销渠道模式。对以往的分销渠道模式进行调整,因为要改变生产企业的整个销售渠道策略,而不是在原有基础上进行修补,所以难度很大,而且调整起来相当困难。如汽车制造商放弃原来的直销模式,而采用通过代理商推销方式。分销渠道的通盘调整,不仅仅是改变渠道,而是会带来其他营销组合策略的一系列变动。这种调整必须经过企业最高管理层认真研究后才能实施。

五、国内汽车销售模式

1. 品牌经营/汽车专卖店

现今,国内的品牌专营模式几乎普遍按照国际通用的汽车分销标准模式建设,采用"三位一体"(3S)制式或"四位一体"(4S)制式:以汽车制造企业的营销部门为中心,以区域管理中心为依托,以特许或特约经销商为基点,集新车销售、零配件供应、维修服务、信息反馈与处理为一体,受控于制造商的分销渠道模式。

2. 集约型汽车交易市场

从经营模式上看,汽车交易市场主要有三种类型:

(1)以管理服务为主。管理者不参与经营销售活动,而是由经销商进场经营销售,交易市场只负责作好硬件建设及完善管理。北京亚运村汽车交易市场就是这一模式的典型代表。

(2)以自营为主,其他进场经销商非常少,即市场管理者同时也是主要的汽车销售者。该类型的汽车交易市场约占有形市场的80%~90%。

(3)从销量上看,自营与进场经销商各占50%。

3. 汽车工业园区

汽车园区具有全方位的服务集成功能,把传统的集约型融入现代专卖的渠道模式、以3S、4S店集群为主要形式;在规划和筹建上力求与国际接轨,并适度超前。但是在进行汽车园区建设前应对汽车园区进行合理规划。在满足汽车园区用地使用要求的同时应顺应城市的整体发展规划,合理利用土地,加强交通设施的规划,以功能化、规模化、园林化等特点,体现"以人为本"的现代经营理念,加强园区周边设施的配套建设,调动投资者的积极性,打消顾虑,增加投资力度,促进汽车园区建设和发展。

4. 汽车连锁销售

汽车连锁经营,采用了世界第三次商业革命的成果——特许连锁经营作为手段,以低成本、低风险迅速发展销售网络。当前应完善连锁服务体系,将保险、维修、零部件供应和汽车救援等建立起全国连锁体系,真正实现汽车连锁经营的规模经济优势效益。

北京亚飞汽车连锁总店是1997年3月经原国家经贸委、国家工商行政管理局批准的汽车特许连锁经营试点单位,已在全国218座城市设立了近400家连锁分店。

5. 其他模式

其他的汽车销售模式还有厂家直销、多品牌经营公司、电子商务、订单销售、信贷销售及汽车租赁等。

【复习思考题】

1. 汽车分销渠道主要有哪些作用?
2. 分销渠道选择的主要原则?
3. 汽车生产企业如何管理好汽车销售中的渠道成员?

【案例讨论】

我国汽车流通体系该如何建设?

日前商务部市场体系建设司有关领导指出,要实现我国汽车市场持续、健康、稳定发展,必须着力构建网络完善、组织化程度高、秩序规范的现代化汽车流通体系。当前我国汽车市场和流通业进入发展关键期,要实现持续稳定发展,不能单纯依靠规模的扩大。

为此商务部将在五个方面采取措施以推进这一体系的建设,包括完善政策法规,创造良好发展环境;加快修订《汽车品牌销售管理实施办法》、《报废机动车回收拆解管理条例》;出台《二手车鉴定评估规范》、《二手车流通企业经营管理规范》等标准。其次,要健全汽车流通网络,推动行业结构优化。三是提升现代化水平,增强市场竞争优势。四是大力发展品牌二手车,加快培育我国二手车市场。五是切实发挥行业协会作用,加强和改善行业管理。

确实,汽车被生产制造出来后,如何通过销售使其进入消费者手中,最终实现从产品到商品的转换,流通渠道或流通体系是很关键的一环。

纵观目前我国汽车的销售,虽然有着众多的品牌4S店,但是实际上却是大卖场式的经销模式。以北京为例,无论是北面的亚运村汽车市场还是南面的花乡汽车市场,其本质是一个商业地产的模式,即在一个所谓的"市场"中,通过出租场地/店面,引入不同的汽车品牌及其经销商,让大家在一个相对集中的空间里摆摊竞争。之所以如此,目前中国汽车消费中首辆汽车购置仍占80%以上,而汽车的更新替换尚未成为市场主流是主要原因。而且当前中国汽车消费者并不把品牌作为购车的首要考虑指标,而是更倾向于购车时的货比三家,在同一个市场内存在不同品牌甚至是同一品牌的4S店可以方便地进行比较,并完成交易。

当然这一经营模式的缺点也是不容忽视和否认的,那就是同一品牌汽车可能在同一市场有多家经销商在经营,相互间的竞争有时让消费者无所适从;不同品牌的产品间有时也会惨烈竞争,甚至出现欺诈消费者的情况。这恐怕也是国家有关部门出台《汽车品牌销售管理实施办法》的原因了吧。

伴随着我国汽车保有量的持续增长,未来汽车的更新替换将会逐渐成为主流,此时二手车市场完善与否,直接关系到整个汽车流通体系能否健康运转。

然而仅靠国家商务部或地方商务委/商务局能否建立起一个健康完善的汽车流通体系呢?结论应该是否定的。

首先,二手车市场的完善或者规范,其前提是相关车辆的信息必须全面、完整、真实。然而在诚信体系不完备甚至是缺失的大背景下,如果没有公安交通管理部门、保险公司等的积极配合,单靠商务部门是无法构建成这样的一个体系的。

其次,在目前新车价格确定体系不成熟,新车价格波动快速且较大的情况下,其给二手车市场形成的价格压力不容小视。如果再人为地将新车销售和二手车销售分割开来,更会阻碍二手车市场的发展,目前的二手车经营管理规定就存在这样的问题。如何让经销商将新车销售和二手车销售结合起来,特别是更新替换的那部分需求发挥出来,不但关系到二手车市场的发展,也必将影响到整个汽车市场的发展。

最后,就是如何对待报废车辆的问题。虽然国家有关部门出台有相关的政策法规,然而中国经济发展存在的区域性差异,导致东、中、西部地区的发展存在严重的不平衡性,经济发展欠发达或相对落后地区的消费者在无力购置新车的情况下,更愿意低价购置二手车辆甚至是报废旧车。此时对于老旧车甚至是报废车拥有者而言,在有需求的情况下肯定不愿无偿地将老旧车辆送去拆解。

就我国汽车流通体系而言,"新车—二手车—报废车"构成了一个完整的流通链,中间任何一个环节缺失或出现问题,整个流通体系就势必陷于发展的困境。而建立科学、完善、现代的流通体系,如果仅有相关的制度建设,但缺乏有效的执行,那只能是纸上谈兵。同样地,单靠商务部一个部门的操作,而失去其他相关部门的配合,也是无法完成这样一个系统工程的。但愿我们不总是遭遇"愿望是美好的,现实是无奈的,结果是残酷的"情况。

资料来源:http://auto.msn.com.cn/auto_industry/20121204/1504342.shtml

【案例讨论题】

1. 你对我国目前汽车的流通模式是如何看待的?
2. 你认为二手车市场在汽车流通体系中的重要性主要是什么?

第十二章　汽车促销策略

【本章学习重点】

1. 促销策略的概念、作用及促销策略的类型；
2. 汽车促销组合的四种主要方式及特点；
3. 人员推销、广告促销、公共关系促销策略。

【开篇案例】

凯迪拉克CTS3.6在我国国内的首发仪式

2004年8月16日，通用汽车公布凯迪拉克CTS3.6售价为51.8万元，通用旗下的旗舰品牌正式进军我国豪华车市场。这时，国内的2002年市场已经有奥迪和宝马。

通用一直希望在我国营造一种本土化发展的形象，如何以最短时间、在我国市场建立起品牌的知名度和美誉度，并得到中国人的心理认可，这是凯迪拉克营销中面临的首要问题。于是，他们选择了一个独特的地方来举行凯迪拉克品牌中国首发仪式——北京太庙。

2004年6月7日晚上，在北京车展开幕前，凯边拉克在北京太庙举行了具有帝王之气和时代感交织的品牌首发仪式。

北京太庙是一个象征王者威严与尊贵的地方，历史价值深厚，在这里举行品牌首发仪式，既渲染了凯迪拉克品牌融入中国的决心，也表达出了凯边拉克的尊贵。北京太庙肃穆的大门打开之后，伴随着一阵强劲的电子乐，加上摩登的灯光，凯迪拉克顶级车型CTS3.6概念车正式出场。历史与未来交错，给所有在场媒体留下深刻印象。这场首发仪式真正实现了现代科技、品牌内涵、中西文化的完美结合。

资料来源：http://www.gov234.cn/cncn/qkq6fflq1ngy0b4sm.html

第一节　促销与促销组合

一、促销的概念

促销是促进产品销售的简称，是指企业利用各种有利于产品销售的有效方法和手段，向目标客户及对目标客户潜在购买行为有影响的群体进行宣传，引发、刺激目标客户的购买欲望和兴趣，从而使其产生购买行为的活动。

可从以下几层含义中理解促销的概念：

1. 促销工作的核心是沟通

企业不把产品和购买途径等一系列的信息传递给消费者，那么消费者对产品将一无所知，也就不会有后续购买行为的发生。因此，有效的沟通方式，对企业产品的推广至关重要。所以在整合促销时要注意运用"5W1H 原则":即为什么传播(why);向谁传播(who);传播什么(what);何时传播(when);在哪里传播(where);如何传播(how)。

2. 促销的最终目的是使消费者产生购买行为

消费者对于产品都有一个从认知到品牌依赖的过程,所以针对不同阶段的消费者,要选择不同的促销方式才能达到企业的最终目的(图 12-1)。

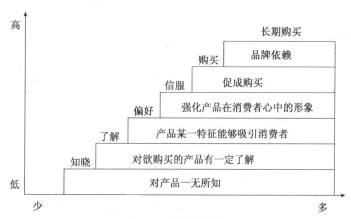

图 12-1　促销沟通层级

3. 促销的方式有人员促销和非人员促销

人员促销,亦直接促销。是企业通过营销人员直接与消费者接触,对潜在客户进行产品介绍和推广,从而促进产品销售的促销活动。

非人员促销即简介促销,是企业借助一定的媒体等方法,使消费者产生购买欲望,进而发生购买行为的一系列促销活动,包括:广告、营业推广和公关促销等。

二、促销的作用

1. 缩短产品入市的过程

使用促销手段,旨在对消费者或经销商提供短程激励。在一段时间内调动人们的购买热情,培养顾客的兴趣和使用爱好,使顾客尽快地了解产品。

2. 激励消费者初次购买,达到使用目的

促销要求消费者或店铺的员工亲自参与,行动导向目标就是立即实施销售行为。消费者一般对新产品具有抗拒心理。由于使用新产品的初次消费成本是使用老产品的一倍(对新产品一旦不满意,还要花同样的价钱去购买老产品,这等于花了两份的价钱才得到了一个满意的产品,所以许多消费者在心理上认为买新产品代价高),消费者就不愿冒风险对新产品进行尝试。但是,促销可以让消费者降低这种风险意识,降低初次消费成本,而去接受新产品。

3. 激励使用者再次购买,建立消费习惯

当消费者试用了产品以后,如果是基本满意的,可能会产生重复使用的意愿。但这种消费意愿在初期一定是不强烈的,不可靠的。促销却可以帮助他实现这种意愿。如果有一个持续的促销计划,可以使消费群基本固定下来,进一步可以形成品牌依赖群体。

4. 扩大销售

毫无疑问,促销是一种竞争,它可以改变一些消费者的使用习惯及品牌忠诚。因受利益驱动,经销商和消费者都可能大量进货与购买。因此,在促销阶段,常常会增加消费,提高销售。

5. 带动相关产品市场

促销的第一目标是完成促销之产品的销售。但是,在甲产品的促销过程中,却可以带动相关的乙产品之销售。比如,茶叶的促销,可以推动茶具的销售。当卖出更多的咖啡壶的时候,咖啡的销售就会增加。在20世纪30年代的上海,美国石油公司向消费者免费赠送煤油灯,结果使其煤油的销量大增。

三、促销组合

1. 促销组合的含义

促销组合是指企业根据产品促销的需要,对人员推销、营业推广、广告促销、公共关系等的促销方式进行恰当的选择与搭配为一个策略系统,从而最大限度地发挥整体效果,顺利实现促销目标。

2. 促销组合的四种方式

现列举四种最常用的促销方式,因在以后章节我们会对各自促销手段进行详细介绍,在此仅列举四种方式的优缺点,供大家提前了解,见表12-1。

促销方式优缺点对比　　　　　　　　　　　　　　　　　　　　表12-1

促销方式	概　念	优　点	缺　点
人员推销	企业派出专职或兼职的推销人员,通过与顾客的人际接触来推动产品销售	与顾客直接接触,方法灵活。易于与消费者建立长期合作关系,容易促成交易	促销成本高、对促销人员素质及管理要求较高
广告策略	为了某种特定的需要,通过一定形式的媒体,公开而广泛地向公众传递信息的宣传手段	信息传播面广,可自行制定广告内容,主动引导消费者	针对性不强、总体费用较高
营业推广	为刺激顾客需求,鼓励购买行为而采取的各种促销形式	可刺激顾客购买欲望,提升短期销售量	只能短期使用,过于频繁的使用不利于企业品牌形象的建立
公共关系	企业为增进公众对企业的信任和支持,树立企业良好声誉和形象而采取的各种活动和策略	易于为人们接受,可信度高。并可树立良好的品牌形象	效果产生所需时间较长,间接促销

3. 促销组合策略

根据促销手段的出发点与作用的不同,可分为两种促销策略:

1) 推式策略

即以直接方式,以中间商为主要促销对象,运用人员推销手段,把产品推向销售渠道,再由中间商推向最终顾客。其作用过程为企业的推销员把产品或劳务推荐给批发商,再由批发商推荐给零售商,最后由零售商推荐给最终消费者(图12-2)。

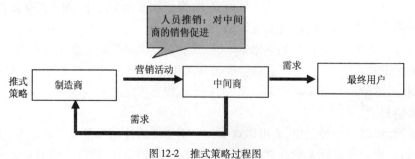

图12-2　推式策略过程图

该策略适用于以下几种情况：
①企业经营规模小，或无足够资金用以执行完善的广告计划。
②市场较集中，分销渠道短，销售队伍大。
③产品具有很高的单位价值，如特殊品、选购品等。
④产品的使用、维修、保养方法需要进行示范。
推式策略常用方法有：

(1) 推销人员带样品盒说明书走访顾客。推销员在掌握市场信息后，积极寻找顾客，与顾客建立良好关系，用产品去吸引顾客的注意力，提高顾客购买兴趣。

(2) 建立健全产品的销售网点。推销网点应建在顾客集中的城镇，对质高价高的工艺品、金银首饰可建立专门性的销售网点；价格高使用时间长的耐用品，如电冰箱、电视机、高档家具可在城市闹市区，选择性建立销售网点；与人们息息相关的方便性产品，可建立密集型的销售网点。

(3) 利用售前、售中、售后服务，促使增加销售。现代推拉促销策略的运用与思考营销策略离不开高质量的服务，它是"推动"策略的重要组成部分。售前服务主要是为顾客宣传介绍产品、传递产品信息，刺激购买；售中服务主要是帮助顾客选购产品，帮助他们解决购买中的困难；售后服务主要是帮助顾客解决购买后的送货、使用培训、退还和维修等服务。

(4) 举办产品宣传讲座和实物推销。

2) 拉式策略

采取间接方式，通过广告和公共宣传等措施吸引最终消费者，使消费者对企业的产品或劳务产生兴趣，从而引起需求，主动去购买商品。其作用路线为，企业将消费者引向零售商，将零售商引向批发商，将批发商引向生产企业（图12-3）。

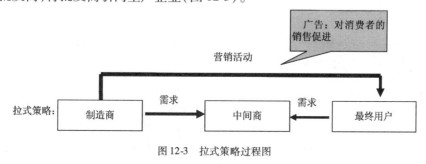

图12-3 拉式策略过程图

拉式策略适用于以下几种情况：
①市场广大，产品多属便利品。
②商品信息必须以最快速度告知广大消费者。
③对产品的初始需求已呈现出有利的趋势，市场需求日渐上升。
④产品具有独特性能，与其他产品的区别显而易见。
⑤能引起消费者某种特殊情感的产品。
⑥有充分资金用于广告。

3) 推拉结合策略

有时候，企业可以根据自身产品的特点将上述两种策略配合起来加以运用，在向中间商进行促销的同时，通过广告促销刺激市场需求（图12-4）。

在有些情况下,通过推拉结合的方式对产品进行促销会取得更有效的效果,两种方式同时运用,不仅在把产品推向市场的同时也会拉动消费者的购买需求。

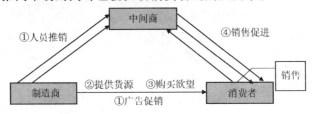

图 12-4　推拉结合策略

4. 确定促销组合策略时需考虑的因素

由于各种促销方式都有各自的优缺点,所以我们在制定促销组合策略时需要根据具体情况,充分考虑各种因素并选择合适的促销方式。

1) 促销目标

促销目标是企业在进行促销组合时所需要考虑的首要因素,不同的促销方式对实现不同的促销目标有不同的作用。营销人员应该根据具体的促销目标的需求,对不同的促销手段加以选择和运用。如提高产品及品牌的认知度、扩大产品的销量等。

2) 产品的性质

由于产品的性质不同,消费者自身的购买行为及购买动机是不同的。所以,对于不同性质的产品需要采取不同的促销组合策略。一般来说,在消费者市场,因市场范围广而更多地采用广告的方式;在生产者市场,因购买者的购买量较大,市场相对集中,所以可以以人员推销为主要形式。

3) 产品生命周期

对于处在不同生命周期的产品,要相应采用不同的促销组合和促销策略。在产品导入期,企业需要投入大量的资金用于增加新产品在消费者心中的认知度,若产生较高的认知度,那促销活动便是有效的;在产品的成长期,产品的市场份额不断增加,因为此阶段所需要的刺激较少,广告和公共宣传可以继续加强,促销活动可以相应减少;在产品的成熟期,相对广告而言,促销进而又逐渐起着重要作用。购买者已知道这一品牌,仅需要起提醒作用水平的广告。在衰退期,广告保持在提醒作用的水平,公共宣传已经消退,销售人员对这一产品仅给予最低限度的关注,然而销售促销要继续加强。具体促销重点及方法见表12-2。

产品寿命周期各阶段的促销组合　　表 12-2

产品寿命周期所处阶段	促 销 重 点	采用主要促销方式
导入期	使消费者认识商品、中间商愿意经营	广告、对中间商进行人员推广
成长期	增进兴趣	扩大广告宣传力,做好公共关系营销
成熟期	增加对产品的偏爱与信任	公共关系营销加强,树立品牌形象
衰退期	保持市场占有率、维持老顾客、创造新产品	营业推广为主

4) 市场特点

由于市场规模、类型和潜在消费群体的不同,需要采用不同的促销组合。比如对于汽车市场;规模大、地域广阔的汽车市场,多以广告为主,并加之以公共关系宣传;相反,则以人员促销为主。消费者多,但分散零星的汽车市场,应以广告为主,辅之以销售促进、广告和公共关系促销;消费者少,但购买批量大的汽车市场,应主要以人员促销为主,辅之以营业推广、广告和公共关系促销。潜在汽车消费者数量多的市场应主要采用广告促销,可激发消费者的购买需求,增加销售额。

5)促销预算

企业要开展促销活动,就要为此支付一定的费用,不同的促销方式需要不同的促销费用,对产品促销预算开支的多少要根据该产品此时所处的市场位置及公司所要达到的营销目的。如果汽车促销的目的是为了提升汽车品牌的知名度,那么,其促销组合的重点应放在广告和营业推广及公共关系上面。

第二节 人员推销

一、人员推销的定义及特点

1. 人员推销定义

企业派出专职或兼职的推销人员通过与中间商或顾客的直接人际接触来对产品进行宣传介绍等活动,从而使中间商或者顾客产生购买行为的一种促销方式。它是最直接、最古老的一种促销方式。商品的推销过程也是推销员运用对产品所掌握的信息及自身的营销技巧,说服或诱导消费者接受其产品的过程。

2. 人员推销的特点

人员推销是一种用时最久的促销方式,相对于广告、营业推广和公共关系促销等方式,具有自身的特点。

1)信息传递具有双向性

双向的信息沟通是其区别于其他促销方式的重要特征。在推销过程中,推销人员通过向顾客宣传介绍产品的相关信息,如产品质量、功能、使用方法、优于竞争产品的特点等,以此来吸引消费者的购买欲望。与此同时,若消费者对于推销人员所推销的产品产生了一定的购买欲望,则会进一步的对产品进行了解。此时,其所提出的问题推销员能够在第一时间内给予解决,并通过引导消费者促成其购买行为。

2)推销过程的灵活性

在推销过程中,推销人员可以根据各类顾客的要求,根据顾客的态度和反应,从顾客感兴趣的角度去展开推销并以此来引导顾客。同时要时刻注意揣摩顾客购买心理的变化,及时发现问题并解决,抓住有利时机使顾客产生购买兴趣,即使顾客并没有购买,那推销人员也可与顾客建立良好的关系。

3)具有选择性和针对性

推销人员在对产品进行推销之前,可以通过观察,有针对性地选择目标客户群,选择购买性大的顾客进行促销,并可根据产品特点,拟定具体的促销方案、策略、方法等,以提高促销成功率。

除此以外,人员推销还具有协作长期性、推销目的双重性等特点。

二、人员推销的基本形式

1. 上门推销

此方式是人员推销中最常见的方式，由推销人员携带产品及与产品相关的说明书、订单等对顾客进行走访、推销。这种方式被称为主动出击式的"蜜蜂经营法"。如哪里有鲜花（顾客），哪里就有蜜蜂（推销员）。上门推销不仅使推销员主动向顾客靠拢，而且增进了推销员与顾客之间的情感，更易于使顾客产生购买行为。

2. 柜台推销

指汽车企业在恰当的位置设置固定的专卖店，由经过培训的销售人员对上门顾客进行推销，一般进入汽车4S店内的顾客都是购买意向较大的顾客，所以推销人员应采取细心介绍、倾听意见、特殊引导等方法增加顾客的购买欲望，从而进一步促成交易。

三、汽车人员促销过程

汽车人员促销的过程可分成以下几个阶段，如图12-5所示。

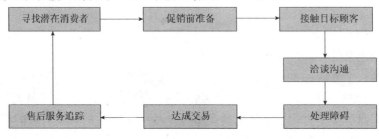

图12-5　汽车人员推销具体过程

1. 寻找潜在顾客

推销人员要本着 MAN 原则：即拥有购买力（Money）的、拥有购买决定权（Authority）的人、具有购买需求（Need）的人。主要方法有：

（1）顾客介绍法：向现有顾客寻找潜在顾客信息；

（2）个人观察法：根据推销员自身的观察，寻找出潜在的顾客群；

（3）市场咨询法：通过产品供应商、经销商等提供的信息寻找潜在顾客；

（4）电话追踪法：通过拨打电话、发送邮件等方式获得潜在顾客信息。

（潜在顾客：是指一个既可以获益于某种推销的产品，又有能力购买此产品商品的个人或组织。）

2. 促销前准备

在拜访潜在顾客之前，推销人员必须掌握三方面的知识，做好准备：

（1）产品知识，如产品自身特点、使用方法、功能等诸多方面的信息；

（2）顾客知识，即包括潜在顾客的个人情况、性格特点及顾客对产品的了解度等；

（3）竞争者的知识，即关于竞争者的市场份额、竞争产品的特点、用途等。必要时，还要准备好产品样品，根据了解到的顾客知识，选择恰当的时间、方式接近潜在顾客。

3. 洽谈沟通

此过程是整个推销过程的中心。推销员向顾客介绍产品，不仅可以让顾客了解产品，而且推销员可以通过直接或间接、积极或消极的提示，激发客户购买产品的欲望。推销员要培养

"JEB"的商品说明习惯。

"JEB":即首选说明商品的事实状况(just fact);然后将这些状况中存在的性质加以说明、解释(explanation);最后再阐述它的利益(benefit)及将带给客户的利益。熟练掌握此方法能够让推销员在与顾客沟通时具有很大的说服力。

4. 处理障碍

推销员应随时做好应付顾客异议的准备,顾客或在产品价格、功能、售后服务等方面存在不同的意见。根据顾客提出的异议合理的组织有说服力的语言,从而有效排除顾客异议是促成交易的重要条件。

5. 达成交易

此过程是整个推销的目的和结果。在推销过程中,推销员要注意抓住时机、提供条件,适时促成交易的达成。

6. 售后服务追踪

虽然在上一步已经达成推销的目的,但是达成交易却是整个推销过程的开始,推销员只有做好售后服务追踪工作,才能在顾客群中形成良好的口碑。这样,不仅会与顾客建立长期合作伙伴的关系,建立关系营销,而且还能够提升品牌形象。

【营销瞬间】

宝马售后环节设立黑名单 请宝马正面回应

最近摊上大事儿了。在被央视曝光"车内异味"后,宝马的经销商又被消费者举报,说被拉入"黑名单",不仅自身诉求被4s店无视,而且送修的车,也会出现一些无缘无故的小毛病。宝马在华的"黑名单事件",已蔓延几个月了,最近又有媒体爆料,维权车主要聘请德国律师状告宝马。但期间宝马对在华的"黑名单事件",一直没有正面或官方表态。

2012年,宝马集团净盈利增长4.4%,至51亿欧元。其中的大部分,直接或间接来源于中国。中国消费者称得上宝马全球最可爱的上帝。对他们,宝马理应给出正面、直接、诚恳的回应。

在提供售后服务环节设立黑名单,这究竟是宝马行为,还是个别经销商行为?如果宝马觉得自己受委屈了,就应当正面回应,及时澄清,拖拖拉拉,难免让人怀疑做贼心虚。

资料来源:http://auto.msn.com.cn/auto_industry/20130507/1561112.shtml

四、汽车人员推销的策略

人员推销具有很强的灵活性,在推销过程中,推销员可根据不同推销对象巧妙地采用不同的促销策略和技巧,以此来促成交易。其推销策略主要有以下几种:

1. 试探性策略

即"刺激—反应"策略,此策略适用于推销员对顾客不了解,通过提前设计好的能够刺激顾客购买欲望的推销语言。对顾客进行试探、观察其反应然后采取相应的应对策略。此方法若可以引起顾客的积极反应,能引起顾客的购买欲望,则便为促成交易奠定了基础。

2. 诱导性策略

即"诱发—满足"策略,推销员运用某种方法唤起顾客潜在需求,从而诱发其产生购买行为。此方法对推销员的推销技巧,自身应对能力要求较高。要求推销员在介绍、宣传产品的同时能够引导、诱发顾客增加对产品的购买需求。

3. 针对性策略

即"配方—成交"策略，此策略需要推销员事先了解或者掌握顾客的需求状况和消费心理，有针对性的对顾客进行宣传、介绍和展示产品。从顾客角度出发，言辞恳切，让其感觉推销员确实是为自己服务，从而很快达成交易。

五、汽车推销队伍的建设与管理

对于推销人员的招聘、挑选、训练、激励等，企业需要制定相关的措施及制度。只有这样，才能把推销人员融入企业之中。

1. 推销人员的招聘

推销人员，招聘时应该着重考虑其是否具备以下几个特质：

（1）良好的语言表达能力，对于推销员是公司直接与顾客和中间商、经销商接触的人，是把企业产品信息传递给他们的一个途径。所以说，具有良好语言表达、组织能力的人更适合做推销员。

（2）具有较强的应变能力，推销员在从事产品推销的过程中，会遇到一些突然出现的问题，较强的应变能力能够使其巧妙的应对突然出现的问题。

（3）较强的社交能力，较强的社交能力，能够让一个人很快的融入到一个陌生的环境中。对于推销人员来说，多数的推销环境都是陌生的，或是自己没有接触过的人群。所以说，好的社交能力能够让推销员很快的融入到其潜在的顾客群中，建立良好的关系网络。

除此之外，还需要考察报名者的个人素质、工作态度、理解能力及意志力等。

2. 对推销人员进行培训

不管是刚刚招聘到公司从事推销工作的员工还是已在岗员工，都要定时对他们进行培训，使其能够了解公司新的营销策略、经营计划等。培训内容可从如下几个方面展开：

（1）公司的企业文化、组织机构设置、经营范围、目标等公司各方面基本情况。

（2）公司产品的种类、性能、制造工艺、产品配置等产品情况。

（3）不同购买群体的购买动机、购买习惯、行为特点及信用状况等。

（4）市场状况，现有市场竞争对手的实力、战略等。

（5）推销时的推销要点、推销程序及注意事项。

（6）推销人员的个人形象、礼仪、沟通能力等的培训。

3. 推销人员的管理

（1）定额管理。公司为每一个推销人员制定一定时间内推销出产品的数量。并以此作为考核工作业绩的重要指标。

（2）自我管理。公司对于员工自我管理有明确的规章制度，每一位推销员要为自己制定明确的工作计划及目标。

（3）奖惩与考核。企业根据推销员完成的公司规定的销售数量及自身制定的工作目标完成情况等作为考核的主要内容。对于完成目标或超额完成的公司可给予一定奖励措施，以此来激励员工。同时对于未达到销售目标的推销员公司可采取一定的惩罚措施。另外，公司还可以根据推销员的业绩及顾客对其满意度指标每月或每年对推销员进行评价，以此作为业绩考核的另一标准，如图12-6所示。

解释：

Ⅰ.E型(优秀)，优秀的推销员是公司的一笔财富，所以对于此类员工，公司应该给予奖励、帮助等。让其继续给公司的业绩带来提升。

Ⅱ.D型(称职型)此类推销员的销售业绩和顾客评价都不错，但与优秀员工比还是有一定的差距。所以公司对于此类员工要多给予激励，让其向E型员工靠拢。

Ⅲ.C型(基本称职型)此类员工有较高的顾客满意度，但是销售业绩却很一般。对于此类型的员工公司应帮助其分析销售业绩低下的原因。

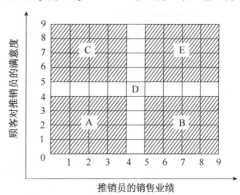

图12-6 推销员评价标准图

Ⅳ.B型(基本不称职型)此类型员工和C型员工是两种处于相反位置、不同极端的员工。而为何把此类员工设为基本不称职，主要是因为在顾客满意度低下的前提下却能取得很高的销售额，其销售方法有可能不正当或是有损公司形象，并且长期来看这种销售员工是最有可能成为A型员工的。所以说，公司要多对此类员工加强思想教育培训，端正其工作态度。

Ⅴ.A型(不称职型)从图中便可看出此类销售员工两方面指标都很低。所以公司对于此类员工要加强培训教育。若连续一段时间内都是处于此类位置，公司应该取消其推销员资格。

第三节 汽车广告促销

一、汽车广告促销的概念及作用

1. 广告促销的概念

广告即"广而告之"，是企业通过一定形式的媒体，公开而广泛的向公众宣传其产品、服务等，从而在公众之中树立品牌形象，引导消费者购买其产品的一种促销方式。

2. 广告促销的作用

值得注意的是，企业在通过媒体对其企业及产品进行广告宣传时，要注意其主要做"认知性"广告还是"品牌性"广告，这个要根据企业自身所处的市场地位及要求而定。

(1)建立知名度。企业通过各种媒体的广告宣传，向汽车消费者传达其汽车品牌信息，增加消费者的认知度。从而进一步吸引消费者的注意力。

(2)刺激市场需求，扩大销售。处于导入期和成长期的汽车产品，更适合通过广告促销的方式，来刺激市场需求。

(3)树立品牌形象。顾客在购买汽车等耐用消费品时，更加注重企业的品牌形象，比如信誉、商标、名称等。所以，对于此类产品，在进行广告促销时应该要更加注重品牌形象的建立。

(4)有效提醒。广告促销的优点之一就是能在短时间内大范围的把企业想要表达的信息传递给消费者。有效的广告提醒能够提高消费者的产品认知度，增大其购买产品的概率。

3. 广告促销的特点

从促销的角度衡量,广告促销具有以下特点:

(1)传播面广;

(2)传递速度快;

(3)传递信息明确;

(4)方式灵活。

二、汽车广告策略

广告的立足点是企业。做广告是企业向广大消费者宣传其产品用途、产品质量和展示企业形象的商业手段。企业通过大胆新奇的广告手法来制造与众不同的视听效果,最大限度的吸引消费者,从而达到品牌声浪传播与产品营销的目的。企业靠广告推销产品,消费者靠广告指导自己的购买行为。不论是传统媒介,还是网络传播,带给人们的广告信息为人们提供了非常方便的购物指南。因此,在当前的信息时代,我国的汽车企业应运用多种媒体做广告,宣传本企业的产品,否则会贻误时机。一般,企业在运用广告策略时主要有以下程序:

1. 确定广告的目标

制定广告策略的第一步是确定广告目标,所谓广告目标是指广告活动在一定时期内所要完成的特定传播任务。主要可分为提供信息、诱导购买、提醒使用等。具体可见表12-3。

汽车广告目标　　　　表12-3

广告目标	达到效果	产品使用阶段
提供信息	告知市场企业产品信息	主要用于产品引入期
	产品价格	
	产品功能、用途	
	树立企业品牌形象	
诱导购买	培养品牌偏好	主要用于产品成长期
	鼓励消费者购买企业品牌产品	
	改变消费者对产品特性的认识	
提醒使用	维持企业、产品知名度	主要用于产品成熟期
	提醒消费者不久将需要该产品	
	提醒消费者购买产品的地点、方式	

2. 确定广告预算

确定汽车广告预算最常用的方法就是"竞争对抗法"根据竞争对手的促销预算来确定自己的促销费用。但是由于公司的规模、资金、目标等都有很大的不同,所以公司可以以此为借鉴,然后根据公司的具体情况及所要达到的促销目的,确定适合企业自身的广告促销预算方案。

此外还有"销售额百分率法"(以一个特定销售额的百分比来安排企业的促销费用);"目标任务法"(企业根据所要达到的目标及完成此目标所需的费用来决定广告的预算费用);"量力支出法"(根据企业自身的规模、能力等大致估算促销经费)。

企业在确定广告预算时,还需要考虑以下几个因素:

(1)产品的生命周期,处于不同生命周期的产品,其广告预算是不同的。具体可见图12-7。

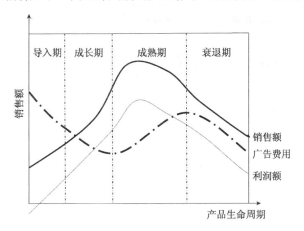

图12-7　产品生命周期及广告费用关系

(2)产品市场份额及消费者基础,一般来讲,市场份额占有率大的产品,其广告投入相应就会多一些;为增加消费者的认知度,市场薄弱的产品也需要增加其广告投入。

(3)市场竞争情况,在竞争激烈和广告开支很大的市场中,需要大量的广告投入才能引起消费者的注意;相反市场竞争产品较少时,广告投入可以减少一些。

3. 确定广告内容

汽车广告内容设计主要包括以下两方面:

(1)广告主题,广告主题是广告所要表达内容的体现,是广告的卖点。企业在进行广告促销时,想要达到不同的促销效果可以选择不同的广告主题。对于汽车产品的广告主题,一般可以以产品性能、形象定位。

(2)广告形式,即确定的广告主题用形式表现出来,用语言描述还是用画面呈现或者两者兼合。不管何种方式,应当具有便于传播、记忆、简洁等特点。如下面一例,不仅生动有趣而且可以达到企业的表达目的:德国大众甲壳车,有一则广告针对一般人误认为甲壳车无法在高速路上超车的说法。广告主题是:"他们说它根本就办不到"。画面则呈现出一位骑摩托车的警察,正在高速公路上给一位驾驶甲壳车的青年开超速驾驶的罚单。

4. 选择汽车广告媒体

汽车企业在做广告策划的同时,也是研究消费者购买心理和购买行为的过程。汽车广告策划的原则是让消费者"喜闻乐见,明白可亲或悬念难忘"。消费者认可了产品,汽车企业才会有广阔的发展前景。

广告策划要根据媒体不同,安排不同的诉求内容和创意手段。汽车较之其他商品具有高附加值的特性。广告牌可以突出整车独有的高档商品非凡之气势;电视可以表现其与众不同的车型和动力性能;报纸、期刊则能够详细介绍车辆的油耗、发动机排量和相关配置。汽车是一个适应性比较全面的大宗商品,它能给予企业的广告策划者发挥巨大的想像力空间,表12-4简单介绍了几类媒体的情况。

各类媒体优缺点 表12-4

媒体	优点	缺点
报纸	及时、灵活，本地市场覆盖面大，可多版面设计广告内容，产品介绍详细	观众关注较少，表现力不强，保存性差
杂志	目标顾客可选性强，有一定权威性，保存期长	发行周期长，不适合刊登时效性强的广告内容
广播	速度快，传播面广，成本较低	只有声音，不易保存，而且对音效设计和处理要求高
电视	色彩、声音、图像并存传播面广，吸引力强	成本高，竞争激烈，针对性不足
互联网	信息量大、沟通性强、成本低	消费者信息选择权大
户外广告	展露时间长，费用低	内容不能经常更新，传达信息单一

除上述列出的以外，还有诸如邮寄广告、售点广告（POP广告）等。企业在选择广告媒体的种类时还需要考虑以下一些因素：

（1）目标顾客的媒体习惯，不同类型的汽车其消费群体是不相同的。对于定位于20～30岁左右受众所研发的汽车，其最有效的广告宣传媒体便是电视和互联网。

（2）产品特性，因各类媒体在展示、解释、可信度及吸引力等方面都有不同的特点。对于汽车产品来说，电视、互联网及印刷精美的杂志在汽车形象化和色彩方面的宣传十分有效，因而是很有效的媒体。

（3）广告媒体的知名度和影响力，若企业打算采用电视媒体，那就要调查其传播区域、收视率及视听者层次。

（4）广告成本，目前为止，电视是最为昂贵的媒体，以播放时段和播出时间长短来计算。而报纸杂志广告就相对便宜些。但是企业在选择广告媒体时不能仅仅分析其绝对费用，根据目标受众的人数、传播范围及成本相对之间的关系，电视广告有可能就会比绝对费用较低的报纸杂志要便宜。

5. 评价广告效果

企业将广告信息以某一种媒体方式传播给公众后，要及时对广告效果进行评价，并根据评价结果来修正和改进广告内容及预算。主要方法有以下两种：

（1）传播效果评价，广告的传播效果，即广告对于消费者知晓、认知和偏好的影响是衡量其效果的重要因素。企业可以采用广告评分的形式，让消费者对其广告进行评价打分。或采用问卷调查的形式，选择企业最关注的问题进行问卷设计，选择合适的目标群体进行调查。

（2）销售效果评价，对于销售效果，因为其不仅受广告宣传这一个因素的影响，还会受到产品特点、价格、售后等诸多因素的影响。通常企业可以选择历史分析（运用回归分析的方法，将历史上企业的销售与广告支出联系起来，进行相关分析，以此测量广告支出对产品销售的影响）来衡量广告的销售效果。

从目前国内已发布的汽车广告来看，创意性质的广告较多，策划式的广告相对贫乏。有的平面广告像摆地摊，把发动机、ABS、安全气囊当作小商品依次摆齐，缺乏大气；有的电视广告只见一辆汽车飞奔而去，其广告语却不知所云，不仅没有回味，还让人一时听不明白。商品广告要在独出心裁的策划基础上,加上精美绝伦的艺术创意,才能让消费者从广告策划、创意水准中管中窥豹,使企业在消费者心目中留下一个先入为主的好印象。

第四节 汽车营业推广策略

一、营业推广的含义及特点

营业推广(销售促进),是指企业为刺激消费者、中间商、经销商等的需求,采取的各种短期促销形式。

企业营业推广的对象主要包括以下两类:一类是针对消费者的,主要形式有免费样品、购物券、价格折扣等;一类是针对中间商、经销商的,主要形式有批量购买现金折扣、合作广告、业务会议、推销奖金、价格保证等。

营业推广策略与其他促销方式相比,有以下特点:

(1)短期效果明显,有针对性的采取营业推广方法,向目标群体提供特殊的购买条件,调动目标群体的积极性,刺激和诱导其产生购买行为。能够在较短时间内收到很好的促销效果。

(2)直观的表现形式,直观、明了的促销标语及促销形式,能够快速吸引到那些"品牌转换者"即对某一品牌并不特别忠实,依赖性不强。

(3)非规则性和短期性,营业推广的方式多种多样,而且企业可以根据自身产品的促销要求来制定。同时进行营业推广只可在特定时间内进行,不可长期开展,活动结束后需要立即恢复到正常水平。否则长期化的营业推广便失去了其本来的意义,也达不到想要的效果。

二、营业推广的目标

(1)对于消费者,营业推广的目的是刺激未使用者购买和鼓励已拥有者重复购买,吸引竞争者品牌的消费者前来购买。

(2)对于经销商,营业推广的主要目的是吸引经销商经营新的汽车产品,建立经销商的品牌忠诚度和吸引经销商参与制造商的促销活动。

(3)对于推销人员,营业推广的目标包括鼓励他们增加产品销售额,发掘更多的潜在顾客。

三、营业推广的策略

这里介绍汽车企业营业推广的主要策略及方式:

(1)对于最终消费者

①分期付款与低息贷款

因为汽车价格一般较高,要求普通消费者一次付清可能比较困难。分期付款通过"首期付款"的方式,将价格"降"下来,实现了较低消费层次的购买能力,余下部分则在一定时间内,分期分批支付给销售部门;低息贷款是用户购车前去信贷公司贷足购车款,然后再去购车,用户的贷款由用户和信贷公司结算,汽车销售部门则在用户购车时一次收清全部购车款。

②以旧换新

是指消费者在购买新商品时,如果能把同类旧商品交给销售商,就可能折扣一定的价款,旧商品起着折价券的作用,这样不仅可以防止消费者因为舍不得丢弃尚可使用的旧商品,而不买新商品。而且可以消除旧产品形成的销售障碍,增加产品销售额。

③产品试用或试销

对于汽车产品,因其属于高档耐用品,所以顾客在购买时都会很谨慎。若能够在购买之前亲身体验到产品的性能,对于汽车销售能够起到很大的帮助作用。所以说现在很多汽车4S店都提供汽车试驾服务,即公司先将汽车产品交付购买者使用,在使用一段时间后,若用户满意则可付款购买,若不满意则可退回公司。

④贸易展览会或订货会

企业通过贸易展览会不仅可以在展示企业的概念车、新车等的优点和性能的同时利用展览会自身具有的优点,在优惠购买者的同时,达到企业促进销售的目的。

⑤价格折扣

它是厂商通过降低产品的正常售价,直接提供消费者经济利益,从而促进消费者购买的一种促销方式。对于这种促销方式往往是把双刃剑,运用的好为企业创造利益和知名度,提升销售力;把握不好,往往也容易把产品陷入折价过后,销售难行的困境,并对品牌自身造成伤害。所以企业在运用价格折扣策略时要根据公司产品及公司财务状况具体情况而定。

(2)对于经销商

①价格折扣,对于经销商,可以通过价格折扣的方式,增加其进货量,从而增加汽车销量。

②数量折扣,对于大量购买的经销商给予一定的折扣优惠,折扣率可以根据购买量的增多而提高。

③产品展销、订货会议。与对于最终消费者,此方法也适合于经销商。企业通过展会、订货会向经销商展示其产品优点及特征,引起经销商的兴趣,扩大销售。

当然还有很多的营业推广方式,并不局限于以上几点,而且企业可以根据自身特点制定适合企业的营业推广策略。

四、汽车营业推广的实施及评价

1. 汽车营业推广的实施

汽车推广方案制定之后,就需要投放入市场中,这包括销售准备阶段和销售延续阶段。销售准备阶段包括:最初的计划、设计工作、配合广告的准备工作和销售点的材料准备,销售日产品的发放等。销售延续阶段指从开始实施促销开始到大约95%的采取此促销办法的汽车产品已经在消费者手里为止的这一段时间。

2. 汽车营业推广的评价

一般用两种方法对营业推广的效果进行衡量:

1)销售数据

根据此次营业推广的销售数据,可以对比出消费者在促销前后的购买行为及数量,分析出各类型消费者对促销的态度,购买促销汽车产品的消费者后期对该品牌及其他品牌的购买行为。

2)消费者调查

通过消费者调查,可以了解有多少人知晓此次促销活动及他们对此次促销活动的看法,及对他们购车选择汽车品牌的影响程度。在评估促销结果时,决策层还需要注意一些可能的成本问题。

【营销瞬间】

"陆上公务舱"——上海通用别克 GL8 的广告创意促销

从一群驯鹿跃入轿厢,突出 GL8 卓尔不群的内部空间;到"陆上公务舱"概念的推出,上海通用别克 GL8 的营销迅速完成了从功能性诉求到情感诉求的转换。在 MPV(multi-Purpose Vehicles)激烈的市场竞争中,别克 GL8 不必再向消费者介绍它的 V6 发动机如何先进,静音效果如何卓越、影院系统如何豪华,只一句"陆上公务舱",就将这些技术先进性全部涵盖了进来,还让购买者感受到了 VIP 的尊贵。可以说,在别克 GL8 之前,整个中国车市根本就没有"豪华商务车"这一概念,是别克 GL8 将这一概念带到了中国,并成为了这一细分市场的象征。

注:MPV(multi-Purpose Vehicles)从源头上讲,MPV 是从旅行轿车逐渐演变而来的,它集旅行车宽大乘员空间、轿车的舒适性和厢式货车的功能于一身,一般为两厢式结构,即多用途车。

资料来源:http://auto.sohu.com/20110127/n302627828.shtml

第五节 汽车公共关系促销

一、汽车公共关系营销的定义及特征

与其他促销方式一样,公关关系是汽车营销另一种重要的工具。公共关系是指企业为改善与社会公众的关系,促进公众对组织的认识、理解与支持,达到树立良好企业形象、促进商品销售目的的一种促销活动。公共关系的基本特征主要有以下几点:

(1)公共关系是组织主体与公众之间的相互关系;
(2)企业形象是公共关系的核心;
(3)公共关系的目的为企业在社会公众中创造良好的企业形象和社会声誉;
(4)是企业有组织、有计划、有目的、有意识开展的一种沟通活动;
(5)公共关系是一种长期活动。

二、公共关系促销的作用

公共关系促销是一个"内求团结、外求发展"的经营管理艺术,是一项与企业生存发展休戚相关的长期事业。其职能主要表现在:

(1)加强企业和社会各方面的沟通和联系。在为企业树立良好的企业形象的同时,有利于增强企业内在的凝聚力,协调与外界的关系。

(2)建立知名度。利用大众传播媒介将企业想要讲述的情景带到公众面前,吸引消费者对企业产品的注意力。

(3)应对突发事件、维护企业形象。当企业外部环境出现重大变化或自身的营销工作出现失误时,应及时利用公关措施予以调整和补救;当出现不利于企业发展的社会舆论或影响时,要运用应急公关措施进行反驳和纠正。对于任何企业来讲,恰到好处地应对突发事件,化

解危机,往往也正是提升企业形象的良机。

三、企业公共关系活动的主要方式

(1)新闻报道

企业可以借助新闻工具、通过举办活动或创造机会吸引新闻界和公众的注意,同时可邀请企业领导人参加活动、发表演讲,宣传介绍企业发展成绩,提高企业知名度。

(2)公益社会活动

企业可以通过赞助诸如"奥运会、博览会"等公众关注度很高的项目,或者通过参加捐资助学、扶贫、救灾等公益项目可以树立企业良好的公众形象,表明企业的社会责任感,赢得公众的信任。

(3)组织宣传展览

企业通过制作宣传性的文字、图像材料、影像等方式。将企业宣传的内容通过一系列方式展现给公众,让社会各界人士认识企业、理解企业,从而达到树立企业形象的目的。

(4)企业识别系统

即通过企业形象设计,将企业的经营观念、行为规范和模式传达给社会公众,达到创造和强化企业形象的目的。

(5)公开出版物

公开出版物包括年度报告、汽车杂志、公司商业信件及内部刊物等。汽车杂志可以向消费者介绍公司企业产品的性能、配置等各方面的内容。公司的商业信件可以树立公司的企业形象,在较权威的汽车行业杂志中发表年度报告等,容易获得潜在消费者的信赖。

四、汽车营销公共关系活动的执行及评价

1. 公共关系活动的执行

在执行公共关系活动之前需要制定合适的公共关系策略,常用的策略有以下几种:

(1)越境联销,是一种超越国界的,即通过不同国家之间的企业联盟进行促销的策略,以代理或者买办而定形式越境联销。

(2)越界联销,是一种超越行业的,即通过不同行业之间的企业联盟进行促销的策略。

(3)合作销售,也称为"共同销售",狭义的合作销售仅指厂家与厂家之间的合作;而广义的合作销售,则扩大到厂家与商家之间、商家与商家之间的合作,数量可以不等,性质也可以不同。

(4)合资销售,是合作销售的特殊形式,其特点是共同投资进行销售,同时,也按照投资比率分配利润。

除以上几种策略外,企业还可以根据自身情况制定适合于其产品的公关策略,公关执行人员需要对整个公共关系活动有周密的计划和认真谨慎的做事态度,还需要灵活处理各种可能出现的突发情况。

2. 公共关系活动的评价

汽车营销关系的效果常用以下方法衡量:

(1)民意测验法,选择一定数量的目标公众,通过问卷等形式征求他们对公关活动的意见,并对意见汇总,加以分析,统计来说明公关工作的效果。

(2)销售额和利润贡献,公共关系通过刺激市场,同消费者建立联系,把满意的消费者转

变成品牌忠诚者,提高销售额和利润。

(3)展露度法,计算出在媒体上的展露次数,这种方法简单易行,但无法真正衡量出到底有多少人接受了这些信息及对他们购买行为的影响。

(4)专家评估法,请有关专家对公关工作提出自己的意见和观点,从不同角度分析公关工作的效果。

【复习思考题】

1. 促销的核心和最终目的是什么?
2. 促销几种类型的优缺点各是什么?
3. 确定促销组合需要考虑的因素有哪些?

【案例讨论】

奥迪:征战中国市场之路

奥迪轿车在我国市场上采取了"进口+本土"的产品策略,即奥迪A4、A6通过德国奥迪公司、德国大众公司与一汽集团的合资企业——长春一汽-大众汽车有限公司生产。在世界高档豪华车市场上,宝马、奔驰都是奥迪最强劲的竞争对手,我国市场上亦是如此,也在积极运作中国市场。同时,凯迪拉克、沃尔沃(VOLVO)、丰田等品牌也在悄悄跟进,通过进口或在华寻找合作伙伴(如宝马与华晨合作)来争分高档车市场的"一杯羹"。就产品(线)竞争而言,奥迪A4产品级别与宝马3系列相当,奥迪A6与宝马5系列、奔驰S系列相当,A8与奔驰C系、宝马7系相当。那么,奥迪轿车如何成功博弈中国市场?

品牌行销:营销的灵魂

"同一星球,同一奥迪,同一品质",同德国大众公司一样,奥迪在全球有着统一的品牌准则。奥迪公司中国区总监狄安德对品牌有一个清晰的概念:"品牌是一个承诺,品牌是一种体验。品牌是在顾客心中形成的概念,包括产品开发、设计、生产、销售、市场和服务。"其实,这是奥迪轿车行销中国的"指南针",更是品牌行销规则。

广告行销:传播主阵地

奥迪中国总部负责奥迪品牌形象传播事业,包括围绕品牌而开展的品牌塑造、品牌传播、公关企划等作业,这样保证一汽—大众的A4、A6与"进口"A8在品牌方面保持良好统一性,而产品广告一汽-大众负责,但共同拥有一个完善的整合营销传播计划,保持良好合作关系。

奥迪广告一直在"运动"着,通过"运动"适应不同市场形势,不同的市场阶段,与"品牌运动"相呼应。总体来看,奥迪广告有如下特征:广告传播主线化、广告传播周期化、广告诉求规律化、广告媒体整合化、版面大气化、发布时间集中化、版面选择科学化、广告投放广泛化、核心媒体策略、广告运动化。

如何才能让抽象、感性的品牌价值观在我国的目标消费者心里植根并领略奥迪完美品质?这是整合营销传播所要解决的问题,而广告作为传播的核心载体,自然要比公关活动、事件行销等承担得更多。因此,必须做到广告传播方案的周密性、良好的计划性:全年的宣传概念和分阶段的主题,在每一阶段,媒体公关、事件营销、广告等都围绕这些主题进行,按部就班、有条不紊地把奥迪的品牌形象注入到目标消费者的心里。

服务行销:打造忠诚度

"一切以用户满意为中心"是一汽-大众的核心服务理念,亦得到奥迪品牌的认可。通过开展情感营销,打造顾客忠诚度,服务于老客户重复消费,更影响新客户开发。2002年,根据美国著名权威市场调查机构 J. D. poeder 对中国市场调查显示,奥迪 A6 售后服务满意度在被调查的国内 20 多家的知名整车产品中脱颖而出,获得中国整车售后服务第一名。

渠道分销:打造最佳通路

汽车渠道分销有独家分销、选择性分销、全面分销,而选择性分销是奥迪中国市场分销策略。由于奥迪系列产品有"进口"和与本土生产之分,因国家明文规定"国产车"与"进口车"不能混合销售,使奥迪 A6、A4 与 A8 进入市场的通路有所不同,经销商服务配套体系方面亦有所区隔。但是,这并不影响奥迪规范化的经销商管理体系在渠道分销中发挥重要作用。

艺术行销:嫁接艺术与品牌

如果说奥迪品牌行销是一种完全理性化,那么就忽略了其行销感性化的一面:奥迪更像一位集特长于一身的艺术家,艺术行销更为奥迪拼杀于中国高档豪华车市场平添了几份感性色彩。奥迪倡导"享受生活"的生活模式,于是艺术行销、娱乐行销走进奥迪营销视野。奥迪开展艺术行销的核心原理是:驾驭奥迪轿车是"享受人生",享受艺术同样是"享受人生",两者有着极其密切的关联点。

公关行销:传播"软武器"

奥迪非常重视公关行销,诸如在上海设立奥迪新闻中心、在网站(包括中国公司网站、一汽-大众网站)上设立网上新闻中心,能够拥有良好的新闻条件与环境,良好的公关环境是奥迪在中国市场快速发展的基础。要知道,目前奥迪与宝马、奔驰等豪华车已经开始了新闻上的舆论战,诸如奥迪作为第一家实现生产本土化的豪华轿车,面对的却是宝马大中华区总裁昆特.席曼"我们有幸成为第一个在中国生产轿车的豪华品牌"的答记者问。在对豪华车概念相对模糊的中国市场,或者说消费还处于"启蒙教育"阶段,如果哪个品牌忽略了新闻媒体的作用,那是致命的,对此奥迪身体力行。

【案例讨论题】

1. 请总结奥迪征战我国市场所用的促销方式?
2. 如果是你负责新产品投入市场的促销策划,你会如何做?

第十三章 汽车品牌形象

【本章学习重点】

1. 什么是品牌形象、品牌传播；
2. 品牌形象的构成要素有哪些；
3. 如何塑造一个独特的品牌形象；
4. 品牌传播过程和模型；
5. 如何设计有效的品牌传播；
6. 品牌的整合营销传播。

【开篇案例】

非凡故事路——JEEP 2011 极致之旅

2011年5月18日,Jeep联手我国颇具影响力的地理传媒《中国国家地理》,正式启动"2011Jeep极致之旅——非凡故事路"活动。本次活动的队伍招募采用了新颖的"微招募"形式,实现与网友的个性化互动,最终由地质专家、摄影家、媒体人、Jeep车主等一行32位队员组成的车队从拉萨出发,先后穿越喜马拉雅山、以美国探险家约瑟夫·洛克之名命名的洛克路以及追寻父辈旗帜的史迪威公路。6月,该活动落幕。

2011年的非凡故事路是Jeep系列活动极致之旅的组成部分。穿越无人区,驶入极端环境中,体验沧海桑田的轮回故事。Jeep联手《中国国家地理》举办的"极致之旅"活动今年已走到了第三个年头,2009年穿过了中国最大的无人区——墨脱地区,2010年攀上了珠峰大本营,今年的非凡故事路也是全程都穿行在海拔4000米左右的恶劣环境地区。通过这一系列的活动,Jeep很好的展示了旗下一众车型的越野性能,印证了他们提出的"不是所有的吉普都叫Jeep"的口号,Jeep牧马人的全路况性能也给消费者留下了深刻的印象,其"真汉子"的形象也逐步在大众心中定格。

资料来源:中国汽车人才网
http://www.606job.com/shtml/Article/18112/67756_4.shtml

第一节 品牌形象的概述

一、品牌形象的定义

20世纪50年代,大卫·奥格威从品牌传播的角度提出品牌形象传播的概念,倡导用广告树立品牌形象。从此,品牌形象的概念就一直作为一个重要的概念在营销领域备受重视。但是关于品牌形象概念的界定一直存在众多流派,无法统一。从内容上看,品牌形象的概念有四个基本视角:

1. 品牌形象的整体学说

该流派的定义范围很广,对品牌形象的定义简洁地表达了品牌形象作为一个抽象概念的整体含义。纽曼(Newman,1957)提出品牌形象是人们对品牌的总体感知,它的建立是基于产品的属性和广告等营销活动。赫佐克(Herzog,1963)认为品牌形象是消费者对品牌的感知。迪希特(Dichter,1985)指出品牌形象是产品给消费者的整体印象。该流派品牌形象定义虽较笼统,但却明确指出品牌形象是基于消费者对实际情况的感知。

2. 品牌形象的象征意义说

该学派认为产品通过品牌形象表达象征意义,消费者据此来区别品牌,同时这些象征意义强化了消费者的自我认知。萨默斯(Sommers,1963)指出品牌形象是产品所体现的意义,是消费者对产品象征的感知。李维(Levy,1958,1973)提出人们购买产品不仅是因为其物理属性和功能,还因为其个人和社会象征意义。当品牌形象的象征意义与消费者对自我认知一致或增强了这种认知时,该象征是合适的。德吉和斯图尔特(Durgee and Stuart,1987)更进一步提出象征意义与特定产品类别相关。诺斯(Noth,1988)则从符号学角度出发,认为商品的符号意义就是品牌形象。

3. 品牌形象的个性说

该学派认为品牌形象具有类似人的显著个性特征。贝廷格(Bettinger,1979)等提出了产品"成人"和"孩童"形象。瑟尔吉(Sirgy,1985)进一步将品牌形象扩展为产品像人一样具有个性形象。该流派的早期研究已经有所分化,出现了两个支派萌芽,一是研究品牌形象个性特征;二是研究品牌形象与消费者个性形象或自我概念的关系。该流派用情感视角提出品牌形象有情感诉求,与人类一样,拥有个性特征。

4. 品牌形象的认知心理说

该学派认为品牌形象的产生基于认知或心理过程。品牌形象的主要决定因素是精神因素,并用想法、感觉、态度、心理构成、理解或期望等词来描述。加德纳和李维(Gardner and Levy,1955)提出品牌形象是消费者对品牌的观点、情感和态度组合,体现产品社会性和心理性的本质。巴尔摩(Bullmore,1984)认为品牌形象是人们对品牌的认知和感受。该学派从品牌形象形成的角度探讨了品牌形象的概念,并认为品牌形象是消费者对产品和品牌认知或心理加工的结果。

综合前人的观点,我们可以这样定义品牌形象:品牌形象是消费者对品牌的整体印象和联想。品牌形象的形成来源于两个方面:

(1)消费者对从品牌传播过程中得到的信息进行选择加工;

(2)消费者在消费过程中积累的品牌知识所形成的品牌联想。可见品牌形象取决于消费者对品牌的联想,是消费者对品牌所积累的记忆。

二、品牌形象的特征

品牌形象的特征主要包括多维组合性、相对稳定性、独特性和发展性四个方面。

1. 多维组合性

品牌形象是品牌内涵与外在表现的综合。品牌形象的构成除了消费者能够直接感受到的品牌名称、标志、产品包装、价格等外在因素外,还包括企业形象、品牌文化、品牌个性等这些消费者不能够直接感到受到的品牌内涵。

2. 相对稳定性

品牌形象在相对较长的一段时间内会保持其稳定性。符合消费者愿望的企业理念、良好的产品品质、优质的服务等因素,是保持品牌形象长期稳定的必要条件。那些优秀的品牌能够保持几十年甚至上百年而不动摇,是因为消费者长期的喜爱与消费习惯,其形象能够长久的保持稳定性。

3. 独特性

品牌形象的独特性也可以理解为可识别性和差异性。品牌形象的独特性意味着该品牌形象由于某一方面或某些方面的与众不同,比如独树一帜的标志设计、先进的经营理念、富有创意的广告等,能让消费者一眼识别。品牌形象的独特性有两个方面的含义:(1)与竞争对手相比是独特的;(2)易于激发消费者独特的品牌联想。很多公司为了让自己的品牌形象独树一帜而煞费苦心。

4. 发展性

即使是处于领导地位的品牌,其品牌形象也必须不断丰富和发展,既要继承品牌形象一贯的传统,又要兼顾市场、消费者以及竞争对手而做出相应的变化。因此,品牌形象的塑造是一个长期的、动态的过程,而不能一蹴而就,它必须不断发展,顺应消费者要求并作出相应变化。

第二节　品牌形象的构成

品牌形象不是一个单层面的概念,而是一个内涵丰富的多层面、立体式的概念,品牌形象的构成主要包括三个层面:核心层面的品牌形象内涵,包括品牌文化、品牌个性等品牌要素;中间层面的品牌形象载体,包括产品本身、使用者形象等实体;外在层面的品牌形象符号,包括品牌名称,品牌标志等。

一、品牌形象的构成模型

品牌形象的测评基于品牌形象的心理性特点,是消费者对于一个品牌形象的认知结构的了解,因此并不存在一个统一的品牌形象测评模型,下面将对几个主要的品牌形象测评模型进行介绍。

1. 帕克等人的战略品牌概念—形象管理框架

帕克(Park)的战略品牌概念—形象管理框架第一次总结出品牌概念有三种,分别是功能性、象征性、体验性。直至现在,营销理论界和实战者也多用以上这三种概念来定位品牌。

功能性品牌概念:解决消费者功能性需求,比如一个现实的问题,存在潜在的问题等。象征性品牌概念:满足消费者象征性需求,比如消费者对自我的角色定位、群体关系、自我识别等内在的需求。体验性品牌概念:满足消费者对感官快乐、多样化、知觉刺激(速度)等体验性需求。

战略品牌概念以形象管理框架在时间上分为导入期、明晰化阶段、强化阶段,在塑造品牌形象的步骤上则相应为选择品牌概念、制定定位策略、制定合适的营销组合策略、消费者感知品牌形象。

对于选择功能性品牌概念的品牌,在导入期以问题解决者的身份出现。在明晰化阶段则有两种选择:第一种是特殊问题的解决者;第二种是普通问题的解决者。在强化阶段,选择功能性品牌,就要以选定的功能概念为品牌的核心价值进行品牌延伸,以强化功能性的品牌形象。

对于选择象征性品牌概念的品牌,在导入期应该强调与特定群体的联系或者与自我识别联系起来。在明晰化阶段,则以构筑市场壁垒为目标,区隔非目标顾客。有两种策略可以用来构筑交易壁垒:第一是给产品定高价位;第二是控制分销渠道。在强化阶段,则通过品牌延伸,开发新产品并将这些新产品以融入目标顾客生活方式的路径来强化象征性的品牌形象。对于选择体验性品牌概念的品牌,在导入期应传达品牌在感官快乐和知觉刺激上的效果。

2. 贝尔的品牌形象模型

贝尔(Biel)认为品牌形象由企业形象、产品形象、使用者形象三者构成。由这三个品牌形象构成元素带来了两个方面的联想,分为硬性联想和软性联想。

企业形象包括有关企业的全部信息和使用企业产品的相关经验。主要包括企业的历史(国际、创立时间、创始人等)、企业的规模和实力、企业的社会营销意识。产品形象是产品给消费者带来的使用利益,包括产品的价格、包装、外观等。使用者形象则是使用者的人口统计特征和使用者的个性、生活方式、价值观等。

硬性属性是指对品牌的有形的或功能性属性的认知。对于一个随身听产品来说,硬性特征包括价格、音质等。硬性属性对于一些功能性、易于评估的产品非常重要。

软性属性是指消费者对于一个品牌的感情倾向。相对于硬性属性来说,软性属性不易模仿,因此能够创造比较持久的品牌差异,对于形成品牌竞争力更为重要。

3. 凯勒模型

凯勒(Keller)的品牌形象测评模型是从其以顾客为基础的品牌资产(customer-based brand equity,CBBE)模型转换而来,下面截取其中有关品牌形象的部分进行介绍。凯勒将品牌形象定义为消费者对品牌的感知,由消费者记忆中的品牌联想反映出来。消费者的品牌联想的种类分为属性、利益、态度。属性是描述产品或者服务的描述性特征—消费者对于产品是什么、有什么以及在购买的过程中包含什么想法。利益是消费者认为产品或服务的属性所具有的个人价值—消费者认为产品或服务能为他们做什么。态度是消费者对于品牌的总体评价。

品牌联想的属性又分为产品相关和非产品相关两种。产品相关属性指实现消费者需求的产品或服务的功能的必要组成成分,涉及产品的物质组成或者服务所必备的条件。非产品相关属性指与产品或服务购买和消费者相关的外部特征。四种主要的非产品相关属性:价格信息;包装或者产品外观信息;使用者形象—指什么类型的人使用该产品或服务;使用形象—指产品是在什么地点和情形下使用的。品牌形象的利益分为功能性、象征性和体验性三种。功能利益是产品和服务消费中最本质的好处,通常与产品的相关属性相关。功能利益通常与非常基础的动机相关,如生理和安全需要,并且涉及解决问题或者逃避问题的期望。体验利益涉及在使用产品或者服务中所感受到的,通常也与产品相关属性一致,这些利益满足了感官愉悦、多样性以及认识刺激。象征性利益是产品和服务消费中非固有的好处,通常与非产品相关实行相一致,与潜在的社会支持、个人表达或者符合客观外界标准的自尊相关。因此,消费者可能重视品牌的声望、高档次和流行,因为这些与自我概念相关。象征性利益尤其是与社会可见的、表明身份的产品相关。

品牌联想在种类上有三类,品牌联想本身也有三个特征,分别为品牌联想的赞誉度、品牌联想的独占性、品牌联想的强度。品牌联想的赞誉度是指消费者相信品牌具有能够满足需求的属性和利益,并且希望获得这些属性和利益联想。品牌联想的强度是指与品牌相关的信息能够激发起来的难易度,越容易激发起来的信息就是越强的品牌联想。品牌联想的独占性是指品牌带给消费者的联想是异于竞争品牌的,是品牌所独有的卖点。品牌联想的赞誉度、强度、独占性是决定品牌形象差异化的重要部分,为品牌提供差异化的价值。

【营销瞬间】

李娜担任奔驰全球品牌使者

2011年6月19日,在李娜法网夺冠仅仅两周后,奔驰就宣布与李娜合作,由李娜担任奔驰全球品牌使者。据外国媒体爆料,奔驰与李娜签订了为期三年价值大约450万美元的合同,由此,"亚洲网坛一姐"李娜成为第一个担任奔驰全球品牌使者的中国人。根据合作协议,在未来的三年间,李娜还将出任由梅赛德斯-奔驰与中国网球协会共同创办的"明日之星"青少年网球训练营形象大使,并且,通过与另一个赞助商的协商,今后奔驰的标志将出现在李娜的球衣上。奔驰火速签约刚摘法网桂冠的中国金花李娜,反应之迅速,一时成为大众热议的话题。

在营销上一向反应慢半拍的奔驰,这次出手之迅速令人咋舌。在李娜法网夺冠之后,奔驰立即签下这位如日中天的大明星确实引起了大众的广泛关注,特别是在国内,李娜携冠军之威在国内的传播力自是不言而喻的。长期赞助网球赛事的奔驰也可谓是近水楼台先得月,率先秀了一把,三年450万美元也可谓是个大手笔,但是李娜随后不稳定的表现让一向标榜稳重的奔驰品牌形象情何以堪。

资料来源:中国汽车人才网 http://www.606job.com/shtml/Article/18112/67756_3.shtml

二、与品牌形象相关的概念

理解与品牌形象相关的概念如品牌识别、企业形象、品牌定位、品牌个性和品牌文化有助于我们综合理解品牌形象。

1. 品牌识别

品牌识别是企业希望品牌所代表的东西,及企业对品牌所做的总体规划,包括品牌的产品特征规划:产品特性、区域性;品牌的拟人性特征规划:个性、品牌—消费者关系;品牌的符号特征规划:视觉形象标志、品牌历史。品牌识别源自企业,也就是企业应该创造具有独特特征的差异化产品以区别于其他产品。品牌形象涉及消费者的感知,包括消费者关于品牌的一系列信念,是对品牌识别内容的解码。企业设计品牌识别内容,有时候并不能在消费者心中产生预期的效果,品牌识别与品牌形象往往是不一致的。

2. 企业形象

企业形象是一种宏观意义上的概念,它囊括了公司所有产品、技术、品牌以及其他公司资产,是公司所有品牌形象的高度概括与综合,是单个品牌形象的良好依托。比如宝洁意味着领先、强势,这是企业形象;而具体到某一个品牌形象,比如劳斯莱斯,消费者马上会想到豪华。

3. 品牌定位

品牌定位对于品牌形象的塑造起着指向作用,把握了品牌定位,品牌形象的设计与传播才有方向性。正确把握品牌定位是塑造品牌形象的基础。

4. 品牌个性

品牌个性与品牌形象高度相关，是品牌形象中个性化的一面。品牌个性是把品牌视为人时，品牌所表现出来的性格和气质；品牌形象除了品牌个性外，是更多因素综合的结果，比如品牌形象的载体、品牌形象的符号识别系统等。把握品牌个性是使品牌形象更人性化、个性鲜明的基础。

5. 品牌文化

一个品牌最持久的影响源于其品牌文化。品牌形象只有与品牌文化紧密相连才能持久打动消费者，促进消费者成为忠诚顾客。

将企业形象、品牌定位、品牌个性和品牌文化四者结合起来，经过提炼而成为的品牌精髓就构成了品牌形象的内涵，这一内涵是品牌形象的核心。作为品牌形象的外延，品牌形象的载体和品牌形象的符号系统都要符合品牌内涵的要求，以形成一致性的品牌形象。

三、品牌形象的载体

品牌形象需要一定的载体作为支撑，这一载体主要包括产品/服务本身、产品/服务的提供者及使用者。

1. 产品/服务本身

品牌形象最核心的载体是企业的产品或服务。消费者更多的是通过体验品牌所涵盖的产品或服务来对品牌形象进行评价与感知，并且通过将消费过程中所积累的品牌知识内化为品牌意识，在消费者进行第二次消费的时候，这些品牌意识能够迅速启动，促使消费者购买。产品或服务是形成品牌形象最重要的载体，品牌形象的传播与运作，最终也必须通过消费者对产品或服务的消费与体验来认同。没有产品，没有服务，没有实体作为消费者感知的来源，品牌形象就显得没有支撑，难以在消费者头脑中留下深刻印象，更不能被立即识别或与消费者建立品牌关系。另外，品牌形象的丰富与发展也依赖于新产品和服务的推出，没有产品的推陈出新和服务的不断创新，品牌形象难以进一步发展。

2. 产品/服务的提供者

品牌形象的第二个重要载体是产品/服务的提供者，它包括两个方面：作为整体的企业层面和产品/服务的辅助提供者，包括分销商、广告代理商、物流商等。

首先，对消费者而言，企业作为一个整体，是消费者在选择品牌时最先感知的提供者。企业层面作为载体带给消费者的是一种无形的影响，企业形象在这一层面发挥了重要作用，让消费者产生信任感。企业形象带给消费者的印象会影响消费者对其所属品牌的形象认知。

其次，企业内部所有能够影响消费者的微观个体如企业的 CEO、销售人员、维修人员、零售店的导购员等是企业产品/服务的微观提供者。这一层面的载体带给消费者的是一种有形的影响，消费者通过实质性的与这些提供者发生接触来认识、理解并感知企业的品牌形象。

作为产品/服务的辅助提供者，分销商、广告代理商、物流商的形象能对消费者产生间接的影响。

产品/服务的提供者这一载体使消费者进一步了解、感知品牌形象的内涵。消费者消费产品、体验服务更多的是一个人与物互动的过程，而消费者与产品/服务的提供者的交互则包含了更多的人与人互动的过程，使品牌形象在这一过程中体现的更生动、更具体。

3. 产品/服务的使用者

产品/服务的使用者是品牌形象的第三个载体。菲利普·科特勒认为，一个好的品牌应该能向消费者传达出其使用者的特质,由此引申,产品/服务的使用者也能体现企业产品/服务的品牌形象,是品牌形象的重要载体。产品/服务的使用者的身份、特点等可以影响消费者对该产品/服务品牌形象的认知。

使用者形象对消费者感知品牌形象有着暗示作用和移情效应。宝马轿车的消费者大多身份尊崇,拥有较多的个人财富,来自社会的顶级阶层,这些个人形象就暗示出宝马高贵的、领导者的、有影响力的品牌形象。

四、品牌形象符号系统

品牌形象符号系统是品牌形象内涵的外在表现形式,是品牌形象传播的基本内容,也是品牌传达给消费者象征意义的元素。在品牌传播过程中,与消费者直接接触的就是品牌形象符号,这些符号会率先到达消费者的心智,给消费者心理最直接的冲击和影响。

品牌形象符号系统包括符号系统和非语言符号系统,具体而言,主要包括品牌名称、品牌语言、品牌标志和品牌包装。

1. 品牌名称

品牌名称在品牌形象符号系统中具有战略地位,从长远来看,对于一个品牌而言,最重要的是名字。在短时间内,一个品牌形象的塑造可能就需要一个独特的概念或创意,但一旦时间扩大到长期,这种概念或创意就会逐渐消失,起作用的将是品牌名称与竞争者品牌名称之间的差别。

2. 品牌语言

语言是形成消费者品牌意识的主要内容,独特、创新的语言就能够穿越众多其他的品牌信息的壁垒,起到占据消费者心智的作用。在品牌形象塑造的过程中,创造性地运用富有煽动力的品牌语言会强化品牌形象。

在品牌语言体系中,商家致力追求的另一个关键的品牌形象符号就是品牌词汇。品牌形象的塑造应该力争在消费者心目中形成一个关于该品牌的词汇,这个词汇是其他品牌所不具有的,并且易于被联想。万事达信用卡代表了便捷,劳斯莱斯代表了高贵。一个独特的品牌词汇,能够在消费者需要某种属性的产品时,迅速启动消费者的品牌意识。以劳斯莱斯为例,大多轿车公司都宣传能生产高贵的车,比劳斯莱斯豪华的车可能存在,但要越过消费者心中关于劳斯莱斯"豪华"这一词汇的壁垒,则不太可能,这就是品牌词汇对品牌形象的意义。

3. 品牌标志

品牌标志作为一种特定的视觉象征符号,体现了品牌形象,象征品牌的理念与文化。这是个视觉化的世界,品牌标志是消费者接触并感知之品牌形象最直接、最视觉性的内容。事实上,成功的品牌标志已经成为一种精神的象征,一种地位的炫耀,一种企业价值的体现。很多知名品牌就因为其简单的品牌标志设计或鲜明色调的运用而牢牢吸引住消费者的眼球,比如法拉利轿车以一匹腾飞的马作为品牌标志,象征着法拉利轿车拥有强劲的动力。

4. 品牌包装

品牌包装是品牌形象符号系统所有元素的综合表现。如何合理利用包装,将品牌形象符号系统创造性地运用于品牌包装是品牌形象塑造过程中的重要内容。

(1)品牌包装与产品包装是内涵不同的两个概念。产品包装主要指承载产品或服务的容器或包扎物;而品牌包装则包含了更多的内容,应用范围更为广泛,除了产品/服务的容器以外,还有产品的展台、运输包装、活动包装等。

（2）品牌包装与产品包装的作用有显著区别。产品包装的作用主要有保护商品、便于储运、使用说明和促销销售等；而品牌包装的作用则更侧重于品牌的打造与传播。

第三节 品牌形象的塑造

一、品牌形象塑造的原则

品牌形象的塑造不是纯粹的艺术创意，天马行空，没有规律和原则可循，而是需要遵循相应的原则，在品牌形象的塑造过程中遵守这些原则能够起到事半功倍的效果。

1. 围绕核心价值来塑造形象

品牌形象不是建立在空中的楼阁，而是有其内在的价值底蕴。品牌形象是对品牌含义的外延和对品牌符号的解释，它必须依附和服从于品牌精髓。以此，塑造品牌形象必须立足于品牌精髓，包括理解和传达品牌定位与品牌个性。

然而，在很多品牌形象塑造的过程中，品牌形象的打造都没有进行品牌形象内涵的提炼，或者进行了提炼但没有将提炼的内涵作为品牌形象塑造的基础。很多企业是凭借"想当然"或者经验主义给推出的品牌一个形象概念，再对这一凭空提炼出的形象进行传播与运作，这样的做法显然违背了"立足于品牌精髓"这一原则。违背这一原则塑造的品牌形象基本有两个结局：先天不足，缺乏发展潜力，难以为继，以至于品牌知名度高，品牌形象的赞誉度却非常低；另外一种结局是彻底失败。李宁在发展的早期，依托李宁个人的知名度迅速成为知名品牌，销量提升比较快，但是在品牌形象塑造早期并没有进行品牌内涵的提炼，缺少对品牌形象的远景规划，以至于作为高知名度的品牌，赞誉度却相对较低。

2. 塑造独特形象

品牌形象的独特性和新颖性等特点，决定了品牌形象的塑造不仅要依靠逻辑、理性的科学手段，更需要艺术、创造性的思维。独特性的品牌形象易于启动消费者的品牌联想。当消费者的需求被唤醒的时候，面对品牌选择的决策，有独特品牌形象的品牌容易被消费者回忆起来。

3. 一致性原则

品牌形象要与时俱进、不断发展，但这并不意味着变化无常。变来变去的品牌形象只能给消费者留下模糊的印象，很难达到强有力的品牌联想效果。因此，在塑造品牌形象的过程中，要注意保持品牌形象的前后一致性，前后品牌形象塑造策略的选择应该相互配合，在同一个方向上塑造与发展品牌形象，通过这种方式打造出来的品牌形象才是鲜明的。否则，便会出现品牌形象模糊的情景。

二、品牌形象的塑造

品牌形象的塑造要点是立足于品牌带给消费者的利益点，将品牌精髓——价值、文化和个性传达到消费者。根据品牌形象塑造的逻辑过程，可以从消费者需求研究、品牌形象价值内化、品牌形象载体选择、品牌形象符号设计、品牌形象整合传播和品牌形象动态发展六个方面（如图13-1）来进行品牌形象塑造。

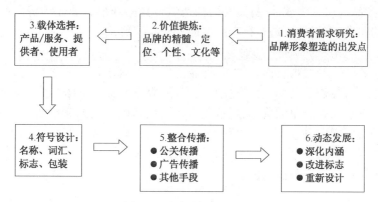

图 13-1　品牌形象塑造过程图

1. 消费者需求研究：品牌形象塑造的出发点

品牌形象目标受众是该品牌所指向的目标消费者。顾客导向的现代营销理论要求企业在做任何决策时都不能离开顾客的需求，进行品牌形象塑造决策也不例外。品牌形象最大的作用是在消费者心中产生一定的联想，只有符合消费者期望的品牌形象才能唤起消费者心中一定的联想，因此，研究消费者需求就成为品牌形象塑造的第一步。从消费者需求出发，研究消费者对该品牌所在的行业、企业及其所蕴含的产品的理解、想法与期望，有利于品牌形象的确立及其长远的发展。在汽车产业，消费者的需求就是快速、舒适、高性能，因此作为一个汽车产业的品牌，其品牌形象一般都要具有这些因素。

事实上，研究消费者需求这一步骤在前面论述的品牌定位与品牌个性方面已经完成了，到品牌形象塑造阶段要做的是两件事：(1)提炼与凝聚；(2)将消费者需要与品牌精髓联系起来。

2. 品牌形象价值提炼

品牌形象具有综合性，如果仅仅将其等同于名称、标志这些表面化的东西，就会忽略品牌个性与品牌文化等品牌形象的内涵。因此，品牌形象塑造的第一步就是构筑品牌形象的坚实基础，将品牌的精髓提炼到品牌形象中，以保证品牌形象的活力。

一个品牌最持久的含义是它的文化和个性，他们奠定了品牌的基础，品牌形象内涵就源于这一基础。更为具体地说，品牌形象的内涵来自于对品牌定位的把握和对品牌个性的诠释。

当这一阶段的工作完成，品牌形象的核心层面即品牌形象的内涵就充实起来了。品牌形象的内涵既考虑到消费者的需求与期望，也把握了品牌的价值与文化，传达了品牌的定位与个性，更为重要的在于它强调了品牌核心属性与消费者利益的联系。品牌形象的内在价值其实就是目标消费者需求与品牌精髓有效的联系与结合而形成的功能性情感利益点，这个利益点积淀形成品牌形象的内涵，为品牌形象中间层面即符号层面的选择与设计打下坚实基础。

3. 品牌形象载体选择

品牌形象不等同于企业形象，品牌所述的不是一个企业所有的产品与服务，支撑品牌形象的是该品牌所涵盖的那些表现出品牌个性与价值的载体，寻找这样的载体是品牌形象塑造的第三个关键步骤。

1）产品与服务的选择

进行品牌形象载体的选择的依据是在完成前两个步骤后，提炼并凝结而成的品牌形象内涵，以此为基础，在企业所有的产品与服务中选择最能体现这些内涵与品牌核心价值的产品服务。作为品牌形象载体的产品或服务必须既能够满足消费者需求，又能够传达品牌定位与个性,然后以这些产品与服务为载体,打造并向消费者传播品牌形象载体的特质,要结合品牌形象维系与发展的需求,有目的性地进行产品线的补充与扩展。

2) 提供者

作为品牌形象载体的微观层面提供者,即企业内部所有跟消费者进行一线接触的销售人员、维修人员、零售店导购人员等直接提供企业产品/服务的微观个体。首先,企业要意识到这些直接提供者是企业品牌形象的载体,对这些直接提供者的语言与谈吐进行规范管理是进行品牌形象塑造的重要方面,提供者与消费者的互动会直接影响品牌形象的树立、维持与发展。其次,企业要有实际行动,对这些提供者进行培训,增强其品牌形象意识、规范其对外言行、提高其个人素质以及加强其业务能力。

3) 使用者

品牌的使用者对品牌定位及品牌个性所瞄准的目标市场的消费者具有暗示性和示范效应,而当使用者成为品牌形象的载体后,该品牌的使用者则具备了双重性——作为目标顾客的使用者和作为品牌形象载体的使用者。只有双重性使得使用者在品牌形象塑造中起着重要作用:一方面品牌形象针对目标顾客,吸引顾客来使用该品牌;另一方面,透过这些使用者,更多目标顾客购买。如此良性循环,品牌形象随使用者范围的扩大而鲜明。

4. 品牌形象符号设计

品牌形象符号设计包括品牌名称设计、品牌标志设计和品牌包装设计。品牌名称是品牌形象识别的重要元素。品牌标志构成品牌形象识别的另一个重要符号。作为品牌形象符号系统综合体现的品牌包装的设计应该遵循以下原则:美观大方;注意对包装空间的利用;突出品牌个性和兼顾社会利益。另外,从品牌形象塑造方面来看,品牌包装不仅仅局限于产品包装,品牌包装应用的范围日益广泛。比如运输包装,越来越多的企业将包装运用于运输产品的运输工具上,整个运输工具就是一个大一号的包装,比如百事公司就把运输车全部涂成蓝色,以突出其动感与活力的品牌形象;又如活动包装,企业每策划一个与品牌形象有关的活动,都会使活动标志、员工服装、活动用品等符合品牌形象的包装。

5. 品牌形象整合传播

整合传播是品牌形象塑造过程中的重要一环,一致和协同的传播在消费者与品牌形象之间建立起一致性的联系,使品牌形象的指向更明确;使品牌形象的核心价值与协调一致的传播手段相结合,才能够在消费者心目中造就一个清晰的品牌形象,不至于使消费者对品牌形象的认知产生混乱。

1) 公关宣传

阿尔·里斯和劳拉·里斯提出打造品牌的公关法则:品牌的诞生是由公关达成的,而不是广告。他们认为,品牌的打造靠公关,品牌的维持靠广告,这一法则同样适用于品牌形象的塑造。

2) 广告传播

广告是塑造并传播品牌形象的重要工具,品牌形象的概念最初就是从广告界延伸出来的。品牌形象一旦确立,就需要广告来维持其生命力并永葆其健康与活力。

经典广告传播决策模型是 5Ms:任务(mission),广告的目的是什么?资金(money),要花多少钱?信息(message),要传播什么信息?媒体(media),使用什么媒体?衡量(measure),如何评价结果?德国大众"甲壳虫"轿车,那句经典的广告语"想想还是小的好"以当时能源危机为背景,一下子就获得了消费者的认同与喜爱。选择的媒体以专业的、权威的纸质媒体作为主要传播渠道。广告的目的除了要提升销量外,很重要的在于广告是对品牌形象的强化。甲壳虫的广告就是对甲壳虫灵巧、省油、高效的品牌形象的强化。

3）整合传播

除了公关和广告传播以外，任何与品牌形象有关的元素都起着传播作用，这些元素包括任何一个可以与消费者接触的"点"，比如员工、产品、服务、品牌标志以及为传播品牌形象而策划的活动，将所有这些元素都组合起来形成方向、步调一致的整合传播。同时，整合传播是一种通过多种渠道、运用多种手段或方法进行品牌形象传播方式。

6. 品牌形象动态发展

品牌形象的动态发展就是指企业根据市场和消费者的变化及时调整自己的企业形象，或者通过深化内涵，或者通过改变符号，或者设计全新的品牌形象来更接近消费者。

1）品牌内涵深化与改进

品牌内涵的深化并不否认旧的品牌形象，而是为适应时代的潮流和文化的演变，对旧品牌形象中有害的扬弃，目的在于通过挖掘品牌核心价值更新的因素，保持品牌的价值和活力，增加消费者对品牌的忠诚度与新鲜感。

2）品牌符号改变

长时间没有带给消费者新鲜感的品牌形象可能会导致品牌被归类为老化品牌的行列，品牌符号改变可以作为一个满足消费者求新心理的有效工具。然而，品牌符号尤其是品牌名称，经过一段时间的使用和传播后，在顾客的心中已经留下深刻的印象，这种认同会在消费者心中触发对品牌的一系列情感效应，因此品牌符号的改变要注意与旧品牌形象符号的传承。

3）品牌形象重新设计

品牌形象一经树立就会跟消费者发生认知、心理、情感等方面的联系，如果重新设计品牌形象，其后果其实很难预料。如果重新设计品牌形象势在必行，那就必须考虑消费者的感受，审慎地进行。

【营销瞬间】

吉利的"两个转变、两个调整"

浙江吉利控股集团有限公司是一家民营生产经营企业，始建于1986年。经过二十多年的建设与发展，在汽车、摩托车、汽车发动机、变速器、汽车电子及汽车零部件方面，吉利取得了辉煌的业绩。1997年进入汽车领域，凭借灵活的经营机制和持续的自主创新，取得了快速的发展。

在2010年里，吉利的品牌形象、产品形象、社会形象得到显著提升。全年整车销售达到41.5万辆，不仅突破了年初40万辆的既定目标，而且还成功收购了沃尔沃品牌，开创了吉利发展的新局面，使得吉利的战略转型取得了阶段性的成果。

2010年12月末在吉利集团总部杭州召开的年度经营工作会议上，集团总裁杨建为吉利新的一年的工作提出了发展规划。根据这一规划，在2011年，吉利集团要开始"两个转变、两个调整"，即从"国际化战略"向"全球化战略"转变，深化"技术吉利"，努力向"品质吉利"转变；从"快速发展"调整到"稳健发展"，从"产品线管理"调整到"品牌线管理"，把吉利打造成产销规模超千亿元、具有国际影响力的世界500强企业。

根据这一发展思路，在市场营销方面，2011年吉利集团要继续完善三大子品牌的定位和产品布局，形成各品牌鲜明的产品特性和特征。在营销手法上，吉利未来将努力创新与探索汽车租赁、汽车金融、电视购物等新业务,完善二手车交易、汽车精品销售方式。服务上推进服务现场督导管理,加强市场监控程序。在海外战略方面,2011年吉利集团设定了加快国际贸易向全球化的转型战略,搭建海外营销组织框架,加快重点市场销售服务网络发展步伐,加强新市场开拓力度,加快丰富海外销售产品线的整体规划,并按照全球化战略规划,推进建立全球化布局,确保实现全年产销同比增长不低于18%的营销目标。为此,吉利集团2011年的销售目标为50万辆。

为达到上述目标,吉利集团2011年的战略规划实际上包括了全球化的企业发展战略、品牌战略和产品战略及全球化的采购、供应、物流、营销、服务、质量管理、人力资源、信息化管控等体系建设;通过兼并、重组、合作等等方式,重点以六大新兴经济区、十大发展中国家和地区为重点市场。在海外营销方面,2011年吉利集团要积极准备进入欧美等发达市场,建立以整车为主CKD、SKD为辅的全球生产、销售、服务网络,实现全球研发、全球制造、全球营销。

在技术研发方面,2011年吉利集团将启动一些新车型项目,并确保这些项目与动力总成项目以及DSI自动变速器的各匹配项目等研发按计划顺利完成。未来,吉利还要继续加大各项技术的研发,特别是继续加大新能源汽车技术、汽车智能化技术、汽车安全技术、节能环保技术的研究及合作应用,力求把安全技术打造成吉利汽车的鲜明特征。

资料来源:曾才豪:"吉利2011年战略目标确定",《中国工业报》,2011年1月14日,第B01版

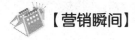

【营销瞬间】

保时捷的辉煌

保时捷公司的创始人费蒂南·保时捷在24岁时(1899年)已经发明了电动轮套马达,在第二年的巴黎国际展览会上,保时捷已经名扬四海。1915年他把电动轮套马达装上了火车,美国有一列超过一百米长的火车至今还装着这种电动马达。自1923年起,费蒂南·保时捷就在戴姆勒汽车厂做技术经理。1928年,他在那里发展了美采德丝·奔驰压缩机运动车SSK和SSKL型。1936年,贝嗯德·罗色美耶用保时捷设计的汽车联盟赛车22型,取得了比赛的胜利。1931年,在斯图加特创立了"保时捷博士股份公司",是为发动机和汽车制造进行设计的办公室,简称"保时捷办公室",那一年他的扭棒悬挂技术注册了专利。费蒂南·保时捷作为发明家、设计师、机械师、司机、赛车运动员和总经理,经过多年的有成效的工作后,于56岁时开始了自己的独立事业。

到1940年,这里的研究项目就不少于104项,这些项目主要是关于底盘、轮悬挂装置、操纵系统、传动系统、废气涡轮和拖拉机等。第二次世界大战以后,1948年,按照费蒂南·保时捷的儿子飞利·保时捷的计划,在肯屯制造了第一部以保时捷命名的汽车的样车356型。1951年近代汽车大师费蒂南·保时捷逝世。保时捷汽车厂坐落在德国的斯图加特市。保时捷跑车的装配大都是由手工操作来完成的,在整个装配过程中不使用一台自动装置。一道工序以四五人为一组进行操作,每工作二小时小憩十分钟,六七道工序完成后由检验员进行严格的检验,合格后才能转入下一道工序。保时捷汽车具有鲜明的特色,甲壳虫式的车形,后置式发动机和优异的性能,令它很快成为知名的汽车。

1963年法兰克福国际汽车展览会上,展示了保时捷911型,这个设计直到现在还有广泛

的市场。它的车体设计者是飞利·保时捷的大儿子,费蒂南·阿乐桑德·保时捷,保时捷带后齿轮箱底盘和V-8发动机的928型,新技术955型,以及带电子调整的四轮驱动系统和无升力车身的911Carrera4型,是近几年来最重要的发展。此外,还有一大批委托发展项目。20世纪60年代末,飞利·保时捷教授在德国威斯萨赫建立了保时捷研究发展中心。在那里,把保时捷公司的所有的研究发展工作综合在一起。1972年,在全新建的设计办公室、车间、试验台和检验室里,开始了研究中心的工作。经过有计划有系统的扩建,威斯萨赫的保时捷研究发展中心拥有世界最现代化的风洞室,环境保护测量中心,新的破坏试验设施和自己的试车路段,成为世界上对复杂研究发展项目的最著名的设计与测试基地。

资料来源:http://www.u-we.net/BrandTheory/brandal/qichebrand/

【复习思考题】

1. 论述品牌传播的内涵。
2. 品牌传播有哪些特点?
3. 简述品牌传播的过程。
4. 怎样实施品牌的整合营销传播?
5. 品牌形象具有哪些特征?
6. 品牌形象塑造的原则有哪些?
7. 如何塑造品牌形象?

【案例讨论】

东风雪铁龙:"漂浮之旅"整合传播

2012年汽车行业逐渐萎缩,国内汽车厂商竞争白热化,销售压力剧增,需借北京车展传递品牌形象,感知企业文化,带动销售增长。东风雪铁龙结合北京车展关键词"创新跨越"和及自身亮点营销"漂浮魔术",以网络流行的漂浮照片为切入点,开展"零重力漂浮,挑战不可能"的互动活动。

2012年汽车行业逐渐萎缩,国内汽车厂商竞争白热化,销售压力剧增,我们需借北京车展传递品牌形象,感知企业文化,带动销售增长,同时充分带动消费者聚焦品牌,呼应车展主题。

传播目标:

借助北京车展为契机,广泛传递"品牌20年创享车生活"的品牌理念,搜集销售线索;

与全年推广主题保持一致,强化品牌人性化创新、值得信赖、富有远见的形象;

以"创享车生活"强化用对于品牌的感知和体验,强调"全景汽车生活"的丰富内涵。

目标受众:

东风雪铁龙百万车主及潜在消费者:东风雪铁龙的目标消费者们都有着拼搏、积极向上的乐观心态,他们都有着普通人不平凡的梦想,他们乐意冒险,追求卓越创新,乐于享受生活。

创意策略:

深度解读雪铁龙品牌创始人安德烈·雪铁龙先生的代表语录"学习所有的可能性,包括不可能的",结合北京车展关键词"创新跨越"和东风雪铁龙亮点营销"漂浮魔术",以网络流行的漂浮照片为切入点,开展"零重力漂浮,挑战不可能"的互动活动。

媒体策略:

结合车展展台,在东风雪铁龙官网搭建活动 minister,充分展示东风雪铁龙北京车展现场盛况,同时网友作品可通过社会化媒体一键分享,扩大活动覆盖度,传递东风雪铁龙"品牌20年创享车生活"的品牌理念,搜集销售线索;

紧贴"漂浮"东风雪铁龙北京车展活动主题,与 POCO 摄影社区深度合作,结合其自身的用户人群行为习惯,引导网友深度参与互动,同时运用 EDM、手机 APP、电子杂志等全方位推送活动信息,为官网活动导流,极力扩大活动参与覆盖人群;

配合互动打造话题亮点,通过论坛报道、微博互动、SNS 告知、WIKI 优化搜索等社会化媒体传播,引导受众参与互动,同时导流至官网。

执行方案:

1. 搭建活动页面。

在东风雪铁龙官网上搭建活动平台,用户上传大师漂浮作品或上传自制漂浮作品,参与互动活动。

2. 官方微博互动矩阵。

3 大主流微博平台开展互动活动,为官网引流,同时官网活动作品可通过微博、SNS、POCO 社区等社会化媒体一键分享,充分释放活动信息,扩大活动和东风雪铁龙品牌知晓度。

3. 200 家社区媒体阵地信息覆盖。

结合车展话题点,全面覆盖 200 余家社区媒体,引爆声量。

4. 与 POCO 摄影社区深度合作。

通过 POCO 首页焦点、社区置顶、EDM、手机 APP、电子杂志等全方位推送活动信息,大力扩展受众面,为官网引流,同时大力曝光品牌信息。

5. 社会化媒体持续报道。

车展期间官方微博矩阵互动传播,推动品牌关注度。

6. 病毒话题营销。

打造"漂浮哥"事件,吸引媒体报道传播。

在北京车展所有车企传播即将收尾时,网络红人叶梓萱介入,利用几组漂浮照片,与东风雪铁龙北京车展漂浮表演前后呼应,引起漂浮话题二次传播,各大汽车/娱乐/区域性 BBS、各类微博红人账户纷纷自发扩散,促使品牌话题再次异军突起,带动声量第二次高峰。

7. 跟踪监测车展最热话题点,结合"干露露事件",打造正面形象,借势传播。

8. 经典案例的事件营销收尾,推动活动再次被关注。

传播效果:

总曝光量 9000 万余次;互动参与量 80 万余次;获得有效销售线索 14 万余条;

网易等 20 余家主流媒体争相自发报道,曝光度突破 6000 万余次。

微博、论坛、SNS、视频、WIKI 等社会化媒体,结合 POCO 深度合作,打造"车展漂浮哥"、"叶梓萱漂浮"等热门话题,总曝光量约 3000 万余次,网民互动参与 80 万余次。

资料来源:http://auto.163.com/12/1015/10/8DRNAQDD000850E4.html

【案例讨论题】

1. 请简述东风雪铁龙的整合传播战略。
2. 若让你设计东风雪铁龙的营销战略你会如何设计?

第十四章　汽车品牌个性

【本章学习重点】

1. 品牌个性的价值是什么；
2. 品牌个性有哪些维度；
3. 怎么塑造独特的品牌个性。

【开篇案例】

吴彦祖诠释全球新锐派中级座驾品牌个性

2012年8月23日晚，备受关注的全球新锐派中级座驾——北京现代朗动全国新车发布会在中国国家会议中心隆重举行，香港当红影星吴彦祖与朗动一同闪耀登场，诠释"全球新锐派中级座驾"的品牌个性，彰显朗动的时尚魅力。

在现场，作为朗动代言人的吴彦祖与朗动共同演绎了一场璀璨的3D视觉盛宴。美轮美奂的3D投射出国际时尚都市的魅力，时尚、动感的朗动尽情穿梭其中，以绚烂夺目的身姿展现了变幻多姿的科技之美，而当吴彦祖以时尚动感的装扮，硬朗、健康的气质形象从朗动中缓步而出时，瞬间震撼全场。魅力四射的眼神，自信十足的步伐，吴彦祖完美诠释了朗动目标族群新锐派的形象与气质，每一个俊朗的笑容、每一个诱人的眼神，都淋漓尽致的演绎了新锐派走在时尚前沿、乐享生活、追求品味、积极进取的个性。记者发现，阿祖虽然贵为天王巨星，但仍被性感、惊艳的朗动抢了不少风头。

俊朗演绎　炫动体验

出生于旧金山，成长于加州，毕业于美国俄勒冈大学建筑学系的香港当红电影明星吴彦祖，自1997年投入电影工作，15年来拍摄了多部热映、经典的电影，先后夺得金马奖、金像奖等权威奖项，身兼演员、导演、商人，是演艺圈兼具偶像派外表和实力派能力的全能艺人，他英俊、硬朗的外形，敢想敢做的个性，对家庭的付出和责任感，不断拓展的事业高度，为吴彦祖积聚起超高的人气，而朗动代言人的最新身份，也让粉丝充满期待。

近期吴彦祖可谓好事连连，正在拍摄毕国志导演的新电影《控城计》，而他的新片《太极》也将在9月28日隆重上映。对于朗动的代言，吴彦祖表示："我与朗动的经历相似，都是在美国长大的，朗动在美国早已星光璀璨，深受喜爱，获得了第19届北美COTY（Car of the Year年度车型）这一全球汽车界最高荣誉，2011年创纪录销售了18.6万辆，我相信在中国市场，朗动会比在美国更畅销，成为一款炙手可热的明星中级车。朗动拥有众多同级市场的突出优势，设计全新、空间全新、配置全新、动力全新、安全全新，希望朗动能带给消费者全新的感受，陪伴他们引领时尚潮流，享受高品质、自信乐观，追求积极向上的生活。"

279

全能明星　交相辉映

朗动是北京现代在中级车领域的又一革新之作,是继第八代索纳塔热销后推出的又一款旗舰车型。作为一款全面超越同级的全球新锐派中级座驾,朗动拥有五大全新优势,包括"观风动"的全新设计、"赏心动"的豪华丰富全新配置、"享动感的"杰出的全面安全、"品逸动"的宽大全新空间、"行锐动的"同级别最强的全新动力,卓越的产品力将使朗动有望成为中级车新标杆。

朗动是北京现代迎合市场发展趋势与新兴汽车消费群体的诉求变化,推出的颠覆、革新性的产品,将带动北京现代品牌的高端化提升,并推动北京现代由"新势力"迈向"新主流",引领未来市场主流发展。

作为一位外貌英俊,演技出众的全能艺人,吴彦祖内外兼修,时尚、健康、新锐的气质内涵与朗动"全新"、"全能"的产品形象非常符合,这正是北京现代邀请他担任全球新锐派中级座驾朗动代言人的原因所在。而现代品牌的影响力在全球,特别是北美市场的显著提升,以及朗动在北美市场的热销,也使吴彦祖对朗动充满了好奇和信心。吴彦祖时尚的外形,英俊、阳光的气质,一如朗动引领潮流的全新设计;吴彦祖硬朗,敢想敢为的个性,正如朗动超越同级的充沛动力;同时吴彦祖在电影界的影响力,蒸蒸日上的事业高度,恰如朗动将成为中级车市场的新标准、典范的实力,与朗动所倡导的"朗于心动于行"相互辉映。

吴彦祖代言朗动可谓"强强联手、交相辉映",无论是对于朗动推广还是对于吴彦祖自身形象都很有意义。北京现代朗动可以借助吴彦祖的名人效应和巨大号召力,迅速成为一款家喻户晓的明星车型;而朗动这样一款活力、动感、时尚、高品质的全球新锐派中级座驾也让吴彦祖的形象更加阳光、健康、亲和。

资料来源:http://auto.xinmin.cn/news/story_682100.html

第一节　品牌个性的定义

一、个性与品牌个性

在对品牌个性做出明确界定之前,有必要先对个性做一个清晰的定义。个性(personality)也称人格,来源于拉丁语 persona,最初是指演员所带的面具,其后是指演员和他所扮演的角色。弗洛伊德等心理学家在此基础上对个性进行相关的研究和发展后,将个体在人生舞台上所扮演的角色的外在行为和心理特质都称为个性。个性的形成既受遗传等生理因素的影响,又与后天的社会环境密切相关。人的个性是其对外在环境刺激所表现出的习惯行为倾向和心理特质,具有连续性和一致性。对消费者的研究表明,消费者的个性直接影响消费者的购买行为。如具有冒险个性特质的人,喜欢购买新产品;自信的人较难受其他人购买经验的影响。

虽然品牌代表没有生命的物体,但是通过良好的营销策略,品牌也可以具有人性化的魅力,构成魅力中的一项要素——品牌个性,起到画龙点睛的作用。品牌个性和人的个性一样,具有连续性和一致性,是识别品牌的重要依据。美国著名品牌战略专家戴维·阿克曾经在其品牌形象论中提出:"最终决定品牌市场地位的是品牌总体上的性格,而不是产品间微不足道的差异。"由此可见,品牌个性是构筑品牌竞争力的重要元素,决定了品牌的市场表现。

关于品牌个性的定义,国外学者从不同的角度对它做出了阐述。目前大致形成了四个视角。

1. 从品牌个性的功能进行定义

这一视角主要从品牌个性和自我的关系来对品牌个性下定义。马尔霍特拉(Malhotra,1998)认为品牌个性是一个理想的自我。凯勒(Keller,1993)认为品牌个性倾向于提供一个象征性的或者自我表达的功能。

2. 从品牌个性的表现定义

阿普绍(Upshaw,1995)认为品牌个性与品牌形象和品牌声誉是一个意思,它指一个品牌的外在面貌,其特质几乎和人的特质一样。麦克莱克(Macrcae,1996)认为品牌个性是借由人和动物的形态,使得品牌具有多变的属性。阿普绍认为品牌个性是指每个品牌向外展示的个性,是品牌带给生活的东西,也是品牌与现在和将来的消费者相联系的纽带,品牌有魅力,也能与消费者和潜在消费者进行感情方面的交流。

3. 从品牌个性的形成上定义

麦克拉肯(McCracken,1989)认为,人们直接与某一品牌产生关联,因而产生了此品牌的人格特质。例如,通过品牌的使用者形象(在此被定义为:某一品牌的典型使用者人格特性的组合)、公司的员工或者高层管理者以及此品牌的支持者(brand endorser),与此品牌有所关联的人的人格特质就直接转移到这个品牌上来了。雷吉·巴特拉(Rajeev Batra,1999)认为,品牌个性即整体品牌形象内在的联系,它包括(但不限于)与品牌特色、标志、生活方式及使用者类型的联系,这些品牌个性联系创造了品牌的综合形象。康勒特和扎特尔曼(Conlter and Zaltman,1994),福尼尔(Fournier,1995,1998)用深度访谈的方法,得出结论:品牌个性在于品牌自身的意义,以及他给人们所带来的生活意义,这种形象的建立是通过品牌作为一个合作伙伴与使用者的相互作用中而形成的。这些定义从品牌个性的产生上来解释品牌个性,倾向于把品牌个性看成是一种独特的整体联系方式,它淡化了品牌个性作为品牌的个性化特征的含义。

4. 从品牌个性人性化特征定义

珍妮弗·阿克(Jenniffer Aaker)认为品牌个性是与品牌有关联的一整套个性化的特征。例如,人性化的 Absolut Vodka 倾向于被描绘成酷的、赶时髦的 25 岁的当代青年;Stoli Vodka 的人格特征被描述为一位有教养的保守的老者。因此她认为品牌个性既包括品牌性格,又包括年龄、性别、阶层等排除在人格、性格之外的人口统计学特征。她还进一步指出,和产品相连的属性倾向于向消费者提供实用功能,而品牌个性倾向于向消费者提供象征性和自我表达的功能。

综上所述,解读品牌个性,有两个视角。从厂商的视角来说,品牌个性是指通过营销组合对品牌名称和标志、品牌文化、使用者形象、产品本身等品牌要素的价值进行提炼,使品牌具有人性化的魅力。而对于消费者来说,品牌个性的感知、内化则建立在消费者自我概念的基础之上。消费者对一个品牌个性的认知是从自我角度出发,有可能和厂商设计的品牌个性不一致。

二、品牌个性与相关概念的区别和联系

品牌个性与其他的品牌概念比较容易混淆,难以分辨其中的异同。下面选取其中的几个与之有着密切联系并且容易引起混淆的概念进行分析。

1. 品牌个性与品牌定位

品牌定位是针对目标市场建立一个相关的品牌形象的过程与结果。由于市场需求的多样性和企业资源的有限性,企业必须针对某些自己已有的目标市场进行市场开拓。品牌定位就是在选定的目标市场上,企业对品牌形象进行整体设计,从而在目标顾客心中占据一个独特地位的过程或行动。在当今品牌竞争日益激烈的情况下,品牌必须找到一个吸引顾客的突破口,作为品牌感情化、人性化价值集中体现的品牌个性就理所当然地成为企业的选择。

1)品牌定位是品牌个性的基础

品牌个性建立在品牌定位的基础之上,要和品牌定位保持一致。七喜在可口可乐和百事可乐把持的碳酸饮料市场上,提出"非可乐"的定位,因此七喜的品牌个性就不能与含有咖啡因的"两乐"的品牌个性一样具有刺激兴奋的特性,而应着重突出自己清新、健康的一面。

2)品牌个性为品牌定位提供支持

品牌个性有利于品牌定位的成功,为品牌在顾客心中占据一个有利的位置提供强大的支撑。要想在众多的品牌中脱颖而出,在消费者的心智中占据一个特殊的位置并不是一件容易的事情。品牌个性代表特定的生活方式、价值观念,容易与消费者产生个性表达、心理上、情感上的共鸣,从而达到占据消费者心中某一地位的目的。

3)品牌个性并不完全决定于品牌定位

即使两个定位一致的品牌,在消费者眼中也可能具有不一样的个性。虽然孔府家酒和孔府宴酒都是依托儒家文化来进行定位,但是孔府家酒在消费者眼中具有淳朴、诚恳的个性;孔府宴酒则具有世故、外向的个性。

品牌定位是品牌塑造的起点,为品牌塑造提供了大致的框架;品牌个性依托于品牌定位,为品牌定位的成功进行提供了情感性、人性化的差异点,成为达到占据消费者心智的有利途径。在时间上,品牌定位在先,品牌个性在后,两者联系紧密,相互依存,都是品牌管理的一部分。

2. 品牌个性与品牌形象

品牌个性是品牌人性化的体现,品牌形象是消费者记忆中的品牌联想所反映的对一个品牌的直觉。相对于品牌个性而言,品牌形象的含义更广泛,两者的区别和联系如下:

(1)品牌形象包含了品牌个性,品牌个性是形成品牌形象的一个要素

品牌形象是存在于人们心智中的图像和概念集群,是品牌知识和品牌态度的总和,包括了品牌个性、产品属性、使用者形象等品牌要素。品牌形象包括两个大的属性,功能属性和情感属性,品牌个性是情感属性的核心。比如,联想的品牌形象是国际化的高科技企业、民族品牌、最具实力的中国IT企业;联想的品牌个性是成熟的、有实力的、上层阶级。这几个品牌个性都是从品牌形象中提炼出来的。

(2)品牌个性更抽象,更具有人性化色彩,是品牌形象的核心

消费者对品牌的认知一般从品牌名称开始,然后到品牌形象,深层次是对品牌形象的核心因素——品牌个性的感知,可见品牌个性是品牌和消费者沟通的最高层面。品牌形象促成消费者的认同,而品牌个性则会使消费者崇拜品牌。

(3)品牌个性要与品牌形象保持一致

如果品牌个性与品牌形象不一致,造成消费者认知的冲突,会导致消费者的品牌态度恶化,品牌偏好降低,进而导致品牌关系破裂。比如奥迪的品牌个性是雅致、迷人、上层阶级的,作为形成奥迪品牌形象的其中一个因素——背景音乐的选择就要精挑细选,以迎合奥迪的品牌个性。因此,背景音乐就不能选择大众化的流行音乐,比如《老鼠爱大米》之类。

第二节 品牌个性的特征与价值

一、品牌个性的特征

消费者的个性和价值观是多元化的,消费需求的取向也因此不一样,这样品牌个性的存在就具有了客观基础。随着经济的不断发展,各个行业对品牌的重视,导致大量的品牌涌现出来,人们选择品牌的行为由集中化变得分散化,各种品牌都拥有一部分消费者。由于购买力的增强,消费者选择品牌的经济因素弱化,情感性因素、自我表达、寻求差异化的因素的影响力在上升,这些背景使企业对品牌个性越来越重视。要塑造一个独特的品牌个性,有必要先了解一下品牌个性的相关特性。

1. 品牌个性具有人格化特征

珍妮弗·阿克(1997)认为品牌个性是与品牌有关联的一整套人性化的特征。消费者容易把品牌看作特定的人群,人为地赋予品牌不同的人性化特征。尤其是现在很多品牌都有相应的品牌形象代言人,在移情的作用下,消费者把品牌看作和品牌形象代言人一样具有某些独特的属性。

2. 品牌个性具有独特性和不易模仿性

品牌个性之所以能够为品牌塑造提供强有力的支撑,就在于品牌个性是独一无二的,是难以模仿的。品牌个性会造成独特的卖点和诉求,为品牌差异化的建立提供一条途径。即使竞争对手的品牌名称、价格、产品包装等品牌属性和你一样,但是独特的、不可模仿的品牌个性却是不可复制的,这也造就了不同的品牌竞争力和吸引力。

3. 品牌个性具有持续性和一致性

品牌个性的塑造是一个长期、系统化的过程,需要一段时间的积淀。变幻不定的品牌个性不仅使企业投资于品牌的资源无法产生效果,还会使消费者的认知发生混乱,难以吸引稳定的消费者和促销使消费者达成品牌忠诚。就像一个性情经常变化的人一样,他将难以与他人建立一种稳定牢固的人际关系。

4. 品牌个性会随着时代演进

历史悠久的品牌会随着市场的发展,丰富和演变自身品牌的内涵,以保持生命力,维系与顾客发展起来的品牌关系。时代变迁,经济环境、自然环境、政治环境、消费者自身需求的不断变化,都要求品牌与时俱进,保持与时代的一致性,以迎合消费趋势。

综上所述,品牌就像一个具有生命力的人,它与消费者建立牢固的关系的一个关键因素就在于它是否具有鲜明的个性。消费者选择品牌时,会自然地赋予品牌一定的人性化色彩和自身所想表达的自我形象进行评判,以决定是否选择一个品牌。通过对品牌个性特征的把握,使企业在塑造品牌个性的时候不至于盲人摸象,只看到和把握品牌个性的一部分,而失去整体上的理解,导致品牌个性的塑造具有片面性,缺乏统一性和一致性。

二、品牌个性的价值

品牌能够为顾客提供差异化的价值,能够降低消费者的直接风险,简化消费者的购买过程。品牌是企业提高竞争壁垒的有利途径,进行差异化营销的必然选择,维系与消费者关系的良好载体。无论是对于消费者还是对于企业,品牌的价值都是非常巨大的。品牌价值真正的基础来源于消费者的意识,只有消费者相信不同的品牌能够提供不同的价值,他们才会花费大量的时间和货币去购买不同的品牌。想要在消费者心中造就有价值的品牌认知,品牌个性无疑是一个有利的途径。品牌个性的价值从企业角度来讲,主要有以下几个方面:

1. 品牌个性增强企业的核心竞争力

企业核心竞争力的基本属性就是独特和不易模仿性,由企业的研发、生产、管理、营销等基本活动整合、延伸而成。在当今的注意力经济时代,吸引消费者目光的能力越来越重要,如何才能增强品牌的黏性,成为企业的重要课题。品牌个性对于改变产品简单的功能价值构成,丰富产品和品牌的情感性、人性化的软性价值构成,有非常大的作用。由于品牌个性的形成是长时间积累的过程,本身具有独特性和不易模仿性,给竞争对手构成了竞争壁垒,可口可乐之所以维持市场叱咤风云一个多世纪,除了管理等企业经营活动之外,一个很重要的因素就是可口可乐具有独特的品牌个性。首先是产品本身的神秘配方所带来的刺激性,再配合独一无二、极具时尚的包装瓶所营造的时尚迷人的个性,最后配合良好的营销传播,为可口可乐赢得了广泛、持久的消费者。

2. 品牌个性提升品牌资产

国外的学者对品牌资产已经开展了多角度、多层次的实证研究。比较流行的五星品牌资产模型由戴维·阿克提出,认为品牌资产由品牌知名度、品牌联想、品牌的认知质量、品牌忠诚和其他品牌独有的权利(专利等)构成。随着消费者表达自我意愿的增强,品牌个性与消费者自我概念的一致性影响着消费者的品牌态度,进而影响消费者的品牌忠诚。随着全球经济一体化时代的到来,品牌跨越国界,在一定区域内堆积了越来越多的品牌,如何在众多的品牌中脱颖而出,诱发独特的品牌联想是摆在所有品牌前面的一道难题。鲜明的品牌个性有助于突破消费者的情感阀门,占据消费者的心智,产生独特的品牌联想。品牌所代表的认知质量除了来源于产品本身以外,很大一部分是通过长久的营销活动积累起来的。作为品牌人性化、情感性的一面,品牌个性对消费者形成正面的认知质量有着显著的作用。

3. 品牌个性造就品牌忠诚

经济的发展提高了消费者的购买力,使他们能够有更多的机会消费各种各样的品牌。而对于企业来说开发一个新顾客所带来的价值远远不及老顾客,如何使消费者忠诚,增加品牌的黏性成了一道摆在企业面前的难题。一般的品牌依靠知名度能够引起消费者的购买冲动和尝试心理,而随着熟悉程度的提高,一个没有鲜明个性的品牌很快就会被消费者遗弃。

4. 鲜明的品牌个性能够使品牌延伸、联合品牌等策略成功的机会增加

品牌延伸往往会造成消费者对品牌的认知模糊,使品牌和产品之间建立的原有联系发生变化。而品牌个性的突出能减少品牌延伸的风险,增强运用联合品牌的策略的可能性。

【营销瞬间】

"大众自造"网络互动

2011年5月19日,由大众汽车品牌发起的"大众自造"网络互动平台正式开始运行,该项目主要通过顾客参与到汽车的整个定制过程,以此达到满足顾客个性化的需求。同时企业也在一同参与其中与顾客进行良好的互动,从而将顾客的个性化定制与企业的品牌个性完美结合在一起。

"大众自造"是由大众汽车面向我国公众打造的一个探索未来汽车设计与制造的对话平台,其核心是一个 WEB 2.0 大型网络互动社区,基于核心网络平台,公众可以在网络上跨媒体实现汽车设计的灵感激发和虚拟现实造车等沟通需求。这是大众汽车进入中国以来最大规模的品牌营销项目,到目前为止,"大众自造"的官网注册量已经突破 24 万,收集网友创意 8 万个,大众汽车的品牌认知度也因此提高了 3 至 4 个百分点。

大众汽车在我国的首创营销手段。公众可以在这个平台上随意的发挥自己的想像力,实现自己造车梦。对大众汽车集团而言,推行"大众自造"项目可以树立全新的品牌形象,改变其以往过于理性的个性,让普通公众参与到大众汽车的"研制"过程,拉近了与消费者之间的距离感,透露出大众品牌人性化的一面。正如业内人士所说,"大众自造"的独特之处在于它凭借社会化媒体及多个传播渠道,进行全方位整体营销。但如何维持网友持续不断的兴趣点,保证他们能持续参与该项目后续的其他环节,是大众汽车项目团队亟待进一步解决的一个大问题。

资料来源:606job 中国汽车人才网
http://www.606job.com/shtml/Article/18112/67756_4.shtml

第三节 品牌个性的维度

一、品牌个性的五大维度

美国斯坦福大学教授珍妮弗·阿克通过调查研究建立了品牌个性维度量表。由于珍妮弗·阿克的品牌个性五大维度和人的关系五大模型联系紧密,在此,先对人类个性的五大模型进行简单介绍。五大模型(the big five model)是所有关于人类个性的研究到目前为止较为普遍认同的个性结构。科斯塔和麦克雷(Costa and McCrae,1985,1989)、麦克雷和科斯塔(McCrae and Costa,1987)、戈德堡(Golberg,1990)、约翰(John,1990)等人对各项要素集合不断进行研究和完善,最终形成了人类个性的五大模型并建立起一套完备的测量量表体系。五大模型将各种个性特征都规划到情绪的稳定性(emotional stability)、外向性(extraversion)、开放性(openness)、随和性(agreeableness)以及责任性(conscientiousness)五大个性维度。

珍妮弗·阿克第一次根据西方人格理论的"五大"模型,以西方著名品牌为研究对象,开发了一个系统的品牌个性维度量表(Brand Dimensions Scales,BDS)。该量表通过一个 631 人组成的样本对 40 个品牌的 114 个关系特征评价而得来。它可以用来比较众多产品类别中品牌的个性,由此使得研究者可以容易地确定品牌个性的基准。在这套量表中,品牌个性分为五个维度"真诚(sincerity)、刺激(exciting)、称职(reliable)、教养(sophisticated)和强壮(ruggedness)"。这五个维度下有 15 个面相,包括 64 个品牌人格特性。

二、品牌个性的本土化研究

由于品牌个性的感知以及心里形成要以特定的文化为背景,在不同文化背景下,品牌个性的描述性词汇是不一样的。我国学者卢泰宏、黄胜兵(2003)采用了词汇法、因子分析等方法,以来自中文语言、中国的品牌为内容,经中国消费者的实证研究发展出中国的品牌个性维度量表,并从中国传统文化角度阐释了中国的品牌个性的五大维度:"仁、智、勇、乐、雅"。

在营销实践中,如同人的复杂多变一样,品牌个性也并非是单纯如一的。许多品牌是诸多个性要素的混合体,掺杂了不同程度的五大个性要素,综合成复杂的关系。

在同一个性维度下,不同品牌可选择不同的面相。这15个面相为相同个性的品牌提供了不同的策略选择。如对于纯真这一维度,可选择淳朴面相(小镇的、循规蹈矩的、蓝领的)。如同属教养维度的奔驰和露华浓选择的面相就不相同。"奔驰"作为豪华车的代表,属于上层阶级的面相,被大众认为是自负的、世故的典型。此外,以纯真(淳朴的、诚实的、有益的、愉悦的)和称职(可信赖的、聪明的、成功的)两大维度的个性特征最常与肯定态度相联系。这也就不难想像为什么诸多品牌长期以来以"诚实"、"守信"等作为品牌内核,进行以此为品牌个性的广告宣传。例如,"雪弗兰"就曾在20世纪50—60年代特别推出以"诚恳的雪弗兰"为主题的广告,深受当时消费者的好评。

另外,在品牌个性维度选择中,产品类别也起到了相当作用。如在汽车业、运动器材业、化妆品业,甚至是咖啡业等产业环境中,最常运用的品牌个性特征是刺激维度(大胆的、有朝气的、富于想像的、最新的);而作为银行单位或保险公司则会倾向于定位成典型的"银行家"个性(称职的、严肃的、有信心的、上层阶级的和成熟的)。

上诉品牌个性维度的研究将为品牌营销实践提供有益的指导。企业的营销人员可以从产品类别、目标消费者的心理特质以及主要竞争对手的品牌个性等方面选择适合自己的品牌个性维度,以培育品牌鲜明的个性,以此达到与消费者产生共鸣。

第四节 品牌个性的塑造

一、品牌个性的认知因素

人们会从一个人的言行举止来把握他的个性,他的名字和外貌以及他的出生地和家庭背景,也会影响人们对其个性的判断。同样,影响人们对一个品牌个性认知的因素分为两大类:与产品有关的因素和与产品无关的因素。从这些影响因素中,我们可以发现品牌个性的来源,以便对企业的品牌个性塑造提供有益的指导。

1. 与产品有关的因素

与产品有关的因素包括:产品品质、产品属性、产品包装、产品价格。

(1)产品品质

产品是和消费者最为接近的实体,从消费产品的过程中体验到的产品品质对消费者的影响最大。

(2)产品属性

当海飞丝宣称其去头屑的功能,潘婷这种强调它滋养头发的理念的时候,强生婴儿洗发露以没有刺激,可以使头发微微卷曲赢得了消费者的青睐。海飞丝和潘婷让人感觉到他们称职的一面,他们都可以从不同的角度解决消费者头发的问题,而强生让人感觉到它是纯真的、可爱的。不同的产品属性对品牌个性的感知显然不一样。

(3)产品包装

虽然近些年来一直提倡节约、经济、环保概念,但不可否认的是,一盒包装精美的月饼与一盒包装普通的月饼给我们的感觉是不一样的。包装精美的月饼我们会认为它是属于上层阶级和成功的,而一个包装普通的月饼,我们会认为它是淳朴的。产品的包装就像一个无声的推销员,把品牌的个性诠释出来。

(4)产品价格

产品价格的高低反映出产品内在的品质,除了影响人们对产品品质的认知外,产品的价格就像一个信号一样反映出不同的品牌个性。吉利轿车的低价竞争策略让人感觉到它是蓝领的、低阶层的。奥迪的高价给人的感觉是成功的、上层阶级的。

2. 与产品无关的因素

与产品无关的因素包括:品牌名称、使用者形象、品牌的营销策略组合(包括品牌的分销渠道、广告、事件营销等)、企业形象、品牌历史、品牌来源地等。

(1)品牌的名称和标志

象征符号心理学家的一项调查显示,在人们接收到的外界信息中,83%以上的是通过眼睛,11%要借助听觉,3.5%依赖触觉,其余的则源于味觉和嗅觉,视觉符号的重要性可见一斑。

品牌的名称和标志除了有助消费者辨认的作用外,还会引起消费者潜意识的变化,影响消费者对品牌个性的感知。它以符号的形式刺激消费者的视觉感官,使消费者在脑海中留下印象、产生联想,丰田公司的凌志牌轿车改名为雷克萨斯。凌志给人的感觉是雅致的、迷人的、沉稳的,雷克萨斯则让人联想到有气概的、强韧的、精力充沛的、冒险的。一个成功的标志符号是品牌个性的浓缩。麦当劳黄色的"M"形拱门对其品牌欢乐、友善的个性具有强化效果。

(2)使用者形象

不同的品牌会有不同的目标市场,因此也会有不同的使用者。当某些具有相同特征的消费者经常使用同一个品牌的时候,附着在他们身上的个性会转移到品牌上面去。恒基伟业的商务通的使用者多是成功、自信的商务人士。世故的商务人士,经过一段时间后,商务通也具有了成功、自信、世故的品牌个性。

(3)品牌的策略组合

一般通过聘请品牌代言人,能够比较迅速地把代言人的个性传递到品牌上面来。但是这种策略运用不当也有可能损害品牌形象。比如金嗓子喉宝请足球明星罗纳尔多做代言人,但是罗纳尔多具有强韧、运动的个性和金嗓子要树立的称职、可信赖的品牌个性明显不一致,此举不但在短时间内导致了金嗓子销量的下滑,更为严重的是,也损害了金嗓子的品牌资产。耐克是这方面的专家,从乔丹到科比,它一直在强化其领导者的、强韧的、男子气概的品牌个性。

不同的分销商品具有不同的品牌个性,在一定的分销渠道里面销售的产品的品牌个性往往会受到分销商品牌个性的影响,会和分销商的品牌个性趋同。如沃尔玛代表着淳朴的、蓝领的、传统的品牌,西尔斯则代表着上层阶级的、成功的品牌。当初三星为了塑造一流的制造商形象,就从沃尔玛撤出。所有的三星品牌,以塑造成功的、可信赖的、时尚的品牌个性。

品牌策略的不同会导致不同的品牌个性。联想就曾经推出过联想——家悦、联想——锋行等采用主副品牌策略的电脑。联想——家悦以联想这个企业品牌为依托,以家悦品牌所蕴含的家庭的、温暖的、淳朴的品牌个性来吸引那些以家用为目的的买家。锋行则以其时尚、迷人、上层阶级的品牌来吸引电脑发烧友。同时这两款电脑又具有联想领导者的、世故的品牌个性,以吸引更多的消费者。品牌联合是指两个或更多的品牌联合为一个品牌或者以某种共同的方式销售产品。

事件营销通过把品牌和一定的事件联系起来,影响消费者对品牌的态度和信念。事件营销能够在一定程度上把事件所代表的个性融入赞助品牌上。三星的奥运会营销策略就非常成功地把奥运会所代表的不断超越、坚韧、积极的个性内涵融入三星里面来。通过公共关系来改善消费者的认知也是企业经常使用的营销策略。丰田曾经在美国大量抵制日货的时候,在报纸、电视台等多种媒体上,通过报道丰田为美国人创造的就业机会,丰田对一些公益性组织的捐款等企业行为,弱化了美国公众的抵制情绪,同时也为丰田注入了友善的、诚恳的、有道德的品牌个性。

(4)企业形象

整体的企业形象由企业的领导者和创始人、企业的经营理念、企业文化、企业员工等构成。一个形象良好的企业创始者对品牌的影响是巨大的。我们是通过比尔·盖茨了解微软的,从比尔·盖茨大二中途辍学,天才的程序编写者,激进的垄断者等事迹中对微软有了初步的感知,进而购买微软的产品。比尔·盖茨使得微软从其他的软件供应商中区别出来,在于盖茨赋予了微软聪明的、领导者的、激进的品牌个性。

(5)品牌历史

品牌拥有的历史会影响消费者对品牌的感知。一般来说,诞生较晚、上市时间短的品牌在人们心中有年轻、时尚、创新的品牌个性。不一样的产品类别对于品牌历史的要求也不一样。比如,对于酒类品牌来说,历史时间越长,越利于形成专业的、有魅力的品牌个性。

(6)品牌来源地

由于历史、文化、经济、自然资源、产业集群等因素的不同,每一个地方会形成别具特色的地方形象,它深深地影响着消费者对这些地方产品的认知。来自法国巴黎的香水,我们认为它是迷人的、有魅力的、性感的。对于产自意大利的服装,我们认为它是上层阶级的、雅致的。我们觉得来自日本的汽车和消费电子产品是可信赖的。

从以上的阐述中,我们可以发现影响消费者对品牌个性认知的因素有很多,每一种都能够在一定程度上对品牌个性的形成造成影响。由于影响品牌个性形成的因素如此之多,因此需要有良好的营销策略,把不同的影响因素整合起来,以形成一致性、稳定的品牌个性。

二、塑造品牌个性

1. 了解目标顾客的心理特征是塑造品牌个性的第一步

已有的研究表明,品牌个性与消费者自我概念的一致性会影响消费者的品牌态度和品牌偏好,因此,塑造一个独特的品牌个性的首要步骤在于充分地了解目标顾客的心理。一般来说,消费者的自我与他选择的生活方式、人口统计特征、个性息息相关。要综合运用生活方式、人口统计特征、个性特征等变量来对消费者进行区分。在此基础上,对消费者有一个清晰的了解。

2. 结合产品类别与竞争者的品牌个性

产品是品牌个性的载体,消费者是通过接触产品和服务来感知品牌个性的。由于消费者对特定产品大类有一个总体的、固定的印象,因此品牌个性要符合消费者头脑中对该产品大类的印象。如人们一般认为高科技产品是人类智慧的结晶,与"称职"的品牌个性维度联系紧密,而像咖啡、香水、服装等象征着消费者的审美取向,所以品牌个性就接近"成熟"维度,具有性感、高尚、有魅力等特点。在确定了自己的目标市场后,如果发现在该目标市场上已经存在了很多品牌,这时候就要根据竞争者的品牌个性来选择本品牌的个性目标,以提供差异化价值。比如在豪华车市场,奔驰展露出世故的、自负的品牌个性,法拉利是男子气概的、运动的、强韧的品牌个性,而宝马选择的是追求驾驶快乐的个性。

3. 选择相互配合的品牌要素

一致性是品牌个性的内在特征,只有选择一致的品牌要素,才能使消费者对品牌个性的感知一致。

4. 选择合适的营销组合

品牌个性的认知因素有价格、分销渠道、广告、事件营销等,所以在选择营销策略的时候要注意彼此间的配合,不能相互独立,甚至相互冲突。派克是高档的书写工具制造商,它代表着上层阶级,具有世故的、领导者的品牌个性。但是后来派克推出了低价的派克钢笔,这与原先派克的品牌个性产生了强烈的冲突,派克不但在高档市场上的占有率下降,在低档市场上,派克也迟迟没有收获。

三、塑造品牌个性应注意的问题

品牌个性的塑造不但是一门科学,更是一门艺术,在塑造品牌个性时要尽力避免品牌个性的创意良好,却对产品的销售没有任何作用。下面例举几个在塑造品牌个性过程中容易出现的问题。

1. 品牌个性和品牌适用性的关系

品牌个性和品牌适用性是一对矛盾的统一体,品牌个性越强则其适用性越弱。因此,塑造品牌个性时必须注意,不能对其适用性有太大的损害,否则,市场占有率会太低,不利于品牌的传播和维护。利郎商务男装就是一个极具个性的品牌,它倡导简约的设计风格,具有男子气概的、自信的、有效率的品牌个性,在消费者的心目中留下了深刻的印记。这为利郎延伸到女装等领域设置了非常大的障碍。

2. 要防止品牌个性老化

品牌个性在一段时间内是合乎消费者的心理需求的,但随着时代的变迁,人们的消费习惯和价值观也在变化,因此只有随需而变,做出应有的变化,品牌个性才能持续地吸引消费者。

3. 品牌个性塑造是一个长期过程,不能太急功近利

品牌个性的塑造是一个循序渐进的过程,需要通过长时间的积累,才能在消费者心中留下深刻的印记。试图通过短时间、大密度的广告,塑造一个鲜明的个性,吸引消费者,往往只能短时间提高销量,对于品牌个性的形成却没有太大的作用。品牌个性在品牌价值的核心地位也决定了品牌个性的塑造是一个系统工程,需要和产品包装、事件营销、分销渠道策略、公共关系等营销组合策略密切配合。

【复习思考题】

1. 品牌个性的内涵是什么?
2. 品牌个性与品牌形象、品牌定位之间的联系与区别是什么?
3. 影响品牌个性认知的因素有哪些?如何通过这些因素塑造品牌个性?
4. 品牌个性塑造应注意哪些问题?

【案例讨论】

劳斯莱斯 手工打造的经典品牌

劳斯莱斯汽车公司(Rolls-Royce)是以一个"贵族化"的汽车公司享誉全球的。劳斯莱斯汽车公司产量只有几千辆,连世界最大汽车产量公司的零头都不够。但从另一个角度看,却物以稀为贵。劳斯莱斯轿车之所以成为显示地位和身份的象征,是因为该公司要审查轿车的真实身份和背景条件。曾经有过这样的规定:只有贵族身份才能成为其车主。

该公司的创始人劳斯和莱斯两人的出生、爱好、性格完全不同,但对汽车事业的执着和向往,使他们成为一对出色的搭档。查尔斯·斯图尔特·劳斯 1877 年出生在英国伦敦一个显赫的贵族家庭。弗雷德里克·亨利·莱斯的身世与劳斯相比显然有着天壤之别。莱斯 1863 年出生在一个贫困的磨坊主家庭,由于生活所迫,莱斯曾经上街卖过报纸,而后又在铁路公司当学徒。尽管出身贫寒,莱斯却在机械方面表现出了惊人的天赋。1904 年,年过 40 岁的莱斯亲手设计制造了一辆两缸汽车,这辆车在当时堪称杰作,该车使用马达启动而非传统的摇柄,并且莱斯的一名商业合作伙伴亨利·埃德蒙兹是英国皇家汽车协会的会员,他把这件事告诉给了同为协会会员的劳斯,没想到劳斯极感兴趣。这样,境遇和背景完全不同的两个人被一件事联系在一起。

会面后,两人决定共同组建劳斯莱斯汽车公司,莱斯负责设计和生产,劳斯负责销售,两人签订了合作协议。1904 年,劳斯莱斯公司生产了是第一辆 10Ps(马力)车型,公司把这款车打上了"Rolls-Royce"的商标,因此这款车成为劳斯莱斯的第一款车。第一批共生产了 10 辆,他们参加了当年在巴黎举行的汽车展览会并一举成名。面对大量的订单,公司仍然坚持用手工制造,当时制造一辆车大概需要 25 个工人 8 个月时间完成,这些人力和工时让车辆从外观到内饰无不精心雕琢,精益求精。从那时起,手工制造就成为劳斯莱斯一成不变的传统。

1906 年 3 月,劳斯莱斯汽车公司正式注册成立,当年劳斯莱斯公司便生产了一辆 4 缸 20Ps(马力)轿车,这款车赢得了当年英国"男儿岛旅行者杯"汽车大赛的胜利。这项比赛在英国上流社会影响很大,当时英国女皇亲自出席授奖仪式并亲手颁发奖牌。凭借这股良好的势头,第二年,劳斯莱斯便推出了震惊世界的车型"银色幽灵"(Silver Ghost)。

1911 年,为了继续扩大劳斯莱斯的影响,扩大、加深品牌形象,公司请来著名的雕刻家查尔斯·塞克斯为劳斯莱斯设计立体车标。车标形象取材于卢浮宫中的胜利女神像,在塞克斯的手中,一个双臂后摆、迎风飞舞的"狂喜之灵女神"出现在车鼻的最前端。

劳斯莱斯的女神车标采用传统的腊模工艺,完全用手工倒模压制成型,然后再经过至少 8 遍的手工打磨,再将打磨好的神像置于一个装有混合打磨物质的机器里研磨 64 分钟,经过最后手工修正后的每一尊女神像都是不完全一样的,都是独一无二的艺术品。同时,两人精诚团结的双"R"重叠在一起,象征着你中有我,我中有你,体现了两人融洽和谐的关系。

生产过程中,劳斯莱斯轿车严格挑选高档皮革和上等胡桃木来制作内饰,选剩下的皮革都被时装制造业用于制造高档提包。每一辆劳斯莱斯轿车木饰的纹理都自成一种风格,每辆劳斯莱斯的桃木纹理都会有记录归档,日后若有损伤而车主要求修补时,即可按照原状恢复。而且还存有完全相同的备用材料。虽然这些备用材料 99.9% 不会用到,但却再次证明了劳斯莱斯造车的严谨,绝不松懈任何细节。

1931 年,劳斯莱斯收购了因经济衰退而濒临破产的运动车品牌宾利,并把该品牌改造成豪华轿车。至今,宾利都是世界豪华轿车品牌中重要的一员,而其作为豪华轿车品牌的历史却要追溯到劳斯莱斯身上。

1998 年,宝马公司收购了劳斯莱斯,而大众公司领走了宾利。宝马为这位比自己历史还要悠久许多的贵族准备了什么呢?一所三万平方米的大房子,厂址仍然是英国的伍德弗德。各种组件由德国运来在这里组装,而装配方式仍然是传统的手工方式。2003 年,工厂出产了重组后的第一款车,"新"劳斯莱斯"幻影"。

公司要审查购买劳斯莱斯轿车购买者的身份及背景条件,甚至曾经有过这样的规定:只有具有贵族身份才能成为其车主。黑蓝色的银灵系列的目标顾客为国家元首、政府高级官员、有爵位的人;中性颜色银羽系列卖给绅士名流;白和灰浅色银影系列则是为企业家、大富豪等人设计的。在20世纪50年代以前,英国皇室用车一直是戴姆勒(Daimler)。伊丽莎白女王1952年登基后,逐渐用劳斯莱斯取代了前者。1955年,劳斯莱斯被授权使用皇室专用徽章,一直到今天。

劳斯莱斯年产量只有1000~2000辆,历史最高记录3000多辆,2004年5月庆祝公司百年华诞,推出了限产35辆的Phantom纪念版。

资料来源:改编自《世界顶级品牌档案》
http://www.citymao.com/n75a7c54p6.aspx,2005年11月28日

【案例讨论题】

1. 劳斯莱斯的品牌形象源自哪几个方面?
2. 劳斯莱斯的品牌精髓意味着什么?什么造就了劳斯莱斯的品牌精髓?

第十五章　汽车品牌危机管理

【本章学习重点】

1. 什么是品牌危机；
2. 品牌危机特征及其产生的原因；
3. 如何预防品牌危机；
4. 如何处理品牌危机。

【开篇案例】

本田雅阁"婚礼门"事件

　　2005年1月9日，杭州一辆迎亲的2004款本田雅阁车因撞击断为两截。事故致使车上五人3死2伤，当地媒体都以重磅标题作了报道。当晚，广州本田销售部售后服务科人员连夜赶到杭州。一周后，广本的技术专家、日本本田的技术专家也相继赶到。但是在面对死者和媒体的质疑，本田方表示绝对不是我们的质量问题。1月13日，广本雅阁车的车主打算要求与厂家一起对被撞车委托浙江省的权威机构进行全面的安全质量检测，但厂家表示应该由厂方自行认定质量是否存在问题，因此双方没有达成共识。1月14日，杭州市公安局余杭区分局交通巡逻（特）警察大队向浙江省质量鉴定管理办公室提出质量鉴定申请，要求对事故车的转向系统、制动系统、安全气囊系统是否符合有关要求及车身断裂原因进行鉴定。1月19日，日本本田公司技术专家到杭州，并配合检测。在此背景下，1月24日，广州本田开始针对冬季用车进行空调系统、冷却系统和制动系统方面的全国免费检测。2月28日，广本总经理终于正式回应了婚礼门事件，广本在杭州雅阁车祸案的调查中，广本厂方一直在配合相关部门的行动。3月27日，广州本田方面宣布浙江省质量技术监督检测研究院做出了《质量鉴定报告》。虽然后面的检测报告证明该车并不存在质量问题，但是本田在事故发生后的冷漠态度却遭到了舆论的批评。

　　应该说，单从危机管理的技术角度来看，广本的这次危机公关无疑是成功的，比如对媒体的掌控能力，杭州以外的媒体没有大面积的跟风与质疑，大多选择了沉默，及时地新产品发布以转移公众视线的能力等等，都是值得肯定的，尤其当地质检部门的检测结果更使广本能够堂而皇之的从容应对即将到来的法律诉讼了。

　　但是，有一点值得商榷或者提出的则是，本田的人情味和责任感多少显得匮乏。自始至终，我们没有看到本田对受害者的任何安慰，即使广本总经理出面也只是强调消费者如何，甚至"连一个慰问电话都没有"。此显然缺乏危机管理过程中的"真诚沟通原则"。

　　　　　　　　　　　　　　　资料来源：http://pr.shisu.edu.cn/s/19/t/50/0b/a3/info2979.html

　　随着信息技术的飞速发展，知识经济初见端倪，企业面临的市场环境日趋复杂。消费者的个性化需求差异日益明显,企业独特的品牌优势越来越难以长久保持,品牌的经营比以前更具有挑战性。企业在欣喜于科技进步和信息爆炸所带来的种种便利和商机的同时,也不得不面临更多的挑战:一方面,科技进步增加了企业各项产品的内在复杂性,从而使得企业更难以把握自身产品潜在瑕疵可能导致的产品责任;另一方面,企业的品牌经营处在一个活动透明度日益增大的时代里,信息充分披露并在全球范围内迅速传播,企业品牌危机已不再像以前那样仅为少数人所知。这一切均使得企业一点点小的失误都会酿成轩然大波。在这样的情况下,企业品牌如何摆脱危机的威胁,减小危机带来的损害,并从中发现机会,对企业的管理者来说一直都是个很大的挑战。菲利普·科特勒指出:"许多知名的企业都曾经历过严重的品牌危机,总的来说,越是著名的品牌资产和公司形象……尤其是公司的诚信和荣誉……公司就越有可能经历品牌危机,然而细致的准备和一个管理良好的品牌危机处理机制是十分必要的,正如强生处理泰诺产品危机的案例所建议的那样,处理危机的两个关键是让客户看见企业真诚和迅速的反应。"

第一节 品牌危机

一、品牌危机概述

波士顿大学教授 Otto Lerbinger 认为危机是公司突然遭遇到的对于公司未来的获利率、成长、甚至生存发生潜在威胁的事件。它要求管理者必须认知到威胁,而且必须认知到如果不采取行动,这种威胁会恶化甚至无法挽回而阻碍公司的发展。

美国北佛罗里达大学教授 Thomas L. barton 认为危机是具有突然性、必须在时间压力之下做出决定、高度威胁到企业主要价值的事件。

而本节所介绍的品牌危机是指由于组织内、外部突发原因造成的始料不及的对品牌形象的损害和品牌价值的降低,以及由此导致的使组织陷入困难和危险的状态。品牌危机带来的危害是巨大的,它可以使一个品牌一夜之间由人见人爱变成人人喊打,也可以使一个百年品牌瞬间土崩瓦解。对品牌危机这样一个品牌毒瘤,必须清晰地认识和处理。

二、品牌危机的特征

1. 突发性

品牌受市场波动性的影响,品牌危机的爆发也呈现出很强的不确定性,这种危机发生的具体时间、突发的形式、强度和规模是很难预测的。由于这些特点的存在,品牌危机管理发生时往往置企业于仓促应战的尴尬境地。

2. 破坏性

品牌危机一旦爆发,其破坏性是惊人的,往往会对品牌形象造成巨大的破坏,并引发由于品牌价值的降低而带来的多方面的损失,使组织陷入困难、窘迫的境地,严重时可使一个组织消亡。由"钓鱼岛事件"引发的大规模抵制日货行动,对于日本在华的汽车销量大幅下跌。从中国汽车工业协会发布的最新数据看,2005 年 9 月,日系车成为了中国车市唯一的沦陷者。中国汽车工业协会最新公布的 9 月汽车销售数据显示,与去年同期比较,日系下降40.8%,德系、美系、韩系和法系分别增长 13.8%、15.1%、9.4% 和 9.2%,国内自主品牌增长 7.5%。

3. 扩散性

企业的负面消息总会吸引人们更多的眼光,而现代高速发达的信息技术为满足人们这种选择性的关注提供了强有力的技术支持。这使得企业的负面消息以极快的速度扩散传播。2009 年 3 月底,华晨骏捷在全德汽车俱乐部(ADAC)的碰撞测试中被评定为"零星",意味着当汽车以 64km/h 的车速进行正面碰撞时,驾驶员将面临严重的生命危险,这不仅对华晨骏捷进入欧美市场造成了阻碍,无疑对中国汽车进入欧美市场也产生了新的负面影响。

4. 关注性

品牌危机爆发时,企业会立刻成为舆论和媒体的焦点。品牌以及所在企业的知名度会以几何倍数增长,此时企业的一言一行都可能导致事态的进一步恶化或平息。2005 年 1 月 19 日,力帆进军汽车业的第一款新车 520 全球同步上市,仅相隔一天,一篇题为《被压成"柿饼"力帆 520 测试发生严重事故》的文章便在网络上开始流传,不但辅以多张翻车图片,更声称驾驶人员无生还可能。力帆集团"翻车门"事件轰动一时,成为社会舆论关注焦点,使得企业倍感压力。

5. 被动性

由于品牌危机具有突发性和不可预测性,企业获得品牌危机爆发的消息大多来自外界,存在滞后性。这使得企业在应对危机时往往比较被动,经常像个消防员似的哪里有火就救哪里。

三、品牌危机的分类

品牌危机可分为两类:一是突发性品牌危机,二是渐进性品牌危机。突发性品牌危机就是指当某一事件突然发生时给品牌所造成的冲击。一般说来,突发事件给品牌所造成的冲击,主要是由产品问题和品牌欺骗引起的,由于突发事件具有很大的新闻价值,因此,人们关注的品牌危机大多为突发性品牌危机。突发性品牌危机在短期内传播范围广,影响面大,但只要处理得当,从长期来看,可以化危机为契机。渐进性品牌危机,这类品牌危机在短时间并不会引起人们的关注,但从长期看,往往积重难返,后果更加严重。

四、品牌危机的产生

引发品牌危机的因素很多,大多数危机是由于公司在某个领域的忽略或者不经意的失误造成,如质量管理体系在某一个细小环节出现问题。但从根本上来说,危机的产生破坏了品牌和消费者的关系,导致消费者对品牌产生不认同、不信任。具体可分为组织内因素,组织外因素和不可抗力。

1. 组织内因素

1)品牌欺骗

品牌的强大与可信任在于其背后所依靠的产品质量、服务、技术等。一旦产品出现以次充好、以假乱真或者服务承诺的不履行,就会让消费者感觉到上当受骗,造成信任危机,从而波及品牌的诚信度。

2)品牌老化

由于消费者需求和竞争环境在不断变化,品牌发展到一定时期,如果无所变化,就会停滞不前。因此,品牌要发展壮大,就要不断创新,不断根据市场的变化调整自己,否则,就会被消费者视为落后的、过时的品牌,被消费者抛弃,从而引发品牌危机。针对这一因素应该对品牌进行强化,沃尔沃无论从产品专利、媒体广告,还是撞车实验都是在诉求"安全",通过一系列一致性的营销活动向消费者传递品牌的意义,进而加强品牌资产。

3）价格战

降低价格是企业经常使用的一种促销手段,对企业而言它的作用是立竿见影的。但是过度的价格战,却是导致品牌价值流失的危险杀手,它使消费者对品牌持观望态度,在内心产生对本产品持续降价的期待,这对建立品牌的忠诚度和美誉度是非常不利的。尤其是恶性的价格竞争不仅无法促进销售反而使销量甚至企业本身的形象大打折扣。

4）品牌文化冲突

品牌诞生于特定的文化背景下,并被赋予了与其诞生环境相一致的文化内涵,在该文化背景下该品牌受到了消费者的追捧和喜爱,然而当该品牌进入另一种文化圈后,如果不注意两种文化的差异,就有可能引发文化上的冲突,从而遭到消费者的抵制。例如大众汽车在我国备受追捧,在美国却遭受冷遇,甚至被评为"最不受信任的汽车品牌"之一。

此外,品牌合并或兼并不当、品牌授权经营不当等也可能引起危机。

2. 组织外因素

1）来自竞争对手的因素

在市场竞争中,竞争对手会通过模仿、毁谤等不正当竞争手段来打击竞争者,实现自身利益。

2）来自媒体的因素

媒体由于受时间、知识的限制,甚至自身工作态度的不端正,有时候可能会产生错误的报道,给企业和品牌带来不必要的损失。

3）来自其他方面的因素

这方面的原因是多种多样的,既有来自社会组织、主管单位的因素,也有来自品牌形象代言人的不妥言行和穿着。

3. 不可抗力

1）社会不可抗力

政治、法律、经济规律等社会力量是影响品牌发展的宏观环境因素,它们间接或者直接地影响和制约着企业的品牌营销活动。由于社会力量具有明显的不可控制,企业主观能动性的发挥不能改变其发生与发展状态,如果某些社会力量发生重大突变,企业不能改变其发生与发展状态,企业不能事先知晓,又避之不及时,就有可能发生品牌危机。

【营销瞬间】

英国汽车哪儿去了?

关于英国汽车,相信很多人都听说过那些大名鼎鼎的名字:宾利、劳斯莱斯、阿斯顿·马丁、Mini、路虎、捷豹、莲花汽车……对于任何一个国家的汽车产业来说,这简直就是梦幻之队。

但梦幻仅限于此。英国汽车另一个让人惊讶之处是,这个国家目前竟然没有一个大的汽车集团。比如德国大众汽车集团、法国标致雪铁龙集团、意大利菲亚特集团、美国通用、日本丰田、印度塔塔汽车那样的。

英国汽车的窘境还不仅于此,实际上那些大名鼎鼎的品牌都已经卖给了英国之外的汽车集团。如宾利被大众收购,Mini和劳斯莱斯归宝马所有,捷豹和路虎被印度塔塔收购。对于通常为国家支柱的汽车产业来说,没有比这个更悲剧的结果了。

当然，英国汽车业其实也曾经强盛过。如1950年英国出口的车辆占世界出口总量的52%。当时也出现过一个规模庞大的汽车集团——英国利兰汽车公司。鼎盛时期，利兰汽车公司拥有一系列标志性品牌，包括奥斯丁(Austin)、莫里斯(Morris)、名爵(MG)、莱利(Riley)、霍斯利(Wolseley)、凯旋(Triumph)、捷豹等。

但英国汽车业和利兰汽车公司在1970年代陷入困境，从此再也没有恢复生机。那么到底是谁杀死了英国汽车业呢？

政府政策干涉政府不恰当的干涉导致了英国汽车业遇到了一系列不利的局面。过去几十年，历届英国政府都奉行放弃制造业的战略，这使得英国汽车制造业缺少本土的零配件产业链。从1952—1973年，分期付款法案修改了18次，造成国内汽车需求不稳定，制造商产能无法扩大。1960年代，英国汽车转向出口的时候，英国政府却在1960年代末出台保英镑的政策，使得英国汽车出口利润大降。

国有化

微观角度，英国政府最大的错误也许是1975年将英国利兰汽车公司国有化。但到了1983年，撒切尔政府又决定将利兰汽车公司全部私有化。国有化影响了企业发展的节奏，而反复又让正在为日本汽车冲击下汽车业发展出现变数和机会的时候，错失了机会。

创新

英国汽车业似乎把更多的创新精力放在了技术和设计上，这使得英国的豪华车和赛车一直保持领先，比如全球大部分的赛车都由英国生产。但与丰田在精益生产上的创新、通用在管理上的创新相比，这并不足以在商业上取得领先。虽然在豪华车和赛车的技术及生产质量上无可比拟，但英国汽车业在普通汽车的质量和效率控制上一直不好，这影响了英国非豪华汽车在全球范围的竞争力。

全球化

英国汽车业并没有从全球化中获得真正的利益。二战后，英国政府对汽车工业实行关税保护，英国汽车公司的国外市场主要依赖那些前殖民地国家，如非洲国家、印度等，这些国家通常缺少真正的竞争，反而使得英国汽车业的质量和效率更加不堪。而英国政府取消了汽车关税保护后，英国汽车业则受到了国外汽车公司的残酷挤压。

如果倒退数十年，恐怕很少会有人押宝英国之外的汽车公司会赢得如今的汽车销售比赛。毕竟英国当时有那么多的知名汽车品牌，还有最领先的汽车技术和设计，以及规模庞大的熟练技术工人。

但英国汽车业的确是败了，而且败得很惨。作为一个产业，政府和企业是两个主要的参与者，而且都应该为此负有责任。英国政府的政策的确给本国汽车业带来了一些困扰，但其最主要的问题是为本国的汽车业提供了过于轻松的生存环境，这包括早期的关税保护和那些自动打开的前殖民地市场。

当然，最应该自我反省的是英国汽车公司自己。过去半个世纪不仅是汽车业发展最快的时期，也是公司这一组织形式发展最快的时期，从生产效率、成本控制、组织管理等多个层面都获得了很大的完善和改进，无论是丰田、通用还是福特都在相互竞争中获得了全面的提升。而只有"活得最好"的英国汽车公司缺乏改善的动力，被潮流所抛弃。塞翁得马，焉知非祸，商业就是这样。

资料来源：网易汽车综合 http://auto.163.com/13/0509/15/8UENV9T300084TV6.html

2）自然不可抗力

地震、台风、火灾、洪水、瘟疫等自然灾害以及迫于其他自然规律的非人力所能控制的原因造成的灾害，如组织关键人物的突然死亡等也是企业营销活动的重要影响因素。由于这些因素也是企业不能控制的影响因素，又是不可设防的，一旦这些因素爆发，就极有可能企业带来毁灭性的打击。

第二节　品牌危机管理

危机管理是指企业为了预防、摆脱、转化危机而采取的一系列维护企业生产经营的正常运营，使企业脱离困境、避免或减少损失，将危机化解为契机进而促进企业发展的一种积极、主动的企业管理过程。它不仅注重对危机的处理和解决，而且还强调对危机的预防和后续处理，是一个完善、有效的管理系统。针对品牌可能遇到的危机而建立起来的危机预防、危机处理、危机后续处理的管理系统。品牌危机处理的内容相应地也分为三个层次：品牌危机预防、品牌危机处理和品牌危机后续管理。

一、品牌危机管理的内涵

美国俄亥俄州州立大学教授 Steven Fink 认为有计划地挪去处于企业前途转折点上的危机的风险与不确定性从而使企业能更好地掌握自己的前途这一具有艺术性的活动就是危机管理。

哥伦比亚大学教授 Philip Henslowe 认为危机管理就是对任何可能发生危害组织的紧急情境的处理。

日本学者龙泽正雄将危机发现与危机确认作为危机管理的出发点，他认为危机管理是发现、确认、分析、评估、处理危机，同时在这一过程中，始终必须保持以"如何以最少费用取得最大效果"为目标。

总结以上三位学者对于危机管理的观点，品牌危机管理是指企业针对可能发生的危机和已经发生的危机采取的管理行为，包括为了预防品牌危机的发生，或者在危机发生后能有效减轻危机所造成的损害，使品牌能尽早从危机中恢复过来，或者为了某种目的而让危机在有控制的情况下发生等情况。有效的品牌危机管理应该做好如下几个方面：转移或缩减危机的来源、范围和影响；提高危机初始管理的地位；改进队危机冲击的反应管理；完善修复管理，以能迅速有效地减轻危机造成的损害。

二、品牌危机预防

无论企业处理危机的水平多么高，品牌危机一旦爆发，总会给企业的正常运营带来波动，甚至动摇企业发展的根基。因此，预防品牌危机的发生，防患于未然才是企业进行品牌危机管理的理想状态。通过企业日常主动的预防，防微杜渐，将危机扼杀在摇篮之中，才能更好地保证品牌健康、稳定的发展。

从品牌危机产生的原因可知，品牌危机的预防主要针对组织内因素，对于外部和不可抗力则不容易防范。品牌危机预防涉及企业的方方面面，是一项复杂的系统工程，需要企业各部门、各环节通力合作。主要的措施包括以下几个方面：

1. 在企业内部树立"群体品牌危机感"

树立品牌危机预防意识不仅仅是领导的责任，同时也是企业全体成员的责任，因为他们本身是品牌形象的组成部分,他们个人的形象、文化修养、精神风貌等都代表着自己的品牌形象影响着自己的品牌。这就要求企业在日常的生产经营活动中对企业全体员工进行危机教育培养危机意识。在教育过程中应做到以下几个方面:

(1)要宣传危机与企业生存发展的关联,提高企业的警觉意识,教育员工要看到市场竞争的残酷性,使企业员工认识到危急时刻在他们身边。

(2)要教育员工"从我做起,从现在做起",积极献计献策,并使员工掌握应对危机的基本策略。

2. 严格监控企业运营各环节

品牌的建立要依靠企业全体成员的共同努力,从质量控制、服务跟进,到决策制定,每一个环节出现错误,都可能引发品牌危机。这就要求企业在日常的运营中,对每个环节都要进行严格的控制,不仅要求执行部门要确保工作落到实处,而且管理层也要努力避免决策失误;对出现问题的环节更要进行及时的整改和反思。只要这样,才能使企业健康稳定地发展。

3. 建立危机预警系统

为了有效预警与防范危机,必须建立危机预警系统,是危机意识能转化为实际可操作的防范行为,从而为减少或避免危机提供保障条件。

1)建立信息监测系统

建立高度灵敏的信息监测系统,可以及时收集相关信息并加以分析处理,根据捕捉到的危机征兆,制定对策,把危机隐患消灭在萌芽之中。危机信息监测系统既要便于对外交流,又要适应内部沟通,信息内容要突出"忧",信息传递速度要强调"快捷",信息的质量要求要"再确认"。分析后的紧急信息或事项要实施"紧急报告制度",将危机隐患及时报告主管领导,以便能及时采取有效对策。

2)成立品牌危机公关小组

为了有效地预警和防范危机,可以成立类似危机公关小组的组织机构,以便在短时间内集中处理危机。危机小组的成员应是具有全面素质和才能的人,是视野开阔、遇事冷静、决策果断、表达能力强的人,是企业中有相当地位和影响力的人,是对企业自身及外部环境比较了解的人。危机小组的关键作用在于事先预测并排除险情,为阻危机的频繁发生。

3)研制应对策略

精心研究制定应对危机策略是健全的预警防范处理体系的重要组成部分,良好的危机防范管理,不仅要能够预测可能发生的危机情景,而且还要为可能发生的危机做好准备,针对引发企业危机的可能性因素,制定各种危机预警方案。例如,建立品牌自我诊断制度,从不同层面、不同角度进行检查、剖析和评价,找出薄弱环节,及时采取必要措施予以纠正,从根本上减少乃至消除发生品牌危机的诱因。同时,注重开展员工品牌危机管理教育和培训,增强全体员工品牌危机管理的意识和技能,一旦品牌危机发生,员工具备较强的心理承受能力和应变能力。

【营销瞬间】

品牌护盾(Brand Shield)

品牌危机管理与公关知易行难。美国某权威机构在对全球 500 大企业核心竞争力进行研究后指出,可口可乐、通用这些品牌长青不坠的原因,不在技术优势而在其危机管理。世界著名的企业家之所以能够化腐朽为神奇,不在其智商,情商高人一等,而在于他们的危机管理,他们大多是危机的训练专家甚至是"制造者"与化危机为动力的专家。

因此,危机管理与企业经营策略,发展战略同等重要,并且具有很强的策略性与战略性意义。品牌护盾是有计划,有组织,能控制地系统和前瞻地管理品牌危机策略性方案。品牌护盾的独特之处在于它不仅关于企业的良好运作,更把焦点集中在维护企业与其个别品牌的生命。在今天的商业环境中,品牌护盾就像为企业和品牌购买额外保险。品牌护盾通过一系列的工具、方法和经验推动对危机前的预警,危机中的处置和危机后的恢复,从而保护和提高品牌声誉。在危机尚未来临时预测危机,在危机处于萌芽状态时发现危机,在危机带来危害时消除危机,甚至在危机中发现机会,驾驭危机,利用危机。品牌护盾对品牌危机管理和公关分三个阶段:预警,处置,恢复。

资料来源:http//biog.sina.com.cn/s/blog－70025d5f010105uc.html

三、品牌危机处理

"危机就像死亡和纳税一样,是管理工作中不可避免的,所以必须随时为危机做好准备。"《危机管理》一书的作者史蒂文·芬克如是说。在他对全球500强的高层人士进行的一次调查中,高达80%的被访者认为,现代企业不可避免地要面临危机,如同人不可避免地要面对死亡。有55%的被访者认为,危机影响了公司的正常运转。有危机管理计划公司的平均危机周期(危机周期指发生危机时企业度过危机的时间)为3周半,没有危机管理计划公司的平均危机周期为8周半。而一旦危机出现,就必须立刻反应,它不仅体现出企业管理水平,也体现出公司的价值体系和文化理念。能否快速平息各方指责和置疑,重塑市场对品牌的认同,关系到企业的正常运营,甚至生死存亡。企业在应对危机时,最重要的是要做到正视危机、临危不乱,并采取灵活的应对措施控制局势的发展。

1. 危机处理的原则

科特勒认为处理危机的关键是让客户看见企业真诚和迅速的反应。他认为企业对品牌危机做出的反应时间越长,顾客越有可能形成负面的印象。从而形成"一传十,十传百"的不好舆论气氛。也许更糟糕的是,当顾客迅速转向另一个品牌时,他们发现不在喜欢原来的品牌了。同时,科特勒也认为快速的反应也必须是真诚的。就企业对受到产品影响的顾客道歉以及企业愿意采取任何步骤来帮助顾客而言,企业越是真诚,顾客就越不可能对企业形成负面印象。

就品牌危机处理,国内学者也提出了一些类似的原则,如"24小时法则"、"单一口径法则"等。归纳起来,企业在进行危机处理时应遵循以下原则:

1)快速反应原则

危机对企业而言具有极大危害性,如果不及时控制,很可能威胁到企业的生死存亡。因此,企业在危机发生时要快速作出反应,及时地与公众、媒体等方面进行沟通,尽量减少各种猜测、怀疑和流言。加拿大化学公司的唐纳德·史蒂芬认为:"危机发生的第一个24小时至关重要,如果你未能很快地行动起来并已经准备好把事态告知公众,你就可能被认为有罪,直到你能证明自己是清白的为止。"

2)真诚原则

危机发生后,企业要勇敢地面对问题而不是逃避问题。事实上,随着传媒业的日益发达,任何隐瞒和逃避的想法都是行不通的。因此,企业要实事求是地面对问题,解决问题,既不要刻意隐瞒什么,也不要试图逃避责任,更不可以编造谎言欺骗消费者和媒体,那样做只能将消费者和媒体推向自己的对立面,激化矛盾、加重危机。开篇案例中提到的本田雅阁"婚礼门"事件,商家的冷漠态度完全未能体现其真诚。

3）积极主动原则

品牌危机发生后,企业应主动承担责任,积极进行处理。当企业采取积极主动的态度去应对、解决危机时,往往会在社会公众心目中树立一个负责任的企业形象,从而有助于获得公众的谅解,使得危机得以快速解决。一味地推卸责任,被动地采取补救措施,不仅不会解决危机,反而有可能激化矛盾,使危机升级。

4）重视客户原则

危机发生的关键在于引发危机的事件损害到了客户及社会公众的利益,因此,只有将客户和公众的利益放在首位才有可能摆脱危机。实际上,对客户及社会公众的利益保护,也是对企业长远利益的保护,企业的利益是建立在客户及社会公众利益存在的基础上的。

5）统一口径原则

危机发生时,企业处在社会舆论的焦点上,企业的一言一行都被公众密切关注。企业在处理危机事件时,如果不能协调一致,而是针对危机事件人云亦云,这不但让人觉得企业管理混乱,使舆论和公众对其真实意图莫衷一是,更严重的是可能让公众认为企业缺乏诚信,是在狡辩,从而使危机升级,给企业造成更大的损失。因此,这就要求企业在处理危机时,无论是对外的宣传还是对企业内部的解释说明,都要口径一致,不能相互矛盾或存在较大差异。

6）全员参与原则

企业作为一个有机系统,各个环节不是孤立的,而是紧密联系在一起。当品牌危机爆发后,其所产生的影响会波及企业各个环节,社会舆论的关注点也会相应地扩散到企业的方方面面。在这种情况下,企业危机处理中应使全体员工了解危机的性质、深度以及影响,了解危机处理方法,动员企业员工为化解危机共同努力。

2. 危机处理的一般措施

虽然任何企业都有发生品牌危机的可能性,品牌危机并不是个别企业的"专利",但是在应对品牌危机时,却又不得不正视品牌危机的"马太效应"。越是品牌知名度、忠诚度高的大企业越不怕品牌危机。相反,品牌知名度小、忠诚度低的中小企业,却往往会在品牌危机中夭折。当然这并不意味着大企业可以对品牌危机置若罔闻。事实上,越是大企业越容易发生品牌危机,这主要因为大企业受到了社会更多的关注,其产品和服务的受众更为广泛。但是既然是品牌危机,总会给企业带来损害,因此无论是大企业还是中小企业都要正确看待危机。在处理危机时,都要保持冷静并有计划、有组织地应对,绝不能因为惊慌自乱阵脚。一般而言,企业在处理危机时会采取以下一些措施:

1）立即成立危机处理小组,全面控制品牌危机的蔓延

企业在遇到危机时绝不能听之任之,应该立即组织有关人员,尤其是专家参与成立危机处理小组,调查情况、对违纪的影响做出评估,以制定相应计划控制事态的发展。危机处理小组的任务应包括:对危机事件进行全面调查,为企业采取进一步行动提供支持;组织对外信息的传播工作,及时向利益相关人通报信息;对危机事件采取必要的处理措施;与受害人进行前期接触等。

2）迅速实施适当的危机处理策略

根据危机的性质和发展趋势,企业应本着对消费者负责的态度,主动承担责任和损失,迅速采取相关处理措施,如停止产品销售、回收产品、关闭有关工厂等。

3）做好危机沟通

危机沟通极为重要,如果沟通不当会引起公众的进一步猜疑,并导致更片面的报道,这无异于雪上加霜。危机沟通有五大对象:受害者、媒体、内部员工、上级部门、其他公众。

（1）针对受害者的危机沟通。危机沟通中,针对受害者的沟通是第一位的。首先,企业应认真了解受害者的情况,冷静倾听受害者意见,主动承担相应的责任,向受害者表达歉意。其次。确定关于危机责任方面的承诺内容与承诺方式,制定损害赔偿方案。最后,向受害者提供后续服务,尽量减少受害者的损失。

（2）针对媒体的危机沟通。媒体是公众的窗口,是危机事件传播的主要渠道。企业应主动配合新闻媒体的工作,及时向媒体通报危机事件的调查情况和处理方面的动态信息。在与媒体沟通的过程中企业应注意以下几个方面:

①统一口径,用一个声音说话。

②主动向媒体提供真实准确的信息,公开企业的立场和态度,以减少媒体猜测,以防报道失真。

③对未知的事实不要推测。在事情还没有调查清楚之前,不要就未知的事情进行推测,不要轻易表示赞成或反对的态度。

④及时采取新闻补救措施。当媒体发表了不符合事实的报道时,应尽快向媒体提出更正声明,指出失真的地方,并提供真实资料。通常情况下,召开新闻发布会是企业与媒体沟通的有效形式。它使企业直接与媒体对话,减少了媒体的猜测和不实的报道,同时也向公众展示了一个积极主动、肯负责任的公司形象。在新闻发布会上,新闻发言人对自己的言行一定要做到心中有数,一定要通过新闻发布会表米鞯企业的立场和责任,不能含糊不清,也不能试图推卸责任。正如美国通用中国有限公司公关传播总监李国威所言,说谎和大话是新闻发言人的道德底线。一旦破了,就会陷于危机的恶性循环中。

（3）针对内部员工的危机沟通。无论何种类型的危机,都会或多或少地影响企业内部的员工、股东以及员工的家属,处理不好内部公众关系,就可能使整个企业人心涣散、流言四起,从而使陷入危机的企业内外交困,无暇应对。因此在这危急时刻,必须搞好内部关系,提高内部凝聚力,使整个企业团结一致、群策群力、共渡难关。为此,企业一方面应向员工告知危机的真相和企业采取的具体措施,以此稳定军心;另一方面,搜集了解员工的建议、意见并做好耐心的解释工作,向员工传达挽回不良影响和重建企业形象的具体措施。

（4）针对上级部门的危机沟通。危机发生后,及时向上级部门实事求是地汇报事态发展情况,与上级有关部门保持密切联系,以获得上级主管部门的支持。

（5）针对其他利益相关者的危机沟通。这主要是指针对企业合作伙伴、金融界、社区公众、社会机构、政府部门的危机沟通。作为企业的生产经营活动的利益相关者,他们的支持是企业得以生存发展的支柱。在危机爆发后,如果企业没有就危机事件本身与他们进行合理的沟通协调,他们可能会对企业的生产经营活动进行抵触、甚至与企业发生对抗。加强与其他利益相关者的沟通,获得他们的支持,是企业度过危机的重要保证条件之一。

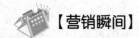

【营销瞬间】

丰田"问题广告"事件

广告事件起源于岁末丰田所做的两则广告。其一是霸道广告:一辆霸道汽车停在两只石狮子之前,一只石狮子抬起右爪做敬礼状,另一只石狮子向下俯首。背景为高楼大厦,配图广告语为"霸道,你不得不尊敬";其二为"丰田陆地巡洋舰"广告:该汽车在雪山高原上以钢索拖拉一辆绿色国产大卡车,拍摄地址在可可西里。网友在新浪汽车频道、TOM 以及 XCAR 等网站发表言论,指出狮子是中国的图腾,有代表中国之意,而绿色卡车则代表中国的军车。因此认为丰田公司的两则广告侮辱中国人的感情,伤害了国人的自尊,并产生不少过激言论。

在随后的危机过程中,刊登"丰田霸道"广告的《汽车之友》杂志率先在网上公开刊登了一封致读者的致歉信。广告主丰田公司也承认了错误。危机爆发后,日本丰田汽车公司和一汽丰田汽车销售公司联合约见了十余家媒体,称"这两则广告均属纯粹的商品广告,毫无他意",并正式通过新闻界向中国消费者表示道歉。丰田表示:将停止广告刊发并通过媒体向公众道歉,并已就此事向工商部门递交了书面解释。

就广告而言,应该说丰田广告的创意还是不错的,而且如果投放在别的国家的话可能什么事情都不会发生。可在中国这样的环境下,同样的广告就带来了巨大的危机,而且还被上升到民族尊严的高度。这与广告商忽略中国的文化和风俗不无关系。

面对危机,丰田公司体现了危机处理的规范性和周全性。首先,向消费者致歉并说明主观无过错性。以高规格的领导层召集新闻媒体进行座谈,并自始至终道歉声不断。同时还通过媒体向中国消费者道歉,在致歉的同时也适时地表达了主观无过错性。"我不是故意的,但既然产生了这样的理解歧义,我必须道歉"、"为了防止类似事件发生,公司正在采取相应措施以坚决杜绝类似事件的发生,希望在最短的时间取得消费者的谅解和信任。"这在感情上已经有取得媒体和公众的谅解的可能。其次,立即停止广告刊登。这样可以防止广告的辐射范围的进一步扩大,更体现了丰田"知错即改"的言语是真诚的。其三,不是推脱而是主动承揽责任。"我们是广告主,我们要负责任。"在公布初步调查问题发生原因是程序上出错的同时,表明"这两则广告是一汽丰田和盛世长城两公司决定的,事先并没有征求丰田汽车中国事务所意见。我们以前每则广告都要征求丰田事务所的意见,但这次把这道程序给落掉了,这是我们的失误。"并没有把责任推给广告服务商,这种公关是令人信服的。其四,向工商部门递交情况说明更体现了丰田公司在更大范围内积极主动地寻求问题解决的途径。

当然,我们也看到丰田公司在与受众的沟通中所做的工作较少,除了通过媒体致歉之外几乎没有其他的行为。可以说它忽略了危机公关的很重要的一个部分,即与受众的沟通和互动远远不够,毕竟问题是读者发现的。

资料来源:http://wenku.baidu.com/view/5947186c561252d380eb6eb0.html

四、品牌危机后续管理

对企业而言,出现品牌危机并不可怕,可怕的是企业不去总结危机中的得与失,不去改正危机中暴露出来的问题。长此以往,类似的危机将可能再次爆发,到那时无论多么完美的辨词都无法帮企业赢回公众的信任。因此,品牌危机的后续管理任需要企业给予高度的关注。危机后续管理主要包括遗留问题处理和滞后效应处理。

1. 遗留问题处理

1) 对内措施

首先,企业要对本次危机发生的原因、预防和处理措施的执行情况进行系统的调查分析,找出危机管理工作中存在的问题。其次,针对危机中存在的问题进行整改,完善企业品牌危机预警系统,吸取教训,防止类似危机再度发生。最后,加强企业组织内部沟通,让员工了解本次危机的始末,产生的危害以及企业处理的措施,并以此为契机加强对员工的教育,治愈员工在本次危机中受到的心理创伤,获得他们的认同,使企业尽快走上正路。

2) 对外措施

企业要加强对位传播沟通,及时地向媒体、社会公众通报危机处理的进展情况,并声明愿意负起道义上的责任,以此来重新赢得社会公众的信任。

2. 滞后效应处理

品牌危机一旦发生,无论企业在本次危机处理中的表现多么完美,危机多带来的影响总会对公众的心智产生冲击,这种阴影可能在很长一段时间内都会存在于客户的头脑中。如何帮助公众快速地忘却这段记忆,重新建立起公众对公司的信心,是本阶段企业工作的重点。比如,企业可以通过推出一项新的服务,开发一种新的产品或者展开一次营销宣传等一系列对社会负责任的行为,来向企业利益相关者和社会公众传达企业恢复的信号,唤起他们对企业的信任和好感。

【复习思考题】

1. 谈谈你对品牌危机的认识?
2. 举例说明品牌危机对企业的危害?企业如何进行品牌危机管理?
3. 试收集整理 2002—2012 这 10 年间你认为重大而突出的汽车行业的品牌危机案例,并对成功的案例进行说明成功的原因,对失败的案例提出自己认为可行的解决方案?
4. 试阐述外资品牌出现危机更容易获得国内消费者信任的原因?

【案例讨论】

丰田"召回门"

1. 踏板门

2010 年 1 月起,由于油门踏板和脚垫的原因,丰田在美国召回 109 万辆汽车,在中国将召回大约 7.5 万辆 RAV4,在欧洲约 200 万辆汽车也在召回的考虑过程中。两周内,丰田召回已超 346 万辆。

1 月 21 日,丰田汽车美国公司宣布召回 230 万辆汽车,一周之后,丰田宣布继续追加召回 110 万辆汽车。召回原因是这些汽车的油门踏板因设计问题在踩下去之后可能无法恢复到正常位置,存在极大安全隐患。召回的车辆包括 RAV4、Matrix、Avalon 等 8 款车型。值得注意的是,丰田汽车本次召回的 230 万辆车中,有 170 万辆是"二次召回"。在 2009 年 11 月,丰田汽车曾召回丰田和雷克萨斯品牌的 427 万辆汽车,而这些刚刚走出 4S 店维修车间的汽车,在 2 个月后又要再进入一次。1 月 28 日,一汽丰田宣布召回在中国生产的 75552 辆 RAV4,召回原因仍然是油门问题。1月29日,丰田汽车宣布召回欧洲约180万辆油门隐患的车辆,并称召回范围可能继续扩大,蔓延至中南美洲和中东等地区。

丰田去年至今几次全球性召回事件,最终演化成丰田汽车近年来最大的危机。4个月内,丰田汽车全球召回总量接近1000万辆,除了支付召回费用、停止生产带来的损失外,丰田汽车还面临着前所未有的信任危机。

踏板门造成的原因:车辆由于加速踏板的踏板臂和摩擦杆的滑动面经过长时间使用,在低温的条件下使用暖风时,在滑动面发生结霜,使摩擦增大,使用加速踏板时有阻滞,可能影响车辆的加减速。

至此,在海外轰动一时的丰田"油门踏板事件"正式传导至我国。

2. 事件影响

美国汽车业分析人士表示,召回事件给丰田在美国市场造成的间接损失不可低估。丰田汽车公司常务董事伊地知隆彦2月4日,费用支出的内容主要是质量保证金1000亿日元,销售量下降和其他相关费用700亿日元至800亿日元。关于日本国内出现的新款混合动力车普锐斯刹车不灵的问题,他说,公司在2009财年业绩报告中未考虑这一因素。

美国汽车业分析人士指出,召回事件给丰田带来的损失不仅包括修复油门踏板的直接费用以及丰田今后的促销让利,还包括声誉上的损失以及相应的官司费用。为挽回从美国召回230万辆汽车的市场损失,丰田已对在美销售的无问题车辆实行销售优惠。此外,分析人士认为,丰田恢复其名誉的努力在短期内难以见效,丰田的日本同行和美国竞争对手会借机扩大他们在美国汽车市场的份额。

据统计,2010年1月份,丰田汽车在美国市场销量同比下降15.8%,市场份额环比下降4.1个百分点至14.1%。据摩根大通分析师估计,召回事件给丰田带来的直接损失将高达18亿美元。此外,8种问题车型因修复油门踏板而被停售导致的损失也将高达7亿美元。因油门踏板问题,丰田宣布从美国、加拿大、欧洲和中国等地召回问题车,总计超过700万辆,接近2009年丰田全球销量。此外,丰田目前最畅销的混合动力车普锐斯的刹车系统出现问题,公司因此收到国内用户多起投诉。同时,因丰田事件,影响到三井产业集团农业事业部的业务扩展计划,三井产业公司总裁决定暂停三井农药株式会社部分产品在中国内地的上市计划。

3. 原因分析

(1)如此规模浩大的召回,让昔日光环加身的丰田汽车的面目开始狰狞起来。有人说这是全球汽车业的"老大魔咒",而通用显然是最好的样板。而在刚刚坐上全球车企老大的宝座不久,丰田的厄运也尾随而来。冥冥之中,历史轮回。不同之处在于,通用的衰败来自于内外部各种力量的抗衡拉扯,而丰田的震荡更多来自于其全球化扩张的野心。"丰田的症结在于过度的国际化,以及内部质量控制体系出现问题。"日本富士通综合研究所首席研究员柯隆称。过度国际化的表现在于,由于产能的急剧扩张、在海外建厂生产的需求膨胀,在全球而非日本本土选择零部件供应商成为必然。如果丰田的质量控制体系足够强大,通过寻求海外零部件厂商进行合作来达到对于降低成本和提高销量的目的,并不困难。反之,后果不堪设想。这可能是全球化和国际化无法回避的尴尬。

(2)以前,当日本制造业因汇率而陷入困境时,日本政府为了维持日本企业的国际竞争力,往往会采取干预外汇市场的措施。但是,在最近全球性经济衰退的环境下,日本政府不敢贸然干预外汇市场,就使得日元升值所带来的所有压力,基本上只能由企业自身去化解。从

1985年广场协议促成日元大幅升值以来,日本企业也逐渐练就了一套对应能力。他们努力削减人工费用,或者把生产转移到人工成本更低的海外。这些努力,使日本制造业总成本中的人工费从1994年的73%降低到2007年的49%,从而使日本企业在日元升值的情况下依然保持了一定的盈利性。然而,这也带来了很大的副作用,比如为了减低人工成本,一直奉行本地生产的丰田汽车把很多零配件分散到世界很多地方生产,这次出问题的油门踏板就是在印度生产的。这使以协调式生产闻名的丰田生产方式逐渐有了大量隐患。

丰田汽车在美国市场上获得的成功,形成了几乎不可动摇的神话。如果不出现重大问题,让丰田汽车放弃他们的生产方式,无疑是天方夜谭。到目前为止,汽车是一种运输用的机械产品,而不是电子产品。在机械产品的生产上,丰田汽车把协调式生产方式的优势发挥到了极限,谁还能对丰田汽车致力于完善协调式生产方式进行质疑呢?但问题是汽车的电子化正在飞速的发展,也许用不了几年,汽车也将会和电视机、电脑一样成为电子产品。而在电子产品的生产上,需要的是与协调式生产方式完全不同的模块化生产方式。协调式生产方式不仅可能会无用武之地,而且还有可能成为企业发展的绊脚石。

4. 态度

丰田公司2月5日21时在位于日本名古屋市的总部举行新闻发布会。发布会开始时,丰田章男45度鞠躬,表示歉意。按日本传统,一旦出现类似产品质量问题,即便生产企业本身并没有过错,企业高级管理人员也需要在公开场合深深鞠躬,表示歉意,而且要保持90度鞠躬姿势至少5秒钟。

5. 质量特别委员会

丰田汽车新成立的质量管理中心"全球质量特别委员会"。2010年3月30日在日本爱知县丰田市的丰田总部召开了首次会议。会议旨在吸取丰田汽车大规模召回的教训,通过全球共享质量信息来提高产品质量,防止类似事件再次发生。由于在丰田大规模召回事件中,丰田总部和各地子公司协作不畅造成处理拖拉,丰田公司决定成立全球质量特别委员会。丰田公司总裁丰田章男亲自担任委员长,北美、欧洲、中国、亚洲等各地子公司的副总裁担任委员。

6. 事件启示

丰田公司2008年全年销售量为897.2万辆,较2007年下降了4%。不过,这一销售业绩很可能使得丰田夺取已被美国通用汽车公司(GM)占据了77年之久的全球汽车业头把交椅。2009年至今的丰田"召回门"应该比当时销量通用汽车还有引起人们的注意,同时也应引起我们的一些反思。

丰田对中美的不同待遇。首先章男去美国是必须的,其次美国的消费者可以当面指责丰田社长章男。在中国则不然,章男是自己要来的。中国消费者张先生等被挡在了门外。产生这些原因是中美国情不同,美国对汽车召回已经立法,如果事件达到一定的度当事人有可能判刑并受到巨额的罚款。在中国则只是一个行业规定,如果厂家隐瞒产品缺陷最严重也就罚款3万元人民币。制度的差异应该是最根本的原因。

【案例讨论题】

1. 请思考并回答此次事件对丰田公司造成的影响?
2. 你怎样看待丰田对中美两国的不同待遇?

THE FOURTH CHAPTER

第四篇 发展篇

第十六章 汽车国际市场营销

【本章学习重点】

1. 汽车国际市场营销的概念及特点;
2. 汽车国际市场营销环境分析;
3. 汽车国际市场进入途径;
4. 汽车国际市场营销策略。

【开篇案例】

宝马公司营销案例

在今日世界名车市场上,宝马(BMW)这一品牌享有很高的知名度。然而,在其进军美国市场过程中,进展并非顺利。早在1974年前,宝马汽车公司就在美国设立了分公司,但当时,美国汽车市场上有这着众多知名度很高并且销量不俗的汽车:凯迪拉克(Cadillac)、林肯牌(LINCON)、奔驰牌(Benz)等。在这种情况下,宝马要在美国市场上获得成功,势必要从这些竞争对手的手中夺取市场。为了测试宝马汽车公司在消费者心目中的形象地位,宝马汽车公司在美国西部进行了一项调查活动。活动中,主办方将宝马汽车和凯迪拉克、林肯等品牌汽车停放在一起,试探人们的反应。调查结果表明,几乎所有的人对宝马汽车均无好感。他们认为宝马汽车公司的外形笨拙的像个铁盒,轮轴露在外面有损雅观。他们为自己的车有电动车窗真皮座椅、镀铬车身而自豪,而宝马汽车在这些方面却一样也没有提供。宝马汽车优异的驾驶性能和精心的内部设计并没有引起人们的注意。

针对这种情况,宝马汽车公司决定将目标市场定位于战后新一代人身上。这一代人与习惯坐凯迪拉克汽车的父辈相比,他们有自己的个性、追求和偏好,他们渴求有一种新的品牌来标志自己的价值观。鉴于此条件"驾驶极品车(The Ultimate Driving Macheine)"写真宝马汽车这个主题定位应运而生,这个定位也取得了巨大的成功。宝马汽车的销量开始迅速上升。1974—1978年宝马已经成为一种能显示身份、地位的品牌。20世纪80年代中后期,美国出现了低价革命的行销新环境,低价革命和价值行销逐渐抬头,人们的购买心理发生了改变,而首当其冲的就是战后新一代,他们已经步入中年,他们的价值观也发生了改变:从原先的强调个性、讲究身份地位演变成注重实效。这意味着追求品牌、标志身份的购买行为会越来越少。与此同时,日本高档轿车也开始抓住机会抢夺美国市场,日本汽车在外形上都仿制德国,但质优价廉,安全可靠,同时美国的新闻媒介对质优价廉的日本汽车进入美国市场持积极态度,种种数据表明这是一场超越宝马汽车公司实力的竞争。宝马汽车公司通过对消费者进行研究调查发现新的市场,新的机会。凭借其高明的营销策略活动,保持和提升了其品牌地位。因此,在开拓国际新市场的营销争夺战中,宝马汽车的营销手段是一个很好地个案。

资料来源:《汽车市场营销》人民交通出版社 李文义 主编

第一节　汽车国际市场营销概述

一、汽车国际市场营销的概念

国际市场营销是指营销者在本国本土以外的其他国家或地区开展的生产经营活动。这里所指的"其他国家或地区",一般是相对独立关税区而言的,不一定是以政治意义上的拥有主权的领土(领海、领空)疆域为界。

国际市场营销并不就是单一的产品出口,而是以国际营销环境为背景,以全球资源优化配置为手段,以获得国际经营效益为目标,以企业的营销组合为手段,所开展的综合性跨国营销活动。

汽车厂商开展国际汽车营销,将面临不同于本国的人文环境、政治制度、法律体系、经济发展水平、商业习惯以及社会文化等因素的挑战。所以,国际市场营销能否取得成功,不仅取决于企业在产品、定价、分销、促销、服务、品牌等可控因素的运用,关键还要看企业能否跨越异国的各种营销环境的障碍,特别是在文化上能否融入当地。

二、汽车国际市场营销的特点

与国内市场营销相比,国际市场营销虽然拥有资源配置和人才利用更广泛、市场规模更大等优势,但由于其营销环境差异较大,使得营销过程更加复杂。决策风险更大、营销手段更烦琐。国际市场营销具有如下特点。

(1)营销环境复杂。

由于各国在政治制度、法律体系、经济水平、科技进步、技术标准、宗教信仰、风俗习惯使用条件、语言文字等方面各不相同,国际市场营销面临更复杂的宏观营销环境。

复杂的营销环境,为国际市场营销可能增加很多意外因素,营销者在适应和利用国际营销环境方面会遇到更多的困难。特别是社会文化和价值取向的差异,关系到国际目标市场的消费者是否能够接受来自异国他乡的产品和企业文化,关系到营销者与消费者之间的理解、沟通和文化认同,也关系到消费者信念和消费偏好能否建立等。

(2)市场竞争激烈。

国际市场上,营销者更多,特别是存在一批实力雄厚的营销者,因此国际市场营销的竞争往往比国内更加激烈、竞争层面更高、竞争程度更充分。对汽车营销而言,由于国际上汽车的供给能力大大高于需求能力,潜在市场增长缓慢,世界汽车工业巨头已瓜分国际汽车市场,并拥有丰富的国际经营经验,因此新进入或拟进入国际市场的汽车营销者,不可避免会遭遇来自强大对手的竞争压力。

(3)经营风险较高。

由于国际营销环境复杂,特别是目标市场国家的政治动荡和政权更迭(这种现象在一些国家经常出现),往往会导致政局不稳、经济发展思路和经济政策的调整,同时国际经济和国际市场行情也更加容易发生变化,这些不可控因素使得国际市场营销面临极大的风险,包括政治风险、运输风险、信用风险、汇率风险、价格风险、行情风险、商业风险等。

(4)营销管理困难。

对国际营销者而言,面临很多营销决策和营销管理的困难。例如,因为技术标准和使用条件的差异,国际营销者在产品策略上的标准化及产品结构方面可能不同于国内,需要对产品进行创新设计;受国际市场价格、关税、汇率变动和外汇管理政策的影响,国际产品定价更加富有策略性;宗教信仰、风俗习惯。价值观念的不同,国际促销必须考虑目标市场的社会文化特点;由于语言文字、社会文化、制度流程的差异,在与国外的政府、营销渠道企业、竞争者和公众开展合作和实施公共关系时会遇到意想不到的问题;国际营销业务活动的开展,往往需要招募会语言、懂业务、熟悉国际贸易惯例、了解目标市场国家社会文化的复合型人才,而这些人才往往难求;在产品进出口、报关、国际运输、商品检验检疫、外汇管理等业务方面,往往手续十分复杂,专业特点明显等。

(5)轿车依然占据国际汽车市场的主导地位,但轻型商用车的市场份额有所提高。

轿车因其在价格、舒适度以及实用性等方面的优势,一直在国际汽车市场上占据支配地位,尤其在法国、德国、意大利等一些国家,其汽车市场份额更高,有的甚至维持在90%以上。如德国国内轿车产量高达91%,商用车仅占9%。日本、韩国及南美各国大体同国际平均水平差不多,均是轿车的生产和销售占主导地位。但近年来,轻型商用车的生产、销售有了大幅度的提高,使世界轿车产量在总产量中所占比重有所降低。例如,美国市场上轻型商用车所占份额从20世纪80年代中期的3.5%提高到40%以上,普及率稳步提升。

(6)国际汽车市场呈寡头垄断的竞争之势,多个公司通过跨国公司打进他国汽车市场。

寡头垄断是指少数几个生产者分享市场。国际市场中,欧盟、北美和亚洲三个地区是汽车分销的三大市场,这三个地区容纳了全球汽车市场的70%。欧盟市场主要是指德国、法国、西班牙、英国、意大利、比利时、土耳其、瑞典、葡萄牙、荷兰、奥地利各国的汽车市场,主要汽车集团有17家,但仅大众、菲亚特、雷诺、标致这4家就占据了57%的市场份额。北美市场的主要集中地是美国。通用、福特和克莱斯勒三大巨头以70%以上的市场份额雄霸汽车市场。亚洲的汽车市场近几年来发展迅速,日本、韩国的汽车产销量在原有基础上保持基本稳定,在日本的汽车集团中,丰田、本田、日产占据了一半以上的市场份额,而我国则一跃成为世界汽车产销的第一大国,这种现象的出现有很大一部分原因是由于世界许多大的汽车集团在我国建立了跨国公司。早在二战前,美国的通用公司和福特公司就开始了跨国经营,而后的几十年里,大众、丰田、本田、日产等众多公司也意识到这种做法可绕过其他国家保护汽车的壁垒,从而控制和占据该国的汽车市场,因而纷纷加入了跨国经营的行列中。跨国公司的巨大发展,使之对世界汽车市场的影响越来越大,使国际汽车贸易经营日趋集中。跨国公司利用雄厚的资本,先进的科学技术和组织管理水平以及遍及世界的销售网和信息网,在国际汽车市场上的竞争力不断加强,销售额大幅度增加。2010年,总销售世界排名前10位的汽车公司占据了世界汽车总销量的70%以上。以上情况表明,国际汽车市场由少数跨国汽车集团所垄断。

(7)从价格竞争到非价格竞争。

价格竞争是指企业运用价格手段,通过价格的提高、维持或降低,以及对竞争者定价或变价的灵活反应等,来与竞争者争夺市场份额的一种竞争方式,其核心是成本优势。很显然,无论是在市场上产品的价格是否相同,低成本的竞争者都将获得更高的利润。例如福特汽车公司用流水生产线生产出来的T型车就是靠价格竞争的策略在当时的世界汽车市场上独占鳌头。非价格竞争,即价值竞争,它是指为顾客提供更好、更有特色,或者更能适合各自需求的产品和服务的一种竞争。当今汽车生产已经不是福特汽车时代那种按大批量生产的原则来进行生产,而是根据购买者需求的个性化、差异化、多样化、层次化、动态化来进行生产,汽车产品及其功能多样化的趋势明显加剧,随着消费者消费心理的改变,售后服务已经被提高与产品质量同样重要的位置,这使得在国际汽车市场的竞争中,价格竞争手段减少,非价格竞争手段日益被重视。为此,各国汽车出口厂商都非常重视讲究销售战略和策略,加强研究开发、市场调查和客户反馈等工作。

(8) 厂商间竞争、兼并、联合的情形日趋增多。

世界汽车厂商们为了提高自身的竞争地位、进入对方市场和提高市场占有率,以竞争为目的的联合呈现出了有增无减的趋势,一些经营不善的厂家被迫兼并与其他厂家形成联盟。就厂商间的合作形式看,主要有以下几种:

企业部分或全部合并,如现代合并起亚、雷诺—日产—戴姆勒联盟等;

双方共同的办合资企业;

联合开发项目,共同开拓新市场;

相关行业(如汽车零部件)之间的联合或合并,可以利用相关行业的优势发展自身;

对业务伙伴进行战略投资,有利于打入对方市场;

进口投资,有利于绕开他国的贸易障碍和政府障碍。

在汽车厂商间联合竞争方面,美国通用汽车公司是一个很好的例子。通用汽车的全球战略伙伴包括意大利菲亚特汽车有限公司、日本富士重工株式会社、五十铃汽车株式会社以及铃木汽车株式会社,合作的内容涉及产品、动力总成及联合采购。同时,通用汽车是韩国通用大宇汽车科技公司最大的股东。此外,通用汽车还与德国的宝马汽车公司和日本的本田汽车公司开展技术合作,与丰田汽车公司、五十铃汽车株式会社和中国上海汽车工业(集团)总公司、俄罗斯 AVTOVAZ 汽车公司及法国雷诺汽车公司共同研发生产汽车。这样的联合经营将是未来汽车企业发展的主要形式。

(9) 传统汽车生产国和发展中国家在国际汽车市场上的地位发生了变化。

从国际汽车市场供给方面看,20 世纪 80 年代,传统的七大汽车生产国(美国、日本、德国、法国、英国、意大利、西班牙)汽车产量占全球汽车产量的份额高达 86%,但这个份额一直在缓慢下降,而亚洲众多国家所占的份额却不断稳步提升。据统计,2007 年,美国、中国、德国、韩国、法国和巴西,汽车市场发生了显著变化,韩国、中国、南美、东欧等国家和地区的占有份额持续上升。从需求方面看,20 世纪 80 年代,七个主要汽车生产国需求总量约占全球的 70%,20 世纪 90 年代新增需求量一半的份额是亚洲新兴工业化国家·地区及拉美地区所占有,到 21 世纪初,传统的七个主要汽车生产国年需求总量的比例下降至 60%~65%,与 20 世纪 80 年代相比,这个比例下降幅度达 7%~12%,因此,无论从汽车生产的角度还是从市场需求的角度来看,世界汽车市场的焦点已转向发展中国家,发展中国家在国际汽车市场上的地位将稳步提高。

(10) 国际汽车市场各区域相差悬殊,呈现出明显的买方市场特征。

国际汽车市场大致可分为三个区域:主要汽车生产国的市场、发展中国家的市场、经济落后国家的市场。

主要汽车生产国(北美、西欧、日本等)的汽车市场呈现出最为明显的买方市场特征。这些地区的市场已趋于饱和,以更高新需求为主,汽车市场供给远远大于需求。如世界上汽车拥有量和普及率最高的地区—美国,其汽车占有量已达 1.3 人/辆。发展中国家的汽车市场则大不相同,尤其在经济保持较快增长的亚洲、中南美、澳洲以及东欧各国,汽车市场仍以新增需求为主,保有量的增长潜力很大,汽车市场正在迅速扩大,如 2010 年我国汽车的销量达 1806.19 万辆,与 2009 年同比增长 32.37%,稳居全球销量第一。在这些发展中国家,虽然汽车的需求量很大,但是由于世界各主要汽车公司都在围绕着这个新兴汽车市场扩大他们的生产销售计划,因而供给仍然大于需求,市场仍呈现买方市场的特征。另外,在非洲,除南非和东北非等少数国家外,绝大多数非洲国家因紧急落后,汽车的使用虽然会逐渐扩大,但离大规模使用汽车的时代尚远,这一地区的汽车市场仍然很小。通过上述分析可以得到,国际汽车市场各区域相差悬殊,呈现出明显的买方市场特征。

三、国际汽车市场的发展趋势

跨入 21 世纪以来,国际汽车市场较以往出现了较大的变化,随着世界汽车工业和世界经济的发展,未来的国际汽车市场也将呈现新的格局。国际汽车市场未来发展趋势主要体现在以下方面:

市场需求的总体格局变化不大,亚太、南美和东欧地区等新兴汽车市场需求将持续增加。总的来说,世界汽车市场的发展仍将呈现稳定增加的趋势,且亚太、南美、东欧三大地区随着经济的快速增长,其汽车市场增长率将继续远大于传统的汽车工业国家。

纵观世界各个地区的汽车市场,北美和欧盟市场中,新增汽车需求将主要集中在小型商用汽车上,对于轿车的需求将减缓;日本市场中,更新需求比新增需求更重要,且受经济波动的影响较大;非洲地区由于经济较落后,离汽车普及时代尚远,因此短期内对汽车的需求不会大幅度的增加。而相比于这些地方,亚太、南美、东欧地区的汽车市场表现出了繁华的景象。

经济的持续发展,让这三大地区的汽车需求量突飞猛进,我国 2009 年已登上了世界销量冠军的宝座,韩国也在世界的前列,由此可以看出,这三大市场正处于汽车普及前期,人们的潜在需求即将转化为现实需求,市场具有巨大的发展潜力与增长空间。也正是因为如此,世界五大汽车生产国—美国、日本、德国、意大利、法国都看好这块市场,纷纷在这些地区或谋求合作,或投资建厂,并加紧建立和完善其营销体系与服务网络。例如在我国,上海通用汽车公司是由上海汽车工业(集团)总公司与美国通用汽车公司各出资 50% 组建而成,广州丰田汽车公司是由广汽集团与日本丰田汽车公司各出资 50% 组建而成。这三个市场在短期内依然会是国际汽车市场需求的主力军。

国际汽车工业将进一步向低成本地区转移,发展中国家在国际汽车市场上的竞争优势日益提高,其中有很大一部分原因是这些国家具有较为廉价的劳动力,且许多国家的国产化率高,生产效率高。例如墨西哥在 2010 年 1—9 月累计出口了 140 万辆汽车,同比增长 71.2%,创下了出口史上的最好成绩,这得益于世界各大汽车厂商发现购车者越来越倾向于更小更便宜的汽车,而墨西哥正是全球最好的小型车生产基地。据悉,大众汽车集团即将在墨西哥投资 10 亿美元,用于开发并生产新款捷达汽车;福特公司计划改建在墨西哥的卡车组装厂,用于生产菲亚特 500 小型车,他们期望在墨西哥能年产 10 万辆菲亚特汽车,一半卖到北美市场,另一半将卖到南美;日产汽车总裁卡洛斯·戈恩于 2010 年 6 月曾赴墨西哥考察,戈恩最后确定了在墨西哥建设日产新款小型车 Match 的生产线,戈恩说日产公司也将在墨西哥制造其他两款还未命名的小型车,日产为这些新项目的投资将达到 6 亿美元,日产在墨西哥的汽车年产将提高到 50 万辆。总的来说,在今后的 4 年中,世界汽车制造商在墨西哥投入了相当大的资本,总投资达到了 44 亿美元。

北美、西欧与日本三大传统市场相互渗透,新型车需求层次升级。由于北美、西欧与日本三大传统市场经济起步早,市场发育和市场机制完善,加上近年来这三大地区的汽车工业不断出现联合兼并,三大传统市场必将进一步相互渗透。另外,由于欧美的汽车企业多转战于豪华车的生产,而日本企业则更注重于小型便捷车的声场,随着各国消费者对汽车的要求不同,从这个方面来说,这三大市场也将相互渗透。例如,由于马自达、五十铃、铃木等汽车公司被欧美汽车公司持股以及日产与雷诺公司的联合,日本市场为欧美汽车公司打开了大门,成为国际市场的一部分。需要指出的是,尽管目前这三大汽车市场已基本饱和,但随着未来各项新技术(例如互联网)的发展,网络化、智能化、环保化等新兴汽车将会陆续推出,随着各种新概念车的出现,美、欧、日市场仍将能爆发出巨大的购买需求。

对于我国汽车工业而言,认真分析国际汽车市场的特点及其发展动向,了解国际市场的特点和密切注视其发展趋势,具有及其重要的深远意义。

第二节　国际汽车市场的营销环境

营销环境是指企业围绕市场营销的各种外界条件和状态。由于各个国家或者地区之间在政治、经济、法律、社会文化习俗等方面存在着显著差异,因此,一个企业在进入国际汽车市场之前,必须对各个营销目标国的汽车市场营销环境进行调查、了解和分析研究,从而制定出适应各个营销目标国的营销策略,是企业顺利地将本国汽车产品打入国际市场,并在竞争中处于有利地位,获得理想的经济效益。国际汽车市场营销环境的因素主要有经济环境、政治法律环境和社会文化环境。

一、经济环境

企业的市场营销是一种经济活动,与经济环境的密切关系不言而喻。世界各国的经济技术环境不同,导致了不同的市场需求(例如对汽车的数量、质量、价格的要求不同),对国际经济环境进行客观的分析,是企业成功开拓国际市场必不可少的工作。设计国际经济环境的因素很多,主要有经济体制、经济发展水平、经济基础结构和外汇管制等。

1. 经济体制

世界各国因其国情各不相同,因此经济体制也不尽一致。例如我国实行的是"以公有制为主体,多种所有制经济共同发展"的经济体制,而美国、日本、德国实行的经济体制是以私有制为主体的混合经济。市场经济体制是指以市场机制作为配置社会资源基本手段的一种经济体制,在市场经济体制中,具体的组织形式和经济调控程度也不尽相同,因此在进行国际汽车市场营销中,应首先对东道国的经济体制予以充分了解,进而制定相应的汽车营销方案。

2. 经济发展水平

各国的经济发展水平不同,国民收入高低不同,对汽车的需求也存在着很大差异,从而对国际汽车营销的各个方面产生影响。

研究一个国家经济环境的总体发展状况,按人均收入的不同,可将世界各国家和地区划分为五种的经济发展阶段。

(1)前工业化国家。指人均收入低于 330 美元的国家。处于这一阶段的国家,社会生产力水平低,没有现代化的科技方法从事生产,社会大众的知识文化水平较低,还没开始进行社会建设。

(2)不发达国家。指人均收入在 330~800 美元之间的国家。处于这个阶段的国家,经济开始起飞,现代科技知识开始被应用于工农业生产,各种交通运输、通行及电力设施逐渐建立,人民的教育及社会建设也开始逐渐受到重视,但范围不广。

(3)发展中国家。指人均收入在800~3300美元之间的国家。处于这一阶段的国家已经克服了种种对经济发展的障碍,为经济进一步发展打好了坚实的基础,各种社会设施和人力资源的运用已能维持经济发展的需要,农业及各项产业逐步走向现代化。

(4)工业化国家。指人均收入在3300~7600美元之间的国家。在这一阶段的国家,经济持续增加,现代科技渗透到了经济活动的各个领域,国民受教育程度很高,收入激增,对耐用商品以及交通、旅游、娱乐和住宅方面有大量需求。

(5)后工业化国家。指人均收入超过7600美元的国家及地区。其特点是注重耐用消费品和各项服务业的发展,信息生产和交换的作用加强,消费者需求多样,购买力强,公共设施、社会福利设施日益完善,整个国家的经济呈现大量生产、大量消费状态。

处于前两个阶段的国家和大部分发展中国家,汽车还仅是一种被普遍用于交通运输的"代步"工具,汽车的使用多以商用车为主,轿车市场较小,消费者侧重于汽车的功能与实用性,对价格较为敏感。工业化国家和另一部分发展中国家,汽车的普及程度迅速提高,汽车销售增长率较大,轿车被普遍作为个人交通工具。后工业化国家虽然汽车保有量和普及率很高,汽车市场也大,但同时汽车市场趋于饱和,竞争非常激烈。

此外,一个国家的经济发展水平在很大程度上决定了这个国家的科技水平、国民收入水平和消费支出模式,在进行国际汽车市场营销策略时,这两个因素是必不可少的考虑因素。科技水平高的发达国家集中发展技术密集型产业,而技术性不强的产品往往需要大量进口,发展中国家则往往由于科技水平不高,迫切需要进口先进的技术设备,提高东道国的科技水平,从而针对不同的国家发挥技术优势。另外,在国民收入水平和消费支出模式上,显然,人均国民收入高的国家轿车市场规模发达,对汽车的需求量也大。

3. 经济基础结构

经济基础结构指一个国家的能源供应、交通运输、通信设施、商业金融机构及其他公共服务设施等决定经济活动水平的基础结构,它是衡量一个国家经济供给能力的重要内容,也是影响外商投资的一个很重要的条件,因此与国际汽车市场营销活动有着密切的关系,这些基础结构越是完善,数量越多,业务质量越高,就越能促进国际汽车营销的顺利进行。例如,许多国际营销者看重北美、西欧市场,其中有一个很重要的原因就是因为这些市场良好的基础结构能提高营销效率。

4. 外汇管制

外汇管制是一个国家对外汇的收入、支出、汇率、外汇买卖、国际结算等外汇业务活动进行强制性的限制与干预。国家对外汇的管制,对国际汽车营销的影响极大。一个国家对另一个国家货币比率定得过低,则该国必须为汽车进口支付更多的本国货币,反之若货币升值则通常会给汽车的出口带来困难。在外汇管制下,国际企业的利润和资本不能任意返回母公司,机器、零部件等原材料不能自由进口,企业随时可能面临差别汇率带来的利益损失。

二、政治法律环境

当今世界各个国家的政治法律制度存在着很大的差异,企业从事国际汽车市场营销,必须先了解国际政治环境,掌握目标市场的政治气候,因为政治与经济是密切相关的。是否该到某一个国家进行汽车营销以及该如何制定营销方案,至少应考虑如下几个因素。

1. 政治稳定性及国际关系

若一个国家的政治稳定，则必然伴随着持续稳定的经济政策，有利于企业正常经营；相反，若一个国家政局不稳定，执政党、人事频繁更替，甚至发生政变、武装冲突或者战争等动荡因素，则会影响经济发展，给国际汽车市场营销企业带来严重的损失。如以前国际社会对南非的经济制裁就影响了某些汽车大国向南非转移汽车生产的态度。

国际汽车营销企业在东道国经营过程中，必然会与其他国家发生业务往来，其中最主要的是企业所在母国的往来，东道国与母国的国际关系良好，则企业就能顺利地在东道国进行营销，否则将会遇到极大的困难。因此，东道主与母国之间、东道国与其他国家之间的国际关系状况，也必然会影响国际汽车市场营销活动。

2. 贸易政策

国际汽车市场营销应重视研究目标市场国家或者地区的贸易政策，最常见的贸易政策是贸易壁垒。

贸易壁垒是指一个国家为了限制外国商品进口而设置的贸易障碍，分为关税壁垒和非关税壁垒。关税壁垒是指用征收高额进口税和各种进口附加税的办法，提高进口商品的成本，从而限制和阻止外国商品进口，削弱其竞争能力，起到保护国内生产和国内市场的作用。非关税壁垒是指在法律、行政或行业惯例上限制进口的各种措施，如进口许可证、进口配额度、过于严格的安全和技术质量标准、价格控制、复杂的海关手续等。

就国际汽车市场营销而言，目前，发展中国家主要采取关税壁垒和部分非关税壁垒手段限制进口。如俄罗斯对于进口的新车税率为30%，二手车为35%，而我国虽已加入世界贸易组织（WTO），但对于车辆进口关税仍维持在25%左右（在没有加入世界贸易组织（WTO）之前，为80%~100%），可以看出，许多发展中国家采取了高关税的手段限制汽车进口。在发达国家，更主要的是采用非关税壁垒手段限制外国车辆进口。美国通过贸易谈判（例如20世纪80年代关于日本汽车出口到美国的谈判）、制定雅阁的环保标准等方法限制汽车及其零部件进口，日本通过实行严格的法规与产品检查手续、根据发动机的排量和功率制定不同的物品税和道路税，限制进口车的销售网络等非关税壁垒来限制汽车进口。

值得一提的是，许多国家在限制外国进口的同时，积极采取了出口信贷、提供巨额低息贷款、减免国内税收、设备融资援助技术等各种鼓励国内汽车出口的措施，以加强本国汽车产品在国际汽车市场上的竞争能力。在进行国际汽车市场营销时，企业应同时注意目标关于汽车进口和出口的贸易政策，才能知己知彼，百战百胜。

3. 法律环境

现代企业在市场经济中的行为主要是由法律来规范和约束。企业在进行国际汽车市场营销活动时必须了解国际法律环境，才能依法经营，避免产生不必要的法律纠纷。就国际法律环境而言，包含的立法和条约非常多，有竞争法、投资法、专利法、商标法、广告法、环境保护法、海关税收法和消费者权益保护法等种种法律，还有各种贸易条约。但总的来说，一般包括三个方面的内容，即本国国内有关贸易的法律、外国法律、国际条约和国际惯例。

本国国内有关出口贸易的法律将会限制或鼓励企业生产的汽车的出口及涉及投资资本的流向、数额等。例如，在我国，此类的法律有《涉外经济合同法》、《中外合资企业经营法》、《对外贸易法》等。

外国法律是指在世界各国根据本国国情和利益制定的有关法令、规定、标准、条例等。汽车企业在进行国际市场营销时,对东道国法律的了解是最重要的,因为这些法律对国际企业的经营活动及营销组合决策的各个方面都会有约束和规定,如在汽车的性能、质量、安全性、服务保证等方面,在价格控制方面,在营销渠道的选择方面,在广告的内容、表达方式、媒介的选择方面,在营业推广、优惠促销方面以及对公共关系活动的态度方面等。在美国,有专门的《贸易法》、《关税法》等法律对关税、反倾销、保障措施及贸易中的各方面进行约束管理。

国际条约是指各国政府间协商制定的一些有关国际政治、经济、贸易、法律、文化、军事等方面的相互权利和义务的法律文件,国际惯例是指在国际交往中逐渐形成的,虽未经立法程序制定但被普遍认同的一系列规则,他们调整了相互进行交往的国家质检的关系,规范了国际贸易秩序,其主体虽然是国家而不是企业或个人,但是国家质检所签订的双边、多边条约和协定也间接地影响着企业的国际汽车营销活动。在国际条约中,针对不同方面有不同的条约,例如保护消费者利益的立法有《关于产品责任使用法律的公约》等,保护生产制造者和销售者的立法有《保护工业产权巴黎公约》、《欧洲专利公约》等,保护公平竞争的立法有《反托拉斯法》,调整国际经济贸易行为的立法有《关税及贸易总协定》、《联合国国际货物买卖公约》等。

总之,由于各个国家的法律制度不同,导致国际汽车营销企业面临的法律环境异常复杂,这些企业在开展业务时,营销人员应对有关的法律和惯例详细了解,严格遵守,并适当地借助精通东道国法律的律师的帮助来成功、顺利地进行市场营销。

【营销瞬间】

汽车消费税的影响

2008年8月13日我国财政部、国家税务总局发布通知,从2008年9月1日起调整汽车消费税政策,提高大排量乘用车的消费税,降低小排量乘用车的消费税。通知表示,排气量在3.0L以上至4.0L(含4.0L)的乘用车,税率由15%调至25%;排气量在4.0L以上的乘用车,税率由20%上调至40%;降低小排量乘用车的消费税税率,排气量在1.0L(含1.0L)以下的乘用车,税率由3%下调至1%。此次消费税的调整,对在中国销售的奥迪Q7来说,无疑是一个"利空"的消息。进口中国的奥迪Q7的排量均在3.0L以上。这些车型的销售在不同程度上都收到了影响。奥迪Q7及时地做出了反应,在价格策略方面进行了调整,将3.6L以上排量的本应由消费者承担的消费税大部分由奥迪公司进行补贴,从而减小了消费税政策对3.6L排量车辆的冲击。同时,奥迪公司为使消费者省钱,规避消费税,奥迪A6L新增3.0T版。由于此次消费税的调整,3.0T的奥迪A6L将享受与3.0L车型一样的12%消费税,而3.2L、4.2L的消费税则将高达25%,这一项会导致二者超过5万元的成本差异。另外,奥迪A6L 3.0T采用的roots一体化增压器将压气机与中冷器集成在一起,动力为290马力,扭矩高达420Nm,已经近乎达到4.2L V8发动机440Nm的水平。这个性能,已经与传统的涡轮增压发动机没有区别,而且还没有迟滞的问题。

资料来源:《汽车营销》国防工业出版社　尉庆国　苏铁熊　主编
《汽车与配件营销教程》机械工业出版社　谭克诚　杨琳　主编

三、社会文化环境

社会文化环境是指一个社会的民族特征、风俗习惯、语言、道德观、受教育水平、社会结构、家族制度等的总和。世界各国社会文化的差异,决定了各国消费者在购买方式、消费偏好、需求指向上都具有较大差别。同样的营销策略,在一个国家是极其成功的,但在另一个国家且很有可能是失败的策略。因此,企业在进行国际汽车市场营销前,需要仔细研究目标国的社会文化特征和差异性,而后以适应该国对社会文化的方式进入该国汽车市场。在国际营销环境中,社会文化环境是最具有感性色彩的环境,也是最具有挑战的环境因素。对国际汽车市场营销产生影响的社会文化环境大致可归纳为四个方面。

1. 风俗习惯

风俗习惯指个人或集体的传统风尚,礼节和习性,世界各地风俗习惯经过历史的不断演变、累积,形成了各地人们对时间、空间、颜色、图案、数字、动物、植物、语言习惯和社会交往等方面不同的偏好和禁忌。因此,国际汽车市场营销企业在不同国家销售汽车、设计品牌,进行广告促销时,都要充分考虑到该国特殊的风俗习惯。例如,关于颜色,自古以来黄色在我国是高贵的象征,苏丹人认为黄色是美的标志,马来西亚人、沙特阿拉伯却认为黄色代表死亡;西方人用白色代表纯洁,他们结婚的时候要穿白色礼服,摩洛哥人则认为白色象征着贫穷。关于图案,东南亚国家喜欢大象,而英国人则厌恶大象;在许多信奉伊斯兰教的非洲国家,忌用猪及其相似图形作为广告图案;日本人忌用荷花,意大利人忌用菊花等。

2. 语言文字

语言是人类沟通交流的方式,是民族的重要特征之一。企业进行跨国汽车营销,必然要与东道国的政府、大众传媒、中间商·顾客等人群进行沟通,对自己的汽车品牌进行宣传,如果对东道国语言不熟悉,不会正确使用它,就会产生沟通和理解的障碍,令汽车营销难以达到目标,甚至出现负面效应。例如美国通用汽车公司生产的雪佛莱系列中的一种车使用"Nova"品牌,其英文意思是"神枪手",其在西班牙语中却是"跑不动"的意思;三菱公司曾在欧洲销售一种名为Pajer(帕杰罗)的汽车,由于十分接近西班牙语中的"鸟"字,在经历数月的调查中才查清这个词在马德里市有"卑鄙"的含义,只好将车名改为Montero(圆猎帽)。营销中也有很成功的案例,例如丰田公司的"车到山前必有路,有路必有丰田车"这句广告词,成功的把握了我国特有的语言特点,令人印象深刻。

3. 宗教信仰

宗教信仰是一种意识形态,它作为一种精神风俗,是极其复杂的,与人们的生产、生活、工作和学习等各个方面有着千丝万缕的联系,对于人的精神和价值观有着深刻影响。世界各地聚集着不同的宗教信仰者,有的民族甚至以宗教立国(如部分穆斯林国家),撇开宗教因素的汽车营销将寸步难行。

4. 价值观念

这是人们判断和评估事物善恶、美丑和主次的标准。不同国家或地区的人们,由于身处的社会环境不同,自身的价值观念自然不同,例如美国人比较具有冒险精神,对新品、新事物都愿意去尝试使用,对外国的产品也抱着开放的态度,而东方民族相对来说要保守持重的多,许多年长者甚至以为购买外国产品就是不爱国的表现。同样,人们的价值观念也会增强,从而带动汽车市场的发展。

基于各个国家上述几个方面的不同,企业在不同国家组织生产时应当与每个国家的社会文化物质保持一致。在产品名称的命名上,应注意名称在不同国家所作出的翻译解释。在价格策略方面,应注意广告内容与各国文化背景协调一致,不要出现与消费者习惯、观念冲突的营销语言。

第三节 汽车国际市场的进入方式

国际汽车经营者在确定其目标市场的同时或之后,还要研究具体进入国际市场的方式。这些方式主要有:产品出口、国外生产、补偿贸易、加工贸易、跨国经营和独资经营等。

1. 产品出口

产品出口是企业走向国际市场的最初期、最简单的经营方式,也就是企业将所拥有的生产要素留在国内,在本国制造产品,再通过一定的渠道将产品销往目标市场国的方式。其特点是汽车厂商不需增加多少投资,所面临的经营风险不大,但也常常面临出口规模不能扩大的困扰。

产品出口包括直接出口和间接出口两种方式。

(1) 间接出口

所谓间接出口是指制造商通过外贸中间商(出口商)作为出口代理,将产品打入国际市场的一种经营模式,在出口过程中,制造商本身并不直接参与实际的出口业务。

间接出口的特点是制造商经营的国际化与企业的国际化相分离,即制造商的产品走出了国界,而他们的营销活动却几乎是在国内进行的。间接出口的优点是制造商可以利用出口商的销售渠道和销售经验,把产品打入国际市场;制造商不必在国外建立销售网点,节省了投资和相关费用;由经验丰富的出口商负责国际营销活动,可以大大降低制造商对外营销的风险。但间接出口,制造商不能控制国际营销的主动权,不能及时了解国际市场的需求信息,不利于制造商根据国际市场需要及时生产适销对路的产品,不利于培养自己的国际营销队伍和积累国际营销经验,不利于制造商形成国际市场的营销能力。

间接出口,具体又包括委托网内出口商、委托网内出口代理商和委托合作组织三种形式。

(2) 直接出口

所谓直接出口是指制造商在海外建立自己的分销渠道,将产品直接销售到国际市场的一种经营方式。如果制造商的外销数额已达到一定的规模,或外销市场增长很快,制造商就可考虑采取直接出口方式,直接出口时,制造商需要自己负责在海外的全部营销活动,如国际市场调研、寻找海外客户、发展和建立分销渠道、独立进行产品定价和办理出口文件手续等。直接出口是企业开始真正进入国际市场的标志。

直接出口的优点是企业可以自由地选择海外市场,对国际市场营销活动拥有很大的控制权,可以提高企业自身的国际营销水平,可以直接获取国际汽车市场的最新资料,为企业的及时决策提供依据,建立自己的海外营销机构,可以节约出口代理的代理费用,使企业获得更多利润。但直接出口,企业自己面临的风险增加,对企业的国际经营能力要求较高。

直接出口包括设立国内出口部、建立海外市场营销分公司、派遣巡回销售代表、建立海外经销商或代理商机构等形式。对汽车出口而言,汽车厂商一般需要在海外建立经销商、代理商或服务商体系,由他们完成在目标出口国开展产品销售和服务等具体工作。

2. 国外生产

国外生产的主要特点是:国际汽车营销者以较低的风险实现了国外的产品生产,降低了产品的成本,扩大了在当地的市场份额,绕开了贸易壁垒,容易取得东道国政府和同行企业的支持与合作。国外生产有以下几种形式。

(1) 国外装配

国外装配又称为 KD 生产（包括 CKD、SKD），就是在国外投资或与外国企业合作，开设装配制造分厂，将国内生产厂生产的汽车零部件、主机和装配用的工具、设备等出口运抵国外的装配分厂组装、调试成最终产品，再进行出售或交货。国外装配一般需要国内总厂提供生产设备、技术和有关零部件等方面的支持。国外装配的优点是它比在国外全部生产投资少，而且较为简单，相对于整机或最终产品的出口而言，可以减少关税及其他费用的支出，并且可以使大部分生产、增值、技术等留在本国。国际汽车营销者在早期向国外转移生产时常常采用这种方式。

(2) 许可证协议

许可证协议又叫技术授权或许可证贸易，是一种相当简单的走向国外市场的方法。借助许可证协议，发证人（即许可方）一般不必大量投资即可进入国外市场，风险甚小，同样，受证人（即被许可方）一般不必从头做起，即可使用发证人的制造程序、商标、专利、技术诀窍以及其他有价值的东西，迅速获得生产知识和品牌信誉，在市场上销售产品。许可证协议的缺点是许可证协议终止后，对方可能成为竞争对手，因而许可方一般不转让自己的核心技术。受证人（即被许可方）必须付给发证人特许酬金。

3. 补偿贸易

国际补偿基本原则是向卖方以贷款形式购进生产设备、技术和专利等，进行原有生产规模的改建和扩建，或者直接建立一个新厂，以便尽快提高劳动生产率，保证产品质量，加强产品在国际市场上的竞争实力。其贷款可不用现汇支付给卖方，而是有待项目竣工投产后，以该项目的产品或其他产品清偿贷款。国际补偿贸易有以下四种形式。

(1) 产品返销

产品返销就是进口机器设备和专利技术的一方，在签订货款合约时明确规定，在协议期内，用该设备和技术生产出来的产品偿付所贷之价款，即贷款方进行产品回购。这是当前国际补偿贸易的基本形式。

(2) 互购

互购是指出口机器设备和专利技术的一方，在签约贷款时，必须承诺在协议期内，向设备进口方购买一定数量的产品。这些产品不一定是由上述进口的设备和技术生产出来的直接产品，而是可用其他产品进行偿付，或称之为产品互购。

(3) 补偿部分

进口机器设备和专利技术的一方，对引进的技术设备，部分用产品偿还，部分以货币偿还。偿还的产品可以是直接产品，也可以是间接产品；偿还货币可以用现汇，也可以用贷款后期偿还等方法。

(4) 第三国补偿贸易

第三国补偿贸易就是在国际补偿贸易活动中，进出口双方不直接发生联系，由国际中间代理商从中斡旋。增加一个环节，能够使谈判双方减少冲突或僵持的局面，更便于讨价还价，各抒己见。第三国补偿贸易贷款的渠道和偿还的方式灵活多样，虽然要多付佣金，但是能够尽快地促使双方达成协议，还可以进一步扩大补偿的范围。

4. 加工贸易

近年来，经济国际化趋势日益明显，大大促进了对外贸易的发展。国际贸易在各种方式的

运用上,也越来越灵活多样。加工贸易的经营方式主要在汽车零部件的生产贸易中应用。加工贸易的主要方式有:

(1)进料加工。进料加工是指国外进口(购买)原材料、辅料、零部件、配套件和仓装物料,加工成成品后再返销出口的业务。

(2)来料加工与来件装配。该方式是指由国外委托方提供原料、材料和辅料,必要时也提供某些设备,按照委托方的品质、规格、款式等要求进行加工生产或装配,成品按规定时间交给委托方销售。承接方对上述原料与设备有使用权,没有所有权,产品经营盈亏与承接方无关,只收取事先约定的加工费。

(3)来样定制。该方式是集上述两种方式之和的一种加工贸易方式,国外厂商实行生产全过程委托,包括产成品的包装和商标印制等。这类业务委托方要求较高,对产成品的检验也较严格,在其他条件不变的情况下,承接方必须在掌握加工和装配技术的基础上,才能顺利完成。

5. 合资经营

指两个或两个以上不同国籍的投资者,各自以一定比例的投资额,在选定的国家或地区投资,并按照该投资国或地区的有关法令组建合资企业的经营模式。合资企业的通常做法是"四共",即共同投资、共同经营、共担风险、共负盈亏。合资企业所在国的一方主要是以场地、厂房、设备、现金等作为投资股份,外方则以设备、工业产权、资金等作为投资股份。合资经营各方按注册资本比例分享利润和分担风险及亏损。这是目前国外汽车厂商在我国投资的主要形式。

(1)合资企业的投资比例

对于合资汽车生产企业的投资比例,各国政府都有明确的法律规定。因为,投资者持股比例的大小,直接关系到在合资企业经营管理中和利益分配上的权利与义务。因此,投资比例问题历来为各国投资者所关注。各国政府也为此专门有一些法律和规范,如美国尽管实行比较开放自由的金融政策,但在对外投资部门、投资比例等方面仍有一些专门规定。交通运输方面,在美国的航空公司和在美国注册的船舶公司中,外国投资者不得拥有超过25%的股权。大多数发展中国家也有类似规定,而且坚持出口产品越多的企业其外资比例可以越大,但对产品以内销为主,并使用当地资源的合资企业,外资比例要受到严格限制。我国对整车的合资企业要求企业的注册资本中,外国合资者的投资比例不得超过50%。

(2)合资企业的优势与弊端

合资企业的优势无论对国外投资者还是对东道国来说,合资企业都有其自身的优势。对于海外直接投资者而言,合资企业由于有东道国企业的参与,而易于获得东道国政府和人民的合作,降低了政治风险,可以顺利打开东道国市场的销售渠道,并可以迅速熟悉当地法令、商业惯例、文化习俗等;合资企业的产品容易被东道国人民看作是本国产品,减少了商品进入东道国市场的阻力,有利于迅速占领市场。对于东道国投资者而言,合资经营可以弥补其资金不足和解决技术缺乏的问题,可以引进先进的生产设备,促进企业的技术改法和产品的更新换代;合资企业的产品可以通过合资外方在海外的销售渠道打入国际市场,扩大出口;东道国企业可以获得科学的管理方法,提高现有劳动力的技术水平和劳动生产率,增加其利润。合资企业的弊端主要是:由于双方背景、兴趣、动机等各不相同,投资各方对合资企业经营目标的选择可能不同;双方因文化和习惯等方面的差异在管理方法上也容易产生分歧;对跨国公司而言,其全球战略很难在合资企业中得到很好的贯彻;对于东道国企业而言,也比较容易受到合资外方的控制。

6. 独资经营

独资经营就是国际营销者在国外单独投资,建立拥有全部股权的子公司,并独立经营、自担风险、自负盈亏的一种经营模式。站在东道国的立场上,独资公司属于一家外国企业即由外商提供全部资金,在本国开办子公司或分公司,独立经营,并获得全部利润。

独资企业有两种基本方式:创建和购并。创建是指跨国公司在东道国建立一个新的企业,尤其指建设新工厂或其他实业投资。购并是指跨国公司通过购买东道国现有企业而在东道主国建立自己的国际独资企业的行为。

独资经营的优势是,对于外国投资者而言,投资者对子公司的经营活动有着完全的决定权和控制权,在经营管理上能够排除各种外界干扰,完全按照自己的意志和目标进行经营管理,有利于跨国公司的集中管理与决策以及技术及经营方针的保密;独资企业有利于保证产品的质量和品牌信誉,并可独享全部经营利润。对于东道国而言,其好处是:可以向外商独资企业提供劳动力,解决就业问题,培养技术、管理方面人才;可以向独资企业销售和配套原材料、零部件、半成品等,有利于东道国学习先进技术,特别是零部件生产技术;可以促进本国同行业企业与外商独资企业竞争,促进本国的产业进步等。

独资经营的局限性主要有:对于外国投资者而言,所需投资规模较大,费用太高,经营的政治风险和经济风险都较高,因为其商业活动主要反映了跨国公司总部的利益,从而东道国的政府和人民往往对外商独资企业的产品不是太欢迎。

【营销瞬间】

日系汽车进入我国市场策略分析

我国的汽车工业发展的最大瓶颈既不是资金也不是市场,而是技术。在汽车生产高速发展的同时,我国汽车的研发能力、自主品牌并没有随之取得突破性的进展。而日本的汽车企业,正式借此机会,通过合资的方式,进入我国市场,并占据了大量的市场份额。自1972年中日邦交正常化以来,纵观日本汽车企业对华营销战略,可以分为以下四个阶段。

第一阶段:以出口大型载货汽车为主

1972年中日实现邦交正常化后,两国贸易迅速恢复和发展,我国汽车生产数量及日本汽车的进口数量也急速增长。这一时期,在从日本进口的汽车中,大型载货汽车占有很大比重,主要进口项目五十铃、日产柴、日野、三菱汽车公司的大型货车。随着汽车出口数量的增长,各汽车公司陆续在我国开设汽车维修站,以建立完善的售后服务体系。但是中日间真正的技术交流当始于1977年,这一年丰田公司接受第一汽车制造厂的邀请,正式开始对一汽进行第一次技术指导(1981年第二次)。

第二阶段:提供轻型载货汽车制造技术为主

20世纪80年代初,汽车市场逐步放开,我国开始大规模引进日本整车技术,尤其是载货车技术。另外技术合作的主要手段是中日双方缔结"技贸结合"合同。这种技术贸易政策为一部分日本汽车企业进一步进入我国提供了良好的契机。

第三阶段:大规模提供客车生产技术

1992年邓小平同志南巡讲话推动了我国经济改革开放进入一个新的历史阶段。这一时期国家将汽车工业作为对外开放和国际合作的先行产业,建立合资汽车生产企业,引进技术与产品,逐步实现国际汽车产品在中国的本地化生产。随着中日两国间友好交流的广泛开展,日本汽车企业加快了进入我国,展开本地化生产的步伐,这一阶段,技术合作开始大规模转向客车生产领域。比如,1991年金杯汽车公司开始引进丰田公司的轻型客车生产技术;1992年马自达公司与海南开发建设总公司成立合资企业,生产小型乘用车;1993年长安汽车投产的"奥拓"车也是轻型客车。

第四阶段:全面展开轿车领域技术合作

2001年底我国加入世界贸易组织(WTO)后,政府加大了汽车领域对外开放,增强政府行政管理的透明度,在遵守国际规范方面作出了多项承诺。2001年后我国汽车产业迅猛发展,合资企业遍地开花。其中与日本企业展开技术合作的项目中具有代表性的有:2000年,天津汽车与丰田公司合作生产"夏利2000";2002年9月,东风汽车与日产汽车全面合资,等等。这一阶段,日本跨国汽车公司全面大规模进入我国轿车生产领域,扩充品牌,逐步形成了目前的市场结构。

资料来源:王珊珊《在华中日汽车合资企业的技术合作》
对外经济贸易大学硕士学位论文

第四节 国际汽车市场的营销策略

在竞争激烈的国际汽车市场中,跨国汽车企业要花费许多时间、精力和资金去分析市场机遇,并对目标市场做深入的了解,研究消费者的心理,摸清组织市场营销的活动并且巧妙地运用市场营销策略,才能获得成功。国际汽车市场营销策略所涉及的概念、原理与国内汽车市场策略基本相同,也包括产品策略、定价策略、分销策略和促销策略以及这些策略之间的组合优化,但是国内营销是在一个政治区域内部进行,而国际营销必须跨越国家主权的界限,各国汽车市场的营销环境存在很大的差别,使国际市场营销比国内市场营销复杂了许多,也提出了更多不同的要求。许多成功的企业在仔细研究和分析市场机遇、确定目标市场后,从产品、定价、分销、促销等方面提出了适合目标国的营销策略,并将这些策略进行了组合运用。

一、产品策略

国际汽车企业在确定了目标市场、选择了合适的市场进入方式后,就必须考虑该提供什么样的产品和服务去满足消费者的要求才能顺利地打入目标市场。延伸国内产品、改造国内产品和开发新产品是国际汽车企业将自己的产品推向国际市场的三种方法,但随着国际汽车市场升级换代速度快、产品生命周期缩短、产品的多样化趋势加剧等国际汽车市场特征的出现,低成本、高质量和创新性成为企业产品设计的原则,而开发新型车也在国际汽车企业的产品策略中逐渐占据主导地位。

国际企业在产品的开发中需要对国际产品的标准化和差异化进行决策。国际产品标准化是指对产品的类型、性能、规格、质量、所用原材料、工艺装备和检验方法等规定统一标准并贯彻实施,无论销往哪一个国家,产品基本上都不做修改。差异化则是指对不同国家或地区的市场,根据其需求差异而经过改造的、略有不同的汽车产品。国际汽车市场是一个有差异的市场,因此在多数情况下,汽车企业会选择差异化的产品策略,他们针对客户的不同要求、爱好和收入水平,开发出具有特色的各种汽车产品,以满足世界不同使用地区、不同档次客户的各种使用要求。汽车定制营销是近年来国际汽车企业产品策略的趋势,它将每个顾客都看做一个单独的细分市场,根据每个人的特殊需求来安排营销组合策略,以满足每个顾客的特定需求,使产品和营销策略都更加人性化了。汽车营销中,定制营销的类型主要有两种:一是合作型定制,这种方式指的是当产品的结构比较复杂时,企业通过介绍产品各零部件的特色性能来让消费者进行产品选择;二是适应性定制,使用这种方式,消费者可以根据不同的场合、不同需求对产品进行调整、变换或更新组装来满足自己的特定要求。

另外,随着汽车尾气造成的空气污染、由二氧化碳造成的全球变暖和石油的耗竭等环境资源问题的日益突出和人们对环保的日益关注,企业的注意力已逐渐从单纯追求利润转化为"实现企业自身利益、消费者和社会利益及生态环境利益三者间的效益最大化",绿色汽车产品应运而生。绿色汽车产品指的是有利于改善社会、环境,立足于可持续发展,集节能和环保于一身的汽车产品。电动汽车、混合动力车、燃料电池汽车等都是绿色汽车的典型代表。研究推广环保节能型的绿色汽车已成为国际各个汽车生产企业重要的产品策略之一。

二、定价策略

国际汽车市场定价通常应针对目标市场上竞争对手的状况而制定出相应的有竞争力的价格,但由于国际汽车营销环境复杂多变,给国际企业对在海外销售的汽车产品定价增加了许多困难。国际汽车产品的价格构成相当复杂,包括了产品本身价值、关税、运输费、保险费、中间商利润等,因此影响其变动的因素也很多,例如东道国关税税率、消费税税率、外汇汇率浮动、国外中间商毛利、运输与保险费用、国外通货膨胀率、母国与东道国政府的干预等。

国际汽车企业在进行定价决策时,共有三种方式可以选择,分别是母公司总部定价、东道国子公司独立定价、子公司与母公司共同定价。通常,考虑到母公司可以对子公司的定价保持一定的控制以及子公司可以有一定的自主权以使价格适应当地市场环境这两方面,国际汽车企业一般宜选择第三种定价决策。

在产品价格定制方面,企业应先明确定价目标,是以获取最大利润为目标,还是以获取较高的投资回报为目标;是为了提高市场份额,还是为了防止商业竞争。在明确了定价目标后,再结合各种变动因素,给定产品的价格,其基本方法同国内定价是相同的。从整个世界范围来看,国际汽车企业宜对不同国家市场制定不同的汽车价格,而不是统一采用相同的价格,因为各国的环境差别明显,在制造成本、竞争价格、税率以及消费者的消费水平上都存在显著差异。

另外,为了寻求利润的最大化,国际企业还经常采用转移价格策略。转移价格是一种在母公司与各国子公司之间以及子公司相互之间进行内部转移产品和劳务时所采用的价格,它不受市场一般供求关系影响,也不是买卖双方在市场上按独立竞争原则来确定的价格,而是根据跨国公司的全球战略目标和谋求利润最大化的目标,由跨国公司最高决策人直接决定的。利用货物价格、劳务费用、专利和专有知识、贷款、租赁等转移价格的内容和方式,跨国公司可以达到调节利润、转移资金、控制市场、绕过关税和贸易壁垒的限制、逃避风险(包括外汇风险、通货膨胀、政治风险)等目的。当然,企业制定转移价格时,也有许多限制因素,例如有些国家政府制定了相应的法律、法规,以对国际企业制定内部转移价格进行约束,挽回或保护其正当的国际利益。

三、分销策略

分销的含义是建立销售渠道的意思,国际分销是产品从母国生产企业流向国外最终消费者或用户的流通过程,它是一个完整的产品所有权的跨国流通过程,通常可分为两部分:一部分是产品从生产企业所在国到目标国市场的过程;一部分是产品从目标国市场到最终消费者手中的过程。根据中间商的数目不同,分销渠道可分为零层渠道(商品由生产者直接销售给消费者)、一层渠道、二层渠道和三层渠道,企业应综合考虑各国消费者的特点(购买数量,购买习惯,消费偏好,顾客地理分布等)、自身实力、竞争对手的渠道策略以及其他营销组合因素,选择最优效率,最节省费用,最有利于自己的渠道,及时地将产品送达国外消费者或用户手中。

四、促销策略

促销是卖主与买主之间的一种沟通活动,国际汽车市场虽然复杂,但其所采取的促销策略与国内销售有很大的共同点,包括了人员推销、国际广告、营业推广、公共关系、售后服务等几种方法。

1. 人员推销

人员推销因其可满足推销员和潜在顾客的特定需要、能传递复杂信息、可直接得到反馈信息,有效激发顾客购买欲望等优点而成为国际营销中不可或缺的促销手段,它是一种互惠互利的促销手段。

在国际汽车营销中,复杂的市场情况决定了它对推销人员的素质要求非常高。这些推销人员必须具有广阔的知识面,不仅要懂得国际贸易和国际各项商业法律的知识,还要充分了解目标国经济、文化、社会和地理等方面的知识,熟悉本企业汽车产品的性能和特点,掌握目标国汽车市场的动态,具有一定的外语水平,能灵活运用各种推销技巧、果断决策和妥善处理各种人际关系。

推销人员不仅可以从母国企业中选拔,也可以在目标国进行招聘并培训。使用目标国推销人员的好处在于他们了解目标国文化背景和市场需求特征,与消费者间没有语言障碍,能更好地与消费者进行沟通,而对于国际汽车企业来说,还能他们积累东道国的人力资源,为进一步开拓市场做好准备。

2. 国际广告

在国际市场上做广告推销活动,其基本活动规律与国内市场是相同的,有些做法也是通用的。但由于国际市场的环境比较复杂,各个国家的经济发展水平和民族文化习惯不同,所以国际广告会受到多方面的制约:

(1)对于广告内容的限制。广告内容不能损害当地的民族尊严和违反当地的民族习惯,应该与各国文化背景相协调,广告色彩、图案和数字与所在国的偏好一致。

(2)对于广告媒介的限制。例如在法国,每天只有几分钟的广告时间,而有些国家大众传媒的普及率则太低。

(3)广告费支出的限制。例如印度政府固定企业的广告费用不得超过销售额的4%。

(4)语言问题的限制。因为广告语言本身简洁明快,寓意较深,同样的含义要用另外一种语言以同样的方式准确表达不是一件容易的事。

(5)广告代理商的限制。可能在当地缺乏有资格的广告商的帮助。

一般来说,考虑到上面种种因素的限制,国际汽车企业宜采用差异化的国际广告策略并请当地的广告代理公司来策划和宣传,虽然成本较高,但它能增强宣传说服的针对性,提高促销效率,为企业带来更多利益和利润。

3. 营业推广

营业推广是一种是用于短期推销的促销方法,是企业为鼓励消费者购买产品而采取的除广告、公关和人员推销之外的所有企业营销活动的总和。国际汽车企业可根据市场类型、销售目标、竞争以及每一种推广方式的效用和费用来进行营业推广方式的选择。

一般来说,营业推广可有 10 种不同的方式:

(1) 赠送促销。它包括无偿附赠和无偿试用两种,通过给消费者赠送额外商品或试用样品而让更多的顾客了解新产品。

(2) 惠赠促销。如商家经常说的"买一送一"等。

(3) 折扣促销。包括优惠卡促销和减价促销。

(4) 参与促销。消费者参与各种促销活动,如技能竞赛、知识比赛等,而企业给予参与活动的消费者奖励。

(5) 抽奖促销。顾客购买所推销的产品之后可获得抽奖券,凭券进行抽奖获得奖品或奖金,抽奖可以有各种形式。

(6) 退换现款或者以旧换新。例如法国曾推出的"有奖购车"政策,消费者只要放弃自己已使用 8 年以上的旧车而购买新车,即退还 7000 法郎。

(7) 降低分期付款率。通过降低利率,激发消费者购买欲望。

(8) 会议促销。通过在各类博览会、交易会、巡回展览会、业务洽谈会等展示企业的产品与实力,达到促销的目的。

(9) 联合促销。它是指两个以上的企业为了共同谋利而联合举办的促销,例如美国 MCI 公司于美国西北航空公司的联合促销,凡是打 MCI 长途电话的客户,每 1 美元话费,即给予 5 哩(1 哩=1609.35m)航程的积分点,凡是达到积分点达 20000 哩分数的,西部航空公司即赠送国内任何航程的往返机票 1 张。当然,MCI 公司应补偿给西北航空公司一些损失费用。

(10) 服务促销。它是指通过维护顾客利益并为顾客提供某种优惠服务,从而便于顾客购买和消费的促销手段,是 CS(顾客满意论)极其重要的体现。服务类型有销售服务、承诺销售(如销售三包)、订购定做、送货上门、维护安装、分期付款、会员制经营等。对于国际汽车企业来说,抽奖促销、退还现款、会议促销、服务促销这几种是他们常用的营业推广方式。

4. 公共关系

国际汽车市场中的公共关系是指国际汽车企业为改善与目标国社会公众的关系,促进公众对企业的认识、理解及支持,达到树立良好的企业形象、促进汽车销售的目的的一系列促销活动,他兼顾了企业经营利益与社会利益,是一项长期性的促销活动。

在与东道国的所有公众关系中,与其政府的关系可能是最首要的,企业可借助本国政府的力量同目标国政府和有关经济组织沟通关系,获得他们对海外投资、进口产品的支持,加强国际交流与合作,确立企业在社会中的正确位置。

另外,企业还应多参与国际性活动,多与当地的顾客、供应商、中间商、竞争者打好交道。例如,德国欧宝汽车公司通过赞助国际体育比赛扩大了国际影响和知名度;日本汽车公司为了进入美国市场,积极地致力于美国的社会服务,如每销售出一辆汽车都在美国街头种植一棵树,实行"一车一树"的公共策略;在建立汽车厂的同时,成立了义务活动小组和研究西方问题的捐款委员会,经常向当地慈善机构捐赠钱物;组织当地中学生每学期到工厂体验一天的工厂生活等,这些做法拉近了日本汽车企业与当地消费者的距离,博得了消费者的好感。从这些例子可以看出,企业在制定促销策略时,应把企业效益置于公益效益之中。

上述各种国际促销策略的特点,可以用表 16-1 进行总结归纳。

各种国际促销策略的特点　　　　　　　　　　　　　　　　　　表 16-1

促销策略	优　　点	缺　　点
人员推销	能传递复杂信息,可直接得到反馈信息,方法灵活且易促成及时成交	费用高,对人员要求高,难以摆脱许多人对推销的偏见
国际广告	信息传播面广,易吸引顾客注意,形式多样	不能直接成交
营业推广	形式多样,促成成交的效率高,易受到消费者的欢迎	只能短期使用
公共关系	企业的良好形象容易渗入消费者心中,影响面大	产生促销效果的时间长,不易把握公众心理

总之,一个企业如何在不同的国家销售自己的产品,所面临的困难和机遇是不同的。企业应根据目标市场的需要,合理地决定自己的产品结构,制定产品价格,选择销售渠道和促销方法,把在各国的营销活动与总体利益联系起来,从而提高公司在全球范围内的营销收益。

【复习思考题】

1. 汽车国际市场营销有哪些特点?
2. 你认为国际汽车市场将如何发展?
3. 营销环境对国际汽车市场有哪些影响?

【案例讨论】

丰田公司开拓美国市场分析

丰田是世界十大汽车工业公司之一,全球最大的汽车公司,然而在 20 世纪 60 年代初,日本丰田汽车公司准备开拓美国市场,由于美国本土三大汽车公司实力雄厚、品牌深入人心,丰田公司遇到了很大的困难,首次推出的"丰田宝贝"车,仅售出 228 辆。出师不利,使得丰田公司开始了细致的市场调研,并制定了周密的营销策略。其调研结果如下:

1. 美国汽车公司的经营思想是:汽车应该舒适、宽敞豪华。因而美国汽车的体积比较大,油耗较多。

2. 竞争对手除了美国几家大型汽车公司外,较大的还有已经先期进入美国市场的德国大众汽车公司,该公司已在东海岸和中部地区站稳了脚跟。分析其成功的原因主要有:以小型车为主,汽车性能好,定价低;有一个良好的服务系统,维修服务很方便,成功地打消了美国消费者对外国车"买得起,用不起,坏了找不到零配件"的顾虑。

3. 日本丰田汽车公司忽视了美国人的一些喜好,许多地方还是按照日本人的习惯设计。

4. 日、美之间不断增长的贸易摩擦,使得美国消费者对日本产品有一个本能的不信任、排斥的和敌意。

5. 美国人的消费观念正在转变,他们将汽车作为地位、身份象征的传统观念逐渐减弱,开始转向实用化。他们喜欢腿部空间大、容易驾驶的且运行平稳的美国车,但又希望大幅度减少用于汽车的耗费,如价格低、耗油少、耐用、维修方便等。

6. 消费者已逐渐意识到交通拥挤状况的恶化和环境污染问题的严重,乘公共汽车的人和骑自行车的人逐渐增多。

7. 在美国,核心家庭正在大量出现,家庭规模正在变小。

经过对美国汽车市场的详细调研,丰田汽车公司积极进行调整,做出以下的营销策略:

(1) 产品策略。面对美国和西欧这些强劲的对手,丰田汽车的产品策略是避实就虚,生产高质量、小型化,具有偏理性、可靠性、和适用性的小轿车。丰田汽车造型优美、内部装修精致典雅,座椅舒适,发动机的功率和性能比大众公司汽车提高了一倍,甚至连汽车的扶手长度和腿部活动空间都是按美国人的身材设计的。由于适合美国大众消费者的口味,花冠车已进入美国市场,很快就建立起较高的质量信誉,每销售100辆中顾客的不满意率从1969年的4.6%下降到1973年的1.3%。

(2) 定价策略。为了迅速的攻入美国市场,丰田花冠车制定了大大低于竞争对手的价格,在进入美国市场时售价不到2000美元,与同时期同类车型和功能的轿车相比,丰田比美国车平均每辆低400~1000美元。低廉的售价,加上质量稳定、性能好和维修费用低,为丰田车树立起物美价廉的良好形象,美国生产商无力还手,大片市场份额逐渐被丰田蚕食。

(3) 分销渠道策略。在对竞争对手详尽分析的基础上,丰田公司选择了一整套有效的分销策略。第一,提供良好的售中和售后服务,建立广泛的服务网点,提供充足的零配件,为销售成功筑起牢固的支撑点。第二,选择重点销售市场,集中全部力量对目标市场进攻,在对重点市场基本渗透之后,再进攻下个目标市场。丰田进入美国市场首要选择四个城市:洛杉矶、旧金山、波特兰和西雅图。当建立起先头阵地后,便开始对美国市场全线进攻。第三,严格筛选代理商。选择资金雄厚、声誉高、具有丰富的销售经验、其顾客偏好进口商品的当地中间商和零售商。1969年丰田公司尽管只有一种车型,但汽车代理商中的44%为丰田服务。第四,用丰厚的利润扶植和激励经销商。丰田公司进入美国市场时以每辆181美元的利润让利于经销商,与经销一辆大轿车的利润相等。

(4) 促销策略。丰田公司促销策略的核心是集中全力直接针对目标市场大量做广告。丰田公司抓住其他厂商没在电视媒体做广告的机会,垄断了小轿车电视广告的播映权,广告内容由专家精心设计,避免刺激美国的竞争者和引起美日贸易矛盾尖锐化,尽量迎合美国人的喜好,使丰田车家喻户晓。

合理的车型、优异的性能、良好的服务、超低的价位以及大量的宣传,使得丰田公司很快在美国树立起自己的品牌。在1965年,丰田公司在美国销车达2万辆,在1970年则达20万辆,在1980年则高达90万辆。

【案例讨论题】

1. 丰田车在进入美国市场时都面临了哪些挑战?
2. 丰田在美国市场面对这些挑战怎样调整了自己的营销策略?
3. 丰田在开拓美国市场的营销策略对我国汽车品牌的营销有哪些启示?

第十七章　汽车营销的信息化策略

【本章学习重点】

1. 市场营销系统是什么；
2. AMMIS 的内涵是什么；
3. 电子商务和网络营销的关系是什么。

【开篇案例】

易趣网拍富康　个性化成热点

网上拍汽车、拍古董、拍年夜饭……拍卖网站的"花样经"层出不穷。日前，国内最大的个人电子商务网站易趣推出"个性化富康"拍卖活动，现代网民的个性追求成为本次拍卖的亮点和热点。

从 2000 年 12 月 25 日上午 10：00—12 月 31 日下午 14：00 的 6 天内，一辆被全新包装过的富康个性化轿车将在该网（www.eachnet.com）翘首以待。

富康是国内知名的汽车品牌，也是国内最适合改装的轿车。本次拍卖的轿车由北京神龙京津汽车销售公司重新改装，增添了不少个性化和时尚特点。原车型为富康 RLC，采用红色作为主基调，在保证原车性能的基础上进行全车改色、包真皮、防盗器和添置音箱等，使其价值从 12 万元提升到 17 万元左右。

该辆个性轿车起拍价为 9 万元，短短三天，就有数十人次出价，价格上升至 12.3 万元。由于网上拍卖涉及个人用户的信用问题，而此项拍卖品价格较高，为防止出现胡乱抬价、事后反悔或恶意拍卖等违规行为，主办方特别采取提前"竞拍申请"的办法，先后吸引了 1500 多人报名，经审核 350 多位网友获得参与权。网站提前对用户进行身份确认，以便保证拍卖活动正常、规范地进行，此举说明，网上购物尤其是高额的电子商务需要用户的信誉保证，这个难题值得探讨和摸索。

本次活动由易趣网、中国汽车网和北京神龙京津汽车销售公司联合举办。改装后的轿车叫"红粉佳人"，同时举办有奖调查活动，还能让车迷们轻点鼠标，赢得车模。

资料来源：http://www.sina.com.cn

汽车作为推动社会进步和人类繁荣的重要力量，在世界经济发展中具有举足轻重的地位。在世界 500 强企业中，通用汽车、福特汽车等公司一直以来位居前列。在不少发达国家，汽车产业已成为国民经济发展的重要支柱产业，并且在一定程度上反映了本国的综合国力与国际竞争力。同时，电子商务的发展是商业领域的一场革命，这种商务活动最终会引发人类生产、生活方式以及思维方式等重大的变化，而汽车行业本身的特点加之国际形势决定了我国汽车行业电子商务化的发展趋势。因此，我国汽车工业要跟上世界汽车工业变革的步伐，便要不失时机地在该领域开展电子商务，以信息化改造传统的汽车工业，从而提高汽车产业的效率。

第一节 汽车营销信息化概述

一、市场营销信息系统

随着互联网的广泛普及和网络技术的开发,各大汽车公司和汽车营销企业把越来越多的注意力和资源投入到网络营销中。汽车行业的信息化大体上可以分为两类:一是指企业内部的信息化;二是指汽车行业的信息化。企业内部的信息化是指以信息技术统筹管理企业的所有信息,以开发和利用信息资源提高管理水平、研发能力、经营水平,这已经成为企业核心竞争力的关键。汽车行业的信息化是指通过现代因特网技术构筑汽车行业的信息网,以优化资源配置,以信息流部分取代人流和物流,大大提高了行业的运营效率。企业内部的信息化为行业的信息化提供技术基础,反过来行业信息化为企业内部信息化提供发展的舞台。

企业建立市场营销信息系统是为了更好地处理营销信息,所谓市场营销信息系统(Marketing Information System)就是在企业中设立由"人、机、程序"共同组成的相互作用的联合体系统,用来根据企业营销决策者信息需求,有规律、有计划地收集、存储、整理、分析、评价并提供使用适时、准确的营销信息,使企业的营销活动具有快速反应(Just In Time)能力。市场营销信息系统的工作程序如图17-1 所示,营销经理为了实施他们的分析、计划、执行和控制的责任,需要营销环境和开发信息。营销信息系统的作用是评估营销经理的信息需要,收集所需要的信息,为营销经理适时分配信息。

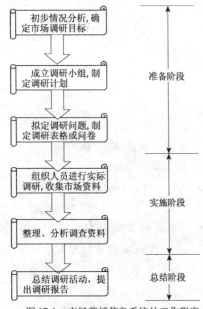

图17-1 市场营销信息系统的工作程序

1. 建立营销信息系统的必要性

现代企业开展市场营销活动,不仅需要人、财、物方面的资源,尤其需要信息资源。一条信息救活一个企业的实例已不是神话。信息之所以重要是由以下几个方面决定:①由于企业面对的市场范围愈来愈大,企业的市场营销活动不仅限于本地区、本国,而且跨越了国家之间的界限,使得营销人员在不同地区市场或国际市场中面临着较为生疏的环境,需要收集、加工许多新信息。②随着消费者收入水平的明显提高,他们在购买中的挑选性愈来愈强,这就使得购买行为复杂化,也需要大量有关消费需求变化趋势的信息为企业的经营决策提供依据。③市场竞争已由单一的价格竞争发展到非价格竞争的高级形式。也就是说,消费者对产品价格不再像过去那样敏感,消费者购买商品时更加注意品牌及产品特色,因此,品牌、产品差异、广告和销售推广等竞争手段的作用日益突出,而这些非价格手段能否有效运用,前提条件也在于是否能获得正确的信息。显然,企业在对顾客、竞争者、市场商品供求动态及企业自身状况缺乏了解时,就不可能成功地进行市场营销的分析、决策、实施和控制。然而,正是由于企业面临的营销环境的复杂性也使得信息来源多样化、复杂化,企业必须从庞杂的信息来源中提炼出适合自身发展的营销信息,才能做出正确的经营决策。为此,需要建立一个有效的营销信息系统以便及时准确地收集、加工与运用有关的信息,使营销信息准确可靠,并且具有系统性。

2. 营销信息系统基本组成

市场营销信息系统一般由内部信息系统、市场营销情报系统、市场营销调研系统、市场营销决策支持系统等四个子系统所组成,各子系统的作用与功能是:

1)内部信息系统

内部信息系统是营销经理使用最基本的信息系统,主要包括订单报告、销售额、价格、存货水平、应收账款、应付账款等信息系统。通过分析这种信息,营销经理能够发现重要的机会和问题。对于我国的汽车及零部件企业而言,内部信息系统一般比较完备。如销售成本、利润、库存、资金盈利率等财务信息及企业人员状况、物资使用情况等管理信息的收集、整理、归类等工作通常较为完善。

(1)订单——首款循环。内部报告系统的核心是订单——首款循环。销售代表、经销商和顾客将订单送交公司。订货部门准备数份发票副本,分送各有关部门。存货不足的项目留在以后交付;需装运的项目则附上运单和账单,同时还要复印多份分送各有关部门。

(2)销售报告系统。营销经理需要他们当前销售的最新报告。计算机技术已经革命性地将销售代表的工作,从推销的"艺术"转变为工程业务过程。由于使用笔记本电脑,销售代表现在能立即得到关于潜在和现行顾客的资料,计算机迅速反馈和送出销售报告。一个介绍销售自动生成软件包的广告自夸说:"你在圣路易斯的销售员知道位于芝加哥的顾客服务部今天早上跟亚特兰大顾客的谈话内容。销售经理能监控其负责区域内的各种信息,并及时做出正确的销售预测。营销经理将了解怎样使产品得到最佳回报……"。

公司的营销信息系统应该体现出一种交叉性,即在管理者认为他们需要的信息、管理者实际所需要的信息和经济上可以获得的信息之间交叉。一个有利的措施是任命一个内部营销系统工作委员会,它将同公司内部各方面的营销人员——产品经理、销售经理、销售代表等进行会谈,以确定他们的信息需要。向营销人员提问的一组有效问题应包括:①哪些类型的决定是你经常做出的?②做出这些决定时,你需要哪些类型的信息?③哪些类型的信息是你可以经常用到的?④哪些类型的专门研究是你定期所要求的?⑤哪些类型的信息是你现在想得到而未能得到的?⑥哪些信息是你想要在每天、每周、每月、每年得到的?⑦哪些杂志和贸易报道是你希望能定期阅读的?⑧哪些特定的问题是你希望经常了解的?⑨哪些类型的数据分析方案是你希望得到的?⑩对目前的市场营销系统,你认为可以实行的四种最有用的改进方法是什么?

2)市场营销情报系统

内部信息系统为管理人员提供结果数据,而营销情报系统则为管理人员提供正式发生的数据。营销情报系统是指使公司经理获得日常的关于营销环境发展的恰当信息的一整套程序和来源。营销情报系统也称营销环境监测系统,其主要任务是收集外部信息,包括政府相关经济政策、法律法规、本行业的科技情报、本企业的社会影响、竞争对手情况及本行业动态变化情况、用户需求变化情况等,并通过分析研究信息,总结行业发展周期变化规律进而对整个市场环境变化情况进行科学预测。该系统最重要的是建立情报收集网络。国际知名跨国公司情报网几乎遍及全球,可随时向企业经营管理部门报告重要情报,如丰田汽车公司就是较好实例,据说丰田汽车无论何地出现问题,公司总部当天就能得到情报并根据所得到的各种有用营销信息及时做出反应。

331

营销经理大多数自行收集情报,他们通过阅读书籍、报刊和同业工会的出版物,与顾客、供应商、分销商或其他外界人员交谈,同公司内部的其他经理和人员谈话来收集。但这种方法带有相当的偶然性,一些有价值的信息可能没有抓住或抓得太迟。经理们可能对一个竞争活动、一种新的顾客需求或某一经销商问题,知道的太晚而不能作出最好的反应。经营灵活的公司会采取进一步的步骤改进其营销情报的质量和数量。

3）营销调研系统

营销经理们还需要经常对特定的问题和机会委托进行研究。他们可能需要做一个市场调查、一个产品偏好实验、一个地区的销售预测或一个广告的效果研究等。营销调研是系统的设计、收集、分析和提出数据资料以及提出与公司所面临的特定的营销状况有关的调查研究结果。

4）营销决策支持系统

越来越多的组织为了帮助他们的营销经理做好决策,设立了营销决策支持系统。营销决策支持系统是一个组织,它通过软件与硬件支持,协调数据收集、系统、工具和技术。解释企业内部和外部环境的有关信息,并把它转化为营销活动的基础。

为了说明营销决策支持系统的工作过程,假定一位营销经理要分析一个问题并采取行动。该经理把问题输入适当的系统模型,该模型就能输出有分析的标准化数据。然后,经理使用该方案以决定最合适的行动计划。经理实施行动计划,随着其他力量的加入和环境的影响,又产生了新的数据。营销决策支持系统经常应用于计算机工作站。该工作站的作用犹如使营销经理从飞机机舱的控制者成为领航员——指挥企业在正确的方向上真正"起飞"。

二、汽车厂商营销信息化

1. 汽车厂商信息化

汽车厂商信息化就是指企业将因特网技术和信息技术应用于汽车产业生产、营销、技术、服务及经营管理等领域,通过循序渐进的深入开发和广泛利用,获取信息经济效益,不断提高生产、经营、管理、决策、服务的效率和水平,进而提高企业经济效益和企业竞争力的过程。实质上是将企业的生产过程、物料移动、事务处理、现金流动、客户交互等业务过程数字化,通过各种信息系统网络加工生成新的信息资源,提供给各层次的人们洞悉、观察各类动态业务中的一切信息,以做出有利于生产要素组合优化的决策,使企业资源合理配置,以使企业能适应瞬息万变的市场经济竞争环境,取得最大经济效益。具体到一个企业,企业信息化就是要实现企业生产过程的自动化、管理方式的网络化、决策支持的智能化和商务运营的电子化。

汽车厂商信息化从发展程度看,分为3个层面或3个不同发展阶段：

第一是初步利用计算机技术应用于企业生产、经营管理的部分子系统,以单机或小型局域网为主,以减轻劳动强度、提高业务处理的效率和准确率为目的的孤立的信息处理系统。

第二是部分或全部集成的信息系统,以先进的管理思想为基础,将电子信息技术、现代管理技术和先进的制造技术紧密结合,应用于企业产品的全生命周期的各个阶段,通过信息集成、过程优化和资源组织优化,实现物流、信息流和价值流的集成和优化运行,实现人（组织）、技术和经营管理三要素的集成,以企业新产品研制和产品生产上市快、质量优、成本低、服务好、保护环境和提高企业竞争力为目的,实现企业的现代化管理。

第三是利用互联网实现企业与企业之间、企业与政府之间、企业与其他组织之间的广泛的信息交流与信息集成,并广泛地开展电子商务,实现企业的设计、制造、管理和贸易的无纸化、网络化、智能化。如今,汽车生产制造厂商或代理商开始通过建立自己品牌的门户网站与消费者互动,更加便利的收集市场信息,也便于及时反馈。而微博营销的兴起和发展也为企业拓宽了信息渠道、销售渠道等,实现了信息的高通达性。

2. 汽车厂商营销信息化

汽车厂商营销信息化是指采用现代信息技术,把汽车市场营销的整个过程建立在对信息的搜寻、加工、处理的基础上,将营销活动的商流、物流、现金流与信息流统一起来,以实现汽车厂商营销对消费者需求的准确把握、对市场信息的敏锐洞察和顾客服务的优质提供。

传统的汽车营销方式是建立在庞大的物理销售网、遍布各地的销售人员和铺天盖地的广告攻势的基础之上的,但是越来越多的汽车厂商已经意识到信息在现代企业竞争中的重要作用,所以信息反馈已成为汽车厂商营销渠道的重要功能之一,利用各种信息进行营销决策,制定、评估、调整营销策略和计划,从而提高营销绩效是现代汽车厂商经营管理活动中的常态。要实现这一过程或目的,需要解决3个方面的问题。即企业需要解决什么营销问题、解决问题需要哪些信息,以及从何处采用何种方式获取这些信息并如何对信息进行分析,这决定了汽车厂商营销信息化建设的内容。从营销信息化建设内容看,汽车产商营销信息化可分为硬件部分建设(一般是企业内部网络的建设)和软件部分建设(一般是信息系统的建设);从应用类别看,汽车厂商营销信息化又可分为制造企业营销信息化和服务企业营销信息化。

汽车厂商实施营销信息化的目标一般包括:通过提高信息透明度以及信息链处理速度,来减少计划生产车辆数量,降低库存及物流成本;提高产品的可配置性以及加快响应速度来满足终端客户的需求;加强从分销渠道所获得市场变化、反馈、确认等信息;减少业务流程的衔接端口以及职责重组;业务流程标准化;避免在分销渠道降价竞争;从经销商业务开始与整车厂集成;更好的支持经销商运作;提高经销商管理水平等。为达以上目标,我国汽车厂商除了建设企业级营销管理信息系统外,往往还会进行汽车电子商务,或采用网络营销模式,或进行客户关系管理。

第二节 汽车营销电子商务

随着信息技术的进步,因特网已经不再仅仅是一个识别潜在供应商、搜索产品和进行广告服务的信息平台,它越来越明显地成为一个能够进行网上交易、完成各种财务事物、获得服务的网络。相对于其他行业,汽车行业是最适合开展电子商务的行业之一,因为汽车产品及零部件数量多,供应商和经销商的地理分布范围广,产业链很长,需要广阔的地域或全球采购、生产和销售。因此,电子商务对汽车营销具有十分重要的意义。

一、电子商务在汽车营销中的应用

电子商务在汽车营销上的具体应用是通过以下一些主要的功能体现其价值的。

1. 企业采购

在组织市场上,企业采购工作是一个复杂得多阶段过程。企业采购属于 B2B 电子商务模式,许多汽车厂商已经在专用网络上使用了电子数据交换来自动完成例行采购,利用互联网可以进一步降低采购费用。

2. 库存管理

汽车厂商与供应商之间传统的供应链运作效率很低,表现在每次供货量很大、每批供货间隔时间很长,其结果是企业的库存量很大,供应商对企业的商品需求不能做出快速的反应。企业产品的库存过大会造成大量资金积压,库存过小会产生脱销而影响销售量。美国汽车制造商通过专用网络及电子数据交换系统与供应商之间沟通供货信息。供应商能够及时查阅整车厂今后两个月的生产计划以及近几天的详细供应需求,使供应商可以从容地安排本企业的供货和生产,同时及时向整车厂商供货,使整车厂商的年库存周转次数由近 20 次增加到 130 次左右,从而节省了大量的库存费用。丰田公司的网络部也曾为该公司经销商提供各种二手车的网络服务,使得丰田二手车在经销商手中转手时间由 90 天减少到 10 天左右。

3. 客户服务

电子商务可以让汽车厂商为消费者提供更好的服务。通过电子商务,汽车厂商不仅可以为客户提供详尽的产品信息、服务介绍,还能为消费者提供产品或服务的预定和咨询接待,以及售后服务或动态服务的状态查询,从而更高层次地满足客户需求。

4. 寻求新的销售机会

企业利用 web 站点可以进入一个新的市场。Web 商务的特点是具有多媒体功能和交互能力,其页面能够显示各种彩色并附有音响的动画图像,可以很有效地宣传、介绍企业的产品,客户可以进行浏览访问、允许来访者输入数据进行信息交流。汽车厂商还可以通过电子商务站点与销售商接触、树立品牌形象,与客户进行交流,实现信息管理和信息分发,提供顾客服务、技术支持和网络销售。对于汽车行业而言,中小型汽车厂商通过电子商务可以获得许多新的销售机会。

【营销瞬间】

未下生产线,先上互联网

上海通用公司创建的网站 www.shanghaigm.com 已正式亮相,提供别克轿车的有关信息,促进与潜在客户的沟通与交流。这一与国际接轨的高科技营销手段充分体现了上海通用建立世界级的汽车生产基地和参与国际竞争的雄心。通过这个网站,上海通用不仅能够向其客户及时传递公司和别克产品的最新进展,而且可以获得各类客户的反馈信息。

下面是一些企业的网址:

http://www.honda.com 本田

http://www.guangzhouhonda.com.cn 广州本田

http://www.ford.com 福特

http://www.futian.com.cn 北汽福田

http://www.mazda.com 马自达

http://www.toyota.com 丰田

http://www.csvw.com 上海大众

http://www.faw.com.cn 中国一汽

http://www.audi.com 奥迪

http://www.lancia.nl 兰西亚

http://www.dpca.com.cn 神龙富康

资料来源:http://www.worlduc.com/blog2012.aspx?bid=8701568

5. 企业组织形式

电子商务的发展将会导致企业营销组织形式的变化,企业内部信息管理系统的运用使得企业的中间管理层次变得多余,企业中间管理层将从层次型的"金字塔"结构转向基于信息的扁平结构,这种扁平的管理组织结构有利于把市场信息、技术信息和生产活动相结合,使企业管理者能够对市场做出快速反应。

二、汽车电子商务的作用和模式

1. 汽车电子商务的作用

1)开展汽车电子商务,可以增强企业的竞争实力

网民是汽车消费者中最大潜在客户群体。一方面网上购物人数在逐年增加,另一方面现在很多消费者已经习惯通过网上获取感兴趣的车辆信息,而且随着网上支付信用体制的逐渐健全,经销商也可以通过认证来获取货款。诸多消费环境和生产环境的改善,必将会推动汽车电子商务化。电子商务在汽车行业中的充分普及所引起的变革将成为当今世界汽车工业发展的一大趋势,汽车业将成为互联网的最大客户。汽车电子商务必将成为最大的电子商务之一。

2)应用电子商务,可以使汽车企业更加贴近市场,缩短企业与客户的距离

客户关系管理(CRM)在提高企业经营管理水平改善客户服务能力方面可以发挥不可替代的作用。在客户需求个性化汽车市场竞争白热化的今天,客户关系管理水平已经上升为影响到企业市场地位和竞争实力的重要因素。

汽车行业特有的销售、服务体制使最终客户的信息分散于销售商、制造商、维修服务商各层面,信息也不尽全面,通常汽车制造企业拥有比较丰富的客户购买的数据,但对所售出汽车的保养维修信息确很缺乏。如果没有一个有效的机制进行采集和管理,要对广大的客户群体进行系统一致的服务,确切了解客户的需求信息便只能是一个理想。

电子商务给客户和企业提供了更多的选择消费与开拓市场的机会,使企业与供应商及客户建立起高效、快速的联系,从而提高了企业把握市场和消费者了解市场的能力。

3)通过开展电子商务可以降低企业的常规运营费用

(1)电子商务节省邮寄和打印的费用。

(2)顾客自助式销售减少服务费用。

(3)协作降低了旅行和交流的费用。

(4)减少店面租金成本。

(5)减少商品库存压力。

(6)降低营销成本。

(7)经营规模不受场地限制。

(8)书写电子化,传递数据化。

4)通过开展电子商务,可以有效提高企业信息化管理水平

实施企业资源计划(ERP)管理,可以大大提高企业内部信息资源共享利用率,从而提高决策效率和研发(R&D)能力,缩短产品开发周期,增强企业的凝聚力。

5)通过开展电子商务活动,可以提高汽车供应链的管理水平,加快信息流和物流,改善供应关系,降低交易成本

电子商务在汽车供应链管理方面的实施,首先就要实现供应商与分销商、企业内部各部门之间的信息沟通与共享,以便将客户的需求信息迅速地传递到制造商手中,使供应链上的各个

环节都对客户的需求变化作出迅速反应,从而最大限度的满足客户需求。

传统商务运作模式中,供应链是"推动式"运作,该方式以制造商为核心,通常制造商以从零售商那里收到的订单来预测顾客需求,生产的产品再从分销商逐步推进到用户,其特点是整个供应链上的库存较高,能发挥规模经济作用。但不能及时对用户需求变动作出反应,服务水平低。

电子商务条件下,供应链是"拉动式"运作,该方式以最终客户需求为驱动力,迅速交换数据,针对特定订单做出回应。

制造商通过顾客"拉动式"的供应链,即以顾客为中心,可以使企业更及时、更全面地掌握顾客的需求,根据顾客的定制进行生产,这样不但可以为顾客提供及时的个性化的服务,从而大大提高顾客的满意度,还可以减少库存甚至实现零库存,降低库存成本。同时,零部件供应商可以通过网络了解到汽车制造商的零部件需存情况,及时准确地供货。

汽车业应用电子商务,供应链的各方可得到如下好处:
(1)共享最终客户需求变化的信息。
(2)快速收到产品设计变化和调整的信息。
(3)可以有效地收到图纸及规范。
(4)提升处理交易的速度。
(5)减少交易处理成本。
(6)减少交易中的数据错误。
(7)共享缺陷率和缺陷种类的信息。

6)应用电子商务,开展汽车电子商务的配套服务,可以提高汽车销售服务水平

对于汽车业来说,整车销售只是启动了汽车消费链的第一个环节,围绕汽车售后的汽车维修、配件、汽车养护、汽车用品、汽车服务等需求的市场容量,在发达国家早已超过了整车销售的市场容量。在我国,这一市场还没有引起足够重视,但其蕴藏的市场潜力十分可观。

电子商务是开发这一潜在市场的有效手段,通过网络向汽车客户提供各种备品、备件,并为他们提供各种形式的服务,既可以取得可观的经济效益,又可大大提高客户的满意度。

7)应用电子商务,可以有效地实施全球化采购和经营

全球汽车业发生的巨大变化主要表现在汽车工业市场的全球化与制造的全球化,包括原有设备制造商(original equipment manufacturer,OEM)技术转移、全球化的生产加工和材料采购、世界范围的分销渠道。

2. 汽车电子商务模式

汽车业电子商务目前的主要模式有:

1)网上车展

向客户提供汽车展示是实现汽车销售的第一步,也是汽车营销活动中的一个十分重要的环节。

网上车展通过企业自己的网站或依托专业从事车展服务的网站实现。由于网上车展具有信息量大、展示形式多样、展示费用低廉、交互性好等优势,已被越来越多的企业所采纳。

传统方式下的利用实物展示,既要投入较多的人力、物力和场地;又会使展示的信息和辐射面积为有限,而且客户必须到现场才能看到展示效果。网上车展在很大程度上弥补了传统展示的不足,利用网上模拟车展的形式,为汽车企业包括整车制造商、零部件供应商、汽车及零

部件经销商、代理商、汽车保险等,提供一个展示自己企业形象、产品特色的信息渠道。

2)汽车零部件网上采购

汽车产品特点决定汽车生产牵涉到零部件数量巨大,零部件采购一直是许多汽车制造业投入大量人力、物力的环节。应用电子商务实现零部件网上采购,可以及时获得市场、用户对产品的需求信息,进行分析汇总,作出科学的采购决策,处理订货信息和订单。

3)汽车客户关系管理

汽车行业是一个竞争最为激励的行业之一,越来越多的生产厂商意识到必须加快从生产型企业向服务型企业转变,以客户的最新要求来指导生产,而不是要求客户的要求符合企业的产品。

对汽车制造商和经销商来讲,通过规范的客户关系管理,可以实现共享整个体系的客户资源,提高整个汽车业供应链的服务质量,降低汽车经营的风险,为客户创造更多的价值。

汽车消费周期较长,汽车企业首先要清楚谁是公司产品的现实客户,以便为客户提供长期持续的、个性化的专业服务;其次要明白谁是公司产品的潜在客户,以便开展目标明确的推广和促销;最后,售后服务过程中,通过跟踪客户对维修、保养及产品改进等方面的意见和建议,建立与客户长期稳定的合作关系。

4)汽车专业信息服务

汽车网站向不同类型的客户提供专业化的知识服务具有十分重要的意义。通过网络向客户提供全方位的产品和服务信息,如网上产品介绍、提供技术支持、查询订单处理信息等。同时,还可以减轻客户服务人员的工作量,使他们有更多的时间与客户进一步接触,开发更多的新客户。

5)网上订购服务

汽车企业可以利用网站建立网络销售平台,鼓励客户直接在网上订购汽车配件、养护用品、工具、设备,依托整个连锁体系开展对客户直接销售和配送,并通过互联网延伸客户服务。最大限度满足客户的个性化消费需求,如客户通过网络销售,实现对车型、颜色、内饰等要求的单独订货。

另外,企业可以通过客户实际需求信息,及时调整各经销店的货源配置,缩短顾客收货时间。

尽管目前世界上还没有真正完全按照订单组织生产的企业,但这是今后汽车企业发展的方向,也是企业提高竞争力的必由之路。

【营销瞬间】

奔驰 smart:电商营销 89 分钟卖出 300 台

奔驰 smart 流光灰 2012 特别版选择电商平台,采用在线销售形式,149,888 元的价格和诱人的大礼包使 300 辆奔驰 smart 在 89 分钟内销售一空,几千个销售线索在活动中被搜集并给到经销商,平均每 18 秒卖出一辆的速度创造了网络销售汽车的奇迹。

奔驰选择网上销售,采用刺激营销:限时限量、特价、大礼包等刺激消费者的神经。首先是电视户外网络预热,借用微博线上活动寻找"灰"常 smart 难为活动造势、线下院线活动将 smart 开进 5 个重要销售城市影院展出、借助电视优势传播等线上线下整合营销传播方式极大地提高了奔驰的关注度。

简评：奔驰smart借助电商平台，跳出传统销售模式，成功实现汽车网络销售，并且取得惊人效果——300辆奔驰smart在89分钟内销售一空，几千个销售线索在活动中被搜集并给到经销商，再一次证明了汽车营销的多样性。

资料来源：http://www.cq.xinhuanet.com

6）汽车企业内部网络化管理

企业内部管理信息系统（ERP）是汽车电子商务的重要组成部分。包括汽配的经销管理系统、汽车业务管理系统、办公自动化等。业务范围牵涉汽车总厂、分销中心、仓储配送中心、连锁店、维修厂、养护中心等多家机构和部门。通过内部网络化管理可以起到强化内部管理、规范经营管理模式等作用。如财务管理方面，电子商务可以使企业动态掌握企业各环节的销售、库存情况，分析优化资金流，提高资金管理的效率和效益；在库存管理方面，形成汽车整个产业供应链的高效管理，以便实现原材料无库存、产品无库存的准时化生产，有效降低生产经营成本，并降低高库存带来的经营风险。

7）汽车新产品协调设计

汽车新产品协调设计可使汽车设计师、汽车工程师、供货商、制造商代表和客户通过互联网形成紧密的联系，既可节约高额的通讯费用和交通费用，又可明显缩短汽车开发设计时间，有助于提高新产品的开发设计水平、质量和效率。

8）物流运输的信息化管理

物流系统的电子商务对汽车业的发展也具有重要的影响。

汽车产品体积大、质量大的特点，决定了物流运输在汽车业中占有极其重要的地位。传统的物流运输由于缺乏信息流的支持，导致效率低下，物流成本较高，严重影响企业的经济效益。实施物流运输的电子商务解决方案，在分销中心与供货商、分销中心与连锁店、分销中心与客户之间、各分销中心之间、各连锁店之间构筑畅通的物流运输网络化通道，全方位统筹运输任务，提高运输效率，大幅度降低运输成本，并可以大大降低库存。

9）汽车零部件电子商务交易平台

对于从事零部件经营和生产的中小型企业，由于规模、资金、管理方面的实力相对较弱，适应市场的能力较低，受地域和自身条件限制，一般只能为数量有限的客户服务。电子商务可以帮助这些企业全面提升开拓市场的能力。通过网络减少了汽车零部件的生产和流通的中间环节，提高了流通效率，降低了流通成本，使汽车零部件产业的发展进入了一个全新的阶段。

三、我国汽车电子商务与网络营销

目前在我国，不论是政府还是汽车制造商、经销商、供应商，都对汽车电子商务给予了极大的关注，市场上也逐步形成了推动汽车电子商务发展的良好而又有序的环境。大型企业利用自己的电子商务平台开展业务，中小企业利用第三方电子商务网站开展业务。

1）汽车网站日益增加

国内各大汽车企业如一汽、东风、上海大众、重庆长安、奇瑞等都建有自己的独立网站，基本上具有EPR系统和采购系统这些网站在发布信息、品牌宣传、信息反馈等方面都发挥了重要的作用。

【营销瞬间】

目前国内还出现了许多专门为汽车交易提供相关配套服务网站,如中国汽车网(http://mall.chinacars.com)、慧聪汽车在线(http://auto.hc360.com)、中国汽车新网(http://www.qiche.com.cn)、中国汽车交易网(http://auto18.com)等,应用 B2B 或 B2C 电子商务模式。这类网站通过商务信息、市场推广、辅助交易、金融服务等方面,尽可能提供功能完善的个性化服务,为国内外汽车经营企业和广大汽车爱好者提供网上、网下紧密结合的专业信息平台。

新浪网与北京亚飞汽车连锁总店共同拓展网上汽车销售和租赁(http://auto.sina.com.cn),网站与网上看车者直接接触,为其制定或推荐购车计划(包括分期付款计划)、办理相关手续并负责把车交给买主。

北京阳光第一车网科技有限公司(http://www.iautos.com.cn)就是根据国际汽车电子商务交易体系的理念和经验,于 2005 年年底推出"i 车卡"会员服务。它是国内第一家集新车购买、用车养护、买车换车于一体的全程会员制汽车服务体系,其优惠服务包括新车购买、维修检测、保养快修、配件工具、汽车保险及驾校、代驾、陪练、救援等综合服务。

资料来源(有删节):http://www.doc88.com/p-900534376871.html

2)电子商务应用正处在积极探索阶段

我国汽车企业在信息化发展基础和电子商务发展经验等方面与国外主要汽车制造商相比有些落后,在发展中遇到的问题也比较多。所以我国的汽车业电子商务正处于积极探索阶段。

3)汽车企业电子商务发展不平衡

在我国,规模、实力比较强大的大型汽车制造商在电子商务发展方面已经见效,如一汽、上汽在网络营销等方面已经走在了国内汽车电子商务的前列;由国际著名汽车制造商投资的汽车制造公司在电子商务方面基本做到了与国际同步,如上海通用的具有网上售车功能的"百车通"网站。但众多小型企业由于自身原因,还不能很好地应用电子商务。

【复习思考题】

1. 我国汽车网络营销面临哪些问题?如何改进或者解决?
2. 试概述网络营销的基本流程?
3. 假设你是某汽车制造企业市场营销部人员,现你公司要推出一款新车进行网络售卖,请你为其设计一份行之有效的网络营销方案。

【案例讨论】

美国网上购车渐成时尚

网上汽车市场正如火如荼地推动业界多项合作计划的进行,渴望成为新世纪最闪耀的电子商务新星。

网络购车市场变化之迅速,就连看法最乐观的产业研究机构也始料未及。

"要是消费者没有意愿使用网络的管道购物,这一切的一切都不可能发生。"Forrester 研究机构分析师麦克唯(James McQuivey)表示:"正是因为消费者上网购物的兴趣浓厚,才会对业界造成这么深远的影响。"

以下为网上汽车市场的最新变化:

第一,Priceline 今日宣布将旗下的汽车网站 name – your – price 在全国 13 个州增加新据点。目前这个汽车网站的服务能够扩及 26 个州,包括加州在内。

第二,Kleiner Perkins 昨日宣布最新投资的汽车网站——"绿光"(Greenlight.com)。这是 Kleiner Perkins 和当地汽车经销商合作推出的成果。近来网上购车网站如雨后春笋般出现,"绿光"是其中的最新代表网站。

第三,通用汽车(General Motors)与福特汽车(Ford Motor)周一宣布分别和美国网上(AOL)与雅虎(Yahoo)签署行销协议。

网上购车是电子商务中前景最为璀璨的市场之一。根据美国商务部最新的全年统计资料显示,1998 年,美国人花在汽车与汽车零件上的金额高达 2892 亿美元。

根据 J. D. Power&Associates 的资料显示,去年大约有四成的新车买主曾上网浏览选车估计本季这样的比例会跃升到大约五成五。不过消费者上网选购,并不表示他们一定会在网上买。

其实,网上汽车销售仍面临许多重大的难题。

"消费者仍然希望能够试车,或是踢踢轮胎感觉一下。"通用汽车电子商务单位 e—GM 的通讯业务主管指出,"当然,并不是每个人都是这样,不过仍然有些消费者会希望有实质的感受。"

此外,许多州的法律禁止汽车厂商直接向消费者销售车辆,所有的新车贩售行为都必须经由当地经销商处理。许多经销商担心网上购车会使他们在汽车贩售的过程中被淘汰掉,连原本就已经很低的毛利都赚不到,因此可能会致力于保护这项法律条文使它免于被废。

不过,尽管有这么多的困难有待克服,仍抵挡不了汽车厂商投入这片市场的决心。

福特和通用汽车等厂商之所以投入网络,不但是为了促销自家的产品,也是为了效率的提升。互联网让它们能够直接接触到消费者,进而对应该生产哪款新车、或是提供哪些服务都有了更清楚的了解。

"以前的汽车厂商大多先将车子生产出来后,才推销给消费者选择。"福特汽车发言人佛克斯(Kathlene Vokes)表示:"现在,我们能够依据消费者的喜好,来搭配车子里的配备。"

许多网络公司都纷纷投入网上汽车贩售的市场,所采用的策略各有不同。诸如 Autobytel 和 AutoWeb 等第一代的网上购车网站,起初都只是提供转介的服务,介绍消费者去找所属当地的经销商买车。不过,这些网站的行销策略不断地在求新求变。

最近,像 CarDirect.com 与 CarOrder.com 等网站都已经开始直接向消费者贩售汽车。不过,尽管消费者再也不用去各家经销商看车,但最终的贩售过程还是很复杂。这类网上售车的公司必须和汽车经销商交涉,并负责把汽车交货给买主。

CarOrder.com 为了降低这方面的负担,计划买下经销权,建立自己的汽车库存。"绿光"则与经销商达成合作协议,方便消费者直接在网络上向经销商购买汽车。

资料来源(有删减):http://www.worlduc.com/blog2012.aspx? bid = 8701588

【案例讨论题】

1. 请思考并回答在将来汽车网络营销模式会不会取代传统的营销模式?
2. 你会选择网上购车吗? 为什么?